新高考日语系列

新高考日语

词汇

策 划　姚新红
监 审　[日]雨河良树　[日]松本夏织
主 编　刘文照
编 者　赵立群　刘 媛

上海外语教育出版社
外教社 SHANGHAI FOREIGN LANGUAGE EDUCATION PRESS

图书在版编目（CIP）数据
新高考日语词汇/刘文照主编；赵立群，刘媛编.
-上海：上海外语教育出版社，2021
（新高考日语系列）
ISBN 978-7-5446-6878-1

Ⅰ.①新… Ⅱ.①刘… ②赵… ③刘… Ⅲ.①日语-词汇-高中-升学参考资料
Ⅳ.①G634.463

中国版本图书馆CIP数据核字（2021）第128841号

出版发行：上海外语教育出版社
（上海外国语大学内） 邮编：200083
电　　话：021-65425300（总机）
电子邮箱：bookinfo@sflep.com.cn
网　　址：http://www.sflep.com
责任编辑：幸丹丹

印　　刷：句容市排印厂
开　　本：787×1092 1/16 印张 22 字数 647千字
版　　次：2022 年 3月第 1版 2022年 3月第 1次印刷

书　　号：ISBN 978-7-5446-6878-1
定　　价：64.00 元
本版图书如有印装质量问题，可向本社调换
质量服务热线：4008-213-263 电子邮箱：editorial@sflep.com

前言

随着经济全球化的发展，国际交流日趋频繁，外语能力作为国家助推经济发展、科技创新、人文交流的重要手段，一直以来受到人们的高度重视。外语学习与外语人才的培养也呈现多元、全面的发展态势。

日语课程作为国家规定的基础教育阶段外语课程之一，近年来越来越受到社会关注和学生欢迎，选择将日语作为高考外语科目的考生数量也在急剧增加。然而，因受各种因素的制约，当前基础教育阶段的日语学习资料十分有限，与“高考日语”相匹配的参考资料更是极其匮乏。为了满足广大师生的迫切需求，编写团队在充分调研我国中学日语学习群体、教学现状和考试发展趋势的基础上，结合对高考日语历年真题的透彻分析，编写了本套 “新高考日语”系列考试辅导丛书，具体包括：

《新高考日语　词汇》

《新高考日语　语法》

《新高考日语　听力》

《新高考日语　知识运用》

《新高考日语　模拟试题》

《新高考日语　阅读理解》

《新高考日语　写作》

本系列丛书主要以《2019 年普通高等学校招生全国统一考试大纲考试说明（日语）》《普通高中日语课程标准（2017 年版 2020 年修订）》为编写依据，力求培养学习者的综合日语能力，提高应试能力。编写团队全面、科学地分析了过去 10 年的高考日语真题，厘清试题结构和知识点分布，力求为学习者提供更为高效的备考资料。

编写团队成员均为从事基础日语教学和研究工作的一线教师，丛书凝聚着编写团队 20 多年教学经验的智慧。在编写本系列丛书过程中，得到了上海昂立教育集团（日语部）同仁们的大力协助，在此表示衷心感谢。但愿本系列丛书能助备战高考日语的考生一臂之力。恳请读者提出宝贵意见和建议，以便今后不断改进。

主编

2021 年 10 月

致本书学习者

一、本书的编写目的

为了帮助广大考生更好地掌握高考必备的日语词汇知识，本书在收录《2019 年普通高等学校招生全国统一考试大纲及考试说明（日语）》和《普通高中日语课程标准（2017 年版 2020 年修订）》中的单词的基础上，对过去 10 年的日语高考真题涉及的词汇进行了统计与分析，最终精选了约 3500 个单词，以帮助考生精准、高效地备考。

二、本书的构成与特色

本书共由 7 章构成，分别为“名词”“外来语”“イ形容词”“ナ形容词”“动词”“副词”以及“其他词类”，各章又根据需要分成若干课次。本书最大的亮点在于将单词按照主题分类，例如，第 1 章的“名词”细分为“衣食”“住行”“教育”等，第 5 章的动词又细分为“I 类自他两用动词”“自他对应动词”“无自他对应 I 类动词”等，帮助学习者总结规律，快速掌握相关词汇。

书中带★号的词汇为核心词汇，考查概率大。其他词汇为建议掌握的词汇，它们可能出现在听力和阅读等部分。每页单词的下方设有当页单词返记清单，每课课后附有配套练习，方便学习者检验学习效果。

书后配有“附录：常见专业名词”“练习参考答案”和“索引”。“索引”按照日语五十音顺序排序，并为日语汉字标注了读音。

三、本书的使用

通常来说，高考日语考查频率较高的词汇为动词、副词、形容词、外来语、量词，考查频率较低的为名词、接续词、接头词和接尾词，学习者可根据考查频率和自身的实际情况自由选择从哪课开始学习。

建议考生在学习日语阶段和备考阶段，把本书当作工具书放在案头随时查阅，有针对性地学习或查漏补缺。

四、本书的习题

本书每课都配备了数量不多但颇有质量的练习题，形式除了单项选择题外，还有

“选词填空”“选择合适的搭配”等，旨在提高学习者的综合能力，巩固学习效果。

五、本书的缩略语

缩略语	日语教育语法	日本学校语法
名	名詞	名詞
ナ形	ナ形容詞	形容動詞
イ形	イ形容詞	形容詞
Ⅰ自	Ⅰ類自動詞	自動詞・五段動詞
Ⅰ他	Ⅰ類他動詞	他動詞・五段動詞
Ⅱ自	Ⅱ類自動詞	自動詞・一段動詞
Ⅱ他	Ⅱ類他動詞	他動詞・一段動詞
Ⅲ自	Ⅲ類自動詞（来る）	自動詞・カ変動詞
Ⅲ自	Ⅲ類自動詞（する）	自動詞・サ変動詞
Ⅲ他	Ⅲ類他動詞（する）	他動詞・サ変動詞
副	副詞	副詞
連	○	連体詞
接	接続詞	接続詞
感	○	感動詞
接頭	接頭語	接頭語
接尾	接尾語	接尾語
助数	助数詞	助数詞

目　录

第1章　名　词

第 2 章　外来语

第 1 章　名词

第 1 课　人的身体

✲全身

★体（からだ）⓪〔名〕

①身体。✲～が丈夫（じょうぶ）だ。/ 身体结实。

②身材。✲～が大（おお）きい。/ 身材高大。

☆身体（しんたい）⓪〔名〕

身体。✲健康（けんこう）な～。/ 健康的身体。

☆人身（じんしん）⓪〔名〕

人的身体。✲～事故（じこ）。/ 伤亡事故。

★骨（ほね）②〔名〕

骨头，骨骼。✲～が硬（かた）い。/ 骨头硬。

★背・背（せ・せい）①〔名〕

身高，个头。✲～が高（たか）い。/ 个头高。

★裸（はだか）⓪〔名〕

裸体。✲～になる。/ 裸体。

✲头部

★頭（あたま）③〔名〕

头，头部。✲～が大（おお）きい。/ 头大。

★髪（かみ）②〔名〕

（整体）头发。✲～が薄（うす）い。/ 头发少。

★髪の毛（かみのけ）⓪〔名〕

（一根根的）头发。✲～を切（き）る。/ 剪发。

✲脸部

★顔（かお）⓪〔名〕

脸，面部。✲～がきれいだ。/ 脸蛋漂亮。

★頬・頬（ほお・ほほ）①〔名〕

脸颊。✲～が赤（あか）くなる。/ 脸蛋红了。

💡幼儿也说「ほっぺた」「ほっぺ」。

★額（ひたい）⓪〔名〕

额头。✲～が広（ひろ）い。/ 额头宽。

💡幼儿也说「おでこ」。

★目（め）①〔名〕

眼睛。✲～が大（おお）きい。/ 眼睛大。

★耳（みみ）②〔名〕

耳朵。✲～で音（おと）を聞（き）く。/ 用耳朵听声音。

★鼻（はな）⓪〔名〕

鼻子。✲象（ぞう）は～が長（なが）い。/ 大象鼻子长。

★口（くち）⓪〔名〕

嘴，嘴巴。✲～で話（はな）す。/ 用嘴巴说话。

★唇（くちびる）⓪〔名〕

嘴唇。✲～が厚（あつ）い。/ 嘴唇厚。

★舌（した）②〔名〕

舌头。✲～を出（だ）す。/ 伸出舌头。

★歯（は）①〔名〕

牙齿。✲～が白（しろ）い。/ 牙齿白。

★首（くび）⓪〔名〕

脖子，颈部。✲～が太（ふと）い。/ 脖子粗。

★喉（のど）①〔名〕

喉咙。✲～が痛（いた）い。/ 喉咙痛。

□体　□身体　□人身　□骨　□背　□裸　□頭　□髪　□髪の毛（け）　□顔　□頬
□額　□目　□耳　□鼻　□口　□唇　□舌　□歯　□首　□喉

✲手

★手(て)①〔名〕 ⇔足

手。*～で物(もの)を持(も)つ。/ 用手拿东西。

★腕(うで)②〔名〕

手臂，胳膊。*～が太(ふと)い。/ 手臂粗。

★指(ゆび)②〔名〕

手指。*～が長(なが)い。/ 手指长。

★爪(つめ)⓪〔名〕

指甲；趾甲。*～を切(き)る。/ 剪指甲。

✲腿

★足(あし)・脚(あし)②〔名〕 ⇔手

①「足」(人、动物)脚，腿。*～で立(た)つ。/ 用脚站立。

②「脚」(家具、器皿等)腿。*椅子(いす)の～が壊(こわ)れた。/ 椅子的腿坏了。

★膝(ひざ)②〔名〕

膝盖。*～を曲(ま)げる。/ 弯曲膝盖。

✲胴体

★肩(かた)⓪〔名〕

肩，肩膀。*～が広(ひろ)い。/ 肩膀宽。

☆懐(ふところ)⓪〔名〕

怀抱。*母(はは)の～。/ 母亲的怀抱。

★胸(むね)⓪〔名〕

胸。*～に抱(だ)く。/ 抱在胸前。

★胃(い)⓪〔名〕

胃。*～が痛(いた)い。/ 胃疼。

★背(せ)①〔名〕

脊背，后背。*～に乗(の)る。/ 骑在背上。

★背中(せなか)⓪〔名〕

脊背，后背。*～がかゆい。/ 后背痒痒。

★腰(こし)⓪〔名〕

腰，腰部。*～が太(ふと)い。/ 腰粗。

★腹(はら)②〔名〕

腹部，肚子。*～が減(へ)る。/ 肚子饿了。

★おなか⓪〔名〕

肚子。*～がいっぱいだ。/ 肚子吃饱了。

★肌(はだ)①〔名〕

肌肤。*～が白(しろ)い。/ 肌肤白。

☆しわ⓪〔名〕

(皮肤、布、纸等)皱纹。*皮膚(ひふ)〔服(ふく)〕が～になる。/ 皮肤〔衣服〕起皱。

☆心臓(しんぞう)⓪〔名〕

心脏。*～の移植(いしょく)。/ 心脏移植。

☆神経(しんけい)①〔名〕

①神经。*脳(のう)の～。/ 脑神经。

②反应能力。*～が鈍(にぶ)い。/ 反应迟钝。

✲其他

★血(ち)⓪〔名〕

血，血液。*～が出(で)る。/ 出血。

☆血液(けつえき)②〔名〕

血液。*～が循環(じゅんかん)する。/ 血液循环。

☆呼吸(こきゅう)⓪〔名·Ⅲ自〕

呼吸。*人工(じんこう)～をする。/ 进行人工呼吸。

☆息(いき)①〔名〕

呼吸或气息。*～をする。/ 呼吸。

★せき②〔名〕

咳嗽。*～が出(で)る(をする)。/ 咳嗽。

★汗(あせ)①〔名〕

汗，汗水。*～が出(で)る。/ 出汗。

□手 □腕 □指 □爪 □足·脚 □膝 □肩 □懐 □胸 □胃 □背 □背中 □腰
□腹 □おなか □肌 □しわ □心臓 □神経 □血 □血液 □呼吸 □息 □せき □汗

关联词 >>>

- ◆ 上半身（じょうはんしん）③〔名〕 上半身。
- ◆ 下半身（かはんしん）②〔名〕 下半身。
- ◆ 脇（わき）②〔名〕 腋下，胳肢窝。
- ◆ 皮膚（ひふ）①〔名〕 皮肤。
- ◆ 瞳（ひとみ）⓪〔名〕 眼珠子。
- ◆ 眉（まゆ）①〔名〕 眉毛。
- ◆ 眉毛（まゆげ）①〔名〕 眉毛。
- ◆ あご②〔名〕 下巴。
- ◆ ひげ⓪〔名〕 胡须，胡子。
- ◆ 両手（りょうて）⓪〔名〕 双手。
- ◆ 片手（かたて）⓪〔名〕 单手。
- ◆ 両腕（りょううで）⓪〔名〕 双臂。
- ◆ 片腕（かたうで）⓪〔名〕 单臂。
- ◆ 手首（てくび）①〔名〕 手腕。
- ◆ 肘（ひじ）②〔名〕 胳膊肘。
- ◆ 親指（おやゆび）⓪〔名〕 拇指。
- ◆ 人差し指（ひとさしゆび）④〔名〕 食指。
- ◆ 中指（なかゆび）②〔名〕 中指。
- ◆ 薬指（くすりゆび）③〔名〕 无名指。
- ◆ 小指（こゆび）⓪〔名〕 小指。
- ◆ 両足（りょうあし）⓪〔名〕 双脚，双腿。
- ◆ 片足（かたあし）⓪〔名〕 单脚，单腿。
- ◆ 足首（あしくび）②〔名〕 脚踝。
- ◆ 爪先（つまさき）⓪〔名〕 脚尖。
- ◆ 裸足（はだし）⓪〔名〕 赤脚，光脚。

练 习

一、请从 ☐ 中选择一个最合适的词，并用平假名写在（　　）中。

胃　骨　喉　肌

1.（　　　　）がない動物を二つ言ってみましょう。

2.（　　　　）がかわいたので、お水を飲みました。

3. 食べすぎて、（　　　　）が痛くなりました。

4. 彼女の（　　　　）は白くて、雪のようです。

二、请从 ☐ 中选择一个最合适的词，并用汉字写在（　　）中。

はら　は　こし　かみ

1.（　　　　）から下が雨でぬれました。

2. 長くなった（　　　　）を切ってもらった。

3. 医者に悪い（　　　　）を抜(ぬ)いてもらいました。

4.（　　　　）が減(へ)ったので、サンドイッチを買って食べました。

三、请选择合适的搭配，把对应的字母写在（　　）中。

1. 首が	(　)	A. ふとい	4. 体が	(　)	D. ひろい
2. 血が	(　)	B. たかい	5. 額が	(　)	E. 丈夫だ
3. 背が	(　)	C. でる	6. 頭が	(　)	F. いい

四、请从 A、B、C、D 四个选项中选择最合适的一个填入（　　）中。

1.（　　）がすいたでしょう。食事をしましょうか。

A. おなか　　B. せき　　C. しわ　　D. ほお

2.（　　）がある人というのは、能力(のうりょく)があるという意味です。

A. ゆび　　B. ひげ　　C. うで　　D. ひじ

3. 転(ころ)んで、（　　）にけがをしました。

A. あご　　B. ひざ　　C. まゆ　　D. ほほ

第 2 课　人的健康

✻ 创伤・病症・疾病

☆体調（たいちょう）⓪〔名〕

健康状况。＊～が悪（わる）い。/ 身体不佳。

★傷（きず）⓪〔名〕

（皮肤或物体表面）小伤痕。＊手（て）〔リンゴ〕の～。/ 手上〔苹果表面〕的伤痕。

★けが②〔名・Ⅲ自〕

（人体）伤。＊腕（うで）が～した。/ 手臂负伤。

☆病状（びょうじょう）⓪〔名〕

病情。＊～が悪化（あっか）する。/ 病情恶化。

☆症状（しょうじょう）⓪③〔名〕

症状。＊中毒（ちゅうどく）～。/ 中毒症状。

★病気（びょうき）⓪〔名〕

疾病。＊～になる〔かかる〕。/ 生病。

★熱（ねつ）②〔名〕

（发烧时）热度。＊～がある。/ 发烧了。

★風邪（かぜ）⓪〔名〕

感冒。＊～を引（ひ）く。/ 患感冒。

★虫歯（むしば）⓪〔名〕

虫牙，蛀牙。＊～になる。/ 长蛀牙。

✻ 医疗・看护

☆診察（しんさつ）⓪〔名・Ⅲ他〕

诊察，检查。＊患者（かんじゃ）を～する。/ 给患者看病。

☆診断（しんだん）⓪〔名・Ⅲ他〕

诊断。＊肺炎（はいえん）と～する。/ 诊断为肺炎。

☆治療（ちりょう）⓪〔名・Ⅲ他〕

治疗。＊虫歯（むしば）を～する。/ 治疗蛀牙。

☆手当（てあて）①〔名・Ⅲ他〕

看护，护理，照顾。＊負傷者（ふしょうしゃ）を～する。/ 救治伤员。

☆手術（しゅじゅつ）①〔名・Ⅲ他〕

手术。＊胃（い）を～する。/ 动胃部手术。

☆注射（ちゅうしゃ）⓪〔名・Ⅲ他〕

注射。＊ワクチンを～する。/ 打疫苗。

★入院（にゅういん）⓪〔名・Ⅲ自〕　⇔退院

住院。＊病気（びょうき）で～する。/ 因病住院。

★退院（たいいん）⓪〔名・Ⅲ自〕　⇔入院

出院。＊患者（かんじゃ）が～する。/ 患者出院。

★通院（つういん）⓪〔名・Ⅲ自〕

定期就诊。＊毎日（まいにち）～する。/ 天天上医院。

☆看病（かんびょう）①〔名・Ⅲ他〕

护理病人。＊病人（びょうにん）を～する。/ 看护病人。

☆介護（かいご）①〔名・Ⅲ他〕

护理（老弱病残者）。＊身体障碍者（しんたいしょうがいしゃ）を～する。/ 护理残疾人。

□体調　□傷　□けが　□病状　□症状　□病気　□熱　□風邪　□虫歯　□診察
□診断　□治療　□手当　□手術　□注射　□入院　□退院　□通院　□看病　□介護

☆全快（ぜんかい）⓪〔名 Ⅲ自〕

伤病痊愈。＊病気（びょうき）が～する。/ 病痊愈。

✻ 药物

★薬（くすり）⓪〔名〕

药，药品。＊～を出（だ）す。/ 开药方。

☆漢方薬（かんぽうやく）②〔名〕

中药，中成药。＊～を煎（せん）じる。/ 煎中药。

✻ 休息

★休憩（きゅうけい）⓪〔名・Ⅲ自〕

（利用工作间隙）稍作休息。＊少（すこ）し～しよう。/ 稍微休息一下吧。

★昼休み（ひるやすみ）③〔名・Ⅲ自〕

午休。＊1時間（じかん）～する。/ 午休1小时。

✻ 患者

★患者（かんじゃ）⓪〔名〕

患者。＊～を診察（しんさつ）する。/ 给患者看病。

★病人（びょうにん）⓪〔名〕

病人。＊～の世話（せわ）をする。/ 照顾病人。

✻ 医院・医护人员

★病院（びょういん）⓪〔名〕

（综合性）医院。＊～に入（はい）る。/ 住院。

★医者（いしゃ）⓪〔名〕

医生。＊～を呼（よ）ぶ。/ 请医生。

★歯医者（はいしゃ）①〔名〕

牙医。＊～に行（い）く。/ 去看牙医。

☆外科医（げかい）②〔名〕

外科医生。＊～になる。/ 当外科医生。

★看護師（かんごし）③〔名〕

护士。＊～を募集（ぼしゅう）する。/ 招聘护士。

关联词 >>>

◆流感（りゅうかん）⓪〔名〕	流感。	◆飲み薬（のみぐすり）③〔名〕	口服药。
◆頭痛（ずつう）⓪〔名〕	头痛。	◆診療所（しんりょうじょ）⓪〔名〕	（私立）诊所。
◆寒気（さむけ）③〔名〕	身体发冷。	◆外科（げか）⓪〔名〕	外科。
◆めまい②〔名〕	晕眩。	◆内科（ないか）⓪〔名〕	内科。
◆肺炎（はいえん）⓪〔名〕	肺炎。	◆小児科（しょうにか）⓪〔名〕	小儿科。
◆花粉症（かふんしょう）⓪〔名〕	花粉症。	◆皮膚科（ひふか）⓪〔名〕	皮肤科。
◆薬品（やくひん）⓪〔名〕	药品，药物。	◆産婦人科（さんふじんか）⓪〔名〕	妇产科。
◆風邪薬（かぜぐすり）③〔名〕	感冒药。	◆外来（がいらい）⓪〔名〕	门诊（患者）。
◆塗り薬（ぬりぐすり）③〔名〕	涂抹用药。		

□全快 □薬 □漢方薬 □休憩 □昼休み □患者 □病人 □病院 □医者 □歯医者 □外科医 □看護師

练 习

一、请从 [ ] 中选择一个最合适的词，并用平假名写在（　　）中。

虫歯　外科医　患者　診断

1. （　　　　）から治療をしてもらいました。

2. （　　　　）書に肺炎と書いてあります。

3. 医者はその（　　　　）を診察しました。

4. 甘い物をたくさん食べると、（　　　　）になりますよ。

二、请从 [ ] 中选择一个最合适的词，并用汉字写在（　　）中。

きゅうけい　たいちょう　さむけ　きず

1. 15 分間の（　　　　）を利用して、コーヒーを一杯飲みます。

2. 皮膚に（　　　　）が残(のこ)ってしまいました。

3. （　　　　）が悪い娘を連れて病院へ行きました。

4. （　　　　）もするし、熱も少しあるから、どうも風邪のようです。

三、请选择合适的搭配，把对应的字母写在（　　）中。

1. 病気に　（　　）	A. 出る	4. 流感が　（　　）	D. 出す
2. 熱が　（　　）	B. かかる	5. 頭痛が　（　　）	E. する
3. 風邪を　（　　）	C. 引く	6. 薬を　（　　）	F. はやる

四、请从 A、B、C、D 四个选项中选择最合适的一个填入（　　）中。

1.（　　）とは、病人の世話をすることです。

A. 通院　　B. 看病　　C. 注射　　D. 手術

2. 負傷者(ふしょうしゃ)が医者の応急(おうきゅう)（　　）を受(う)けました。

A. 症状　　B. 病状　　C. 入院　　D. 手当

3. 足に（　　）をした山田(やまだ)選手は今晩の試合に出ませんでした。

A. せき　　B. めまい　　C. けが　　D. きず

第3课 人的动作

✻ 全身动作

★力（ちから）③〔名〕

（人的）力气。＊～が強（つよ）い。/ 力气大。

☆体力（たいりょく）①〔名〕

体能，精力。＊～を付（つ）ける。/ 增强体力。

☆圧力（あつりょく）②〔名〕

压力，威慑力。＊相手に～をかける。/ 给对方施加压力。

✻ 睡眠

★睡眠（すいみん）⓪〔名·Ⅲ自〕

睡眠。＊～を取（と）る。/ 获得睡眠。

★昼寝（ひるね）⓪〔名·Ⅲ自〕

午睡。＊1時間（じかん）～する。/ 午睡睡1小时。

★寝坊（ねぼう）⓪〔名·Ⅲ自〕

①爱睡懒觉的人。＊息子（むすこ）は～だ。/ 儿子是个懒觉虫。

②睡懒觉。＊今日（きょう）は朝（あさ）～した。/ 今天早上睡懒觉了。

☆眠気（ねむけ）⓪〔名〕

发困，睡意。＊～がする。/ 感觉想睡觉。

★早寝（はやね）②③〔名·Ⅲ自〕

早睡。＊～する習慣（しゅうかん）。/ 早睡的习惯。

★早起き（はやおき）②〔名·Ⅲ自〕

早起。＊～する習慣（しゅうかん）。/ 早起的习惯。

✻ 表情

☆表情（ひょうじょう）③〔名〕

表情。＊悲（かな）しい～。/ 悲伤的表情。

★顔（かお）⓪〔名〕

表情，神情。＊怖（こわ）い～。/ 可怕的表情。

☆笑顔（えがお）①〔名〕

笑脸，笑颜。＊～を持（も）つ。/ 面带微笑。

★顔色（かおいろ）⓪〔名〕

脸色，气色。＊～が悪（わる）い。/ 脸色难看。

★涙（なみだ）①〔名〕

眼泪。＊～が出（で）る〔を流（なが）す〕。/ 流泪。

✻ 视觉

☆注目（ちゅうもく）⓪〔名·Ⅲ自〕

关注，瞩目。＊新作品（しんさくひん）に～する。/ 关注新作品。

☆油断（ゆだん）⓪〔名·Ⅲ自〕

（因不仔细观察等）疏忽大意。＊～して負（ま）けた。/ 疏忽大意导致失败。

✻ 听觉

★音（おと）②〔名〕

（人、动物以外的）声响。＊ピアノの～がする。/ 听到钢琴声。

★声（こえ）①〔名〕

（人或动物的）声音。＊人（ひと）の～。/ 人声。

★大声（おおごえ）③〔名〕

大声。＊～で話（はな）す。/ 大声说话。

💡与其他词复合时读作「～ごえ」。

□力 □体力 □圧力 □睡眠 □昼寝 □寝坊 □眠気 □早寝 □早起き □表情
□顔 □笑顔 □顔色 □涙 □注目 □油断 □音 □声 □大声

✲味觉・嗅觉

★味(あじ)⓪〔名〕

（味觉）味道。*～がいい料理(りょうり)。/味道好的菜。

★匂い(におい)②〔名〕

（嗅觉）气味。*臭い(くさい)～。/臭味。

★香り(かおり)⓪〔名〕

（本身的）芳香。*花(はな)の～。/花香。

✲行为

☆行為(こうい)①〔名〕

行为，举动。*勇敢(ゆうかん)な～。/勇敢的行为。

☆行動(こうどう)⓪〔名・Ⅲ自〕

行动。*すぐ～する。/马上行动。

★活動(かつどう)⓪〔名・Ⅲ自〕

①社会活动。*クラブ～。/俱乐部活动。
②（自然现象）活动。*火山(かざん)が～する。/火山运动。

☆動作(どうさ)①〔名〕

动作。*～が速い(はやい)。/动作迅速。

☆身ぶり(みぶり)①〔名〕

肢体语言。*驚いた(おどろいた)～。/惊讶的姿势。

☆手ぶり(てぶり)①〔名〕

手势。*～で話す(はなす)。/说话时打手势。

✲得失

★回収(かいしゅう)⓪〔名・Ⅲ他〕

回收（废品、钱款、调查表等）。*廃品(はいひん)を～。/回收废品。

☆収集(しゅうしゅう)⓪〔名・Ⅲ他〕

①回收（废弃物）。*ごみを～する。/回收垃圾。
②收集（信息）。*情報(じょうほう)を～する。/收集信息。

☆借金(しゃっきん)③〔名・Ⅲ自〕

借款，借钱。*友達(ともだち)から～する。/向朋友借钱。

★成功(せいこう)⓪〔名・Ⅲ自〕　⇔失敗

成功。*実験(じっけん)が～した。/实验成功。

★失敗(しっぱい)⓪〔名・Ⅲ自〕　⇔成功

失败。*計画(けいかく)が～した。/计划失败。

✲选择・使用

★選択(せんたく)⓪〔名・Ⅲ他〕

选择，挑选。*本(ほん)を～する。/选书。

★使用(しよう)⓪〔名・Ⅲ他〕

①使用（工具、材料等）。*道具(どうぐ)を～する。/使用工具。
②雇用（劳动者）。*パートを～する。/雇用短工。

★利用(りよう)⓪〔名・Ⅲ他〕

①有效利用（交通、设施、时间、资源等）。*図書館(としょかん)を～する。/利用图书馆。
②（为图方便）利用人。*警察(けいさつ)の力(ちから)を～する。/利用警察的势力。

✲处理

☆処理(しょり)①〔名・Ⅲ他〕

①处理掉（物品）。*古い(ふるい)家具(かぐ)を～する。/处理掉旧家具。

□味　□匂い　□香り　□行為　□行動　□活動　□動作　□身ぶり　□手ぶり　□回収
□収集　□借金　□成功　□失敗　□選択　□使用　□利用　□処理

②办理（事情）。＊事務（じむ）〔情報（じょうほう）〕を～する。/ 办理事务〔处理信息〕。

☆処分（しょぶん）① 〔名·Ⅲ他〕

①扔掉（物品）。＊ごみを～する。/ 扔掉垃圾。

②处分，处罚。＊人（ひと）を～する。/ 处罚人。

★禁止（きんし）⓪ 〔名·Ⅲ他〕

＊喫煙（きつえん）を～する。/ 禁止吸烟。

✲ 准备

★準備（じゅんび）① 〔名·Ⅲ自〕

准备（物品）；筹备（活动、事项）。＊試験（しけん）〔車（くるま）〕を～する。/ 备考〔备车〕。

★用意（ようい）① 〔名·Ⅲ他〕

预备（必需品等）。＊資料（しりょう）を～する。/ 准备资料。

💡 会議の用意。（×）

★支度（したく）⓪ 〔名·Ⅲ他〕

①准备（做饭等）。＊食事（しょくじ）の～をする。/ 准备饭菜。

②（出门前的）穿戴，打扮。＊外出（がいしゅつ）の～をする。/ 打扮好准备外出。

💡 会議の支度。（×）

✲ 指示

☆命令（めいれい）⓪ 〔名·Ⅲ他〕

命令。＊部下（ぶか）に出張（しゅっちょう）を～する。/ 命令下属出差。

☆指示（しじ）① 〔名·Ⅲ他〕

指示，命令。＊計画（けいかく）中止（ちゅうし）を～する。/ 指示终止计划。

✲ 实行・预防

☆実行（じっこう）⓪ 〔名·Ⅲ他〕

实行，落实（计划等）。＊計画（けいかく）を～する。/ 落实计划。

★中止（ちゅうし）⓪ 〔名·Ⅲ他〕

中途停止，临时取消（活动等）。＊雨（あめ）で試合（しあい）を～する。/ 因下雨中止比赛。

☆予防（よぼう）⓪ 〔名·Ⅲ他〕

预防。＊火災（かさい）を～する。/ 预防火灾。

☆防止（ぼうし）⓪ 〔名·Ⅲ他〕

防止（犯罪等）。＊犯罪（はんざい）を～する。/ 防止犯罪。

☆保護（ほご）① 〔名·Ⅲ他〕

保护。＊動物（どうぶつ）を～する。/ 保护动物。

□処分 □禁止 □準備 □用意 □支度 □命令 □指示 □実行 □中止 □予防
□防止 □保護

练 习

一、请从［　］中选择一个最合适的词，并用平假名写在（　　）中。

味　笑顔　香り　寝坊

1. （　　　　　）して、約束の時間に遅れてしまいました。
2. 店員が（　　　　　）で客を迎（むか）えます。
3. 花の（　　　　　）がしますね。
4. このスープは（　　　　　）が薄（うす）いですね。

二、请从［　］中选择一个最合适的词，并用汉字写在（　　）中。

ちから　はやおき　かおいろ　こえ

1. 大きな（　　　　　）で話してください。
2. 上司（じょうし）の（　　　　　）をうかがって話します。
3. 明日は（　　　　　）しなければなりません。
4. 体が大きいですが、あまり（　　　　　）がありません。

三、请选择合适的搭配，把对应的字母写在（　　）中。

1. 圧力を	（　）	A. とる	4. 体力を	（　）	D. だす
2. 涙を	（　）	B. かける	5. 匂いが	（　）	E. する
3. 睡眠を	（　）	C. ながす	6. 音を	（　）	F. つける

四、请从 A、B、C、D 四个选项中选择最合适的一个填入（　　）中。

1. 父はよくボランティア（　　）に参加（さんか）しています。

   A. 動力　　B. 行動　　C. 動作　　D. 活動

2. 卒業式（そつぎょうしき）のための（　　）はもう終わりました。

   A. 支度　　B. 用意　　C. 準備　　D. 処理

3. 図書館で、いい絵本を（　　）して、子供たちに読ませます。

   A. 選択　　B. 利用　　C. 実行　　D. 使用

第4课 人的性质

✲性格・特征

☆性格(せいかく)⓪〔名〕

性格，脾气。*～が違(ちが)う。/ 性格不同。

☆個性(こせい)①〔名〕

(人、作品等)个性。*～がある人(ひと)〔作品(さくひん)〕。/ 有个性的人〔作品〕。

☆人柄(ひとがら)⓪〔名〕

(=柄(がら))为人。*～がいい。/ 人品好。

☆根性(こんじょう)①〔名〕

①(消极面)劣根性。*役人(やくにん)～。/ 官僚作风。②(积极面)斗志，毅力。*～がある選手(せんしゅ)。/ 有斗志的运动员。

☆癖(くせ)②〔名〕

怪癖，坏习惯，坏毛病。*悪(わる)い～が付(つ)く。/ 染上恶习。

✲态度・举止

★態度(たいど)①〔名〕

(为人的)态度。*～が悪(わる)い。/ 态度差。

☆支持(しじ)①〔名・Ⅲ他〕

支持。*君(きみ)の意見(いけん)を～する。/ 我支持你的意见。

★賛成(さんせい)⓪〔名・Ⅲ自〕 ⇔反対

赞成。*計画(けいかく)に～する。/ 赞同计划。

★反対(はんたい)⓪〔名・Ⅲ自〕 ⇔賛成

反对。*議案(ぎあん)に～する。/ 反对议案。

✲能力

★力(ちから)③〔名〕

能力，实力。*外国語(がいこくご)の～。/ 外语能力。

☆集中力(しゅうちゅうりょく)③〔名〕

注意力。*～に欠(か)ける。/ 注意力不集中。

☆才能(さいのう)⓪〔名〕

才干，才能。*～を伸(の)ばす。/ 增长才干。

★能力(のうりょく)①〔名〕

能力。*～を高(たか)める。/ 提高能力。

★実力(じつりょく)⓪〔名〕

实力，实际能力。*～がある。/ 有实力。

★技術(ぎじゅつ)①〔名〕

技术。*～を身(み)に付(つ)ける。/ 掌握技术。

☆習い事(ならいごと)⓪〔名〕

习艺，(读、写等各种技艺的)学习。*子供(こども)に～をさせる。/ 让孩子学习才艺。

☆上達(じょうたつ)⓪〔名・Ⅲ自〕

(技术等)长进。*運転(うんてん)が～する。/ 驾驶水平进步了。

✲学识・知识

★知識(ちしき)①〔名〕

知识。*～が豊(ゆた)かだ。/ 知识丰富。

☆学問(がくもん)②〔名〕

(知识修养)学问，学识。*～がある人(ひと)。/ 有学问的人。

□性格 □個性 □人柄 □根性 □癖 □態度 □支持 □賛成 □反対 □力
□集中力 □才能 □能力 □実力 □技術 □習い事 □上達 □知識 □学問

☆教養（きょうよう）⓪〔名〕

教养。＊～がある人。/ 有教养的人。

☆常識（じょうしき）⓪〔名〕

常识。＊～に欠ける。/ 缺乏常识。

☆知恵（ちえ）⓪〔名〕

智慧。＊～を出す。/ 出主意。

☆学力（がくりょく）⓪②〔名〕

（成绩和学习能力）学力。＊～が高まる。/ 学力提高。

✻ 想法・意见

☆立場（たちば）①〔名〕

立场，角度。＊～が違う。/ 立场不同。

☆感想（かんそう）⓪〔名〕

感想。＊～を聞かせる。/ 谈感想。

★意見（いけん）①〔名〕

意见，想法。＊～を言う。/ 发表意见。

☆設定（せってい）⓪〔名・Ⅲ他〕

制定，设定，确定（规则、标准等）。＊価格を～する。/ 制定价格。

☆工夫（くふう）⓪〔名・Ⅲ他〕

①（解决难题的想法）创意，妙招。＊ごみを減らす～。/ 减少垃圾的妙招。

②构思（办法、方法）。＊作り方を～する。/ 反复构思制作方法。

☆対策（たいさく）⓪〔名〕

对策。＊～を立てる。/ 制定对策。

✻ 企划・谋划

★設計（せっけい）⓪〔名・Ⅲ他〕

①设计（建筑等）。＊建物を～する。/ 设计建筑。

②规划（将来）。＊今後の生活を～する。/ 规划未来生活。

★計画（けいかく）⓪〔名・Ⅲ他〕

计划，规划。＊海外旅行を～する。/ 计划海外旅行。

★開発（かいはつ）⓪〔名・Ⅲ他〕

①开发（产品等）。＊技術を～する。/ 研发技术。

②开发（天然资源等）。＊油田〔電源〕を～する。/ 开发油田〔电源〕。

✻ 决心

☆意志（いし）①〔名〕

意志，决心。＊～が強い。/ 意志坚强。

☆決心（けっしん）①〔名・Ⅲ自〕

决心。＊辞めると～する。/ 决心辞职。

★判断（はんだん）①〔名・Ⅲ他〕

判断。＊良し悪しを～する。/ 判断好坏。

✻ 理解

★理解（りかい）①〔名・Ⅲ他〕

理解，懂得，领会。＊話の意味を～する。/ 领会谈话的意思。

★承知（しょうち）⓪〔名・Ⅲ他〕

①知道。＊結果を～する。/ 知道结果。

②同意，答应。＊娘の留学を～する。/ 同意女儿留学。

☆納得（なっとく）⓪〔名・Ⅲ他〕

理解，同意，认可。＊相手の説明を～する。/ 认可对方的解释。

☆了解（りょうかい）⓪〔名・Ⅲ他〕

理解，领会，明白。＊相手の意味を～する。/ 领会对方的意思。

□教養 □常識 □知恵 □学力 □立場 □感想 □意見 □設定 □工夫 □対策
□設計 □計画 □開発 □意志 □決心 □判断 □理解 □承知 □納得 □了解

✻推测・预测

☆推測（すいそく）⓪〔名・Ⅲ他〕

推测。*結果（けっか）を～する。/ 推测结果。

★予測（よそく）⓪〔名・Ⅲ他〕

预测。*売（う）り上（あ）げを～する。/ 预测营业额。

★予想（よそう）⓪〔名・Ⅲ他〕

预想。*結果（けっか）を～する。/ 预想结果。

✻目的・目标

★目的（もくてき）⓪〔名〕

目的。*留学（りゅうがく）の～。/ 留学的目的。

☆目標（もくひょう）⓪〔名〕

目标。*優勝（ゆうしょう）を～にする。/ 以夺冠为目标。

☆方向（ほうこう）⓪〔名〕

目标，方向。*経営（けいえい）の～。/ 经营目标。

☆対象（たいしょう）⓪〔名〕

（研究、调查、销售等的）对象。*若者（わかもの）を～に売（う）る。/ 以年轻人为销售对象。

★記念（きねん）⓪〔名・Ⅲ他〕

纪念。*卒業（そつぎょう）を～する。/ 纪念毕业。

☆思い出（おもいで）⓪〔名〕

（有价值的）回忆，往事。*いい～になる。/ 成为美好的回忆。

✻精神

★心（こころ）③〔名〕

①心，内心。*～から感謝（かんしゃ）する。/ 表示衷心感谢。

②心灵。*～が美（うつく）しい。/ 心灵美。

☆精神（せいしん）①〔名〕

精神，意识，思想。*サービス～を心（こころ）がける。/ 牢记服务宗旨。

★気分（きぶん）①〔名〕

①（舒畅或忧郁等内心波动的）情绪。*～が悪（わる）い〔いい〕。/ 心里郁闷〔舒畅〕。

②身体状况舒适与否。*風邪（かぜ）で～が悪（わる）い。/ 因感冒身体不佳。

★気持ち（きもち）⓪〔名〕

（爽与不爽的）心情。*～がよい〔悪（わる）い〕。/ 心情爽快〔心情不爽〕。

☆熱中（ねっちゅう）⓪〔名・Ⅲ自〕

热衷于。*研究（けんきゅう）に～する。/ 热衷于研究。

☆好き嫌い（すききらい）②〔名〕

（对食物等）挑剔。*食（た）べ物（もの）に～はない。/ 我对吃的不挑剔。

✻感觉・意识

☆感覚（かんかく）⓪〔名〕

①（五官）感觉，感受。*寒（さむ）さで～がなくなる。/ 因寒冷失去知觉。

②（对美丑、善恶等的）感受。*流行（りゅうこう）に対（たい）する～。/ 对时尚的感觉。

☆意識（いしき）①〔名・Ⅲ他〕

①意识，知觉。*～を失（うしな）う。/ 失去知觉。

②意识到。*自分（じぶん）の欠点（けってん）を～した。/ 认识到自己的缺点。

☆印象（いんしょう）⓪〔名〕

（给人的）印象。*深（ふか）い～を残（のこ）す。/ 留下深刻印象。

□推測 □予測 □予想 □目的 □目標 □方向 □対象 □記念 □思い出 □心
□精神 □気分 □気持ち □熱中 □好き嫌い □感覚 □意識 □印象

☆疑問（ぎもん）⓪〔名〕

疑问，疑惑。＊結果（けっか）に～がある。/ 对结果抱有疑问。

✲情感

☆感情（かんじょう）⓪〔名〕 ⇔理性

感情。＊～を顔（かお）に出（だ）す。/ 情感外露。

☆感動（かんどう）⓪〔名・Ⅲ自〕

为……而感动。＊名曲（めいきょく）に～した。/ 为名曲而感动。

☆反省（はんせい）⓪〔名・Ⅲ他〕

反省。＊自分（じぶん）を～する。/ 自我反省。

☆後悔（こうかい）①〔名・Ⅲ他〕

后悔。＊自分（じぶん）の失敗（しっぱい）を～する。/ 后悔自己的过错。

☆恥（はじ）②〔名〕

耻辱，丢人，羞耻。＊それはうちの～だ。/ 那是我们家的耻辱。

☆誇り（ほこり）⓪〔名〕

自豪。＊教師（きょうし）としての～を持（も）つ。/ 我为我是个教师而自豪。

☆自慢（じまん）⓪〔名・Ⅲ他〕

自豪，骄傲，得意。＊いい成績（せいせき）を～する。/ 得意于自己的好成绩。

★自信（じしん）③〔名〕

自信，信心。＊合格（ごうかく）する～がある。/ 有信心考及格。

✲理想・希望・欲望

★夢（ゆめ）②〔名〕

①梦。＊～を見（み）る。/ 做梦。

②理想，梦想。＊～がある。/ 有抱负。

☆理想（りそう）⓪〔名〕 ⇔現実

理想。＊～が高（たか）すぎる。/ 理想过高。

☆想像（そうぞう）⓪〔名・Ⅲ他〕

想象。＊未来（みらい）を～する。/ 想象未来。

★希望（きぼう）⓪〔名・Ⅲ他〕

①希望，期待。＊日本留学（にほんりゅうがく）を～する。/ 希望留学日本。

②志愿（报考等）。＊東大（とうだい）を～する。/ 志愿报考东京大学。

☆期待（きたい）⓪〔名・Ⅲ他〕

期待。＊成功（せいこう）を～する。/ 期待成功。

☆欲望（よくぼう）⓪〔名〕

欲望。＊～が高（たか）くなる。/ 欲望膨胀。

☆要求（ようきゅう）⓪〔名・Ⅲ他〕

要求。＊増給（ぞうきゅう）を～する。/ 要求加工资。

✲精力

☆やる気（き）⓪〔名〕

（做事的）干劲。＊～がある。/ 有干劲。

☆意欲（いよく）①〔名〕

积极性，热情。＊研究（けんきゅう）に～がある。/ 对搞研究有热情。

★我慢（がまん）①〔名・Ⅲ他〕

忍受，忍耐。＊痛（いた）みを～する。/ 忍痛。

☆努力（どりょく）①〔名・Ⅲ自〕

努力。＊目的達成（もくてきたっせい）に～する。/ 为达目的而努力。

☆活躍（かつやく）⓪〔名・Ⅲ自〕

（在某领域）大显身手，活跃。＊芸能界（げいのうかい）で～する。/ 活跃于演艺圈。

□疑問 □感情 □感動 □反省 □後悔 □恥 □誇り □自慢 □自信 □夢 □理想
□想像 □希望 □期待 □欲望 □要求 □やる気 □意欲 □我慢 □努力 □活躍

★緊張（きんちょう）⓪〔名・Ⅲ自〕

①（精神）紧张。*人（ひと）の前（まえ）で～する。/在人前紧张。

②（关系）紧张，恶化。*両国（りょうこく）の関係（かんけい）が～する。/两国关系紧张。

✲追求・寻求

★興味（きょうみ）①〔名〕

（对……）感兴趣。*音楽（おんがく）に～がある〔を持（も）つ〕。/对音乐感兴趣。

☆関心（かんしん）⓪〔名〕 ⇔無関心

（对事情）关心，感兴趣。*教育（きょういく）に～がある〔を持（も）つ〕。/关心教育问题。

☆発見（はっけん）⓪〔名・Ⅲ他〕

重大发现。*新星（しんせい）を～する。/发现新星。

□緊張 □興味 □関心 □発見

练　习

一、请从 [ ] 中选择一个最合适的词，并用平假名写在（　　）中。

夢　心　恥　癖

1.（　　　　　）の中で、ありがとうと言いました。

2.（　　　　　）をかくようなことはしません。

3. 大きな（　　　　　）を抱(いだ)いています。

4. 悪い（　　　　　）が付いたら、なかなか治(なお)りません。

二、请从 [ ] 中选择一个最合适的词，并用汉字写在（　　）中。

きょうみ　かんしん　きぼう　くふう

1. 息子は大学院への進学(しんがく)を（　　　　　）しています。

2. よい文章を書くには、どんな（　　　　　）が必要でしょうか。

3. 日本文化に深い（　　　　　）を持っています。

4. 政治(せいじ)に無(む)（　　　　　）な人が多いようです。

三、请选择合适的搭配，把对应的字母写在（　　）中。

1. 計画を　（　）	A. たてる	4. 感想を　（　）	D. ある
2. 能力が　（　）	B. なる	5. 自信が　（　）	E. わるい
3. 思い出に　（　）	C. ある	6. 気分が　（　）	F. きかせる

四、请从 A、B、C、D 四个选项中选择最合适的一个填入（　　）中。

1. あの件(けん)を（　　）してくれて、ありがとうございます。

A. 予測　　B. 承知　　C. 発見　　D. 決心

2.（　　）しないで、落(お)ち着(つ)いてください。

A. 期待　　B. 感情　　C. 緊張　　D. 欲望

3. あの人の態度には、とても（　　）できません。

A. 図解　　B. 了解　　C. 我慢　　D. 自慢

第5课 人的一生

✲人类

★人（ひと）⓪〔名〕

①人，人类。＊～と動物（どうぶつ）。/ 人类和动物。
②他人。＊～の意見（いけん）。/ 别人的意见。

★人類（じんるい）①〔名〕

人类。＊～の歴史（れきし）。/ 人类的历史。

★人間（にんげん）⓪〔名〕

（生活中的）人，人们。＊～関係（かんけい）。/ 人际关系。

✲出生・成长

☆出生（しゅっせい）・出生（しゅっしょう）⓪〔名・Ⅲ自〕

人出生。＊子供（こども）が～した。/ 孩子出生了。

☆成長（せいちょう）⓪〔名・Ⅲ自〕

①（人）成长。＊子供（こども）が～する。/ 孩子长大。
②（事业）成长，发展。＊経済（けいざい）の高速（こうそく）～。/ 经济的高速增长。

☆生長（せいちょう）⓪〔名・Ⅲ自〕

植物生长。＊稲（いね）が～する。/ 水稻生长。

☆育児（いくじ）①〔名〕

育儿，育婴。＊～休暇（きゅうか）を取（と）る。/ 请产假。

☆子育て（こそだて）②〔名〕

养儿育女。＊～に忙（いそが）しい。/ 忙于带孩子。

☆少子化（しょうしか）⓪〔名〕

（出生率低）少子化。＊～が進（すす）む。/ 少子化在加剧。

☆高齢化（こうれいか）⓪〔名〕

老龄化。＊～の問題（もんだい）。/ 老龄化问题。

✲生命

★命（いのち）①〔名〕

①生命。＊～を大切（たいせつ）にする。/ 珍爱生命。
②寿命。＊～が長（なが）い。/ 寿命长。

☆生命（せいめい）①〔名〕

生命。＊人（ひと）の～を救（すく）う。/ 救人一命。

☆寿命（じゅみょう）⓪〔名〕

①（人的）寿命。＊～が延（の）びた。/ 寿命延长了。
②（物品）使用年限。＊この車（くるま）はもう～だ。/ 这辆车快报废了。

☆生存（せいぞん）⓪〔名・Ⅲ自〕

生存。＊この世（よ）に～する。/ 生存于世。

☆死亡（しぼう）⓪〔名・Ⅲ自〕

死亡。＊人（ひと）が～する。/ 人死亡。

✲人生

☆人生（じんせい）①〔名〕

人生。＊幸（しあわ）せな～。/ 幸福的一生。

☆一生（いっしょう）⓪〔名〕

一生。＊～のお願（ねが）い。/ 一生的夙愿。

☆生涯（しょうがい）①〔名〕

（人或职业）生涯。＊外交官（がいこうかん）の～。/ 外交官生涯。

□人 □人類 □人間 □出生 □成長 □生長 □育児 □子育て □少子化
□高齢化 □命 □生命 □寿命 □生存 □死亡 □人生 □一生 □生涯

★経験（けいけん）⓪〔名·Ⅲ他〕

①经验。*仕事（しごと）の～。/ 工作经验。

②经历。*人生（じんせい）を～する。/ 经历人生。

★体験（たいけん）⓪〔名·Ⅲ他〕

体验。*戦争（せんそう）を～する。/ 体验战争。

✻人生阶段

☆世代（せだい）①〔名〕

世代，辈。*若（わか）い～。/ 年轻一代。

☆年代（ねんだい）⓪〔名〕

（时间划分）年代。*60 ～。/60 年代。

★年（とし）②〔名〕

年龄，年纪。*～が違（ちが）う。/ 年纪不同。

☆年齢（ねんれい）⓪〔名〕

年龄。*～の差（さ）。/ 年纪之差。

★いくつ①〔名〕

几岁。*お～ですか。/ 您今年多大?

★二十歳（はたち）①〔名〕

二十岁。*～になる。/ 快二十岁了。

💡也读作「にじゅっさい」。

☆定年（ていねん）⓪〔名〕

退休年龄。*～退職（たいしょく）。/ 到年龄退休。

★若者（わかもの）⓪〔名〕

年轻人。*～を使（つか）う。/ 招用年轻人。

★大人（おとな）⓪〔名〕 ⇔子供

成年人，大人。*～になる。/ 长大成人。

☆年配（ねんぱい）⓪〔名〕

（中年以上）中老年。*60 ～の方（かた）。/60 岁的长者。

★年寄り（としより）③④〔名〕

老年人。*お～に親切（しんせつ）だ。/ 对老人很亲切。

☆老人（ろうじん）⓪〔名〕

老人，老年人。*ご～の方（かた）。/ 老年朋友。

☆高齢者（こうれいしゃ）③〔名〕

高龄老人。*～が多（おお）い。/ 高龄老人多。

✻人物

★方（かた）②〔名〕

（尊）……位。*あの～。/ 那位。

★者（もの）②〔名〕

（鄙视或自谦）人。*悪（わる）い～。/ 坏蛋。

☆人材（じんざい）⓪〔名〕

人才。*～を育（そだ）てる。/ 培养人才。

☆初心者（しょしんしゃ）②〔名〕

初学者。*日本語（にほんご）の～。/ 日语初学者。

☆素人（しろうと）①②〔名〕

外行，业余的。*音楽分野（おんがくぶんや）の～。/ 音乐界外行。

☆玄人（くろうと）①②〔名〕

内行，行家。*スポーツ分野（ぶんや）の～。/ 体育界行家。

✻男女

★男女（だんじょ）①〔名〕

男女。*～共学（きょうがく）。/ 男女同班（或同校）。

★性別（せいべつ）⓪〔名〕

性别。*～に関係（かんけい）なく。/ 不分性别。

□経験 □体験 □世代 □年代 □年 □年齢 □いくつ □二十歳 □定年 □若者
□大人 □年配 □年寄り □老人 □高齢者 □方 □者 □人材 □初心者 □素人
□玄人 □男女 □性別

★女（おんな）③〔名〕 ⇔男

女人，女性。✻優しい〜。/温柔的女人。

★男（おとこ）③〔名〕 ⇔女

男人，男性。✻いい〜。/好男人。

★坊（ぼっ）ちゃん①〔名〕

（自家以外的）小男孩。✻〜はおいくつ？/你儿子多大了？

✻恋爱・结婚

☆恋愛（れんあい）⓪〔名·Ⅲ自〕

恋爱。✻二人（ふたり）は〜している。/他俩在谈恋爱。

☆初恋（はつこい）⓪〔名〕

初恋。✻〜は印象的（いんしょうてき）だ。/初恋印象最深。

☆失恋（しつれん）⓪〔名·Ⅲ自〕

失恋。✻彼女（かのじょ）は〜した。/她失恋了。

☆見合（みあ）い⓪〔名·Ⅲ自〕

相亲。✻〜に行（い）く。/去相亲。

★恋人（こいびと）⓪〔名〕

恋人。✻〜ができた。/有对象了。

★結婚（けっこん）⓪〔名·Ⅲ自〕

结婚。✻姉（あね）は〜している。/姐姐已婚。

★離婚（りこん）⓪〔名·Ⅲ自〕

离婚。✻妻（つま）と〜する。/与妻子离婚。

★結婚式（けっこんしき）③〔名〕

婚礼。✻〜を行（おこな）う。/举办婚礼。

☆挙式（きょしき）⓪〔名·Ⅲ自〕

举办婚礼。✻神社（じんじゃ）で〜する。/在神社举办婚礼。

☆披露宴（ひろうえん）②〔名〕

婚宴。✻〜を行（おこな）う。/举办婚宴。

✻新娘・新郎

☆嫁（よめ）⓪〔名〕

新娘。✻〜に行（い）く〔をもらう〕。/嫁人〔娶媳妇〕。

☆婿（むこ）①〔名〕

（上门）女婿。✻〜を取（と）る。/招女婿。

✻夫妻

☆夫婦（ふうふ）①〔名〕

夫妇。✻〜になる。/结为伉俪。

☆夫妻（ふさい）①②〔名〕

（含有敬意）夫妻。✻ご〜の健康（けんこう）を祈（いの）る。/祝您夫妻二人健康。

★家内（かない）①〔名〕 ⇔主人

（我的）妻子。✻〜と旅行（りょこう）する。/跟老婆一起去旅行。

★妻（つま）①〔名〕 ⇔夫

（我的）妻子。✻〜を迎（むか）える。/娶老婆。

★奥（おく）さん①〔名〕

（对方的）夫人。✻〜は優（やさ）しいね。/您夫人真体贴啊。

★主婦（しゅふ）①〔名〕

家庭主妇。✻専業（せんぎょう）〜。/全职太太。

★主人（しゅじん）①〔名〕 ⇔家内

（我的）丈夫。✻〜を愛（あい）する。/爱老公。

★夫（おっと）⓪〔名〕 ⇔妻

（我的）丈夫。✻〜を持（も）つ。/我有老公。

□女 □男 □坊ちゃん □恋愛 □初恋 □失恋 □見合い □恋人 □結婚
□離婚 □結婚式 □挙式 □披露宴 □嫁 □婿 □夫婦 □夫妻 □家内 □妻
□奥さん □主婦 □主人 □夫

★子(こ)⓪〔名〕

孩子。*うちの～。/ 我的孩子。

★子供(こども)⓪〔名〕 ⇔大人

孩子，小孩。*～たちと遊(あそ)ぶ。/ 跟孩子们一起玩。

★双子(ふたご)・二子(ふたご)⓪〔名〕

双胞胎。*～がいる。/ 有对双胞胎。

★一人(ひとり)っ子(こ)③〔名〕

独生子（女）。*僕(ぼく)は～だ。/ 我是独生子。

★お子(こ)さん⓪〔名〕

（尊）您的孩子。*～はおいくつ？/ 您的孩子几岁？

★赤(あか)ちゃん①〔名〕

婴儿。*～はかわいい。/ 宝宝可爱。

★赤(あか)ん坊(ぼう)⓪〔名〕

婴儿。*～を抱(だ)く。/ 抱宝宝。

★孫(まご)②〔名〕

*～が三人(さんにん)いる。/ 有三个孙子。

✲亲属・子女

★親(おや)②〔名〕

父母。*子供(こども)の～。/ 孩子的父母。

★親子(おやこ)①〔名〕

亲子。*～で旅行(りょこう)する。/ 亲子旅行。

☆親戚(しんせき)⓪〔名〕

亲戚。*～を訪(たず)ねる。/ 走访亲戚。

☆いとこ②〔名〕

堂（表）兄弟姐妹。*～関係(かんけい)。/ 表亲。

✲家庭

☆祖先(そせん)①〔名〕

（人类、民族等）原始祖先。*猿(さる)は人類(じんるい)の～だ。/ 猴子是人类的祖先。

☆先祖(せんぞ)①〔名〕

（某家庭的）祖宗，先祖。*僕(ぼく)の～は武士(ぶし)だった。/ 我祖上是武士。

☆実家(じっか)⓪〔名〕

（男女）娘家；老家。*～に帰(かえ)る。/ 回娘家。

★家族(かぞく)①〔名〕

家族，家人。*～旅行(りょこう)。/ 举家旅行。

☆核家族(かくかぞく)③〔名〕

（亲子两代）小家庭。*～の社会(しゃかい)。/ 由小家庭构成的社会。

★家庭(かてい)⓪〔名〕

家庭。*～教師(きょうし)。/ 家庭教师。

★家(いえ)②〔名〕

（我或别人的）家。*彼女(かのじょ)の～へ行(い)く。/ 去女友家。

★うち⓪〔名〕

（我的）家。*～へ帰(かえ)る。/ 回家。

★お宅(たく)⓪〔名〕

您家，府上。*～へ参(まい)る。/ 去您家。

✲身世

★出身(しゅっしん)⓪〔名〕

①出生地。*～は東京(とうきょう)だ。/ 生在东京。
②（毕业的大学）出身。*～大学(だいがく)は東大(とうだい)だ。/“东大”毕业。

□子　□子供　□双子·二子　□一人っ子　□お子さん　□赤ちゃん　□赤ん坊　□孫
□親　□親子　□親戚　□いとこ　□祖先　□先祖　□実家　□家族　□核家族
□家庭　□家　□うち　□お宅　□出身

★生まれ⓪〔名〕

出生（地）。＊～は田舎だ。/生在乡下。

★育ち③〔名〕

成长（环境）。＊～は都会だ。/长在城市。

★環境⓪〔名〕

（人文、自然、成长等）环境。＊自然～を大切にする。/珍爱自然环境。

✻姓名・人称

★名前⓪〔名〕

①（人）姓名。＊お～は何ですか。/您叫什么名字?

②（事物）名称。＊花〔病気〕の～。/花〔疾病〕的名称。

☆氏名①〔名〕

（表格等用语）姓名。＊～を記入する。/填写姓名。

☆名字①〔名〕

姓氏。＊「田中」は～だ。/“田中”是姓氏。

☆本人①〔名〕

本人。＊～の写真。/本人照片。

★両方③⓪〔名〕

双方。＊～の意見。/双方的意见。

☆他人⓪〔名〕

他人，别人。＊～の意見。/他人的意见。

☆向こう②⓪〔名〕

（人物）对方。＊運賃は～が払う。/运费由对方支付。

★自分⓪〔名〕

（不分人称）自己，本人。＊～がやる。/（我）自己干。

☆自身①〔名〕

自己，本人。＊君〔僕〕～の事。/你〔我〕自己的事情。

☆自己①〔名〕

自我。＊～紹介。/自我介绍。

☆我々⓪〔名〕

（正式场合）我们。＊～中国人。/我们中国人。

★うち⓪〔名〕

我，我们。＊～の先生。/我们的老师。

☆お宅⓪〔名〕

①（尊）您。＊～しか信用できない。/我只相信您。

②（尊）贵公司，贵店等。＊～の景気はいかがですか。/贵公司的生意好吗?

★皆さん②〔名〕

各位。＊～、こんにちは。/大家好!

□生まれ □育ち □環境 □名前 □氏名 □名字 □本人 □両方 □他人
□向こう □自分 □自身 □自己 □我々 □うち □お宅 □皆さん

常见亲属称呼 >>>

自己	别人		自己	别人	
★祖父(そふ)①〔名〕	★おじいさん②〔名〕	(外)祖父	★兄弟(きょうだい)①〔名〕	★ご兄弟(きょうだい)②〔名〕	兄弟姐妹
★祖母(そぼ)①〔名〕	★おばあさん②〔名〕	(外)祖母	★兄(あに)①〔名〕	★お兄(にい)さん②〔名〕	哥哥
★両親(りょうしん)①〔名〕	★ご両親(りょうしん)②〔名〕	父母	★姉(あね)⓪〔名〕	★お姉(ねえ)さん②〔名〕	姐姐
★父(ちち)⓪〔名〕	★お父(とう)さん②〔名〕	父亲	★弟(おとうと)④〔名〕	★弟(おとうと)さん⓪〔名〕	弟弟
★母(はは)①〔名〕	★お母(かあ)さん②〔名〕	母亲	★妹(いもうと)④〔名〕	★妹(いもうと)さん⓪〔名〕	妹妹
★息子(むすこ)⓪〔名〕	★息子(むすこ)さん⓪〔名〕	儿子	★おじ⓪〔名〕	★おじさん⓪〔名〕	伯伯；叔叔；舅舅；姑父
★娘(むすめ)⓪〔名〕	★娘(むすめ)さん⓪〔名〕 ★お嬢(じょう)さん②〔名〕	女儿	★おば⓪〔名〕	★おばさん⓪〔名〕	伯母；婶婶；舅妈；姑妈

「おばあさん、おじいさん、お母さん、お父さん、おばさん、おじさん、お兄さん、お姉さん」还可以用于直接称呼自己的亲属。

常见人称代词 >>>

第一人称		第二人称		第三人称		不定称呼	
★私(わたし)⓪〔名〕	我	★あなた②〔名〕	你	★彼(かれ)①〔名〕	他	★どなた①〔名〕	哪位
★私(わたくし)⓪〔名〕	我	★君(きみ)⓪〔名〕	你	★彼女(かのじょ)①〔名〕	她	★誰(だれ)①〔名〕	谁
★僕(ぼく)①〔名〕	我	★おまえ⓪〔名〕	你				
★おれ⓪〔名〕	我						

关联词 >>>

◆男性(だんせい)⓪〔名〕	男人，男性。	◆雄(おす)②〔名〕	雄性。
◆男子(だんし)①〔名〕	男子，男性。	◆女性(じょせい)⓪〔名〕	女性。
◆少年(しょうねん)⓪〔名〕	少男；少年。	◆女子(じょし)①〔名〕	女子，女性。
◆男(おとこ)の人(ひと)⓪〔名〕	男人。	◆少女(しょうじょ)①〔名〕	少女。
◆男(おとこ)の子(こ)③〔名〕	男孩。	◆女(おんな)の人(ひと)⓪〔名〕	女人。

◆女の子（おんなのこ）③〔名〕	女孩。
◆婦人（ふじん）⓪〔名〕	妇女，女性。
◆雌（めす）②〔名〕	雌性。
◆花嫁（はなよめ）②〔名〕	新娘。
◆新婦（しんぷ）①〔名〕	新娘。
◆花婿（はなむこ）③②〔名〕	（上门）女婿。
◆新郎（しんろう）⓪〔名〕	新郎。
◆父母（ふぼ）①〔名〕	父母。
◆保護者（ほごしゃ）②〔名〕	监护人，家长。
◆ママ①〔名〕	（幼儿）妈妈。
◆パパ①〔名〕	（幼儿）爸爸。
◆おふくろ⓪〔名〕	（亲昵）老妈。
◆おやじ⓪〔名〕	（亲昵）老爸。
◆母親（ははおや）⓪〔名〕	母亲。
◆父親（ちちおや）⓪〔名〕	父亲。

练　习

一、请从□中选择一个最合适的词，并用平假名写在（　　）中。

命　大人　夫　孫

1. 医者の仕事は人の（　　　　）にかかわる仕事です。
2. 八歳の娘は「私は（　　　　）になりたくない」と言っています。
3. （　　　　）と結婚して、そろそろ50年になります。
4. 祖父母（そふぼ）は（　　　　）が来るのを楽しみにしています。

二、请从□中选择一个最合适的词，并用汉字写在（　　）中。

おやこ　しゅっしょう　にんげん　むこう

1. （　　　　）関係はとても複雑です。
2. 私たちは（　　　　）の意見を聞く必要があります。
3. 少子化（しょうしか）は子供の（　　　　）数（すう）が減少（げんしょう）することです。
4. （　　　　）で海外旅行する観光客（かんこうきゃく）が増（ふ）えています。

三、请选择合适的搭配，把对应的字母写在（　　）中。

1. 恋人が　（　）	A. おこなう		4. 名前を　（　）	D. そだてる
2. 結婚式を　（　）	B. いる		5. お宅へ　（　）	E. つける
3. 年を　（　）	C. とる		6. 人材を　（　）	F. まいる

四、请从A、B、C、D四个选项中选择最合适的一个填入（　　）中。

1. 新入生は、まず（　　）紹介をしました。

　A. 自分　　B. 自己　　C. 自身　　D. 自宅

2. うちは四人（　　）で、下に妹がいます。

　A. 親戚　　B. 親子　　C. 家庭　　D. 家族

3. 日本語を教えた（　　）が20年あります。

　A. 経験　　B. 体験　　C. 環境　　D. 出身

第6课 衣食

✲衣服

★服(ふく)② 〔名〕

（上身）衣服。＊～を作(つく)る。/ 做衣服。

★制服(せいふく)⓪ 〔名〕

制服。＊学生(がくせい)の～。/ 学生制服。

☆衣装(いしょう)① 〔名〕

（华丽的）服装。＊花嫁(はなよめ)〔舞台(ぶたい)〕～。/ 新娘服装〔演出服〕。

★着物(きもの)⓪ 〔名〕

①衣服。＊～を着(き)る。/ 穿衣服。
②和服。＊～の帯(おび)。/ 和服腰带。

★和服(わふく)⓪ 〔名〕 ⇔洋服

和服。＊～を着(き)る。/ 穿和服。

★洋服(ようふく)⓪ 〔名〕 ⇔和服

西服，西装。＊～を着(き)る。/ 穿西服。

★上着(うわぎ)⓪ 〔名〕 ⇔下着

（上半身）外衣。＊～を着(き)る〔脱(ぬ)ぐ〕。/ 穿〔脱〕外套。

★背広(せびろ)⓪ 〔名〕

（男）西装。＊～を脱(ぬ)ぐ。/ 脱下西装。

★水着(みずぎ)⓪ 〔名〕

泳衣。＊～を着(き)た少女(しょうじょ)。/ 穿泳衣的少女。

★浴衣(ゆかた)⓪ 〔名〕

浴衣；棉布的和服单衣。＊～を着(き)る。/ 穿浴衣。

★下着(したぎ)⓪ 〔名〕 ⇔上着

（外衣里面的）内衣总称。＊～を洗(あら)う。/ 洗内衣。

★肌着(はだぎ)⓪ 〔名〕

贴身内衣。＊～を脱(ぬ)ぐ。/ 脱内衣。

✲鞋袜

★履き物(はきもの)⓪ 〔名〕

鞋类。＊～を売(う)る。/ 经营鞋类。

★靴(くつ)② 〔名〕

鞋子。＊～を履(は)く。/ 穿鞋子。

★靴下(くつした)② 〔名〕

袜子。＊～を履(は)く。/ 穿上袜子。

★襟(えり)② 〔名〕

领子。＊V字(じ)の～。/V 字领。

★袖(そで)⓪ 〔名〕

衣袖，袖子。＊長(なが)い～。/ 长袖子。

★帯(おび)① 〔名〕

和服腰带。＊～を結(むす)ぶ。/ 系腰带。

✲面料・服饰・配饰

★布(ぬの)⓪ 〔名〕

布，布匹。＊～を織(お)る。/ 织布。

☆生地(きじ)① 〔名〕

服装面料。＊絹(きぬ)の～。/ 丝绸面料。

☆革(かわ)② 〔名〕

皮革。＊～で靴(くつ)を作(つく)る。/ 用皮革做鞋子。

□服 □制服 □衣装 □着物 □和服 □洋服 □上着 □背広 □水着 □浴衣
□下着 □肌着 □履き物 □靴 □靴下 □襟 □袖 □帯 □布 □生地 □革

☆毛皮（けがわ）⓪〔名〕

毛皮。*～のコート。/ 毛皮大衣。

☆繊維（せんい）①〔名〕

纤维。*～が長（なが）い植物（しょくぶつ）。/ 长纤维的植物。

★毛糸（けいと）⓪〔名〕

（织毛衣的）毛线。*～で手袋（てぶくろ）を編（あ）む。/ 用毛线编织手套。

★糸（いと）①〔名〕

（用于纺织、缝纫、捆扎等的）线，纱线。*～が切（き）れた。/ 线断了。

★指輪（ゆびわ）⓪〔名〕

戒指。*～をする。/ 戴上戒指。

★帽子（ぼうし）⓪〔名〕

帽子。*～をかぶる。/ 戴帽子。

★手袋（てぶくろ）②〔名〕

手套。*～をする。/ 戴上手套。

★眼鏡（めがね）①〔名〕

眼镜。*～をかける。/ 戴上眼镜。

★かばん⓪〔名〕

包，皮包，书包。*～を買（か）う。/ 买包。

★財布（さいふ）⓪〔名〕

钱包。*～を拾（ひろ）う。/ 捡钱包。

★鏡（かがみ）③〔名〕

镜子。*～を見（み）る。/ 照镜子。

★傘（かさ）①〔名〕

雨伞，阳伞。*～を差（さ）す。/ 撑伞。

✲装束・穿戴

★姿（すがた）①〔名〕

①（打扮后的）装束。*和服（わふく）を着（き）た～。/ 穿着和服的装束。

②（物体的原始）形状。*山（やま）の～。/ 山的形状。

③（身体曲线）身材，身段。*痩（や）せた～。/ 长得瘦。

★格好（かっこう）⓪〔名〕

①打扮，装束。*～がいい人（ひと）。/ 打扮好看的人。

②（物品的设计效果）造型，款式。*～がいい帽子（ぼうし）。/ 造型好看的帽子。

★服装（ふくそう）⓪〔名〕

穿着，装束。*派手（はで）な～をする。/ 华丽的穿着。

✲美容・美发

★髪型（かみがた）⓪〔名〕

发型。*きれいな～。/ 漂亮的发型。

★化粧（けしょう）②〔名・Ⅲ自〕

化妆。*～品（ひん）で～する。/ 用化妆品化妆。

✲餐饮

☆食生活（しょくせいかつ）③〔名〕

饮食生活。*～をよくする。/ 改善饮食生活。

☆飲食（いんしょく）①⓪〔名・Ⅲ他〕

饮食。*～店（てん）で～する。/ 在饮食店吃饭。

☆食用（しょくよう）⓪〔名〕

食用。*～の山菜（さんさい）。/ 可食用的野菜。

☆味見（あじみ）⓪〔名・Ⅲ他〕

尝味道。*スープを～する。/ 尝一口汤。

☆試食（ししょく）⓪〔名・Ⅲ他〕

试吃（新开发食品）。*創作料理（そうさくりょうり）を～する。/ 试吃创意菜。

□毛皮 □繊維 □毛糸 □糸 □指輪 □帽子 □手袋 □眼鏡 □かばん □財布 □鏡
□傘 □姿 □格好 □服装 □髪型 □化粧 □食生活 □飲食 □食用 □味見 □試食

☆吸収（きゅうしゅう）⓪〔名・Ⅲ他〕

①吸收（水分、营养等）。＊栄養分〔水分〕を～する。/吸收养分〔水分〕。
②吸收（文化、知识等）。＊文化を～する。/吸收文化。

☆営養・栄養（えいよう・えいよう）⓪〔名〕

营养。＊～がある料理。/有营养的菜肴。

✽就餐

★食事（しょくじ）⓪〔名・Ⅲ自〕

①吃饭。＊外で～をする。/在外面吃饭。
②饭菜。＊～を作る。/烧饭做菜。

★外食（がいしょく）⓪〔名・Ⅲ自〕

在外就餐。＊よく～する。/常在外面吃。

★定食（ていしょく）⓪〔名〕

套餐。＊今日は～にする。/今天吃套餐。

☆給食（きゅうしょく）⓪〔名・Ⅲ自〕

配餐。＊学生に～する。/向学生配餐。

★出前（でまえ）⓪〔名・Ⅲ他〕

外卖（的饭菜）。＊～を頼む。/点外卖。

★弁当（べんとう）③〔名〕

盒饭。＊お～を食う。/吃盒饭。

☆おかわり②〔名・Ⅲ自〕

添饭。＊～しようか。/给你添碗饭吧。

✽三餐

★朝ご飯（あさごはん）③〔名〕

早饭。＊～を食べる。/吃早饭。

★朝食（ちょうしょく）⓪〔名〕 ⇔昼食・夕食

早饭。＊～を取る。/吃早饭。

★昼ご飯（ひるごはん）③〔名〕

午饭。＊～を食べる。/吃午饭。

★昼食（ちゅうしょく）⓪〔名〕 ⇔朝食・夕食

午饭。＊～を取る。/吃午饭。

★お昼（ひる）②〔名〕

午饭。＊～にしよう。/吃午饭吧。

★晩ご飯（ばんごはん）③〔名〕

晚饭。＊～を食べる。/吃晚饭。

★夕飯（ゆうはん）⓪〔名〕

晚饭。＊～を取る。/吃晚饭。

★夕食（ゆうしょく）⓪〔名〕 ⇔朝食・昼食

晚饭。＊～ができている。/晚饭烧好了。

✽粮食

☆食糧（しょくりょう）②〔名〕

粮食。＊～を用意する。/准备好粮食。

★米（こめ）②〔名〕

大米。＊～を作る。/种稻米。

★小麦粉（こむぎこ）⓪〔名〕

面粉。＊～でパンを作る。/用面粉做面包。

✽食品

★食料品（しょくりょうひん）⓪〔名〕

食品。＊～売り場。/食品柜台。

★食品（しょくひん）⓪〔名〕

食品。＊冷凍～。/冷冻食品。

☆主食（しゅしょく）⓪〔名〕 ⇔副食

主食。＊米を～とする。/以大米为主食。

☆好物（こうぶつ）①〔名〕

最喜爱的食物。＊桃が～だ。/最爱吃桃子。

□吸収 □営養・栄養 □食事 □外食 □定食 □給食 □出前 □弁当
□おかわり □朝ご飯 □朝食 □昼ご飯 □昼食 □お昼 □晩ご飯 □夕飯
□夕食 □食糧 □米 □小麦粉 □食料品 □食品 □主食 □好物

★和食（わしょく）⓪〔名〕 ⇔洋食

日本料理。＊～がいい。/ 喜欢日本料理。

★洋食（ようしょく）⓪〔名〕 ⇔和食

西餐。＊～にする。/ 点西餐。

★料理（りょうり）①〔名・Ⅲ他〕

①饭菜。＊おいしい～。/ 好吃的饭菜。
②烹饪。＊魚（さかな）を～する。/ 烧鱼吃。

★食べ物（たべもの）③②〔名〕 ⇔飲み物

食物，食品。＊うまい～。/ 好吃的食物。

☆食物（しょくもつ）②〔名〕

食物。＊営養（えいよう）がある～。/ 有营养的食物。

★缶詰（かんづめ）③⓪〔名〕

罐装食品。＊桃（もも）の～。/ 罐头桃子。

★瓶詰（びんづめ）⓪〔名〕

瓶装食品。＊～のジャム。/ 瓶装果酱。

★ごちそう⓪〔名・Ⅲ他〕

①丰盛的菜肴。＊色々（いろいろ）な～。/ 各种菜肴。
②请客，款待。＊友達（ともだち）にすしを～する。/ 请朋友吃寿司。

☆おせち料理（りょうり）④〔名〕

（＝おせち）（正月里的）年节菜。＊正月（しょうがつ）に～を食（た）べる。/ 正月里吃年节菜。

★餌（えさ）②〔名〕

饵食。＊犬（いぬ）に～をやる。/ 给狗喂狗粮。

✻米面类

★ご飯（はん）①〔名〕

米饭。＊～を作（つく）る。/ 烧饭。

☆飯（めし）②〔名〕

米饭。＊～を食（く）う。/ 吃饭。

★すし②〔名〕

寿司。＊お～を握（にぎ）る。/ 捏寿司。

★牛丼（ぎゅうどん）⓪〔名〕

牛肉盖浇饭。＊～を頼（たの）む。/ 点碗牛肉盖浇饭。

★ラーメン①〔名〕

（日式）拉面。＊～を食（た）べる。/ 吃拉面。

★うどん⓪〔名〕

乌冬面。＊～を食（た）べる。/ 吃乌冬面。

★そば①〔名〕

荞麦面。＊お～を食（た）べる。/ 吃荞麦面。

✻烧烤・火锅

★焼肉（やきにく）⓪〔名〕

烤肉。＊～はおいしい。/ 烤肉好吃。

★焼鳥（やきとり）⓪〔名〕

烤鸡肉（鸡杂）串。＊～を食（た）べる。/ 吃烤鸡肉串。

★すき焼（や）き⓪〔名〕

（日式）牛肉火锅。＊～を作（つく）る。/ 做牛肉火锅。

✻菜肴

★おかず⓪〔名〕

小菜，下酒菜。＊晩（ばん）の～。/ 晚饭小菜。

★刺身（さしみ）③〔名〕

生鱼片。＊～が好物（こうぶつ）だ。/ 喜欢吃生鱼片。

★天ぷら（てんぷら）⓪〔名〕

（油炸食品）天妇罗。＊～を作（つく）る。/ 炸天妇罗。

★漬物（つけもの）⓪〔名〕

酱菜，咸菜。＊大根（だいこん）の～。/ 腌萝卜。

□和食 □洋食 □料理 □食べ物 □食物 □缶詰 □瓶詰 □ごちそう
□おせち料理 □餌 □ご飯 □飯 □すし □牛丼 □ラーメン □うどん
□そば □焼肉 □焼鳥 □すき焼き □おかず □刺身 □天ぷら □漬物

★みそ汁(しる)③〔名〕

味噌汤。*～を飲(の)む。/ 喝味噌汤。

✻ 糕点

★和菓子(わがし)②〔名〕 ⇔洋菓子

日式糕点。*～を作(つく)る。/ 制作日式糕点。

★洋菓子(ようがし)③〔名〕 ⇔和菓子

西式糕点。*～の作(つく)り方(かた)。/ 西式糕点的做法。

★菓子(かし)①〔名〕

糕点。*お～を作(つく)る。/ 做糕点。

★あめ⓪〔名〕

糖果。*～をなめる。/ 吃糖。

✻ 水果

★果物(くだもの)②〔名〕

水果。*新鮮(しんせん)な～。/ 新鲜水果。

★リンゴ⓪〔名〕

苹果。*赤(あか)い～。/ 红苹果。

★ミカン⓪〔名〕

橘子。*～の皮(かわ)をむく。/ 剥橘子皮。

★イチゴ⓪〔名〕

草莓。*～を摘(つ)む。/ 摘草莓。

★ブドウ⓪〔名〕

葡萄。*～から酒(さけ)を造(つく)る。/ 用葡萄酿酒。

✻ 饮品

★飲(の)み物(もの)②〔名〕 ⇔食べ物

饮料。*～は種類(しゅるい)が多(おお)い。/ 饮料品种多。

★茶(ちゃ)⓪〔名〕

茶。*お～を入(い)れる。/ 沏茶。

★紅茶(こうちゃ)⓪〔名〕

红茶。*～を飲(の)む。/ 喝红茶。

★湯(ゆ)①〔名〕

白开水。*お～を飲(の)む。/ 喝白开水。

★水(みず)⓪〔名〕

水。*お～を飲(の)む。/ 喝水。

★牛乳(ぎゅうにゅう)⓪〔名〕

牛奶。*～でクリームを作(つく)る。/ 用牛奶制作奶油。

✻ 酒类・饮酒

★酒(さけ)⓪〔名〕

酒类。*～を飲(の)む。/ 喝酒。

★日本酒(にほんしゅ)⓪〔名〕 ⇔洋酒

日本（清）酒。*～を飲(の)む。/ 喝清酒。

★洋酒(ようしゅ)⓪〔名〕 ⇔日本酒

洋酒。*～を飲(の)む。/ 喝洋酒。

☆飲(の)み会(かい)⓪〔名〕

聚餐。*～に出(で)る。/ 参加聚餐。

☆二次会(にじかい)②〔名〕

（正式宴会结束后的）二次会。*～に移(うつ)る。/ 换家餐馆继续喝。

☆二日酔(ふつかよ)い⓪〔名〕

（醉酒后第二天还晕乎乎）宿醉。*～で頭(あたま)が痛(いた)い。/ 因宿醉而头痛。

★乾杯(かんぱい)⓪〔名・Ⅲ自〕

干杯。*～しましょう。/ 先干一杯吧！

✻ 食材

★食材(しょくざい)⓪〔名〕

食材。*～にこだわる。/ 讲究食材。

□みそ汁 □和菓子 □洋菓子 □菓子 □あめ □果物 □リンゴ □ミカン
□イチゴ □ブドウ □飲み物 □茶 □紅茶 □湯 □水 □牛乳 □酒
□日本酒 □洋酒 □飲み会 □二次会 □二日酔い □乾杯 □食材

★野菜（やさい）⓪〔名〕

蔬菜。＊～を作（つく）る。/ 种植蔬菜。

★肉（にく）②〔名〕

肉类。＊～料理（りょうり）。/ 荤菜。

★牛肉（ぎゅうにく）⓪〔名〕

牛肉。＊神戸（こうべ）の～。/ 神户产的牛肉。

★豚肉（ぶたにく）⓪〔名〕

猪肉。＊～の料理（りょうり）を食（た）べる。/ 吃猪肉。

★鳥肉（とりにく）⓪〔名〕

鸡肉。＊食材（しょくざい）は～だ。/ 食材是鸡肉。

★卵（たまご）②〔名〕

①（食材）鸡蛋。＊～料理（りょうり）。/ 鸡蛋料理。
②蛋;卵。＊鳥（とり）〔魚（さかな）〕の～。/ 鸟蛋〔鱼子〕。

★豆（まめ）②〔名〕

豆，豆类。＊～を採（と）る。/ 采豆子。

★のり⓪〔名〕

海苔。＊～ですしを巻（ま）く。/ 海苔卷寿司。

✲ 调味料

★調味料（ちょうみりょう）③〔名〕

调味料。＊～を入（い）れる。/ 加调味料。

★油（あぶら）・脂（あぶら）⓪〔名〕

①「油」植物油。＊～を入（い）れる。/ 放油。
②「脂」脂肪油。＊豚（ぶた）の～。/ 猪油。

★塩（しお）②〔名〕

食盐。＊魚（さかな）に～を振（ふ）る。/ 往鱼上撒盐。

★しょう油（ゆ）⓪〔名〕

酱油。＊～を付（つ）ける。/ 蘸酱油〔吃〕。

★砂糖（さとう）②〔名〕

砂糖。＊～があるケーキ。/ 放糖的蛋糕。

★酢（す）①〔名〕

醋。＊お～を付（つ）ける。/ 蘸醋吃。

✲ 厨房用品（灶具）

★鍋（なべ）①〔名〕

（煮食物的深口）焖锅。＊～を火（ひ）にかける。/ 把锅架在火上。

★炊飯器（すいはんき）③〔名〕

电饭煲。＊～でご飯（はん）を炊（た）く。/ 用电饭煲烧饭。

★食器（しょっき）⓪〔名〕

餐具。＊～を片付（かたづ）ける。/ 收拾餐具。

★わん⓪〔名〕

汤碗。＊スープをお～に入（い）れる。/ 把汤盛在碗里。

★茶わん（ちゃわん）⓪〔名〕

饭碗。＊～にご飯（はん）を盛（も）る。/ 把饭盛到饭碗里。

★皿（さら）⓪〔名〕

碟，盘。＊お～を洗（あら）う。/ 洗盘子。

★箸（はし）①〔名〕

筷子。＊～を取（と）る。/ 拿筷子，开始用餐。

★瓶（びん）①〔名〕

瓶，瓶子。＊～のビール。/ 瓶装啤酒。

★缶（かん）①〔名〕

罐，易拉罐。＊～の飲（の）み物（もの）。/ 罐装饮料。

★包丁（ほうちょう）⓪〔名〕

菜刀。＊～で肉（にく）を切（き）る。/ 用菜刀切肉。

□野菜 □肉 □牛肉 □豚肉 □鳥肉 □卵 □豆 □のり □調味料 □油·脂
□塩 □しょう油 □砂糖 □酢 □鍋 □炊飯器 □食器 □わん □茶わん □皿
□箸 □瓶 □缶 □包丁

关联词 >>>

衣着

词	释义
◆衣服（いふく）①〔名〕	衣服，衣裳。
◆衣類（いるい）①〔名〕	衣物。
◆衣料（いりょう）①〔名〕	衣服和辅料。
◆服飾（ふくしょく）⓪〔名〕	服饰。
◆夏物（なつもの）⓪〔名〕	夏季衣物。
◆冬物（ふゆもの）⓪〔名〕	冬季衣着。
◆洗濯物（せんたくもの）⓪〔名〕	洗涤的衣物。
◆運動靴（うんどうぐつ）③〔名〕	运动鞋。
◆革靴（かわぐつ）⓪〔名〕	皮鞋。
◆長靴（ながぐつ）⓪〔名〕	长筒靴。
◆下駄（げた）⓪〔名〕	木屐。
◆足袋（たび）①〔名〕	人字短布袜。
◆長袖（ながそで）⓪〔名〕	长袖（衣服）。
◆半袖（はんそで）⓪〔名〕	短袖（衣服）。
◆裾（すそ）⓪〔名〕	下摆；裤脚。
◆織物（おりもの）⓪〔名〕	纺织品。
◆編物（あみもの）②〔名〕	编织品。
◆化繊（かせん）⓪〔名〕	化纤。
◆木綿（もめん）⓪〔名〕	棉纱或棉布。
◆麻（あさ）②〔名〕	麻。
◆絹（きぬ）①〔名〕	丝绸。
◆羊毛（ようもう）⓪〔名〕	羊毛。

饮食

词	释义
◆朝飯（あさめし）⓪〔名〕	早饭。
◆昼飯（ひるめし）⓪〔名〕	午饭。
◆夕飯（ゆうめし）⓪〔名〕	晚饭。
◆晩飯（ばんめし）⓪〔名〕	晚饭。
◆副食（ふくしょく）⓪〔名〕	副食品。
◆総菜（そうざい）・惣菜（そうざい）⓪〔名〕	家常菜，副食。
◆飼料（しりょう）①〔名〕	饲料。
◆生鮮食品（せいせんしょくひん）⑤〔名〕	生鲜食品。
◆軽食（けいしょく）⓪〔名〕	小吃，快餐。
◆おやつ②〔名〕	（充饥用）点心。
◆チャーハン①〔名〕	炒饭。
◆茶漬け（ちゃづ）⓪〔名〕	茶泡饭。
◆カツ丼（どん）⓪〔名〕	猪排盖浇饭。
◆天丼（てんどん）⓪〔名〕	天妇罗盖浇饭。
◆親子丼（おやこどん）⓪〔名〕	鸡肉鸡蛋盖浇饭。
◆かゆ⓪〔名〕	（＝おかゆ）粥。
◆お握り（にぎ）②〔名〕	饭团。
◆餅（もち）⓪〔名〕	年糕。
◆めん①〔名〕	面食。
◆焼きそば（や）⓪〔名〕	炒面。
◆まんじゅう③〔名〕	（日式）包子。
◆肉まん（にく）⓪〔名〕	肉包子。
◆中華まん（ちゅうか）⓪〔名〕	（中式）包子。
◆ギョーザ⓪〔名〕	（下酒菜）煎饺。
◆鍋料理（なべりょうり）③〔名〕	火锅。
◆鍋物（なべもの）②〔名〕	火锅。
◆しゃぶしゃぶ⓪〔名〕	涮牛肉小火锅。
◆おでん②〔名〕	关东煮。
◆前菜（ぜんさい）⓪〔名〕	开胃菜，冷盘。
◆揚げ物（あもの）⓪〔名〕	油炸食品。
◆唐揚げ（からあ）⓪〔名〕	油炸食品。
◆目玉焼き（めだまや）⓪〔名〕	煎鸡蛋。

◆豚(とん)カツ⓪〔名〕	（日式）炸猪排。	◆ナス①〔名〕	茄子。
◆梨(なし)②〔名〕	梨，梨子。	◆香辛料(こうしんりょう)③〔名〕	香辣调味料。
◆柿(かき)⓪〔名〕	柿，柿子。	◆食塩(しょくえん)②〔名〕	食盐。
◆桃(もも)⓪〔名〕	桃子。	◆みそ①〔名〕	豆瓣酱。
◆スイカ⓪〔名〕	西瓜。	◆わさび①〔名〕	山萮菜。
◆豆腐(とうふ)⓪〔名〕	豆腐。	◆からし⓪〔名〕	芥末。
◆納豆(なっとう)②〔名〕	纳豆。	◆みりん⓪〔名〕	料酒。
◆枝豆(えだまめ)⓪〔名〕	毛豆。	◆とうがらし③〔名〕	辣椒。
◆大根(だいこん)⓪〔名〕	萝卜。	◆こしょう②〔名〕	胡椒。
◆じゃがいも⓪〔名〕	土豆，马铃薯。	◆しょうが⓪〔名〕	生姜。
◆キュウリ①〔名〕	黄瓜。	◆丼(どんぶり)⓪〔名〕	大碗，汤碗。
◆玉(たま)ねぎ③〔名〕	洋葱。	◆湯飲(ゆの)み③〔名〕	（日式）茶杯。
◆ニンジン⓪〔名〕	胡萝卜。	◆杯(さかずき)⓪〔名〕	（日式）小酒杯。
◆白菜(はくさい)③〔名〕	大白菜。	◆流(なが)し台(だい)⓪〔名〕	（＝流し）水槽。

练 习

一、请从□中选择一个最合适的词，并用平假名写在（　　）中。

衣装　上着　化粧　格好

1. 花嫁（　　　　　）をレンタルする店があります。
2. 寒いから、（　　　　　）を着て出かけました。
3. あの人は本当に（　　　　　）がいいですね。
4. お（　　　　　）したら、もっときれいに見えますよ。

二、请从□中选择一个最合适的词，并用汉字写在（　　）中。

こめ　えさ　あめ　しお

1. 針に（　　　　　）を付けて魚を釣ります。
2. 料理に（　　　　　）を入れて、味付けをします。
3. お（　　　　　）は日本人の主食となっている食糧です。
4. （　　　　　）のような甘いものをたくさん食べると虫歯になりますよ。

三、请选择合适的搭配，把对应的字母写在（　　）中。

1. 背広を　（　）	A. はく	4. 昼食を　（　）	D. いれる
2. 革靴を　（　）	B. する	5. お昼に　（　）	E. とる
3. 指輪を　（　）	C. きる	6. お茶を　（　）	F. する

四、请从A、B、C、D四个选项中选择最合适的一个填入（　　）中。

1. 肉と水を（　）に入れて、それから火にかけて煮ます。
   A. 食器　B. 鍋　C. 炊飯器　D. 皿
2. 幼稚園には（　）があります。
   A. 給食　B. 衣食　C. 外食　D. 試食
3. （　）は動きにくいのか、今では、それを着る人がとても少ないです。
   A. 洋服　B. 生地　C. 制服　D. 着物

第7课 住行

✻ 居住

☆滞在（たいざい）⓪〔名·Ⅲ自〕

逗留，旅居。* 京都（きょうと）に～する。/ 逗留京都。

★留守（るす）①〔名〕

不在家，出门在外。* 午前（ごぜん）は～だ〔家（いえ）を～にする〕。/ 上午我不在家。

★留守番（るすばん）⓪〔名·Ⅲ自〕

在家看门。* 私（わたし）は～をする。/ 我在家看门。

✻ 住宅

★建物（たてもの）②〔名〕

建筑物，房屋。* ～が建（た）つ。/ 房子落成。

★住宅（じゅうたく）⓪〔名〕

住宅。* 都市（とし）の～。/ 城市的住宅。

☆住（す）まい①〔名〕

家居，住所。* お～はどちらですか。/ 您住在哪里？

★家（いえ）②〔名〕

（居住用）房屋。* ～を造（つく）る。/ 盖房子。

★うち⓪〔名〕

（居住用）房屋。* ～を買（か）う。/ 买房子。

★家屋（かおく）①〔名〕

住房，住宅。* ～が倒（たお）れた。/ 房屋倒塌了。

☆宿舎（しゅくしゃ）②〔名〕

宿舍。* ～を建築（けんちく）する。/ 建造宿舍。

★寮（りょう）①〔名〕

集体宿舍。* ～に住（す）む。/ 住在宿舍里。

☆一戸建（いっこだ）て⓪〔名〕

独栋（小楼）。* ～住宅（じゅうたく）。/ 独栋小楼。

★小屋（こや）②〔名〕

①（人住的）简易小屋。* ～を建（た）てる。/ 盖小屋。

②（动物用）屋，窝。* 鶏（にわとり）が～に戻（もど）る。/ 鸡回到鸡窝里。

☆巣（す）②〔名〕

巢，穴，窝。* 鳥（とり）が～を作（つく）る。/ 鸟儿筑巢。

✻ 屋内设施

★玄関（げんかん）①〔名〕

（室内）玄关。* 傘（かさ）を～に置（お）く。/ 把雨伞放在玄关处。

★廊下（ろうか）⓪〔名〕

走廊。* ～を通（とお）る。/ 穿过走廊。

★階（かい）①〔名〕

楼，楼层。* 上（うえ）の～へ上（あ）がる。/ 上楼。

★階段（かいだん）⓪〔名〕

楼梯，阶梯。* ～を上（のぼ）る。/ 爬楼梯。

★床（ゆか）⓪〔名〕

地板。* ～を掃除（そうじ）する。/ 打扫地板。

★壁（かべ）⓪〔名〕

墙壁。* 厚（あつ）い～。/ 厚厚的墙壁。

□滞在 □留守 □留守番 □建物 □住宅 □住まい □家 □うち □家屋 □宿舎
□寮 □一戸建て □小屋 □巣 □玄関 □廊下 □階 □階段 □床 □壁

☆床の間⓪〔名〕

（挂轴画或放装饰物用）壁龛。*～に絵を飾る。/ 在壁龛挂上画。

☆天井⓪〔名〕

（房屋、汽车等）顶棚。*～の低い部屋。/ 天花板低的房间。

房间

★和室⓪〔名〕 ⇔洋室

（宾馆等的）日式房间。*～に泊まる。/ 住日式房间。

★洋室⓪〔名〕 ⇔和室

（宾馆等的）西式房间。*～に泊まる。/ 住西式房间。

★部屋②〔名〕

房间。*～を掃除する。/ 打扫房间。

★寝室⓪〔名〕

寝室，卧室。*～で休む。/ 在卧室休息。

★居間②〔名〕

起居室，客厅。*～にいる。/ 在客厅。

☆座敷③〔名〕

（日式）客厅。*客を～に通す。/ 把客人带到客厅。

★台所⓪〔名〕

（家庭）厨房。*～で料理する。/ 在厨房烧饭做菜。

★食堂⓪〔名〕

食堂。*学校の～で食べる。/ 在学校食堂吃饭。

☆倉庫①〔名〕

仓库。*荷物を～に入れる。/ 货物入仓。

☆車庫①〔名〕

车库。*車を～から出す。/ 把车子开出车库。

屋外设施

★屋根①〔名〕

屋顶，房顶。*～に上る。/ 爬上屋顶。

★屋上⓪〔名〕

屋顶平台。*～レストラン。/ 屋顶餐厅。

☆軒⓪〔名〕

屋檐，房檐。*～を並べる商店。/ 鳞次栉比的商店。

出入口

★入り口⓪〔名〕 ⇔出口

入口（处）。*駅の～。/ 车站的入口。

★出口①〔名〕 ⇔入り口

出口（处）。*公園の～。/ 公园的出口。

★門①〔名〕

大门，院门。*～の中に入る。/ 进门。

★正門⓪〔名〕

大门，院门。*～を通る。/ 穿过大门。

庭院・围墙

★庭⓪〔名〕

庭院。*～で遊ぶ。/ 在庭院里玩耍。

☆庭園⓪〔名〕

庭园。*～を作る。/ 建造花园。

☆花壇①〔名〕

花坛。*～に花を植える。/ 在花坛里种花。

★公園⓪〔名〕

公园。*～で散歩する。/ 在公园散步。

□床の間 □天井 □和室 □洋室 □部屋 □寝室 □居間 □座敷 □台所 □食堂
□倉庫 □車庫 □屋根 □屋上 □軒 □入り口 □出口 □門 □正門 □庭 □庭園
□花壇 □公園

★広場(ひろば)①〔名〕

广场。*駅前(えきまえ)の～。/ 车站广场。

✻ 卫浴

★お手洗(てあら)い③〔名〕

洗手间。*～に行(い)く。/ 上厕所。

★温泉(おんせん)⓪〔名〕

温泉。*～に入(はい)る。/ 泡温泉。

★風呂(ふろ)②〔名〕

浴缸。*お～に入(はい)る。/ 泡澡。

☆湯(ゆ)①〔名〕

澡堂；温泉。*～に入(はい)る。/ 入浴。

☆銭湯(せんとう)①〔名〕

澡堂。*～に行(い)く。/ 去澡堂洗澡。

☆浴室(よくしつ)⓪〔名〕

浴室。*客室(きゃくしつ)ごとに～が付(つ)く。/ 各个客房都有浴室。

✻ 洗漱・洗涤・保洁

★うがい⓪〔名〕

漱口。*食後(しょくご)は～をする。/ 饭后漱口。

★手洗(てあら)い②〔名〕

洗手。*食前(しょくぜん)は～をする。/ 饭前洗手。

★洗濯(せんたく)⓪〔名・Ⅲ他〕

洗涤（衣物）。*靴下(くつした)を～する。/ 洗袜子。

★掃除(そうじ)⓪〔名・Ⅲ他〕

打扫。*部屋(へや)を～する。/ 打扫房间。

✻ 家具（桌椅）

★家具(かぐ)①〔名〕

家具。*～を作(つく)る。/ 制作家具。

★机(つくえ)⓪〔名〕

书桌；写字台。*～を並(なら)べる。/ 摆放书桌。

★食卓(しょくたく)⓪〔名〕

（日式短脚）餐桌。*料理(りょうり)を～の上(うえ)に並(なら)べる。/ 把菜摆上桌。

★椅子(いす)⓪〔名〕

椅子。*～に座(すわ)る。/ 坐在椅子上。

✻ 家具（收纳橱柜）

★引(ひ)き出(だ)し⓪〔名〕

抽屉。*～を開(あ)ける。/ 开抽屉。

★押(お)し入(い)れ⓪〔名〕

（收纳被褥等）壁橱。*～から布団(ふとん)を出(だ)す。/ 从壁橱里拿出被子。

★棚(たな)⓪〔名〕

架子，货架。*薬(くすり)を～に置(お)く。/ 把药放在架子上面。

★本棚(ほんだな)①〔名〕

书架。*本(ほん)を～に並(なら)べる。/ 把书放进书架。

✻ 家具（门窗）

★戸(と)⓪〔名〕

（开闭或推拉式）门扇。*門(もん)の～を開(あ)ける。/ 打开正门的门。

★扉(とびら)⓪〔名〕

（左右推拉式）门扇。*～を開(あ)ける〔閉(し)める〕。/ 开〔关〕门。

★窓(まど)①〔名〕

窗户。*～を閉(し)める。/ 关窗。

□ 広場　□ お手洗い　□ 温泉　□ 風呂　□ 湯　□ 銭湯　□ 浴室　□ うがい　□ 手洗い
□ 洗濯　□ 掃除　□ 家具　□ 机　□ 食卓　□ 椅子　□ 引き出し　□ 押し入れ　□ 棚
□ 本棚　□ 戸　□ 扉　□ 窓

✲建筑・土木・建材

☆建設（けんせつ）⓪〔名・Ⅲ他〕

①（土木工程）修建，修筑。*高層ビルを～する。/ 建造高楼大厦。

②（社会环境）建设，创建。*美しい社会を～する。/ 建设美丽社会。

☆建築（けんちく）⓪〔名・Ⅲ他〕

建造（房屋等）。*市民会館を～する。/ 建造市民会馆。

☆修繕（しゅうぜん）⓪〔名・Ⅲ他〕

修缮（建筑）。*家を～する。/ 修房子。

☆舗装（ほそう）⓪〔名・Ⅲ他〕

铺设(道路)。*道路を～する。/ 铺设道路。

★工事（こうじ）①〔名・Ⅲ自〕

①（道路、建筑等）土木工程。*道路〔トンネル〕～。/ 道路〔隧道〕工程。

②（道路、建筑等）施工。*～している道路。/ 正在施工的道路。

☆手入れ（ていれ）①③〔名・Ⅲ他〕

①修整、护理（机械、园林、花草等）。*庭の～をする。/ 修整庭院。

②保养（肌肤、头发等）。*肌の～をする。/ 保养肌肤。

☆細工（さいく）⓪〔名・Ⅲ他〕

（工艺品、建筑等）精雕细刻。*指輪に模様を～する。/ 在戒指上打造花纹。

☆板（いた）①〔名〕

(木质、金属等)板材。*～に穴を開ける。/ 给板打个洞。

✲往返・通行

★交通（こうつう）⓪〔名〕

（往来出行）交通。*日本は～が便利だ。/ 日本交通便利。

★通行（つうこう）⓪〔名・Ⅲ自〕

通行，往来。*左側を～する国。/ 靠左行驶的国家。

☆往復（おうふく）⓪〔名・Ⅲ自〕　⇔片道

（人、车等）往返，来往。*一時間で～できる。/ 一个小时就能来回。

☆片道（かたみち）⓪〔名〕　⇔往復

（人、车）单程。*天国への～切符。/ 通往天堂的单程票。

✲离开・进入

★外出（がいしゅつ）⓪〔名・Ⅲ自〕

外出。*父と～する。/ 跟父亲一起外出。

★出発（しゅっぱつ）⓪〔名・Ⅲ自〕

出发。*東京を～する。/ 从东京出发。

★出張（しゅっちょう）⓪〔名・Ⅲ自〕

出差。*中国へ～する。/ 去中国出差。

☆上京（じょうきょう）⓪〔名・Ⅲ自〕

去东京。*～して求職する。/ 进京求职。

★帰国（きこく）⓪〔名・Ⅲ自〕

回国，归国。*来月～する。/ 下月回国。

★帰宅（きたく）⓪〔名・Ⅲ自〕

回家。*夜遅く～する。/ 很晚才回家。

□建設 □建築 □修繕 □舗装 □工事 □手入れ □細工 □板 □交通 □通行
□往復 □片道 □外出 □出発 □出張 □上京 □帰国 □帰宅

☆帰省（きせい）⓪〔名·Ⅲ自〕

回乡探亲。*休暇（きゅうか）で～する。/ 利用休假回乡探亲。

★日帰り（ひがえり）⓪〔名·Ⅲ自〕

当日回。*～旅行（りょこう）をする。/ 一日游。

★帰り道（かえりみち）③〔名〕

回家的路上。*学校（がっこう）の～。/ 放学回家的路上。

☆立ち入り（たちいり）⓪〔名〕

进入（某场所）。*～禁止（きんし）。/ 禁止入内。

★到着（とうちゃく）⓪〔名·Ⅲ自〕

（人、车、货物等）到达。*電車（でんしゃ）が駅（えき）に～した。/ 电车已经进站。

☆避難（ひなん）①〔名·Ⅲ自〕

避难，逃难。*安全（あんぜん）な場所（ばしょ）へ～する。/ 逃到安全区。

✲船舶

★港（みなと）⓪〔名〕

港口，码头。*船（ふね）が～に入（はい）る。/ 船进港。

★船（ふね）①〔名〕

船，船舶。*～に乗（の）る。/ 乘船。

✲航空

★空港（くうこう）⓪〔名〕

（民用）机场。*～に着（つ）く。/ 到达机场。

★飛行機（ひこうき）②〔名〕

（民航）飞机。*～に乗（の）る。/ 乘飞机。

✲轨道交通（设施）

☆鉄道（てつどう）⓪〔名〕

铁道。*高速（こうそく）～を利用（りよう）する。/ 乘高铁。

☆線路（せんろ）①〔名〕

（尤指轨道交通）线路。*～の仕入（しい）れをする。/ 保养线路。

☆路線（ろせん）⓪〔名〕

交通路线。*バス～を増（ふ）やす。/ 增加公交车路线。

★駅（えき）①〔名〕

（轨道交通）车站。*電車（でんしゃ）が～に入（はい）る。/ 电车进站。

★駅前（えきまえ）③〔名〕

（轨道交通）车站一带。*～の商店（しょうてん）。/ 车站附近的商铺。

☆終点（しゅうてん）⓪〔名〕

（电车等）终点站。*列車（れっしゃ）が～に着（つ）く。/ 列车到达终点站。

★乗り場（のりば）⓪〔名〕

车站；码头；招呼站。*～でバスに乗（の）る。/ 在车站乘车。

★待合室（まちあいしつ）③〔名〕

候机厅；候车室；候船室；候诊室。*駅（えき）の～。/ 车站候车室。

☆控え室（ひかえしつ）③〔名〕

候车室；候诊室；休息室。*～で電車（でんしゃ）を待（ま）つ。/ 在候车室等电车。

□帰省 □日帰り □帰り道 □立ち入り □到着 □避難 □港 □船 □空港 □飛行機
□鉄道 □線路 □路線 □駅 □駅前 □終点 □乗り場 □待合室 □控え室

★改札口④〔名〕

检票口。*～で待ち合わせる。/在检票口碰头。

✻轨道交通（机车）

☆車両⓪〔名〕

（电车、机动车等）车辆。*～が故障した。/车辆发生故障。

★列車⓪〔名〕

列车，火车。*～に乗る。/乘列车。

★電車⓪〔名〕

（有轨）电车。*～を降りる。/下电车。

★新幹線③〔名〕

（高铁的别称）新干线。*～に乗る。/乘新干线。

★急行⓪〔名〕

（=急行列車）快车。*～に乗る。/乘快车。

★各停⓪〔名〕

（=各駅停車）慢车。*～に乗る。/乘慢车。

★地下鉄⓪〔名〕

地铁。*～に乗る。/乘地铁。

✻机动车・非机动车

☆新車⓪〔名〕 ⇔中古車

新车。*～を買い替える。/置换新车。

☆中古車③〔名〕 ⇔新車

（汽车、摩托车、自行车等）二手车。*～を買う。/购买二手车。

★自動車②〔名〕

（尤指轿车）汽车，机动车。*～を運転する。/开汽车。

★車⓪〔名〕

（尤指私家车）车，车子。*～に乗って通勤する。/开车上班。

★自家用車③〔名〕

私家车。*～を持つ。/有私家车。

★乗用車③〔名〕

轿车，小客车，载客车。*～を運転する。/驾驶载客车。

★救急車③〔名〕

急救车，救护车。*～を呼ぶ。/叫救护车。

★消防車③〔名〕

消防车。*～を呼ぶ。/叫消防车。

★自転車②⓪〔名〕

自行车。*～に乗る〔から降りる〕。/骑〔下〕自行车。

✻停车・发车

★駐車場⓪〔名〕

（机动车）停车场。*車を～に止める。/把车停在停车场。

★駐輪場⓪〔名〕

自行车停放点。*自転車を～に止める。/把自行车停在停放点。

★時刻表⓪〔名〕

（列车）运营时刻表。*電車の～。/电车时刻表。

★駐車⓪〔名・Ⅲ自〕

（长时间）停车。*～場に～する。/在停车场停车。

□改札口 □車両 □列車 □電車 □新幹線 □急行 □各停 □地下鉄 □新車
□中古車 □自動車 □車 □自家用車 □乗用車 □救急車 □消防車 □自転車
□駐車場 □駐輪場 □時刻表 □駐車

★停車（ていしゃ）⓪〔名·Ⅲ自〕

（临时）停车。✽各駅（かくえき）に～する。/ 将于各站停车。

★発車（はっしゃ）⓪〔名·Ⅲ自〕

发车。✽5時（じ）に～する。/5点发车。

★終電（しゅうでん）⓪〔名〕

（=終電車（しゅうでんしゃ））末班电车。✽～に間（ま）に合（あ）う。/ 赶上末班车。

✽ 乘车・下车

★乗車（じょうしゃ）⓪〔名·Ⅲ自〕 ⇔下車

上车。✽電車（でんしゃ）に～する。/ 乘上电车。

★下車（げしゃ）①〔名·Ⅲ自〕 ⇔乗車

下车。✽東京駅（とうきょうえき）で～する。/ 在东京站下车。

★切符（きっぷ）⓪〔名〕

（交通工具、会场等）票。✽飛行機（ひこうき）〔映画（えいが）〕の～。/ 机票〔电影票〕。

★乗車券（じょうしゃけん）③〔名〕

（交通工具）车票。✽～を予約（よやく）する。/ 预订车票。

☆定期券（ていきけん）③〔名〕

（交通等）月票。✽～で乗車（じょうしゃ）する。/ 用月票乘车。

✽ 运输・物流

☆配送（はいそう）⓪〔名·Ⅲ他〕

配送，发送（商品等）。✽注文品（ちゅうもんひん）を～する。/ 配送订购商品。

★配達（はいたつ）⓪〔名·Ⅲ他〕

（邮件、包裹等）投递，配送。✽新聞（しんぶん）〔弁当（べんとう）〕を～する。/ 送报纸〔盒饭〕。

☆発送（はっそう）⓪〔名·Ⅲ他〕

发送，寄出（货物、邮件等）。✽郵便物（ゆうびんぶつ）を～する。/ 寄出邮件。

☆送達（そうたつ）⓪〔名·Ⅲ他〕

（货物）运送；（文书）投递，送交。✽書類（しょるい）を～する。/ 递交文件。

★速達（そくたつ）⓪〔名〕

快递（业务）。✽～料金（りょうきん）。/ 快递费用。

☆郵送（ゆうそう）⓪〔名·Ⅲ他〕

邮寄，邮递。✽郵便物（ゆうびんぶつ）を～する。/ 邮寄包裹。

★便（びん）①〔名〕

①（航空的）航班。✽五時（ごじ）の～に乗（の）る。/ 乘坐5点的航班。

②（邮政、物流的运输手段）班次。✽次（つぎ）の～で配達（はいたつ）する。/ 下个班次配送。

关联词 >>>

◆日本間（にほんま）⓪〔名〕	日式房间。	◆応接間（おうせつま）⓪〔名〕	会客室。
◆洋間（ようま）⓪〔名〕	西式房间。	◆客室（きゃくしつ）⓪〔名〕	宾馆客房。
◆客間（きゃくま）⓪〔名〕	（私家）客厅。	◆個室（こしつ）⓪〔名〕	包间，单间。

□停車 □発車 □終電 □乗車 □下車 □切符 □乗車券 □定期券 □配送
□配達 □発送 □送達 □速達 □郵送 □便

◆病室（びょうしつ）⓪〔名〕 病房。

◆書斎（しょさい）⓪〔名〕 书房。

◆工房（こうぼう）⓪〔名〕 （摄影等）工作室。

◆物置（ものおき）③〔名〕 杂物间，库房。

◆城（しろ）⓪〔名〕 城堡。

◆塔（とう）①〔名〕 塔。

◆鳥居（とりい）⓪〔名〕 （神社）牌坊。

◆柱（はしら）③〔名〕 柱子，支柱。

◆台（だい）①〔名〕 台，座，基石。

◆手（て）すり③〔名〕 扶手，栏杆。

◆戸口（とぐち）⓪①〔名〕 （私宅）大门口。

◆表口（おもてぐち）⓪〔名〕 正门，前门。

◆裏口（うらぐち）⓪〔名〕 后门。

◆空（あ）き地（ち）⓪〔名〕 空地。

◆庭先（にわさき）⓪〔名〕 庭院门前。

◆塀（へい）⓪〔名〕 （高）围墙，院墙。

◆垣（かき）②〔名〕 （矮）围墙。

◆垣根（かきね）②〔名〕 （矮）围墙；墙根。

◆柵（さく）②〔名〕 栅栏，篱笆。

◆洗面所（せんめんじょ）⑤〔名〕 盥洗室，洗漱间。

◆洗面台（せんめんだい）⓪〔名〕 洗漱台。

◆化粧室（けしょうしつ）②〔名〕 （卫生间）化妆室。

◆便所（べんじょ）③〔名〕 厕所。

◆水洗便所（すいせんべんじょ）⑤〔名〕 抽水马桶。

◆手拭（てぬぐ）い⓪〔名〕 （擦汗用）毛巾。

◆おしぼり②〔名〕 （就餐用）小毛巾。

◆布巾（ふきん）②〔名〕 餐具抹布。

◆雑巾（ぞうきん）⓪〔名〕 地板抹布。

◆石（せっ）けん⓪〔名〕 肥皂，香皂。

◆洗剤（せんざい）⓪〔名〕 洗涤剂，洗洁精。

◆押（お）し込（い）れ⓪〔名〕 （收纳用）壁橱。

◆たんす⓪〔名〕 衣柜，五斗橱。

◆下駄箱（げたばこ）⓪〔名〕 鞋柜。

◆書棚（しょだな）⓪〔名〕 书架。

◆戸棚（とだな）⓪〔名〕 橱柜，储物柜。

◆車椅子（くるまいす）⓪〔名〕 轮椅。

◆航空会社（こうくうがいしゃ）⑤〔名〕 航空公司。

◆宇宙船（うちゅうせん）⓪〔名〕 宇宙飞船。

◆人工衛星（じんこうえいせい）⑤〔名〕 人工卫星。

◆特急（とっきゅう）⓪〔名〕 特快。

◆準急（じゅんきゅう）⓪〔名〕 准快车。

◆快速（かいそく）⓪〔名〕 普快。

◆郵便物（ゆうびんぶつ）③〔名〕 邮件，包裹。

◆航空便（こうくうびん）⓪〔名〕 （物流）空运。

◆船便（ふなびん）⓪〔名〕 （物流）船运。

◆鉄道便（てつどうびん）⓪〔名〕 铁路运输。

◆トラック便（びん）⓪〔名〕 公路运输。

◆宅配便（たくはいびん）⓪〔名〕 送货上门业务。

◆宅急便（たっきゅうびん）⓪〔名〕 速递业务。

练　习

一、请从□中选择一个最合适的词，并用平假名写在（　　）中。

下車　駐車　便　門

1. あの人は途中で（　　　　　）して、バスに乗り換えました。

2. 止めてはいけないところに（　　　　　）したので、罰金(ばっきん)を払わされました。

3. みんなは搭乗(とうじょう)ロビーで首を長くして、次の（　　　　　）を待っています。

4. 車は（　　　　　）の外に止めてあります。

二、请从□中选择一个最合适的词，并用汉字写在（　　）中。

みなと　のりば　ゆか　かぐ

1. コップが（　　　　　）に落(お)ちて、割(わ)れてしまいました。

2. 船が（　　　　　）に泊まっています。

3. その貸家(かしや)に（　　　　　）なんか一つもありません。

4. バスの（　　　　　）で待っています。

三、请选择合适的搭配，把对应的字母写在（　　）中。

1. 引き出しを　（　　）	A. となる	4. 改札口を　（　　）	D. とおる
2. 車の手入れを　（　　）	B. しめる	5. 階段を　（　　）	E. のぼる
3. 立ち入り禁止　（　　）	C. する	6. 留守番を　（　　）	F. する

四、请从A、B、C、D四个选项中选择最合适的一个填入（　　）中。

1. 午前、スーパーで買い物してきました。私が（　　）の間(あいだ)に客が来たそうです。

　A. 帰省　　B. 上京　　C. 留守　　D. 滞在

2. この荷物を（　　）郵便でお願いします。

　A. 送達　　B. 速達　　C. 配送　　D. 郵送

3. 道路（　　）が計画どおりに進(すす)んでいます。

　A. 工事　　B. 細工　　C. 修繕　　D. 建築

第8课 物品

机械

★機械(きかい) ②〔名〕

机器。＊～を動(うご)かす。/开动机器。

☆設備(せつび) ①〔名〕

设备。＊工場(こうじょう)〔ホテル〕の～。/工厂〔宾馆〕的设备。

☆施設(しせつ) ①〔名〕

设施。＊公共(こうきょう)～を建設(けんせつ)する。/建设公共设施。

★家電(かでん) ⓪〔名〕

家电。＊～製品(せいひん)を作(つく)る。/生产家电。

★用品(ようひん) ⓪〔名〕

(专门用途的)用品。＊スポーツ〔厨房(ちゅうぼう)〕～。/体育〔厨房〕用品。

★道具(どうぐ) ③〔名〕

工具，用具。＊～を使(つか)う。/使用工具。

☆性能(せいのう) ⓪〔名〕

(机械)性能。＊～がよい。/性能好。

☆機能(きのう) ①〔名〕

功能。＊～が多(おお)い。/功能多。

机械器具

★自販機(じはんき) ②〔名〕

(=自動販売機(じどうはんばいき))售货机。＊～で飲(の)み物(もの)を買(か)う。/在售货机上买饮料。

★券売機(けんばいき) ③〔名〕

(=乗車券販売機(じょうしゃけんはんばいき))售票机。＊～で切符(きっぷ)を買(か)う。/用售票机购票。

★精算機(せいさんき) ③〔名〕

(=乗越精算機(のりこしせいさんき))自动补票机。＊～を使(つか)う。/使用补票机。

★電話(でんわ) ⓪〔名·Ⅲ自〕

①电话(机)。＊家(いえ)に～がある。/家里装有电话。

②打电话。＊友(とも)だちに～する。/给朋友打电话。

★携帯電話(けいたいでんわ) ⑤〔名〕

(=携帯)手机。＊母(はは)の～に電話(でんわ)する。/给妈妈的手机打电话。

★時計(とけい) ⓪〔名〕

钟表。＊～を見(み)る。/看钟表〔的时间〕。

★腕時計(うでどけい) ③〔名〕

手表。＊～を付(つ)ける。/戴手表。

★目覚まし(めざまし) ②〔名〕

(=目覚まし時計(どけい))闹钟。＊～を6時(じ)にかける。/把闹钟设到6点。

★電卓(でんたく) ⓪〔名〕

计算器。＊～を使(つか)って計算(けいさん)する。/用计算器计算。

□機械 □設備 □施設 □家電 □用品 □道具 □性能 □機能 □自販機
□券売機 □精算機 □電話 □携帯電話 □時計 □腕時計 □目覚まし □電卓

✲电力・照明

★電源（でんげん）⓪〔名〕

电源。*～を入（い）れる〔切（き）る〕。/ 接通〔切断〕电源。

★電気（でんき）①〔名〕

①电灯。*～を付（つ）ける〔消（け）す〕。/ 开〔关〕电灯。

②电，电力。*～会社（がいしゃ）で働（はたら）く。/ 在电力公司上班。

★電灯（でんとう）⓪〔名〕

电灯。*～を付（つ）ける〔消（け）す〕。/ 开〔关〕电灯。

★電池（でんち）①〔名〕

电池。*～が切（き）れた。/ 电池没电了。

★充電（じゅうでん）⓪〔名・Ⅲ自〕

充电。*電池（でんち）に～する。/ 给电池充电。

☆停電（ていでん）⓪〔名・Ⅲ自〕

停电。*地震（じしん）で～する。/ 因地震造成停电。

✲家电

★冷暖房（れいだんぼう）③〔名〕

冷暖设备。*～がある旅館（りょかん）。/ 配备冷暖设备的旅馆。

★暖房（だんぼう）⓪〔名〕

暖气（设备）。*～を付（つ）ける。/ 开暖气。

★冷房（れいぼう）⓪〔名〕

冷气（设备）。*～を消（け）す。/ 关冷气。

★洗濯機（せんたくき）③〔名〕

洗衣机。*～で洗濯（せんたく）する。/ 用洗衣机洗。

★掃除機（そうじき）③〔名〕

吸尘器。*床（ゆか）に～を掛（か）ける。/ 用吸尘器打扫地板。

★冷蔵庫（れいぞうこ）③〔名〕

冰箱。*ビールを～に入（い）れる。/ 把啤酒放进冰箱。

✲操作

★運転（うんてん）⓪〔名・Ⅲ他〕

驾驶（车）。*車（くるま）を～する。/ 开车。

★操作（そうさ）①〔名・Ⅲ他〕

操作（机械）。*機械（きかい）〔パソコン〕を～する。/ 操作机械〔电脑〕。

★故障（こしょう）⓪〔名・Ⅲ自〕

（机械、电器、车辆等）出故障。*テレビが～した。/ 电视机坏了。

★修理（しゅうり）①〔名・Ⅲ他〕

维修（机械、电器、建筑物等）。*車（くるま）〔塀（へい）〕を～する。/ 修车〔围墙〕。

✲物品

★物（もの）②〔名〕

物品。*～を大切（たいせつ）にする。/ 珍惜物品。

★荷物（にもつ）①〔名〕

行李；包裹；货物。*車（くるま）で～を送（おく）る。/ 用车运送货物。

★小包み（こづつみ）②〔名〕

包裹，邮包。*～を出（だ）す。/ 寄包裹。

★日用品（にちようひん）⓪〔名〕

日用品。*～を扱（あつか）う。/ 经营日用品。

□電源 □電気 □電灯 □電池 □充電 □停電 □冷暖房 □暖房 □冷房 □洗濯機
□掃除機 □冷蔵庫 □運転 □操作 □故障 □修理 □物 □荷物 □小包み □日用品

★小物（こもの）⓪〔名〕

（多指生活用品）小物件，小东西。*爪切（つめき）りなどの～。/ 指甲剪等小东西。

☆宝物（たからもの）⓪〔名〕

（宝物或视作财宝的）宝物，宝贝。*本（ほん）はぼくの～だ。/ 书籍是我的宝物。

★飾り物（かざりもの）⓪〔名〕

装饰物，装饰品。*～で部屋（へや）を飾（かざ）る。/ 用装饰品装点屋子。

★持ち物（もちもの）②〔名〕

随身携带物品。*～を調（しら）べる。/ 检查随身携带品。

★忘れ物（わすれもの）⓪〔名〕

遗忘之物。*～がある。/ 忘了东西。

★落とし物（おとしもの）⓪〔名〕

遗失物。*～を探（さが）す。/ 寻找遗失物。

✻ 商品

★品物（しなもの）⓪〔名〕

（＝品（しな））商品。*～が多（おお）い。/ 商品繁多。

★製品（せいひん）⓪〔名〕

制品，产品。*～を輸出（ゆしゅつ）する。/ 出口产品。

★商品（しょうひん）①〔名〕

商品。*クリスマスの～。/ 圣诞商品。

☆新品（しんぴん）⓪〔名〕

新货，新品。*～を買（か）う。/ 购买新货。

☆中古品（ちゅうこひん）⓪〔名〕

二手货。*～を扱（あつか）う。/ 经营二手货。

☆本体（ほんたい）①〔名〕

（相对于零配件的）主机，主体。*携帯（けいたい）の～。/ 手机主机。

☆部品（ぶひん）⓪〔名〕

零部件。*～を交換（こうかん）する。/ 更换零件。

✻ 床上用品

★布団（ふとん）⓪〔名〕

被褥。*体（からだ）に～を掛（か）ける。/ 给身上盖上被子。

★毛布（もうふ）①〔名〕

毛毯。*子供（こども）に～を掛（か）ける。/ 给孩子盖毛毯。

★枕（まくら）①〔名〕

枕头。*～をする。/ 枕枕头。

✻ 容器

☆容器（ようき）①〔名〕

容器。*水（みず）を～に入（い）れる。/ 把水倒入容器。

★箱（はこ）⓪〔名〕

箱子；盒子。*薬（くすり）を～に入（い）れる。/ 把药放进盒子里。

💡 与其他词复合时读作「～ばこ」。

★ごみ箱（ごみばこ）③〔名〕

垃圾箱，垃圾桶。*ごみを～に捨（す）てる。/ 把垃圾扔进垃圾箱。

★袋（ふくろ）③〔名〕

袋子。*～が破（やぶ）れる。/ 袋子破了。

💡 与其他词复合时读作「～ぶくろ」。

□小物 □宝物 □飾り物 □持ち物 □忘れ物 □落とし物 □品物 □製品
□商品 □新品 □中古品 □本体 □部品 □布団 □毛布 □枕 □容器
□箱 □ごみ箱 □袋

★花瓶（かびん）⓪〔名〕

花瓶。＊～に花を挿す。/ 把花插进花瓶里。

★水筒（すいとう）⓪〔名〕

水壶。＊～の水を飲む。/ 喝水壶里的水。

★灰皿（はいざら）⓪〔名〕

烟灰缸。＊～の中の灰。/ 烟灰缸中的烟灰。

✻ 包装物・铺垫物

★包み紙（つつみがみ）③〔名〕

（礼品等的）包装纸。＊～で贈り物を包む。/ 用包装纸包礼物。

★ひも⓪〔名〕

细长带子，细绳。＊荷物を～で結ぶ。/ 用绳子捆扎行李。

★畳（たたみ）⓪〔名〕

（草席垫）榻榻米。＊～に寝る。/ 睡在榻榻米上。

★座布団（ざぶとん）②〔名〕

坐垫。＊～を敷いて座る。/ 垫上坐垫后坐下。

✻ 日用品

★たばこ⓪〔名〕

香烟。＊～は体に悪い。/ 吸烟有害健康。

★鍵（かぎ）②〔名〕

①钥匙。＊ドアの～。/ 门钥匙。

②（用「…に鍵を掛ける」）上锁，锁门。＊引き出しに～を掛ける。/ 锁抽屉。

★蓋（ふた）⓪〔名〕

盖，盖子。＊～をする〔開ける〕。/ 盖上〔打开〕盖子。

☆蛇口（じゃぐち）⓪〔名〕

水龙头。＊～をひねる。/ 拧动水龙头。

★はさみ③〔名〕

剪刀。＊～で髪を切る。/ 用剪刀剪头发。

★針（はり）①〔名〕

缝纫针、注射针、指针等。＊～で服を縫う。/ 用针缝衣服。

★花束（はなたば）②〔名〕

花束。＊先生に～を贈る。/ 给老师献花。

✻ 礼品・礼物

★贈り物（おくりもの）⓪〔名〕

礼物，礼品。＊友だちに～をする。/ 送朋友礼物。

★お土産（おみやげ）⓪〔名〕

（当地特产性质的）礼物，礼品。＊～にあめを買う。/ 买糖果当礼品。

✻ 资源・物资

☆資源（しげん）①〔名〕

资源。＊～を節約する。/ 节约资源。

★原料（げんりょう）③〔名〕

（天然）原料。＊～を輸出する。/ 出口原料。

★材料（ざいりょう）③〔名〕

①（生产、生活用）材料。＊朝食の～。/ 早餐的食材。

②（创作等的）素材。＊小説の～。/ 小说素材。

☆燃料（ねんりょう）③〔名〕

燃料。＊～が切れる。/ 燃料耗尽。

□花瓶 □水筒 □灰皿 □包み紙 □ひも □畳 □座布団 □たばこ □鍵 □蓋
□蛇口 □はさみ □針 □花束 □贈り物 □お土産 □資源 □原料 □材料
□燃料

☆石油⓪〔名〕

石油。*～を掘る。/ 开采石油。

☆石炭③〔名〕

煤炭。*～を掘る。/ 挖煤。

☆金属①〔名〕

金属。*金、銀、銅、鉄は～だ。/ 金银铜铁都是金属。

☆液①〔名〕

液，液体。*～が漏れる。/ 液体漏了。

☆粉②〔名〕

粉，粉末。*米を～にする。/ 把米磨成粉。

☆酸素①〔名〕

氧气。*～を吸収する。/ 吸收氧气。

☆二酸化炭素⑤〔名〕

二氧化碳。*～を排出する。/ 排放二氧化碳。

废弃物

★ほこり⓪〔名〕

灰尘，尘埃。*～を拭く。/ 擦掉灰尘。

★ごみ②〔名〕

垃圾。*～を集める。/ 把垃圾收集起来。

★生ごみ⓪〔名〕

厨房垃圾，湿垃圾。*～を捨てる。/ 扔掉湿垃圾。

关联词 >>>

◆名物①〔名〕	名产。	◆電球⓪〔名〕	灯泡，灯管。
◆名産品⓪〔名〕	名特优产品。	◆電柱⓪〔名〕	电线杆。
◆手土産②〔名〕	小礼物。	◆懐中電灯⑤〔名〕	手电筒。
◆お返し⓪〔名〕	回赠的礼物。	◆ろうそく③〔名〕	蜡烛。
◆お祝い⓪〔名〕	贺礼。	◆乾電池③〔名〕	干电池。
◆お見舞い⓪〔名〕	慰问品。	◆充電器③〔名〕	充电器。
◆車輪⓪〔名〕	车轮。	◆つまみ⓪〔名〕	旋钮，抓手。
◆はかり③〔名〕	秤。	◆扇風機③〔名〕	电风扇。
◆鐘⓪〔名〕	钟，铜钟。	◆換気扇⓪〔名〕	换气扇。
◆蛍光灯⓪〔名〕	荧光灯。	◆乾燥機③〔名〕	烘干机。
◆電線⓪〔名〕	电线。	◆入れ物⓪〔名〕	容器。

□石油 □石炭 □金属 □液 □粉 □酸素 □二酸化炭素 □ほこり □ごみ □生ごみ

词语	释义
◆紙袋（かみぶくろ）③〔名〕	纸袋。
◆ごみ袋（ぶくろ）③〔名〕	垃圾袋。
◆買（か）い物袋（ものぶくろ）⑤〔名〕	购物袋。
◆籠（かご）⓪〔名〕	篮子；笼子。
◆縄（なわ）②〔名〕	（粗）绳子。
◆網（あみ）②〔名〕	（编制的）网。
◆じゅうたん①〔名〕	地毯。
◆管（くだ）①〔名〕	水管，管子。
◆輪（わ）①〔名〕	圈，环；轮。
◆枠（わく）②〔名〕	框，框架。
◆棒（ぼう）⓪〔名〕	棒，棍；杆。
◆柄（え）⓪〔名〕	柄，把儿等。
◆串（くし）②〔名〕	钢签，竹签。
◆資源（しげん）ごみ②〔名〕	可回收垃圾。
◆粗大（そだい）ごみ②〔名〕	大件垃圾。
◆可燃（かねん）ごみ②〔名〕	可燃垃圾。
◆不燃（ふねん）ごみ②〔名〕	不可燃垃圾。
◆灰（はい）⓪〔名〕	（燃烧后）灰。
◆紙（かみ）くず③〔名〕	纸屑。
◆吸殻（すいがら）⓪〔名〕	烟蒂。

练 习

一、请从 [ ] 中选择一个最合适的词，并用平假名写在（　　）中。

袋　布団　品物　機械

1. 寝ている子供に（　　　　　）を静かにかけました。
2. いい（　　　　　）なら、少し高くても売れます。
3. 布で買い物用の（　　　　　）を縫(ぬ)いました。
4. 間に合うように、（　　　　　）を全部動かしました。

二、请从 [ ] 中选择一个最合适的词，并用汉字写在（　　）中。

じゅうでん　こしょう　しょうひん　でんたく

1. バスが（　　　　　）して、1時間も止まりました。
2. （　　　　　）中の携帯は使わないほうがいいそうです。
3. （　　　　　）を使って、計算するのは便利です。
4. 新しい（　　　　　）の開発(かいはつ)に力を入れています。

三、请选择合适的搭配，把对应的字母写在（　　）中。

1. 電源を	（　）	A. いれる	4. 蛇口を	（　）	D. まわす
2. 冷房を	（　）	B. つける	5. 蓋を	（　）	E. かける
3. 掃除機を	（　）	C. かける	6. 毛布を	（　）	F. ひねる

四、请从A、B、C、D四个选项中选择最合适的一个填入（　　）中。

1. （　）が多いスマホは若い人の間で人気があります。

A. 機能　　B. 性能　　C. 道具　　D. 部品

2. （　）が簡単な携帯電話がお年寄りに受けます。

A. 運転　　B. 操作　　C. 修繕　　D. 修理

3. 肉や野菜などの（　）を買って、自炊(じすい)します。

A. 給料　　B. 燃料　　C. 原料　　D. 材料

第9课 生活·工作

✲ 生计

★生活（せいかつ）⓪〔名·Ⅲ自〕

生活。*都会（とかい）で～する。/ 在城里生活。

☆衣食住（いしょくじゅう）③〔名〕

衣食住。*～に困（こま）る。/ 为衣食住发愁。

★家事（かじ）①〔名〕

家务活。*～をする母（はは）。/ 干家务的母亲。

☆出稼ぎ（でかせぎ）⓪〔名〕

进城务工。*～に行（い）く。/ 进城赚钱。

☆共働き（ともばたらき）⓪③〔名〕

双职工。*～の夫婦（ふうふ）。/ 双职工夫妻。

☆独立（どくりつ）⓪〔名·Ⅲ自〕

①独立生活。*～して暮（く）らす。/ 独立生活。
②国家独立。*～した国（くに）。/ 独立的国家。

☆自立（じりつ）⓪〔名·Ⅲ自〕

自立，单飞。*店（みせ）を作（つく）って～する。/ 自立门户开店。

★一人暮らし（ひとりぐらし）④〔名〕

单身生活。*～は楽（らく）だ。/ 单身生活没负担。

✲ 工作

★職（しょく）⓪〔名〕

（养家糊口的）工作，职业。*～を探（さが）す。/ 找工作。

★職業（しょくぎょう）②〔名〕

（作为产业或公务员等的）职业。*～は農業（のうぎょう）だ。/ 职业是农业。

★仕事（しごと）⓪〔名〕

工作，劳动。*会社（かいしゃ）で～をする。/ 在公司上班。

★作業（さぎょう）①〔名·Ⅲ自〕

（体力或脑力）劳动，作业。*工場（こうじょう）で～する。/ 在工厂作业。

★労働（ろうどう）⓪〔名·Ⅲ自〕

（体力）劳动。*～時間（じかん）〔人口（じんこう）〕。/ 劳动时间〔人口〕。

☆役（やく）②〔名〕

①职务，任务。*経理（けいり）の～。/ 会计的职务。
②（演员的）角色。*怪獣（かいじゅう）の～をやる。/ 扮演怪兽的角色。

☆役割（やくわり）③〔名〕

分配的角色、任务。*～を果（は）たす。/ 完成任务。

☆役目（やくめ）③〔名〕

各自的职责。*～を果（は）たす。/ 各尽其责。

☆義務（ぎむ）①〔名〕 ⇔権利

义务。*～を果（は）たす。/ 尽义务。

□生活 □衣食住 □家事 □出稼ぎ □共働き □独立 □自立 □一人暮らし
□職 □職業 □仕事 □作業 □労働 □役 □役割 □役目 □義務

☆担当（たんとう）⓪〔名·Ⅲ他〕

主管（工作）。*営業を～する。/主管营业工作。

招募

☆募集（ぼしゅう）⓪〔名·Ⅲ他〕 ⇔応募

①招募（人员）。*大卒者を～する。/招募大学毕业生。

②征集（作品等）。*投書を～する。/征集投稿作品。

☆応募（おうぼ）⓪〔名·Ⅲ自〕 ⇔募集

①应招（岗位）。*銀行員に～する。/应聘银行职员。

②应征（展览、比赛等）。*写真展に～する。/应征摄影展。

☆採用（さいよう）⓪〔名·Ⅲ他〕

①录用（人员）。*新人を～する。/录用新人。

②采纳（建议等）。*アイディアを～する。/采纳建议。

就职·就业

☆就職（しゅうしょく）⓪〔名·Ⅲ自〕 ⇔退職

就职。*貿易会社に～する。/就职于贸易公司。

☆就業（しゅうぎょう）⓪〔名·Ⅲ自〕 ⇔失業

就业。*卒業してから～する。/毕业后就业。

☆就活（しゅうかつ）⓪〔名〕 ⇔求人

（＝就職活動）（毕业生）求职活动。*～に忙しい。/忙于找工作。

☆退職（たいしょく）⓪〔名·Ⅲ自〕 ⇔就職

退职，退休。*定年で～する。/到法定年龄退休。

☆失業（しつぎょう）⓪〔名·Ⅲ自〕 ⇔就業

失业。*父は～した。/爸爸失业了。

上下班

★通勤（つうきん）⓪〔名·Ⅲ自〕

上下班，通勤。*バスで～する。/坐公交车上下班。

★入社（にゅうしゃ）⓪〔名·Ⅲ自〕 ⇔退社

进公司工作。*旅行会社に～した。/进了旅行公司。

★退社（たいしゃ）⓪〔名·Ⅲ自〕 ⇔入社

辞职。*病気で～する。/因病辞职。

★出勤（しゅっきん）⓪〔名·Ⅲ自〕 ⇔欠勤·退勤

（早上）上班。*毎朝8時に～する。/每天早上8点上班。

★退勤（たいきん）⓪〔名·Ⅲ自〕 ⇔出勤

（下午）下班。*午後6時に～する。/下午6点下班。

★残業（ざんぎょう）⓪〔名·Ⅲ自〕

加班。*毎週～する。/每周加班。

☆当番（とうばん）①〔名〕

值班。*～で掃除する。/值班搞卫生。

★欠勤（けっきん）⓪〔名·Ⅲ自〕 ⇔出勤

（职工）缺勤，请假。*病気で～した。/因病请假。

职场

★職場（しょくば）③〔名〕

职场，工作单位。*～に出る。/去工作。

★作業場（さぎょうば）⓪〔名〕

（车间、工地等）工作场所。*～で働く。/在车间工作。

□担当 □募集 □応募 □採用 □就職 □就業 □就活 □退職 □失業 □通勤
□入社 □退社 □出勤 □退勤 □残業 □当番 □欠勤 □職場 □作業場

★受付（うけつけ）⓪〔名〕

前台；受理处；挂号处。＊会社（かいしゃ）の～で働（はたら）く。/ 在公司前台上班。

★窓口（まどぐち）②〔名〕

服务窗口。＊2番（ばん）の～へ行（い）く。/ 去2号窗口。

✻ 从业人员

★社会人（しゃかいじん）②〔名〕

（相对学生而言的）上班族。＊僕（ぼく）はもう～だ。/ 我已经上班了。

★公務員（こうむいん）③〔名〕

公务员。＊～試験（しけん）。/ 公务员考试。

★農家（のうか）①〔名〕

农民。＊～の生（う）まれ。/ 出生在农民家庭。

★会社員（かいしゃいん）③〔名〕

（职业名称）公司职员。＊～になった。/ 成了一名公司职员。

★社員（しゃいん）①〔名〕

（某公司的）职员，员工。＊日系会社（にっけいがいしゃ）の～。/ 日企员工。

★店員（てんいん）⓪〔名〕

店员。＊コンビニの～。/ 便利店的店员。

★駅員（えきいん）⓪〔名〕

（轨道交通）站务员。＊新幹線（しんかんせん）の～。/ 新干线的站务员。

★銀行員（ぎんこういん）③〔名〕

银行职员。＊～になる。/ 当银行职员。

★運転手（うんてんしゅ）③〔名〕

（公交、出租车等）司机。＊バスの～。/ 公交车司机。

★警官（けいかん）⓪〔名〕

（＝警察官（けいさつかん））警官。＊交番（こうばん）の～。/ 派出所的警察。

★お巡（まわ）**りさん**②〔名〕

警察，巡警。＊～を呼（よ）ぶ。/ 叫来警察。

☆記者（きしゃ）①〔名〕

记者。＊テレビ局（きょく）の～。/ 电视台的记者。

☆芸能人（げいのうじん）③〔名〕

演艺明星，艺人。＊映画界（えいがかい）の～。/ 电影领域的艺人。

★歌手（かしゅ）①〔名〕

歌手。＊男性（だんせい）～。/ 男歌手。

★俳優（はいゆう）⓪〔名〕

影视演员。＊～になりたい。/ 想当演员。

★選手（せんしゅ）①〔名〕

运动员，选手。＊野球（やきゅう）～。/ 棒球选手。

★監督（かんとく）⓪〔名〕

①（影视）导演。＊映画（えいが）～。/ 电影导演。
②（体育队）领队。＊サッカーの～。/ 足球队领队。

★学者（がくしゃ）⓪〔名〕

学者。＊有名（ゆうめい）な～。/ 著名学者。

★画家（がか）⓪〔名〕

画家。＊フランスの～。/ 法国画家。

□受付 □窓口 □社会人 □公務員 □農家 □会社員 □社員 □店員 □駅員
□銀行員 □運転手 □警官 □お巡りさん □記者 □芸能人 □歌手 □俳優
□選手 □監督 □学者 □画家

★作家（さっか）⓪〔名〕

（文学类）作家。*～を訪（たず）ねる。/ 拜访作家。

☆作者（さくしゃ）①〔名〕

（文学、雕刻、工艺等）作者。*小説（しょうせつ）の～。/ 小说的作者。

★科学者（かがくしゃ）③〔名〕

科学家。*～の発見（はっけん）。/ 科学家的发现。

★専門家（せんもんか）⓪〔名〕

专家。*～の意見（いけん）。/ 专家的意见。

☆職人（しょくにん）⓪〔名〕

（木工、工艺品等）匠人，手艺人。*細工（さいく）の～。/ 工艺品匠人。

☆弁護士（べんごし）③〔名〕

律师。*～を頼（たの）む。/ 委托律师。

★泥棒（どろぼう）⓪〔名〕

盗贼。*家（いえ）に～が入（はい）った。/ 家里进了贼。

关联词 >>>

◆芸術家（げいじゅつか）⓪〔名〕	艺术家。	◆力士（りきし）①〔名〕	相扑大力士。
◆音楽家（おんがくか）⓪〔名〕	音乐家。	◆お相撲（すもう）さん⑤〔名〕	相扑运动员。
◆小説家（しょうせつか）⓪〔名〕	小说家。	◆調理師（ちょうりし）③〔名〕	职业厨师。
◆技師（ぎし）①〔名〕	技师，工程师。	◆乗務員（じょうむいん）③〔名〕	（机组）乘务员。
◆技術者（ぎじゅつしゃ）③〔名〕	技术人员。	◆運転士（うんてんし）③〔名〕	（轨道交通）司机。
◆研究者（けんきゅうしゃ）③〔名〕	科研人员。	◆保育士（ほいくし）③〔名〕	保育员；月嫂。
◆役者（やくしゃ）⓪〔名〕	戏剧演员。	◆家政婦（かせいふ）②〔名〕	（职业）保姆。
◆名優（めいゆう）⓪〔名〕	（影视）名演员。	◆お手伝（てつだ）いさん②〔名〕	（口语）保姆。
◆男優（だんゆう）⓪〔名〕	（影视）男演员。	◆介護士（かいごし）③〔名〕	护工，护理师。
◆女優（じょゆう）⓪〔名〕	（影视）女演员。	◆美容師（びようし）②〔名〕	美容师。
◆声優（せいゆう）⓪〔名〕	（影视）配音演员。	◆理容師（りようし）②〔名〕	美发美容师。
◆司会者（しかいしゃ）②〔名〕	（节目等）主持人。		

□作家 □作者 □科学者 □専門家 □職人 □弁護士 □泥棒

练 习

一、请从 ____ 中选择一个最合适的词，并用平假名写在（　　）中。

生活　作業　画家　作者

1. 有名な（　　　　　　）の絵は博物館（はくぶつかん）から盗まれたそうです。
2. この文章を読みましたが、（　　　　　　）の意図（いと）は分かりません。
3. 物価（ぶっか）が高いので、楽（らく）に（　　　　　　）できません。
4. （　　　　　　）時間は 8 時間となっています。

二、请从 ____ 中选择一个最合适的词，并用汉字写在（　　）中。

さっか　ぼしゅう　のうか　ざんぎょう

1. 稲（いね）の取り入れ時期だから、（　　　　　　）は特（とく）に忙しいです。
2. 彼はサラリーマンから小説を書く（　　　　　　）になりました。
3. 毎晩、遅くまで（　　　　　　）させられて、大変でした。
4. 各学校は新入生を（　　　　　　）しています。

三、请选择合适的搭配，把对应的字母写在（　　）中。

1. 役割を　（　）	A. さがす	4. 選手に　（　）	D. 働く
2. 職を　（　）	B. こまる	5. 泥棒を　（　）	E. なる
3. 生活に　（　）	C. はたす	6. 公務員を　（　）	F. している

四、请从 A、B、C、D 四个选项中选择最合适的一个填入（　　）中。

1. 少子化（しょうしか）が進（すす）んでいて、（　　）人口が足（た）りなくなりました。

　A. 家事　　B. 作業　　C. 仕事　　D. 労働

2. 夫（おっと）は一人で東京へ（　　）に行っています。

　A. 採用　　B. 衣食住　　C. 出稼ぎ　　D. 共働き

3. 無断（むだん）で会社を（　　）してはいけないことになっています。

　A. 出勤　　B. 欠勤　　C. 就職　　D. 就活

第10课 经济・金融・产业

✼ 金钱

★金（かね）⓪〔名〕

钱，钞票。✽お～を稼（かせ）ぐ。/ 赚钱。

☆現金（げんきん）③〔名〕

现金。✽～で払（はら）う。/ 现金支付。

★札（さつ）⓪〔名〕

纸币，钞票。✽千円（せんえん）の～。/ 一千日元纸币。

☆小銭（こぜに）⓪〔名〕

零钱，零散的现金。✽札（さつ）を～に両替（りょうがえ）する。/ 把纸币换成零钱。

★小遣い（こづかい）①〔名〕

零花钱。✽親（おや）からお～をもらう。/ 从父母那收到零花钱。

★お返し（かえし）⓪〔名〕

找头，找零。✽百円（ひゃくえん）の～。/100日元的找零。

★釣銭（つりせん）⓪〔名〕

找头，找零。✽客（きゃく）に～を渡（わた）す。/ 递给客人找头。

★お釣り（つり）⓪〔名〕

找头，找零。✽これは～です。/ 这是您的找零。

★有料（ゆうりょう）⓪〔名〕 ⇔無料

收费。✽～で駐車（ちゅうしゃ）する。/ 收费停车。

★無料（むりょう）⓪〔名〕 ⇔有料

免费。✽～で入場（にゅうじょう）する。/ 免费入场。

☆ただ ①〔名〕

白送，免费。✽～であげる。/ 白送给你。

✼ 消费

☆消費（しょうひ）⓪①〔名・Ⅲ他〕 ⇔生産

消费，耗费（钱财、时间等）。✽米（こめ）を～する。/ 消费大米。

☆無駄遣い（むだづかい）③〔名・Ⅲ他〕

浪费（金钱、时间等）。✽時間（じかん）を～するな。/ 别浪费时间。

☆浪費（ろうひ）⓪〔名・Ⅲ他〕

浪费（金钱、时间等）。✽時間（じかん）を～する。/ 浪费时间。

☆節約（せつやく）⓪〔名・Ⅲ他〕

节约（金钱、时间等）。✽電気（でんき）を～する。/ 节约用电。

✼ 工资・报酬

★給料（きゅうりょう）①〔名〕

工资，薪水。✽～がいい〔高（たか）い〕。/ 薪水高。

☆賃金（ちんぎん）①〔名〕

工资，薪水。✽～を高（たか）める。/ 提高工资。

☆手当（てあて）①〔名〕

补贴，津贴。✽出張（しゅっちょう）〔残業（ざんぎょう）〕の～。/ 出差津贴〔加班津贴〕。

□金 □現金 □札 □小銭 □小遣い □お返し □釣銭 □お釣り □有料
□無料 □ただ □消費 □無駄遣い □浪費 □節約 □給料 □賃金 □手当

✲费用

★費用（ひよう）①〔名〕

费用。*～が増える。/ 费用增加。

☆経費（けいひ）①〔名〕

经费，费用，开销。*～をカットする。/ 削减经费。

★代金（だいきん）①⓪〔名〕

（实物、服务等的）货款，费用。*商品の～を払う。/ 支付商品货款。

★料金（りょうきん）①〔名〕

使用费，费用。*～を払う。/ 支付费用。

☆送料（そうりょう）①〔名〕

快递费，邮递费。*～は無料だ。/ 免运费。

☆運賃（うんちん）①〔名〕

（交通运输等）运费。*～が上がる。/ 运费上涨。

☆年金（ねんきん）⓪〔名〕

养老金。*～で暮らす。/ 靠养老金生活。

☆税金（ぜいきん）⓪〔名〕

（=税）税金。*～がかかる。/ 需要缴税。

★奨学金（しょうがくきん）⓪〔名〕

奖学金。*～を申し込む。/ 申请奖学金。

☆お年玉（としだま）⓪〔名〕

压岁钱。*～をもらう。/ 收到压岁钱。

✲买卖

★買い物（かいもの）⓪〔名・Ⅲ自〕

购物，买东西。*ネットショップで～する。/ 在网店购物。

★商売（しょうばい）①〔名・Ⅲ他〕

买卖，做生意。*輸出入の～をする。/ 做进出口贸易。

★販売（はんばい）⓪〔名・Ⅲ他〕

销售。*靴を～する。/ 销售鞋子。

★通販（つうはん）①⓪〔名〕

（=通信販売）网店销售，线上销售。*～で買い物をする。/ 网购。

💡也说「ネット通販」。

★発売（はつばい）⓪〔名・Ⅲ他〕

（新产品）发售，开始销售。*新製品を～する。/ 发售新产品。

★特売（とくばい）⓪〔名・Ⅲ他〕

特价销售。*服を～する。/ 特卖衣服。

☆売れ行き（うれゆき）⓪〔名〕

销售情况，销路。*～がよい。/ 销路好。

☆売り上げ（うりあげ）⓪〔名〕

销售额，营业额。*～が伸びる〔上がる〕。/ 销售额上升。

☆利益（りえき）①〔名〕

①（集团或个人的）利益，益处。*国家の～になる。/ 对国家有益。

②（经营上的）利润。*～が出る商売。/ 有利润的生意。

☆買い得（かいどく）⓪〔名〕

（=お買い得）买得划算。*これはお～ですよ。/ 买这个您划算。

□费用 □経費 □代金 □料金 □送料 □運賃 □年金 □税金 □奨学金 □お年玉
□買い物 □商売 □販売 □通販 □発売 □特売 □売れ行き □売り上げ □利益 □買い得

✻经营・经贸

★経営（けいえい）⓪〔名・Ⅲ他〕

经营（公司、商店等产业）。*会社〔農園〕を～する。/ 经营公司〔农场〕。

★営業（えいぎょう）⓪〔名・Ⅲ自〕

（商店）营业。*24時間～する。/24小时营业。

☆景気（けいき）⓪〔名〕

景气，行情。*～がいい〔悪い〕。/ 市场繁荣〔萧条〕。

★経済（けいざい）①〔名〕

经济，经济状况。*国民～をよくする。/ 改善国民经济。

★貿易（ぼうえき）⓪〔名・Ⅲ自〕

贸易。*外国と～する。/ 和外国做贸易。

★輸出（ゆしゅつ）⓪〔名・Ⅲ他〕 ⇔輸入

出口。*自動車を～する。/ 出口汽车。

★輸入（ゆにゅう）⓪〔名・Ⅲ他〕 ⇔輸出

进口。*牛肉を～する。/ 进口牛肉。

☆需要（じゅよう）⓪〔名〕 ⇔供給

需要，需求。*お客様の～。/ 客户需求。

✻金融

☆遺産（いさん）⓪〔名〕

遗产。*～を残す。/ 留下遗产。

☆財産（ざいさん）①⓪〔名〕

财产。*～を引き継ぐ。/ 继承遗产。

☆資金（しきん）②〔名〕

资金。*～を提供する。/ 提供资金。

☆貯金（ちょきん）⓪〔名・Ⅲ他〕

邮政或银行储蓄存钱。*お金を郵便局に～する。/ 把钱存入邮政储蓄。

☆預金（よきん）⓪〔名・Ⅲ他〕

（银行储蓄）存钱。*お金を銀行に～する。/ 把钱存入银行。

☆会計（かいけい）⓪〔名・Ⅲ他〕

会计事务。*～を担当する。/ 当会计。

☆予算（よさん）⓪〔名〕

预算，开支。*～を立てる。/ 制定预算。

✻价格

★全額（ぜんがく）⓪〔名〕 ⇔半額

全额，全款。*～を払う。/ 支付全款。

★半額（はんがく）⓪〔名〕 ⇔全額

半价。*～で買う。/ 半价购买。

★値段（ねだん）⓪〔名〕

价格，价钱。*～が高い。/ 价格贵。

☆価格（かかく）⓪〔名〕

价格，价钱。*～を付ける。/ 定价。

★物価（ぶっか）⓪〔名〕

物价。*～が高い〔安い〕。/ 物价高〔低〕。

☆額（がく）⓪〔名〕

钱款数量。*予算の～。/ 预算额。

★金額（きんがく）⓪〔名〕

金额。*～が大きい。/ 金额数量大。

✻涨价・降价

☆値上がり（ねあがり）⓪〔名・Ⅲ自〕

涨价。*新車が～する。/ 新车涨价了。

□経営 □営業 □景気 □経済 □貿易 □輸出 □輸入 □需要 □遺産 □財産
□資金 □貯金 □預金 □会計 □予算 □全額 □半額 □値段 □価格 □物価
□額 □金額 □値上がり

☆値下がり（ねさがり）⓪〔名·Ⅲ自〕

降价。*ガソリンが～する。/ 汽油降价。

★割引（わりびき）⓪〔名·Ⅲ他〕

打折。*運賃（うんちん）を～する。/ 运费打折。

☆値引き（ねびき）⓪〔名·Ⅲ他〕

打折。*在庫品（ざいこひん）を～する。/ 库存打折。

✻支付

☆勘定（かんじょう）③〔名·Ⅲ他〕

（就餐等）付款。*食事代（しょくじだい）を～する。/ 买单。

☆会計（かいけい）⓪〔名·Ⅲ他〕

（就餐等）付款，埋单。*食費（しょくひ）の～をする。/ 付饭钱。

☆割り勘（わりかん）⓪〔名〕

AA制。*費用（ひよう）は～にする。/ 费用 AA 制。

✻收支

★収入（しゅうにゅう）⓪〔名〕 ⇔支出

收入。*～を増（ふ）やす。/ 增加收入。

★支出（ししゅつ）⓪〔名·Ⅲ他〕 ⇔收入

支出。*～を減（へ）らす。/ 减少支出。

✻产业

★産業（さんぎょう）⓪〔名〕

产业。*自動車（じどうしゃ）～。/ 汽车产业。

★工業（こうぎょう）①〔名〕

工业。*化学（かがく）～。/ 化学工业。

★工場（こうじょう）③〔名〕

工厂。*～で働（はたら）く。/ 在工厂劳动。

★工場（こうば）③〔名〕

（小规模）工厂。*～を作（つく）る。/ 创办工厂。

★企業（きぎょう）①〔名〕

企业。*日系（にっけい）～が多（おお）い。/ 日企很多。

★会社（かいしゃ）⓪〔名〕

公司。*～に行（い）く。/ 去公司上班。

💡与其他词复合时读作「～がいしゃ」。

★事務所（じむしょ）②〔名〕

（公司性质的）事务所。*大阪（おおさか）に～がある。/ 在大阪有事务所。

✻农业

★農業（のうぎょう）①〔名〕

农业。*～を経営（けいえい）する。/ 经营农业。

☆畑（はたけ）⓪〔名〕

旱地。*～に小麦粉（こむぎこ）を作（つく）る。/ 在旱地里种小麦。

☆作物（さくもつ）②〔名〕

（＝農作物（のうさくぶつ））农作物。*～を取（と）り入（い）れる。/ 收割农作物。

☆稲（いね）①〔名〕

稻谷，水稻。*～で米（こめ）を作（つく）る。/ 用稻谷加工大米。

☆麦（むぎ）①〔名〕

麦子。*～を取（と）り入（い）れる。/ 收割麦子。

✻商业

★商業（しょうぎょう）①〔名〕

商业。*～都市（とし）。/ 商业都市。

□値下がり □割引 □値引き □勘定 □会計 □割り勘 □収入 □支出 □産業
□工業 □工場 □工場 □企業 □会社 □事務所 □農業 □畑 □作物 □稲
□麦 □商業

☆市場⓪〔名〕

（多为复合词）……市场。＊株式〔国際〕～。/股票〔国际〕市场。

☆市場①〔名〕

（食品、日用品的零售）集市。＊～に野菜を出す。/把蔬菜拿到集市去卖。

★店②〔名〕

（＝お店）商店。＊～を作る。/开店。

★商店①〔名〕

商店。＊～を経営する。/经营商店。

☆老舗⓪〔名〕

老字号，百年老店。＊5代続いた～。/延续5代的老字号。

☆店屋②〔名〕

商店，店铺。＊～さんに伺う。/拜访店家老板。

★八百屋⓪〔名〕

蔬菜店。＊～で野菜を売る。/在蔬菜店卖菜。

★喫茶店⓪〔名〕

咖啡店，茶餐厅。＊～でコーヒーを飲む。/在咖啡店喝咖啡。

☆飲食店④〔名〕

饮食店。＊～の茶菓。/饮食店的茶点。

★料理店③〔名〕

餐馆，饭店。＊～を作る。/开饭店。

★売店⓪〔名〕

小卖部。＊駅の～。/站内小卖部。

★売り場⓪〔名〕

柜台。＊服～。/服装柜台。

★果物屋⓪〔名〕

水果店。＊～のリンゴ。/水果店的苹果。

★本屋①〔名〕

书店。＊～で本を買う。/在书店买书。

★花屋②〔名〕

花店。＊～をやる。/开花店。

★美容院②〔名〕

美发店，美容院。＊～で髪を切る。/在美容院理发。

★薬局⓪〔名〕

（医院内）药房。＊～で薬をもらう。/在药房取药。

★旅館⓪〔名〕

旅馆。＊～に泊まる。/投宿旅馆。

★民宿⓪〔名〕

民宿。＊～に泊まる。/住民宿。

□市場 □市場 □店 □商店 □老舗 □店屋 □八百屋 □喫茶店 □飲食店 □料理店 □売店 □売り場 □果物屋 □本屋 □花屋 □美容院 □薬局 □旅館 □民宿

关联词 >>>

単語	中文	単語	中文
◆基本給（きほんきゅう）②〔名〕	底薪。	◆家賃（やちん）①〔名〕	房租。
◆人件費（じんけんひ）③〔名〕	用人成本。	◆運賃（うんちん）①〔名〕	运费；车费。
◆年給（ねんきゅう）⓪〔名〕	年薪。	◆水道料金（すいどうりょうきん）⑤〔名〕	水费。
◆月給（げっきゅう）⓪〔名〕	月薪。	◆電気料金（でんきりょうきん）④〔名〕	电费。
◆日給（にっきゅう）⓪〔名〕	日薪。	◆ガス料金（りょうきん）③〔名〕	燃气费。
◆時給（じきゅう）⓪〔名〕	时薪。	◆入学金（にゅうがくきん）⓪〔名〕	报名费。
◆頭金（あたまきん）⓪〔名〕	保证金，押金。	◆株式会社（かぶしきがいしゃ）⑤〔名〕	股份公司。
◆敷金（しききん）⓪〔名〕	保证金，押金。	◆中小企業（ちゅうしょうきぎょう）⑤〔名〕	中小企业。
◆見舞金（みまいきん）⓪〔名〕	慰问金。	◆商社（しょうしゃ）①〔名〕	商社，贸易公司。
◆罰金（ばっきん）⓪〔名〕	罚款。	◆当社（とうしゃ）①〔名〕	本公司。
◆礼金（れいきん）⓪〔名〕	酬谢金，红包。	◆貴社（きしゃ）①〔名〕	（尊）贵公司。
◆学費（がくひ）⓪〔名〕	学费。	◆弊社（へいしゃ）①〔名〕	（谦）本公司。
◆交通費（こうつうひ）③〔名〕	交通费，车费。	◆本社（ほんしゃ）①〔名〕	总公司。
◆生活費（せいかつひ）④〔名〕	生活费。	◆支社（ししゃ）①〔名〕	分公司。
◆管理費（かんりひ）③〔名〕	管理费。	◆営業課（えいぎょうか）⓪〔名〕	销售科。
◆洋服代（ようふくだい）④〔名〕	服装费。	◆広報課（こうほうか）⓪〔名〕	宣传科。
◆食事代（しょくじだい）⓪〔名〕	伙食费。	◆人事課（じんじか）⓪〔名〕	人事科。
◆部屋代（へやだい）⓪〔名〕	住宿费。	◆農場（のうじょう）⓪〔名〕	（综合性）农场。
◆電気代（でんきだい）⓪③〔名〕	电费。	◆農園（のうえん）⓪〔名〕	（果蔬等）农场。
◆ガス代（だい）⓪〔名〕	燃气费。	◆農地（のうち）①〔名〕	农地，耕地。
◆水道代（すいどうだい）③〔名〕	水费。	◆水田（すいでん）⓪〔名〕	水田。
◆電話代（でんわだい）③〔名〕	话费。	◆田畑（たばた）①〔名〕	耕地，田地。
◆駐車代（ちゅうしゃだい）③〔名〕	停车费。	◆大豆（だいず）⓪〔名〕	大豆。
◆修理代（しゅうりだい）③〔名〕	修理费。	◆とうもろこし③〔名〕	玉米。
◆受講料（じゅこうりょう）②〔名〕	听课费。	◆大麦（おおむぎ）⓪〔名〕	大麦。
◆使用料（しようりょう）②〔名〕	使用费。	◆小麦（こむぎ）②〔名〕	小麦。
◆入場料（にゅうじょうりょう）③〔名〕	入场费。	◆本店（ほんてん）⓪〔名〕	总店。
◆手数料（てすうりょう）②〔名〕	手续费。	◆支店（してん）⓪〔名〕	分店。

◆商店街（しょうてんがい）③〔名〕	购物街。	◆薬屋（くすりや）⓪〔名〕	药店，药房。
◆専門店（せんもんてん）③〔名〕	专卖店。	◆料理屋⓪〔名〕	餐馆，饭店。
◆百貨店（ひゃっかてん）③〔名〕	百货商场。	◆ラーメン屋（や）⓪〔名〕	拉面馆。
◆小売店（こうりてん）③〔名〕	零售店。	◆そば屋（や）②〔名〕	荞麦面馆。
◆雑貨店（ざっかてん）③〔名〕	杂货店。	◆うどん屋（や）⓪〔名〕	乌冬面馆。
◆洋品店（ようひんてん）③〔名〕	服饰用品商店。	◆すし屋（や）②〔名〕	寿司店。
◆書店（しょてん）⓪〔名〕	书店。	◆居酒屋（いざかや）⓪〔名〕	（小酒馆）居酒屋。
◆電気屋（でんきや）⓪〔名〕	电器店。	◆飲み屋（のみや）②〔名〕	小酒馆。
◆文房具屋（ぶんぼうぐや）⓪〔名〕	文具店。	◆床屋（とこや）⓪〔名〕	理发店。
◆菓子屋（かしや）②〔名〕	食品店，糕点店。	◆不動産屋（ふどうさんや）⓪〔名〕	房产中介公司。

练　习

一、请从 [　] 中选择一个最合适的词，并用平假名写在（　　）中。

民宿　商業　作物　産業

1. 農園(のうえん)だから、主(おも)に園芸(えんげい)（　　　　　　）を栽培(さいばい)しています。
2. （　　　　　　）を経営する農家が増(ふ)えています。
3. IT（　　　　　　）がどんどん発展(はってん)しています。
4. 大阪は（　　　　　　）都市として知られています。

二、请从 [　] 中选择一个最合适的词，并用汉字写在（　　）中。

はたけ　こうば　しにせ　おかえし

1. あの百貨店(ひゃっかてん)は何代も続いた（　　　　　　）で、日本ではとても有名です。
2. これは（　　　　　　）とレシートでございます。どうぞ。
3. うちは町（　　　　　　）で、作業員(さぎょういん)は8人しかいません。
4. 春に（　　　　　　）に種(たね)をまいて、秋に収穫(しゅうかく)します。

三、请选择合适的搭配，把对应的字母写在（　　）中。

1. お金を　（　）	A. 稼ぐ		4. 金額が　（　）	D. わるい
2. 現金で　（　）	B. ある		5. 給料が　（　）	E. おおきい
3. 小遣いが　（　）	C. 支払う		6. 景気が　（　）	F. おおい

四、请从 A、B、C、D 四个选项中选择最合适的一个填入（　　）中。

1. ネット（　　）で物を売る店がたくさんあります。

A. 通販　　B. 商品　　C. 金銭　　D. 経済

2. 財布の中には1万円の（　　）のお金がいっぱい入っています。

A. 釣銭　　B. 小遣い　　C. 小銭　　D. 札

3. コンビニの（　　）時間はほとんど24時間で、いわゆる年中無休(ねんじゅうむきゅう)です。

A. 貿易　　B. 会計　　C. 営業　　D. 経営

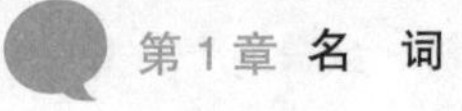

第11课 社会·组织

社会

☆世の中② 〔名〕

人世间，社会。＊～に出る。/ 踏上社会。

☆世間① 〔名〕

人世间，世上。＊～の出来事。/ 社会上发生的事。

★社会① 〔名〕

社会，世间。＊～生活。/ 社会生活。

★世界① 〔名〕

①世界，全球。＊～を歩く。/ 走遍世界。②（特定的环境）世界，社会。＊ゲームの～。/ 游戏世界。

国家

★外国⓪ 〔名〕

外国。＊～で働く。/ 在外国工作。

★海外① 〔名〕

海外，国外。＊～へ行く。/ 去外国。

☆西洋① 〔名〕

（多为复合词）西洋，欧美各国。＊～文明〔料理〕。/ 西方文明〔美食〕。

★国⓪ 〔名〕

国家。＊～へ帰る。/ 回国。

★国家① 〔名〕

国家。＊～試験。/ 国家考试。

★全国① 〔名〕

全国。＊～各地から来る。/ 来自全国各地。

★各国① 〔名〕

各国。＊世界～から集まる。/ 来自世界各国。

★国々② 〔名〕

各国。＊アジアの～。/ 亚洲各国。

政治

★政治⓪ 〔名〕

政治。＊～に無関心だ。/ 不关心政治。

☆政府① 〔名〕

政府。＊日本の～。/ 日本政府。

☆選挙① 〔名·Ⅲ他〕

选举。＊議員を～する。/ 选举议员。

☆管理① 〔名·Ⅲ他〕

管理，运营。＊会社の運営を～する。/ 管理公司运营。

☆支配① 〔名·Ⅲ他〕

支配，主宰。＊国を～する。/ 统治国家。

☆資格⓪ 〔名〕

资格。＊受験の～を取る。/ 获得考试资格。

☆権利① 〔名〕 ⇔義務

权利。＊～を守る。/ 保护权利。

□世の中 □世間 □社会 □世界 □外国 □海外 □西洋 □国 □国家 □全国
□各国 □国々 □政治 □政府 □選挙 □管理 □支配 □資格 □権利

☆責任（せきにん）⓪〔名〕

责任。＊～がある〔を取（と）る〕。/有〔承担〕责任。

☆勢い（いきお）③〔名〕

①（给人的强大压力）势头，气势。＊攻撃（こうげき）の～。/进攻的气势。

②（人做事时的）劲头，活力。＊すごい～で走（はし）る。/拼命奔跑。

✻ 民众

★国民（こくみん）⓪〔名〕

国民。＊～の声（こえ）。/国民的呼声。

★住民（じゅうみん）⓪〔名〕

居民。＊～の意見（いけん）。/居民的意见。

★市民（しみん）①〔名〕

①（广义上的）城市居民。＊～の意見（いけん）を聴（き）く。/倾听居民们的意见。

②（某市的）市民。＊横浜市（よこはまし）の～。/横滨市市民。

☆民族（みんぞく）①〔名〕

民族。＊～が多（おお）い国（くに）。/多民族国家。

✻ 法律

★法律（ほうりつ）⓪〔名〕

法律。＊～を守（まも）る。/守法。

★規則（きそく）②〔名〕

规则。＊～を作（つく）る〔破（やぶ）る〕。/制定〔违反〕规则。

☆制度（せいど）①〔名〕

制度。＊社会（しゃかい）～。/社会制度。

☆原則（げんそく）⓪〔名〕

原则。＊～として賛成（さんせい）だ。/原则上赞成。

☆裁判（さいばん）⓪〔名・Ⅲ他〕

（法院等）裁判，审理。＊トラブルの～をする。/审理纠纷案件。

★違反（いはん）⓪〔名・Ⅲ自〕

违反（法律、规则等）。＊規則（きそく）に～する。/违反规则。

✻ 犯罪・罪行

☆罪（つみ）①〔名〕

①犯罪。＊～を犯（おか）す。/犯罪。

②过错。＊彼（かれ）の～だ。/是他不好。

☆犯罪（はんざい）⓪〔名〕

犯罪。＊～を防（ふせ）ぐ。/防止犯罪。

☆暴力（ぼうりょく）①〔名〕

暴力。＊～手段（しゅだん）。/暴力行径。

☆犯人（はんにん）①〔名〕

①犯人。＊～を調（しら）べる。/调查犯人。

②（挑起事端的）罪魁祸首。＊いたずらの～。/恶作剧的罪魁祸首。

☆逮捕（たいほ）①〔名・Ⅲ他〕

逮捕。＊容疑者（ようぎしゃ）を～する。/逮捕犯罪嫌疑人。

✻ 阶层・身份

☆身分（みぶん）①〔名〕

身份。＊～が違（ちが）う。/身份不同。

★上司（じょうし）①〔名〕

上司。＊～と相談（そうだん）する。/和上司商量。

★部下（ぶか）①〔名〕

下属。＊～の意見（いけん）。/下属的意见。

□責任　□勢い　□国民　□住民　□市民　□民族　□法律　□規則　□制度　□原則
□裁判　□違反　□罪　□犯罪　□暴力　□犯人　□逮捕　□身分　□上司　□部下

★年上（としうえ）⓪〔名〕 ⇔年下

年长（的人）。＊～の友人。/ 忘年交。

★年下（としした）⓪〔名〕 ⇔年上

年少（的人）。＊私より三つ～だ。/ 比我小三岁。

★先輩（せんぱい）⓪〔名〕 ⇔後輩

（公司、学校等）前辈。＊職場の～。/ 职场上的前辈。

★後輩（こうはい）⓪〔名〕 ⇔先輩

（公司、学校等）后辈。＊大学の三年～。/ 大学比我小三届的后辈。

★社長（しゃちょう）⓪〔名〕

社长。＊会社の～。/ 公司社长。

★部長（ぶちょう）⓪〔名〕

部长。＊営業部の～。/ 销售部部长。

★課長（かちょう）⓪〔名〕

科长。＊人事課の～。/ 人事科科长。

★店長（てんちょう）①〔名〕

店长。＊コンビニの～。/ 便利店店长。

★係（かかり）①〔名〕

（＝係員）负责人。＊受付の～。/ 前台负责人。

☆担当（たんとう）⓪〔名・Ⅲ他〕

（职务）主管。＊販売の～。/ 销售主管。

☆大家（おおや）①〔名〕

房东。＊～に家賃を払う。/ 向房东付房租。

★金持ち（かねもち）③〔名〕

有钱人。＊～になる。/ 成为大款。

会场・会议

★会場（かいじょう）⓪〔名〕

会场。＊～に入る。/ 进入会场。

★会議室（かいぎしつ）③〔名〕

会议室。＊～を取る。/ 预约会议室。

★会議（かいぎ）①〔名〕

会议。＊～がある。/ 召开会议。

★大会（たいかい）⓪〔名〕

①（正规大型活动）大会。＊スポーツ～に出る。/ 参加运动会。

②（团体、组织等自发性的）大会。＊クラスの弁論～。/ 班级的辩论大会。

☆団らん（だんらん）⓪〔名・Ⅲ自〕

（家人等）团聚，团圆，集聚一堂。＊家族と～する。/ 和家人团聚。

☆開放（かいほう）⓪〔名・Ⅲ他〕

对外开放（设施、场馆、会场等）。＊校庭を～する。/ 开放校园。

参加・出席

★参加（さんか）⓪〔名・Ⅲ自〕

参加（团体、组织、活动）。＊競技大会に～する。/ 参加运动会。

★入会（にゅうかい）⓪〔名・Ⅲ自〕 ⇔退会

入会。＊クラブに～する。/ 加入俱乐部。

★退会（たいかい）⓪〔名・Ⅲ自〕 ⇔入会

退会。＊クラブを～する。/ 退出俱乐部。

★出席（しゅっせき）⓪〔名・Ⅲ自〕 ⇔欠席

①（与会者）出席。＊会議に～する。/ 出席会议。

□年上 □年下 □先輩 □後輩 □社長 □部長 □課長 □店長 □係 □担当
□大家 □金持ち □会場 □会議室 □会議 □大会 □団らん □開放 □参加
□入会 □退会 □出席

②(学生)上课。* 講義(こうぎ)に～する。/ 去上课。

★欠席(けっせき) ⓪〔名・Ⅲ自〕 ⇔出席

①(与会者)缺席。* 会議(かいぎ)を～する。/ 缺席会议。

②(学生)缺课。* 学校(がっこう)を～する。/ 缺课。

☆来店(らいてん) ⓪〔名・Ⅲ自〕

光临本店。* ～した客(きゃく)。/ 进店客人。

☆来場(らいじょう) ⓪〔名・Ⅲ自〕

光临会场。* 千人(せんにん)が～した。/ 千人到场。

团体・成员

☆集団(しゅうだん) ⓪〔名〕

(多为复合词)集体，团体。* ～意識(いしき)〔生活(せいかつ)〕。/ 集团意识〔集体生活〕。

☆組織(そしき) ①〔名・Ⅲ他〕

①团体，组织。* 会社(かいしゃ)の～。/ 公司组织。

②组建，组成。* 委員会(いいんかい)を～する。/ 组建委员会。

★团体(だんたい) ⓪〔名〕

团体。* ～で旅行(りょこう)する。/ 团体旅行。

★部活(ぶかつ) ⓪〔名〕

(=部活動(ぶかつどう))(学校)社团活动。* ～に参加(さんか)する。/ 参加社团活动。

★組(くみ) ②〔名〕

小组，队。* 紅白(こうはく)の～に分(わ)かれる。/ 分成红白两队。

★列(れつ) ①〔名〕

队列，队伍。* ～が長(なが)い〔～を作(つく)る〕。/ 长队〔排队〕。

★行列(ぎょうれつ) ⓪〔名・Ⅲ自〕

①队伍，队列。* ～ができている。/ 队列排好了。

②排列成队。* ～して待(ま)つ。/ 排队等候。

☆人出(ひとで) ⓪〔名〕

(购物、观光等)外出的人群。* 大変(たいへん)な～。/ 外出的人很多。

☆混雑(こんざつ) ①〔名・Ⅲ自〕

拥挤不堪。* ～する駅(えき)。/ 拥挤的车站。

机构・组织

☆役所(やくしょ) ③〔名〕

(区、市、县)政府。* ～に勤(つと)める。/ 在政府机构上班。

★市役所(しやくしょ) ②〔名〕

市政厅，市政府。* ～の窓口(まどぐち)。/ 市政府的办事窗口。

★大使館(たいしかん) ③〔名〕

大使馆。* ～の大使(たいし)。/ 大使馆的大使。

★交番(こうばん) ⓪〔名〕

派出所。* 駅(えき)の～。/ 车站派出所。

公共设施・文化设施

★博物館(はくぶつかん) ④〔名〕

博物馆。* ～の文物(ぶんぶつ)。/ 博物馆的文物。

★美術館(びじゅつかん) ③〔名〕

美术馆。* ～の名画(めいが)。/ 美术馆的名画。

★銀行(ぎんこう) ⓪〔名〕

银行。* ～でお金(かね)を下(お)ろす。/ 在银行取钱。

□欠席 □来店 □来場 □集団 □組織 □团体 □部活 □組 □列 □行列
□人出 □混雑 □役所 □市役所 □大使館 □交番 □博物館 □美術館 □銀行

★郵便局(ゆうびんきょく)③〔名〕

邮局。*～で荷物(にもつ)を出(だ)す。/ 在邮局寄包裹。

★放送局(ほうそうきょく)③〔名〕

电视和广播电台。*～のアナウンサー。/ 广电主播。

★出版社(しゅっぱんしゃ)③〔名〕

出版社。*～の編集者(へんしゅうしゃ)。/ 出版社的编辑。

★新聞社(しんぶんしゃ)③〔名〕

报社。*～の記者(きしゃ)。/ 报社的记者。

★図書館(としょかん)②〔名〕

图书馆。*～で本(ほん)を借(か)りる。/ 在图书馆借书。

★閲覧室(えつらんしつ)②〔名〕

阅览室。*～で本(ほん)を読(よ)む。/ 在阅览室看书。

★映画館(えいがかん)③〔名〕

影院。*～で映画(えいが)を見(み)る。/ 在电影院看电影。

★動物園(どうぶつえん)④〔名〕

动物园。*～の動物(どうぶつ)。/ 动物园的动物。

✲ 成员

★一員(いちいん)⓪〔名〕

其中一员。*部活(ぶかつ)の～。/ 社团的一员。

★会員(かいいん)⓪〔名〕

会员。*クラブの～。/ 俱乐部的会员。

★部員(ぶいん)⓪〔名〕

（俱乐部、社团等的）成员。*部活(ぶかつ)の～。/ 社团的成员。

★委員(いいん)①〔名〕

（班级等）委员。*クラスの～。/ 班委。

关联词 >>>

◆国内(こくない)②〔名〕	国内。	◆都民(とみん)①〔名〕	东京都居民。
◆国外(こくがい)②〔名〕	国外。	◆道民(どうみん)⓪〔名〕	北海道道民。
◆両国(りょうこく)・両国(りょうごく)①〔名〕	两国。	◆県民(けんみん)⓪〔名〕	县民。
◆大国(たいこく)⓪〔名〕	大国。	◆町民(ちょうみん)⓪〔名〕	乡民，镇民。
◆小国(しょうこく)⓪〔名〕	小国。	◆村民(そんみん)⓪〔名〕	村民。
◆島国(しまぐに)②〔名〕	岛国。	◆政治家(せいじか)⓪〔名〕	政治家，政客。
◆先進国(せんしんこく)③〔名〕	发达国家。	◆大統領(だいとうりょう)③〔名〕	总统。
◆途上国(とじょうこく)②〔名〕	发展中国家。	◆首相(しゅしょう)⓪〔名〕	首相，总理。

□ 郵便局　□ 放送局　□ 出版社　□ 新聞社　□ 図書館　□ 閲覧室　□ 映画館　□ 動物園
□ 一員　□ 会員　□ 部員　□ 委員

词语	释义
◆総理大臣（そうりだいじん）④〔名〕	总理大臣。
◆議員（ぎいん）①〔名〕	议员。
◆大臣（だいじん）①〔名〕	大臣。
◆外相（がいしょう）⓪〔名〕	外长，外交部长。
◆知事（ちじ）①〔名〕	都道府县知事。
◆市長（しちょう）②〔名〕	市长。
◆町長（ちょうちょう）①〔名〕	（乡镇）町长。
◆村長（そんちょう）①〔名〕	村长。
◆会長（かいちょう）⓪〔名〕	会长。
◆署長（しょちょう）⓪〔名〕	（警署等）署长。
◆所長（しょちょう）⓪〔名〕	（研究所等）所长。
◆局長（きょくちょう）⓪〔名〕	（放送局等）局长。
◆院長（いんちょう）①〔名〕	（医院等）院长。
◆駅長（えきちょう）⓪〔名〕	（轨道交通）站长。
◆管理人（かんりにん）⓪〔名〕	（公寓等）管理员。
◆役場（やくば）③〔名〕	（村、镇）政府。
◆町内会（ちょうないかい）③〔名〕	（街道）町内会。
◆領事館（りょうじかん）③〔名〕	领事馆。
◆入国管理局（にゅうこくかんりきょく）⑦〔名〕	出入境管理局。
◆警察署（けいさつしょ）⑤〔名〕	警察署。
消防署（しょうぼうしょ）⓪〔名〕	消防局。
◆税務署（ぜいむしょ）⓪〔名〕	税务局。
◆税関（ぜいかん）⓪〔名〕	海关。
◆公民館（こうみんかん）③〔名〕	社区文化馆。
◆会館（かいかん）⓪〔名〕	会馆，活动中心。
◆講堂（こうどう）⓪〔名〕	大礼堂。
◆国立（こくりつ）⓪〔名〕	国立（大学等）。
◆公立（こうりつ）⓪〔名〕	公立（大学等）。
◆市立（しりつ）①・市立（いちりつ）⓪〔名〕	市立（大学等）。
◆私立（しりつ）①・私立（わたくしりつ）④〔名〕	私立（大学等）。

练　习

一、请从 ▭ 中选择一个最合适的词，并用平假名写在（　　）中。

世間　先輩　年下　市民

1. 私が一つ（　　　　　　）ですから、彼女を姉ちゃんと呼んでいます。
2. （　　　　　　）に仕事のやり方を教えてもらいます。
3. （　　　　　　）を知るために、いろいろと体験します。
4. この市の（　　　　　　）は農業を経営する人が多いです。

二、请从 ▭ 中选择一个最合适的词，并用汉字写在（　　）中。

かかり　おおや　ひとで　ぶかつ

1. 花火大会は大変な（　　　　　　）でした。
2. 姉は図書館の（　　　　　　）をしています。
3. 野球が好きな息子は高校の（　　　　　　）に参加しました。
4. その貸し家の（　　　　　　）さんはとても親切な方です。

三、请选择合适的搭配，把对应的字母写在（　　）中。

1. 責任を	（　）	A. まもる	4. 全国から	（　）	D. 集まる
2. 犯罪を	（　）	B. とる	5. 世の中を	（　）	E. 進歩する
3. 法律を	（　）	C. ふせぐ	6. 社会が	（　）	F. 知らない

四、请从 A、B、C、D 四个选项中选择最合适的一个填入（　　）中。

1. 電車を待つ（　　）に割り込む人がいます。

　A. 行列　　B. 団体　　C. 混雑　　D. 集団

2. インターネットのおかげで、（　　）が広がりました。

　A. 世界　　B. 外国　　C. 西洋　　D. 社会

3. 教員（　　）を取っている私は、教師の仕事を希望しています。

　A. 責任　　B. 管理　　C. 資格　　D. 権利

第 12 课 交际・处世

✻交流・交际

☆交際（こうさい）⓪〔名・Ⅲ自〕

①交际，应酬。*～が広い。/ 交际广。
②（异性间）谈朋友。*異性と～する。/ 跟异性交友。

★交流（こうりゅう）⓪〔名・Ⅲ自〕

（文化、经贸等的）交流。*国と国が～する。/ 各国间进行交流。

★国際（こくさい）⓪〔名〕

国际。*～会議。/ 国际会议。

☆触れ合い（ふれあい）⓪〔名〕

（情感等）亲密接触，亲切交流。*住民との～。/ 跟当地居民的交流。

★紹介（しょうかい）⓪〔名・Ⅲ他〕

介绍（工作、朋友、事情内容等）。*友達に仕事を～する。/ 给朋友介绍工作。

★自己紹介（じこしょうかい）③〔名・Ⅲ自〕

自我介绍。*1年生が～する。/ 新生作自我介绍。

☆尊敬（そんけい）⓪〔名・Ⅲ他〕

尊敬。*年上の人を～する。/ 尊敬长辈。

☆尊重（そんちょう）⓪〔名・Ⅲ他〕

尊重。*人を～する。/ 尊重他人。

✻关系・交情

★関係（かんけい）⓪〔名・Ⅲ自〕

①（人与人）关系。*複雑な人間～。/ 复杂的人际关系。
②（人与事）关联，牵连，瓜葛。*その事件に～する。/ 与该事件有牵连。

☆間柄（あいだがら）⓪〔名〕

（亲属、同事等）人际关系。*上司と部下との～。/ 上下级关系。

★仲（なか）①〔名〕

（人与人之间的）感情，交情。*～がいい〔悪い〕。/ 关系好〔不好〕。

☆仲直り（なかなおり）③〔名・Ⅲ自〕

言归于好，和好。*妻と～する。/ 和妻子重归于好。

✻不和・矛盾

★けんか⓪〔名・Ⅲ自〕

吵架或打架。*父と～した。/ 和爸爸吵架了。

☆文句（もんく）①〔名〕

牢骚，怨言。*店員に～を言う。/ 对店员发牢骚。

☆摩擦（まさつ）⓪〔名・Ⅲ自〕

（因意见、立场等不同）起摩擦。*貿易が～する。/ 引起贸易摩擦。

□交際 □交流 □国際 □触れ合い □紹介 □自己紹介 □尊敬 □尊重 □関係
□間柄 □仲 □仲直り □けんか □文句 □摩擦

✲信用

★約束⓪〔名・Ⅲ他〕

约会，约定(见面等时间)。*会う日を～する。/ 约定见面的日子。

★予約⓪〔名・Ⅲ他〕

预订，预约(房间、座位、车票等)。*席〔切符〕を～する。/ 预订席位〔票子〕。

☆契約⓪〔名〕

合同，契约。*雇用〔売買〕～を結ぶ。/ 签订劳动〔买卖〕合同。

☆信用⓪〔名・Ⅲ他〕

坚信，相信(某人的言行)。*彼の話を～する。/ 相信他说的话。

☆信頼⓪〔名・Ⅲ他〕

信赖(对方的能力)。*部下を～する。/ 信任部下。

☆保証⓪〔名・Ⅲ他〕

保证(质量、人品等)。*品質を～する。/ 保证质量。

☆保障⓪〔名・Ⅲ他〕

保障(安全、生活等)。*安全を～する。/ 保障安全。

✲相识・见面

☆初対面②〔名〕

初次见面。*～の人。/ 初识的人。

★面接⓪〔名・Ⅲ自〕

面试(求职者等)。*バイトに～する。/ 面试打工者。

☆取材⓪〔名・Ⅲ自〕

采访。*名優に～する。/ 采访著名演员。

★訪問⓪〔名・Ⅲ他〕

访问(他国、他人等)。*日本〔友人〕を～する。/ 访问日本〔友人〕。

★邪魔⓪〔名・Ⅲ他〕

①(用「お邪魔する」)拜访。*お宅へお～します。/ 拜访贵府。

②打搅他人，干扰他人。*人の勉強を～する。/ 干扰他人的学习。

✲接待・送迎

★招待①〔名・Ⅲ他〕

招待，邀请。*友達を夕食に～する。/ 请朋友吃晚饭。

☆接待①〔名・Ⅲ他〕

(提供饮食、服务等的)招待，接待。*顧客を～する。/ 接待顾客。

☆歓迎⓪〔名・Ⅲ他〕

欢迎。*新人を～する。/ 欢迎新人。

☆送別⓪〔名・Ⅲ他〕

送别，送行。*卒業生を～する。/ 送别毕业生。

★案内③〔名・Ⅲ他〕

①把客人带到(某地)。*旅行客を新宿へ～する。/ 把游客带到新宿。

②陪同客人游览(某地并做介绍)。*旅行客に公園を～する。/ 陪同游客逛公园。

□約束 □予約 □契約 □信用 □信頼 □保証 □保障 □初対面 □面接 □取材
□訪問 □邪魔 □招待 □接待 □歓迎 □送別 □案内

✲礼节

☆礼儀（れいぎ）③〔名〕

（社交上的）礼节，礼仪。✲～を守（まも）る。/ 遵守礼貌。

☆辞儀（じぎ）⓪〔名・Ⅲ自〕

鞠躬，行礼。✲人（ひと）にお～する。/ 向人鞠躬。

★挨拶（あいさつ）①〔名・Ⅲ自〕

①问候的话，寒暄语。✲日本語（にほんご）には～が多（おお）い。/ 日语中有很多寒暄语。

②向人问好，跟人寒暄。✲先生（せんせい）に～する。/ 向老师问好。

③（在会议等场合）致辞。✲卒業式（そつぎょうしき）で～する。/ 在毕业典礼上致辞。

☆おわび⓪〔名・Ⅲ自〕

（向对方）道歉，谢罪。✲被害者（ひがいしゃ）に～する。/ 向受害者道歉。

✲帮助

☆協力（きょうりょく）⓪〔名・Ⅲ自〕

协作，协力（对方做事）。✲相手（あいて）に～する。/ 协作对方。

☆応援（おうえん）⓪〔名・Ⅲ他〕

①（为活动等提供）支援，援助。✲イベントを～する。/ 支援促销活动。

②（为活动参加者）捧场，助威。✲歌手（かしゅ）を～する。/ 为歌手捧场。

★世話（せわ）②〔名・Ⅲ他〕

照顾，照料，照看（老人、孩子、宠物等）。✲子供（こども）の～をする。/ 带孩子。

✲相识・友人・对手

★仲間（なかま）③〔名〕

（共事的双方或群体）伙伴，同仁。✲～に入（はい）る。/ 加入伙伴。

☆味方（みかた）⓪〔名・Ⅲ自〕

①（某一方的）支持者。✲庶民（しょみん）の～。/ 百姓的朋友。

②支援，支持。✲原告側（げんこくがわ）に～する。/ 支持原告这一方。

★同僚（どうりょう）⓪〔名〕

（同一单位的）同事。✲～と飲（の）みに行（い）った。/ 和同事去喝酒了。

★友達（ともだち）⓪〔名〕

朋友。✲～と遊（あそ）ぶ。/ 跟朋友玩。

★友人（ゆうじん）⓪〔名〕

友人。✲高校時代（こうこうじだい）の～。/ 高中时的朋友。

★親友（しんゆう）⓪〔名〕

至交。✲一番（いちばん）の～だ。/ 最要好的朋友。

☆知り合い（しりあい）⓪〔名〕

相识（的人），熟人。✲彼（かれ）とは前（まえ）からの～だ。/ 跟他是老相识。

★相手（あいて）③〔名〕

①共事者，伙伴；对手。✲酒（さけ）〔話（はなし）〕の～をする。/ 陪人喝酒〔聊天〕。

②（婚恋、采访、销售等的）对象。✲恋愛（れんあい）〔結婚（けっこん）〕～。/ 恋爱〔结婚〕对象。

☆敵（てき）⓪〔名〕

敌人。✲～が多（おお）い。/ 敌人很多。

□礼儀 □辞儀 □挨拶 □おわび □協力 □応援 □世話 □仲間 □味方
□同僚 □友達 □友人 □親友 □知り合い □相手 □敵

✻客人・客户

★客⓪〔名〕

客人。*～を迎える。/ 迎客。

★お客さん⓪〔名〕

（礼貌用语）客人。*～を送る。/ 送客。

★乗客⓪〔名〕

乘客。*新幹線の～。/ 新干线的乘客。

☆観衆⓪〔名〕

观众。*試合の～。/ 看比赛的观众。

★観光客③〔名〕

（风景区）游客。*行楽地の～。/ 观光地的游客。

★見物人⓪〔名〕

（风景区或活动场所）游客，看客。*花火大会の～。/ 看焰火表演的游客。

✻情况・状况

★都合⓪〔名〕

①（影响事情结果的）情况，原因，理由。*仕事の～で欠席した。/ 因工作缺席。

②（时间上）方便与否，合适与否。*～が悪い日。/ 时间上不凑巧的日子。

★具合⓪〔名〕

①（机械、健康等的）状况。*機械の～を調べる。/ 调查机械的状况。

②（时间上）方便与否。*今日は～が悪い。/ 今天不方便。

★調子⓪〔名〕

①健康状况。*体の～が悪い。/ 身体不舒服。

②机器运转状况。*機械の～が悪い。/ 机器运转不正常。

☆便①〔名〕

（是否便利的）交通状况。*交通の～がいい。/ 交通便捷。

✻公开・秘密

☆公開⓪〔名・Ⅲ他〕

①公开（信息、新作品等）。*情報〔映画〕を～する。/ 公开信息〔发行新片〕。

②开放（设施）。*美術館を～する。/ 开放美术馆。

★発表⓪〔名・Ⅲ他〕

发表，公布。*研究の結果を～する。/ 公布研究结果。

☆登場⓪〔名・Ⅲ自〕

①（舞台）登场。*舞台に～する。/ 登上舞台。

②（新产品）上市。*新製品が～する。/ 新产品上市。

□客 □お客さん □乗客 □観衆 □観光客 □見物人 □都合 □具合 □調子
□便 □公開 □発表 □登場

练　习

一、请从 □ 中选择一个最合适的词，并用平假名写在（　　）中。

相手　世話　間柄　具合

1. 彼女とは、ただ仕事で会う（　　　　　　）にすぎません。
2. いつもお（　　　　　　）になっております。
3. 太郎は遊び（　　　　　　）を探しているようです。
4. 体の（　　　　　　）が悪いので、お酒は遠慮します。

二、请从 □ 中选择一个最合适的词，并用汉字写在（　　）中。

こうりゅう　こうさい　めんせつ　せったい

1. 両国の文化や技術の（　　　　　　）が盛んに行われてきました。
2. 山田君には（　　　　　　）している女性がいるらしいです。
3. 美恵さんは、お客さんを（　　　　　　）する係を担当しています。
4. （　　　　　　）試験だから、やっぱり制服を着て行ったほうがいいですね。

三、请选择合适的搭配，把对应的字母写在（　　）中。

1. 仲が	（　）	A. いい	4. 契約を	（　）	D. 得る
2. 仲間に	（　）	B. はいる	5. 信頼を	（　）	E. 結ぶ
3. 仲直りを	（　）	C. する	6. 文句を	（　）	F. 言う

四、请从 A、B、C、D 四个选项中选择最合适的一个填入（　　）中。

1. 新型スマホが（　　）したら、すぐに人気を呼びました。

A. 公開　　B. 発表　　C. 登場　　D. 案内

2. 明日、お宅へお（　　）したいんですが、よろしいでしょうか。

A. 世話　　B. 辞儀　　C. 訪問　　D. 邪魔

3. 飛行機のチケットはもう（　　）してあります。

A. 予約　　B. 約束　　C. 保障　　D. 取材

第13课 教育

✻学习・研究

☆学問（がくもん）②〔名〕

学术研究，学问。✻～に励む。/ 勤于做学问。

★専攻（せんこう）⓪〔名・Ⅲ他〕

专修，专攻（某个学科）。✻語学を～する。/ 专修语言学。

★専門（せんもん）⓪〔名〕

专业，专科。✻語学は僕の～だ。/ 语言学是我的专业。

★科学（かがく）①〔名〕

科学。✻～技術が進む。/ 科技进步。

★研究（けんきゅう）⓪〔名・Ⅲ他〕

研究。✻数学を～する。/ 研究数学。

☆検討（けんとう）⓪〔名・Ⅲ他〕

讨论，研究（方案、对策等）。✻対策を～する。/ 讨论对策。

★調査（ちょうさ）①〔名・Ⅲ他〕

调查。✻事故の原因を～する。/ 调查事故原因。

★検査（けんさ）①〔名・Ⅲ他〕

（为确保质量或安全）检查，查验。✻商品の質を～する。/ 检查商品的质量。

☆観察（かんさつ）⓪〔名・Ⅲ他〕

（为学问、研究等目的的）观察。✻昆虫の生態を～する。/ 观察昆虫生态。

☆分析（ぶんせき）⓪〔名・Ⅲ他〕

分析。✻事故の原因を～する。/ 分析事故原因。

★実験（じっけん）⓪〔名・Ⅲ他〕

做试验。✻新薬を～する。/ 试验新药。

☆こつ⓪〔名〕

（工作、学习等方面的）窍门，要领。✻単語を覚える～。/ 背单词的窍门。

✻教育・指导

★教育（きょういく）⓪〔名・Ⅲ他〕

教育。✻学生を～する。/ 教育学生。

☆指導（しどう）⓪〔名・Ⅲ他〕

指导。✻学生を～する。/ 指导学生。

☆しつけ⓪〔名〕

（礼节等方面的）教育。✻～が厳しい家庭。/ 家教严格的家庭。

☆講演（こうえん）⓪〔名・Ⅲ自〕

演讲，作报告。✻大学で～する。/ 在大学做演讲。

☆忠告（ちゅうこく）⓪〔名・Ⅲ自〕

忠告。✻患者に～する。/ 给患者忠告。

★説明（せつめい）⓪〔名・Ⅲ他〕

说明，解释。✻言葉の意味を～する。/ 解释单词词义。

□学問　□専攻　□専門　□科学　□研究　□検討　□調査　□検査　□観察　□分析
□実験　□こつ　□教育　□指導　□しつけ　□講演　□忠告　□説明

奖惩

☆賞（しょう）① 〔名〕

奖，奖赏。*アカデミー～を得る。/ 获得奥斯卡奖。

☆賞品（しょうひん）⓪ 〔名〕

奖品。*～をもらう。/ 获得奖品。

☆賞金・奨金（しょうきん・しょうきん）⓪ 〔名〕

（一次性的）赏金，奖金。*～をもらう。/ 获得奖金。

☆入賞（にゅうしょう）⓪ 〔名・Ⅲ自〕

得奖。*コンクールで～する。/ 在比赛中获奖。

☆受賞（じゅしょう）⓪ 〔名・Ⅲ他〕

获奖。*新人賞を～する。/ 获得新人奖。

☆非難（ひなん）① 〔名・Ⅲ他〕

谴责。*他人を～する。/ 责难他人。

科目・课程

★時間割（じかんわり）⓪ 〔名〕

课程表。*～を作る。/ 编制课程表。

★科目（かもく）① 〔名〕

科目，课程。*～が多い。/ 课程有很多。

★課程（かてい）⓪ 〔名〕

课程。*～を終える。/ 结束课程。

★国語（こくご）⓪ 〔名〕

国语，语文。*～の先生。/ 语文老师。

★英語（えいご）⓪ 〔名〕

英语。*～を話す。/ 说英语。

★数学（すうがく）⓪ 〔名〕

数学。*～の教師。/ 数学老师。

授课・讲课

★授業（じゅぎょう）① 〔名・Ⅲ自〕

（老师）授课。*先生は～する。/ 老师上课。

★講義（こうぎ）① 〔名・Ⅲ他〕

①讲义。*～を聞く。/ 听讲义。

②授课，讲授。*古典文学を～する。/ 讲授古典文学。

★講座（こうざ）⓪ 〔名〕

讲座。*～を聞く。/ 听讲座。

☆休講（きゅうこう）⓪ 〔名・Ⅲ自〕

（老师因故）停课。*風邪のため～する。/ 因感冒而停课。

学习・训练

★学習（がくしゅう）⓪ 〔名・Ⅲ他〕

学习。*技術を～する。/ 学习技术。

★勉強（べんきょう）⓪ 〔名・Ⅲ他〕

①学习（技能、学问等）。*日本語を～する。/ 学习日语。

②（用「勉強になる」）受益匪浅。*お話は～になった。/ 您的话使我受益匪浅。

★実習（じっしゅう）⓪ 〔名・Ⅲ他〕

实习。*料理の～をする。/ 实习烹饪技术。

★自習（じしゅう）⓪ 〔名・Ⅲ他〕

自习。*英語を～する。/ 自习英语。

★予習（よしゅう）⓪ 〔名・Ⅲ他〕 ⇔復習

预习。*次の課を～する。/ 预习下一课。

□賞 □賞品 □賞金・奨金 □入賞 □受賞 □非難 □時間割 □科目 □課程 □国語 □英語 □数学 □授業 □講義 □講座 □休講 □学習 □勉強 □実習 □自習 □予習

★**復習**⓪〔名·Ⅲ他〕 ⇔予習

复习。＊前の課を～する。/复习上一课。

★**宿題**⓪〔名〕

课外作业。＊日本語の～をする。/做日语课外作业。

★**練習**⓪〔名·Ⅲ他〕

练习，操练。＊ピアノを～する。/练习弹钢琴。

☆**稽古**①〔名·Ⅲ他〕

(才艺类)学习，练习。＊舞踊を～する。/练习舞蹈。

★**訓練**①〔名·Ⅲ他〕

(人、动物、技艺等的)训练。＊犬を～する。/训练狗。

★**研修**⓪〔名·Ⅲ他〕

(单位职工)技能进修，技能培训。＊技術の～をする。/接受技术培训。

☆**記憶**⓪〔名·Ⅲ他〕

(人或计算机)记忆存储。＊あの事を～している。/还记得那件事。

★**暗記**⓪〔名·Ⅲ他〕

背记，背诵。＊単語を～する。/背单词。

✲考查·考试

★**試験**②〔名·Ⅲ他〕

考试，测验。＊英語の～。/英语考试。

☆**筆記試験**④⑤〔名〕

笔试。＊～の成績。/笔试成绩。

☆**口述試験**⑤〔名〕

口试。＊～の得点。/口试得分。

★**受験**⓪〔名·Ⅲ他〕

报考，应试。＊大学を～する。/报考大学。

★**問題**⓪〔名〕

(考题、练习题)题目。＊～を読む。/读题目。

✲评价

★**合格**⓪〔名·Ⅲ自〕 ⇔不合格

(考试等)及格。＊テストに～した。/考试及格了。

★**不合格**②〔名〕 ⇔合格

(考试等)不及格。＊試験に～になる〔～だ〕。/考试不及格。

💡不合格する(×)

☆**採点**⓪〔名·Ⅲ他〕

(给卷子、比赛等)打分。＊試験〔試合〕を～する。/给考试〔比赛〕打分。

☆**得点**⓪〔名·Ⅲ自〕

(测试、比赛)得分。＊1点～した。/赢得1分。

☆**失点**⓪〔名·Ⅲ自〕

(测试、比赛)失分。＊2点～した。/失去2分。

★**点**⓪〔名〕

分数，得分。＊60～で合格する。/60分及格。

★**点数**③〔名〕

分数，得分。＊～を取る。/得分。

★**満点**③〔名〕

满分。＊～を取る。/得满分。

□復習 □宿題 □練習 □稽古 □訓練 □研修 □記憶 □暗記 □試験
□筆記試験 □口述試験 □受験 □問題 □合格 □不合格 □採点 □得点
□失点 □点 □点数 □満点

成绩

★成績（せいせき）⓪〔名〕

（学生的）成绩；（职工的）业绩。＊数学〔営業〕の～がいい。/ 数学成绩〔销售业绩〕优异。

☆単位（たんい）①〔名〕

学分。＊～が足りない。/ 学分不够。

★学歴（がくれき）⓪〔名〕

学历。＊～が高い。/ 学历高。

☆学位（がくい）①〔名〕

学位。＊～を取る。/ 取得学位。

上下学

★入学（にゅうがく）⓪〔名・Ⅲ自〕 ⇔卒業

新生入学。＊小学校に～する。/ 上小学。

★留学（りゅうがく）⓪〔名・Ⅲ自〕

留学。＊日本へ～する。/ 去日本留学。

★進学（しんがく）⓪〔名・Ⅲ自〕

升学。＊大学に～する。/ 升入大学。

★通学（つうがく）⓪〔名・Ⅲ自〕

走读。＊電車で～する。/ 乘坐电车上学。

☆登校（とうこう）⓪〔名・Ⅲ自〕

离家上学。＊7 時に～する。/ 7 点上学。

☆下校（げこう）⓪〔名・Ⅲ自〕

放学。＊4 時に～する。/ 4 点放学。

☆放課（ほうか）⓪〔名〕

放学。＊3 時に～になる。/ 3 点放学。

☆放課後（ほうかご）⓪〔名〕

放学后。＊～の練習。/ 放学后的训练。

☆中退（ちゅうたい）⓪〔名・Ⅲ自〕

（＝中途退学）辍学。＊創業のため～した。/ 为创业而退学。

☆退学（たいがく）⓪〔名・Ⅲ自〕

辍学。＊病気で～した。/ 因病退学。

☆修了（しゅうりょう）⓪〔名・Ⅲ他〕

学习完（一定课程）。＊中級コースを～する。/ 完成中级课程。

★卒業（そつぎょう）④〔名・Ⅲ自〕 ⇔入学

毕业。＊大学を～する。/ 大学毕业。

学校

★学校（がっこう）⓪〔名〕

学校。

★学園（がくえん）⓪〔名〕

（小学到大学等几个学校构成的组织）学园。

★小学校（しょうがっこう）③〔名〕

小学。

★中学校（ちゅうがっこう）③〔名〕

初中。

★高等学校（こうとうがっこう）⑤〔名〕

高中。

★大学（だいがく）⓪〔名〕

大学。

★大学院（だいがくいん）④〔名〕

研究生院。

校园・校舍

☆校庭（こうてい）⓪〔名〕

校园。＊～の運動場。/ 校园运动场。

□成績 □単位 □学歴 □学位 □入学 □留学 □進学 □通学 □登校
□下校 □放課 □放課後 □中退 □退学 □修了 □卒業 □学校 □学園
□小学校 □中学校 □高等学校 □大学 □大学院 □校庭

☆校舎（こうしゃ）①〔名〕

教学楼。*～を建設（けんせつ）する。/ 盖新教学楼。

★事務室（じむしつ）②〔名〕

（公司、学校等的）办公室。*学生課（がくせいか）の～。/ 学生科办公室。

★研究室（けんきゅうしつ）③〔名〕

（教授）研究室。*先生（せんせい）の～に行（い）く。/ 去老师的研究室。

★教員室（きょういんしつ）③〔名〕

教师办公室。*先生（せんせい）は～にいる。/ 老师在教师办公室。

★教室（きょうしつ）⓪〔名〕

①教室。*～が広（ひろ）い。/ 教室宽敞。
②……培训班。*英会話（えいかいわ）～。/ 英语口语班。

★学生課（がくせいか）⓪〔名〕

（大学的）学生科。*～がバイトを紹介（しょうかい）する。/ 学生科介绍兼职信息。

✲ 班组・年级・学期

★組（くみ）②〔名〕

（几年几班）……班。*3年（ねん）2～の生徒（せいと）。/ 三年级二班的学生。

★学年（がくねん）⓪〔名〕

学年，年级。*彼女（かのじょ）と同（おな）じ～だ。/ 跟她同一年级。

★学級（がっきゅう）⓪〔名〕

年级，班级。*40人（にん）の～。/40人的班级。

★学期（がっき）⓪〔名〕

学期。*新（あたら）しい～。/ 新学期。

✲ 校长・教师

★校長（こうちょう）⓪〔名〕

（大学以外的）校长。

★先生（せんせい）③〔名〕

（对教师的口头称呼）老师。

★教授（きょうじゅ）⓪〔名〕

教授。

★担任（たんにん）⓪〔名〕

（= 担任先生）任课教师，班主任。

✲ 学生

★生徒（せいと）①〔名〕

中小学生。

★学生（がくせい）⓪〔名〕

（大）学生。

★小学生（しょうがくせい）③〔名〕

小学生。

★中学生（ちゅうがくせい）③〔名〕

初中生。

★高校生（こうこうせい）③〔名〕

高中生。

★大学生（だいがくせい）④〔名〕

大学生。

★留学生（りゅうがくせい）④〔名〕

留学生。

✲ 教学用品

★教材（きょうざい）⓪〔名〕

教材。*～を作（つく）る。/ 编写教材。

□校舎 □事務室 □研究室 □教員室 □教室 □学生課 □組 □学年 □学級
□学期 □校長 □先生 □教授 □担任 □生徒 □学生 □小学生 □中学生
□高校生 □大学生 □留学生 □教材

★教科書（きょうかしょ）③〔名〕

教科书。*～を選（えら）ぶ。/ 挑选教科书。

★黒板（こくばん）⓪〔名〕

黑板。*～に字（じ）を書（か）く。/ 往黑板上写字。

★掲示板（けいじばん）⓪〔名〕

公告牌，告示栏。*お知（し）らせを～に貼（は）る。/ 把通知贴在告示栏里。

★文房具（ぶんぼうぐ）③〔名〕

文具。*～を売（う）る。/ 销售文具。

★鉛筆（えんぴつ）⓪〔名〕

铅笔。*～で書く。/ 用铅笔写。

★紙（かみ）②〔名〕

纸，纸张。*～を切（き）る。/ 裁剪纸张。

★手帳（てちょう）⓪〔名〕

（工作等用）记事本。*～を持（も）ち歩（ある）く。/ 随身带着记事本。

★用紙（ようし）⓪〔名〕

（多为复合词）……（用）纸。*解答（かいとう）〔コピー〕～。/ 答题〔复印〕纸。

关联词 >>>

◆保育園（ほいくえん）③〔名〕	托儿所。	◆補習校（ほしゅうこう）②〔名〕	培训班。
◆幼稚園（ようちえん）③〔名〕	幼儿园。	◆教習所（きょうしゅうじょ）⓪〔名〕	驾校。
◆小学（しょうがく）⓪〔名〕	小学。	◆予備校（よびこう）⓪〔名〕	（升学）补习班。
◆中学（ちゅうがく）⓪〔名〕	初中。	◆塾（じゅく）①〔名〕	（平时）补习班。
◆高校（こうこう）⓪〔名〕	高中。	◆園長（えんちょう）①〔名〕	（幼儿园）园长。
◆言語学校（げんごがっこう）④〔名〕	语言学校。	◆学長（がくちょう）⓪〔名〕	大学校长。
◆専門学校（せんもんがっこう）⑤〔名〕	中等专科学校。	◆総長（そうちょう）①〔名〕	大学校长。
◆短期大学（たんきだいがく）④〔名〕	专科大学。	◆教師（きょうし）①〔名〕	教师。
◆女子大学（じょしだいがく）③〔名〕	女子大学。	◆教員（きょういん）⓪〔名〕	教员。
◆学部（がくぶ）①⓪〔名〕	（大学）院系。	◆講師（こうし）①〔名〕	讲师。
◆出身校（しゅっしんこう）③〔名〕	母校。	◆教官（きょうかん）⓪〔名〕	教官，教师。
◆本校（ほんこう）⓪〔名〕	总校，学校总部。	◆教諭（きょうゆ）⓪〔名〕	（除大学）教员。
◆分校（ぶんこう）⓪〔名〕	分校。	◆準教授（じゅんきょうじゅ）③〔名〕	副教授。
◆有名校（ゆうめいこう）③〔名〕	名校。	◆園児（えんじ）①〔名〕	学前儿童。

□ 教科書　□ 黒板　□ 掲示板　□ 文房具　□ 鉛筆　□ 紙　□ 手帳　□ 用紙

◆短大生（たんだいせい）③〔名〕 短大学生。

◆学部生（がくぶせい）③〔名〕 本科生。

◆院生（いんせい）⓪〔名〕 研究生。

◆通学生（つうがくせい）③〔名〕 走读生。

◆寮生（りょうせい）⓪〔名〕 住校生。

◆新入生（しんにゅうせい）③〔名〕 新生。

◆一年生（いちねんせい）③〔名〕 新生。

◆卒業生（そつぎょうせい）③〔名〕 毕业生。

◆大卒（だいそつ）⓪〔名〕 大学毕业（生）。

◆新卒（しんそつ）⓪〔名〕 应届毕业（生）。

◆既卒（きそつ）⓪〔名〕 历届毕业（生）。

◆筆記用具（ひっきようぐ）④〔名〕 文具。

◆学用品（がくようひん）⓪〔名〕 学习用品。

◆色鉛筆（いろえんぴつ）③〔名〕 彩色铅笔。

◆筆（ふで）⓪〔名〕 毛笔。

◆芯（しん）①〔名〕 笔芯。

◆のり②〔名〕 胶水。

◆絵の具（えのぐ）⓪〔名〕 颜料。

◆黒板消し（こくばんけし）③〔名〕 黑板擦。

◆画用紙（がようし）②〔名〕 绘画用纸，画纸。

◆原稿用紙（げんこうようし）⑤〔名〕 作文纸，方格纸。

◆必修科目（ひっしゅうかもく）⑤〔名〕 必修课。

◆選択科目（せんたくかもく）⑤〔名〕 选修课。

◆物理（ぶつり）①〔名〕 物理。

◆化学（かがく）①〔名〕 化学。

◆歴史（れきし）⓪〔名〕 历史。

◆社会（しゃかい）①〔名〕 社会。

◆美術（びじゅつ）①〔名〕 美术。

◆地理（ちり）①〔名〕 地理。

◆生物（せいぶつ）①〔名〕 生物。

◆医学（いがく）①〔名〕 医学。

◆記述試験（きじゅつしけん）④〔名〕 写作测试。

◆中間試験（ちゅうかんしけん）⑤〔名〕 期中考试。

◆期末試験（きまつしけん）⑤〔名〕 期末考试。

◆入学試験（にゅうがくしけん）⑤〔名〕 入学考试。

◆模擬試験（もぎしけん）③〔名〕 模拟考试。

◆問題用紙（もんだいようし）⑤〔名〕 试卷。

◆解答用紙（かいとうようし）⑤〔名〕 答卷，答题纸。

◆解答（かいとう）⓪〔名・Ⅲ自〕 解答。

◆答案（とうあん）⓪〔名〕 答案。

◆正解（せいかい）⓪〔名〕 正确解答。

◆正答（せいとう）⓪〔名〕 正确答案。

◆選択肢（せんたくし）③〔名〕 选项。

◆受験科目（じゅけんかもく）④〔名〕 考试科目。

◆受験票（じゅけんひょう）⓪〔名〕 准考证。

◆受験番号（じゅけんばんごう）④〔名〕 准考证号。

◆受験者（じゅけんしゃ）②〔名〕 考生。

◆学士（がくし）①〔名〕 学士（学位）。

◆修士（しゅうし）①〔名〕 硕士（学位）。

◆博士（はかせ）・博士（はくし）①〔名〕 博士（学位）。

◆新学期（しんがっき）③〔名〕 新学期。

◆先学期（せんがっき）③〔名〕 上学期。

◆今学期（こんがっき）③〔名〕 本学期。

◆来学期（らいがっき）③〔名〕 下学期。

练 习

一、请从 ▭ 中选择一个最合适的词，并用平假名写在（　　）中。

成績　合格　訓練　実験

1. 姉はいい（　　　　　　　　）で大学を卒業しました。
2. 監督（かんとく）の指導（しどう）のもとで厳しい（　　　　　　　　）を受けました。
3. 新薬（しんやく）を開発（かいはつ）するとき、さまざまな（　　　　　　　　）を行います。
4. テストの（　　　　　　　　）点数は 60 点となっています。

二、请从 ▭ 中选择一个最合适的词，并用汉字写在（　　）中。

がくしゅう　あんき　じゅけん　せつめい

1. 日本語の（　　　　　　　　）者はだんだん増えています。
2. 遅刻した理由を課長に（　　　　　　　　）しました。
3. 単語（たんご）を丸（まる）（　　　　　　　　）するのはいい方法ではありません。
4. 毎年、この大学を（　　　　　　　　）する学生が多いです。

三、请选择合适的搭配，把对应的字母写在（　　）中。

1. 講座を（　　）	A. おわる		4. 血液を（　　）	D. 指導する
2. 講義に（　　）	B. ひらく		5. 原因を（　　）	E. 調査する
3. 課程が（　　）	C. でる		6. 新人を（　　）	F. 検査する

四、请从 A、B、C、D 四个选项中选择最合适的一个填入（　　）中。

1. 習ったことを繰（く）り返（かえ）して（　　）しなければなりません。

　A. 実習　　B. 復習　　C. 予習　　D. 講習

2. 中学 1 年から、毎日自転車で学校に（　　）していました。

　A. 留学　　B. 入学　　C. 進学　　D. 通学

3. 大学でコンピュータ技術を（　　）しています。

　A. 学術　　B. 学問　　C. 専門　　D. 専攻

第14课 文化

文化

★文化(ぶんか)①〔名〕 ⇔自然

文化。*伝統(でんとう)～を守(まも)る。/ 保护传统文化。

☆異文化(いぶんか)②〔名〕

不同文化。*～交流(こうりゅう)。/ 跨文化交际。

★習慣(しゅうかん)⓪〔名〕

①(个人的)习惯。*よい～を付(つ)ける。/ 养成好习惯。

②(国家、地区的)风俗，习俗。*早婚(そうこん)の～がある。/ 存在早婚习俗。

☆伝統(でんとう)⓪〔名〕

传统。*～文化(ぶんか)を学(まな)ぶ。/ 学习传统文化。

★流行(りゅうこう)⓪〔名・Ⅲ自〕

①(时尚等)流行。*新語(しんご)が～する。/ 新词流行。

②(疾病)蔓延。*インフルエンザが～する。/ 流感肆虐。

☆和風(わふう)⓪〔名〕

日本风格。*～の家具(かぐ)。/ 日本风格的家具。

☆洋風(ようふう)⓪〔名〕

欧美风格。*～の建物(たてもの)。/ 欧美风格的建筑。

☆和式(わしき)⓪〔名〕

(样式)日式。*～の部屋(へや)。/ 日式房间。

☆洋式(ようしき)⓪〔名〕

(样式)西式。*～の建物(たてもの)。/ 西式建筑。

仪式・活动・节日

☆行事(ぎょうじ)①〔名〕

(社区、公司、学校等的各类)活动。*年末(ねんまつ)の～を行(おこな)う。/ 举行年末活动。

☆年中行事(ねんじゅうぎょうじ)⑤〔名〕

(一年中例行的)节日活动。*～が多(おお)い。/ 节日活动多。

☆式(しき)②〔名〕

(婚礼、葬礼、典礼等)仪式。*～を挙(あ)げる。/ 举行仪式。

★日(ひ)①〔名〕

(节日)……节。*海(うみ)の～。/ 大海日。

★祝日(しゅくじつ)⓪〔名〕

国定假日。*日本(にほん)の～が多(おお)い。/ 日本的国定假日多。

★祭日(さいじつ)⓪〔名〕

(国民的)节假日。*国民(こくみん)の～。/ 国民的节日。

★祭り(まつり)⓪〔名〕

(=お祭り)祭祀，仪式，节日。*～が行(おこな)われる。/ 举行祭祀活动。

★文化祭(ぶんかさい)③〔名〕

(校园或社区)文化祭。*にぎやかな～。/ 热闹非凡的文化祭。

★記念日(きねんび)②〔名〕

纪念日，庆祝日。*開店(かいてん)の～。/ 开店纪念日。

□文化 □異文化 □習慣 □伝統 □流行 □和風 □洋風 □和式 □洋式 □行事
□年中行事 □式 □日 □祝日 □祭日 □祭り □文化祭 □記念日

★誕生日（たんじょうび）③〔名〕

生日。＊～を祝う。/ 祝贺生日。

✲ 宗教

★寺（てら）②〔名〕

寺庙，寺院。＊お～に参る。/ 去寺院参拜。

★神社（じんじゃ）①〔名〕

神社。＊～のお祭り。/ 神社的祭祀活动。

★教会（きょうかい）⓪〔名〕

教会，教堂。＊～で祈る。/ 在教堂祈祷。

★神様（かみさま）①〔名〕

（＝神）神，上帝。＊お客様は～だ。/ 顾客就是上帝。

☆初詣（はつもうで）③〔名〕

新年烧头香。＊～に行く。/ 去烧新年头香。

☆運（うん）①〔名〕

运气，命运。＊～が悪い。/ 背运。

☆運命（うんめい）①〔名〕

命运。＊悲しい～。/ 悲惨的命运。

✲ 事故・灾祸・灾难

★事件（じけん）①〔名〕

（犯罪、事故等）事件。＊～を起こす。/ 引发事件。

★事故（じこ）①〔名〕

事故。＊～が起きる。/ 事故发生。

☆災い（わざわい）⓪〔名〕

灾难，灾祸。＊～に遭う。/ 遇到灾难。

★災難（さいなん）③〔名〕

灾难。＊～に遭う。/ 遭遇灾难。

★災害（さいがい）⓪〔名〕

灾害，灾祸。＊自然～に遭う。/ 遭遇自然灾害。

☆遭難（そうなん）⓪〔名・Ⅲ自〕

遇难。＊山で～する。/ 在山中遇险。

☆被害（ひがい）①〔名〕

①（作物等因自然灾害）损失，遭灾。＊台風による～。/ 台风带来的损失。

②（人员因人祸）受害，被害。＊加害者と～者。/ 加害者和被害人。

☆公害（こうがい）⓪〔名〕

公害。＊～問題。/ 公害问题。

★地震（じしん）⓪〔名〕

地震。＊～が起こる。/ 发生地震。

★台風（たいふう）③〔名〕

台风。＊日本は～が多い。/ 日本多台风。

★火事（かじ）①〔名〕

火灾。＊～が起こる。/ 发生火灾。

☆洪水（こうずい）⓪〔名〕

洪水。＊～が出た。/ 发洪水。

★大水（おおみず）③〔名〕

大水，洪水。＊～が出た。/ 发大水了。

★津波（つなみ）⓪〔名〕

海啸。＊～が起こる。/ 发生海啸。

★戦争（せんそう）⓪〔名・Ⅲ自〕

战争。＊隣国と～する。/ 跟邻国打仗。

☆被災地（ひさいち）②〔名〕

灾区。＊～の被災者。/ 灾区的灾民。

□ 誕生日　□ 寺　□ 神社　□ 教会　□ 神様　□ 初詣　□ 運　□ 運命　□ 事件　□ 事故
□ 災い　□ 災難　□ 災害　□ 遭難　□ 被害　□ 公害　□ 地震　□ 台風　□ 火事　□ 洪水
□ 大水　□ 津波　□ 戦争　□ 被災地

关联词 >>>

词语	释义	词语	释义
◆同窓会（どうそうかい）③〔名〕	同学会。	◆バレンタインデー①〔名〕	情人节。
◆忘年会（ぼうねんかい）③〔名〕	忘年会。	◆七夕（たなばた）⓪〔名〕	情人节，七夕节。
◆新年会（しんねんかい）③〔名〕	新年宴会。	◆母の日（ははのひ）①〔名〕	母亲节。
◆入学式（にゅうがくしき）③〔名〕	入学典礼。	◆父の日（ちちのひ）②〔名〕	父亲节。
◆卒業式（そつぎょうしき）③〔名〕	毕业典礼。	◆子供の日（こどものひ）⓪〔名〕	日本儿童节。
◆成人式（せいじんしき）③〔名〕	成人仪式。	◆ひな祭り（ひなまつり）③〔名〕	日本女儿节。
◆開会式（かいかいしき）③〔名〕	开幕式。	◆交通事故（こうつうじこ）⑤〔名〕	交通事故。
◆閉会式（へいかいしき）③〔名〕	闭幕式。	◆衝突事故（しょうとつじこ）⑤〔名〕	撞车事故。
◆春節（しゅんせつ）⓪〔名〕	（中国）春节。	◆追突事故（ついとつじこ）⑤〔名〕	追尾事故。
◆お盆（おぼん）②〔名〕	盂兰盆节。	◆接触事故（せっしょくじこ）⑤〔名〕	剐蹭事故。
◆中元（ちゅうげん）⓪〔名〕	中元节。	◆人身事故（じんしんじこ）⑤〔名〕	伤亡事故。

练 习

一、请从 [ ] 中选择一个最合适的词，并用平假名写在（　　）中。

洪水　行事　祝日　神社

1. （　　　　）は国で決めた休日（きゅうじつ）です。
2. 地域（ちいき）でさまざまな（　　　　）が行われています。
3. 入学試験の前に（　　　　）へ行って、祈（いの）る親子が多いです。
4. （　　　　）で流（なが）された家もあったらしいです。

二、请从 [ ] 中选择一个最合适的词，并用汉字写在（　　）中。

きょうかい　いぶんか　つなみ　かじ

1. 地震が起こりましたが、（　　　　）の心配はありません。
2. （　　　　）で焼（や）けた家を建（た）て直（なお）します。
3. 各国間（かっこくかん）の（　　　　）交流が盛（さか）んです。
4. （　　　　）で結婚式を行うカップルも少なくないです。

三、请选择合适的搭配，把对应的字母写在（　　）中。

1. 習慣を	（　）	A. おくれる	4. 戦争を	（　）	D. おこす
2. 伝統を	（　）	B. まもる	5. 地震が	（　）	E. おこる
3. 流行に	（　）	C. 身につける	6. 公害を	（　）	F. なくす

四、请从 A、B、C、D 四个选项中选择最合适的一个填入（　　）中。

1. 戦争は自然（　　）ではなく、人災（じんさい）なんです。

A. 被害　B. 遭難　C. 災害　D. 災難

2. 列車が信号（　　）で止まっています。

A. 事故　B. 事件　C. 公害　D. 被災

3. 8 月 1 日はわが社の創立（そうりつ）（　　）となっています。

A. 祝日　B. 祭日　C. 記念日　D. 誕生日

第15课 语言・表达

语言・文字

★字（じ）①〔名〕

（写出的）文字。＊～を書く〔消す〕。/ 写〔擦〕字。

★文字（もじ）①〔名〕

文字。＊仮名などの～。/ 假名等文字。

★仮名（かな）⓪〔名〕 ⇔漢字

假名。＊～を習う。/ 学习假名。

★漢字（かんじ）⓪〔名〕 ⇔仮名

日语汉字。＊～を書く。/ 写日语汉字。

★数字（すうじ）⓪〔名〕

数字。＊～に強い。/ 算术好。

★言葉（ことば）③〔名〕

①词汇，词语。＊日本語の～を覚える。/ 记日语单词。

②语言。＊外国の～を話す。/ 说外语。

★単語（たんご）⓪〔名〕

（独立的）单词，词语。＊～を覚える。/ 背单词。

★語彙（ごい）①〔名〕

词汇。＊～を分類する。/ 分类词汇。

★外来語（がいらいご）⓪〔名〕

外来语。＊～を覚える。/ 记外来语。

★文法（ぶんぽう）⓪〔名〕

语法。＊～を習う。/ 学语法。

★文型（ぶんけい）⓪〔名〕

句型。＊～で文を作る。/ 用句型造句。

★意味（いみ）①〔名〕

（词语、语法等的）意思，词义。＊言葉の～が分かる。/ 懂单词的意思。

记号・符号・标识

★印（しるし）⓪〔名〕

符号，记号。＊～を付ける。/ 做记号。

★目印（めじるし）②〔名〕

记号，标记。＊～を付ける。/ 标上标记。

★線（せん）①〔名〕

线，线条。＊～を引く。/ 画线。

★合図（あいず）①〔Ⅲ自〕

（用肢体或声响等给出的）信号，暗示。＊目で～する。/ 用眼神暗示。

☆旗（はた）②〔名〕

旗，旗帜。＊～を振る。/ 挥动旗子。

★名刺（めいし）⓪〔名〕

名片。＊～を差し出す〔受け取る〕。/ 递〔接〕名片。

阅读・书写

★読書（どくしょ）①〔名〕

读书，阅读。＊私の趣味は～だ。/ 我的兴趣是阅读。

□字 □文字 □仮名 □漢字 □数字 □言葉 □単語 □語彙 □外来語 □文法
□文型 □意味 □印 □目印 □線 □合図 □旗 □名刺 □読書

☆記録（きろく）⓪〔名・Ⅲ他〕

①书写，记录。*会議（かいぎ）の要点（ようてん）を～する。/ 记录会议要点。

②（竞技等）纪录。*世界（せかい）～を破（やぶ）る。/ 打破世界纪录。

☆記入（きにゅう）⓪〔名・Ⅲ他〕

填写（表格等）。*姓名（せいめい）を～する。/ 填上姓名。

☆入力（にゅうりょく）⓪〔名・Ⅲ他〕

电脑输入（文字、数据等）。*データを～する。/ 输入数据。

☆訂正（ていせい）⓪〔名・Ⅲ他〕

订正（错误）。*誤（あやま）りを～する。/ 订正错误。

☆削除（さくじょ）①〔名・Ⅲ他〕

删除，删掉（文字等）。*誤字（ごじ）を～する。/ 删除写错的字。

☆挿入（そうにゅう）⓪〔名・Ⅲ他〕

插入（文字、图片等）。*挿絵（さしえ）を～する。/ 插入插图。

✲ 文书・凭证

★文書（ぶんしょ）①〔名〕

（商务等）文书。*～で返事（へんじ）する。/ 以文书形式回复。

★書類（しょるい）⓪〔名〕

文件，资料。*必要（ひつよう）な～を用意（ようい）する。/ 准备必需资料。

★申込書（もうしこみしょ）⓪〔名〕

申请表。*～を出（だ）す。/ 递交申请表。

★学生証（がくせいしょう）⓪〔名〕

学生证。*～を見（み）せる。/ 出示学生证。

★履歴書（りれきしょ）⓪④〔名〕

履历表。*～を出（だ）す。/ 提交履历表。

★免許証（めんきょしょう）③〔名〕

（＝運転免許証（うんてんめんきょしょう））驾照。*～を見（み）せる。/ 出示驾照。

✲ 票证

★券（けん）①〔名〕

各类票、券。*～をもらう。/ 领票。

★入場券（にゅうじょうけん）③〔名〕

（运动会、展会、音乐会等）门票。*～を見（み）せる。/ 出示门票。

✲ 文章・文稿

★文（ぶん）①〔名〕

①文章。*次（つぎ）の～を読（よ）む。/ 阅读下面的文章。

②句子。*～の下（した）に線（せん）を引（ひ）く。/ 在句子下面画线。

★文章（ぶんしょう）①〔名〕

文章。*～を読（よ）む。/ 看文章。

★作文（さくぶん）⓪〔名・Ⅲ自〕

①（写出来的文章）作文。*～を書（か）く〔出（だ）す〕。/ 写〔交〕作文。

②写作。*日本語（にほんご）で～する。/ 用日语写作。

★論文（ろんぶん）⓪〔名〕

论文。*卒業（そつぎょう）～を発表（はっぴょう）する。/ 发表毕业论文。

□記録 □記入 □入力 □訂正 □削除 □挿入 □文書 □書類 □申込書
□学生証 □履歴書 □免許証 □券 □入場券 □文 □文章 □作文 □論文

★報告書（ほうこくしょ）⓪〔名〕

报告书。*～を書く。/ 写汇报。

★資料（しりょう）①〔名〕

（调研、参考等用）资料，材料。*～を集める。/ 收集资料。

☆原稿（げんこう）⓪〔名〕

原稿，草稿。*演説の～をチェックする。/ 确认演讲稿。

文学作品

★文学（ぶんがく）①〔名〕

文学。*～が好きだ。/ 我喜欢文学。

★作品（さくひん）⓪〔名〕

作品。*文学～。/ 文学作品。

★小説（しょうせつ）⓪〔名〕

小说。*～を書く。/ 写小说。

★日記（にっき）⓪〔名〕

日记。*～を付ける〔書く〕。/ 记日记。

★物語（ものがたり）③〔名〕

故事，传说。*～を話す。/ 讲故事。

★昔話（むかしばなし）④〔名〕

故事，传说。*～になる。/ 成为传说。

☆詩（し）⓪〔名〕

诗歌。*～を書く。/ 作诗。

☆粗筋（あらすじ）⓪〔名〕

（故事的）情节，梗概。*小説の～。/ 小说梗概。

话题・表达

★話題（わだい）⓪〔名〕

话题。*～を変える。/ 换话题。

★冗談（じょうだん）③〔名〕

玩笑。*～じゃない！/ 开什么玩笑！

☆表現（ひょうげん）③〔名・Ⅲ他〕

（用语言、艺术等形式）表达，表现。*気持ちを～する。/ 表达心情。

★翻訳（ほんやく）⓪〔名・Ⅲ他〕

笔译。*日本語を英語に～する。/ 将日语笔译为英文。

★通訳（つうやく）①〔名・Ⅲ他〕

口译。*中国語を日本語に～する。/ 将中文口译为日语。

★言葉遣い（ことばづかい）④〔名〕

用语，措辞。*～に注意する。/ 注意措辞。

☆主張（しゅちょう）⓪〔名・Ⅲ他〕

主张（自己的要求、权利等），见解。*自己の権利を～する。/ 主张自己的权利。

☆演説（えんぜつ）⓪〔名・Ⅲ自〕

演说。*大学で～する。/ 在大学演讲。

★申請（しんせい）⓪〔名・Ⅲ他〕

申请，报名。*パスポートを～する。/ 申请护照。

谈话・对话

★話（はなし）③〔名〕

①谈话，讲话。*友だちと～をする。/ 跟朋友交谈。

□報告書 □資料 □原稿 □文学 □作品 □小説 □日記 □物語 □昔話 □詩
□粗筋 □話題 □冗談 □表現 □翻訳 □通訳 □言葉遣い □主張 □演説
□申請 □話

②话题，事情。＊ちょっと～がある。/ 我有事要跟你说。

③故事。＊昔（むかし）の～を聞（き）く。/ 听老故事。

★会話（かいわ） ⓪〔名・Ⅲ自〕

（与人交谈）会话。＊日本語（にほんご）で～する。/ 用日语与人交谈。

★話し中（はなしちゅう） ⓪〔名〕

正在跟人谈话。＊課長（かちょう）は～だ。/ 科长正在跟人谈话。

★相談（そうだん） ⓪〔名・Ⅲ自〕

（为听取意见）与人商量。＊先生（せんせい）に～する。/ 找老师商量。

☆打ち合わせ（うちあわせ） ⓪〔名〕

（多人一起商量）商议，碰头会。＊文化祭（ぶんかさい）の～をする。/ 商量文化祭的事宜。

✻ 提问・提案

☆問い（とい） ⓪〔名〕

（考题、练习题中的）提问，题目。＊次（つぎ）の～に答（こた）える。/ 回答下一题。

★質問（しつもん） ⓪〔名・Ⅲ自〕

提问。＊学生（がくせい）に～する。/ 提问学生。

★問題（もんだい） ⓪〔名〕

（需要解决的）问题，难题。＊～が多（おお）い会社（かいしゃ）。/ 问题很多的公司。

☆課題（かだい） ⓪〔名〕

重大课题，重要任务。＊重要（じゅうよう）な～になる。/ 成为重要课题。

★参考（さんこう） ⓪〔名〕

①（用「…を参考にする」）以……为参考。＊ご意見（いけん）を～にする。/ 参考您的意见。

②（用「…は参考になる」）……值得参考。＊お話（はなし）はいい～になる。/ 您的意见值得参考。

💡 参考する（×）

✻ 确认・答复

★確認（かくにん） ⓪〔名・Ⅲ他〕

确认。＊安全（あんぜん）を～する。/ 确认安全。

★返事（へんじ） ③〔名・Ⅲ自〕

（以书面或口头形式）答复，回话。＊彼（かれ）のメールに～する。/ 回复他的邮件。

★答え（こたえ） ②〔名〕

①回答，回话，答复。＊～がない。/ 没有答复。

②（考题等）解答，答案。＊正（ただ）しい～。/ 正确答案。

□ 会話　□ 話し中　□ 相談　□ 打ち合わせ　□ 問い　□ 質問　□ 問題　□ 課題　□ 参考
□ 確認　□ 返事　□ 答え

关联词 >>>

◆○（まる）⓪〔名〕	圆圈；正确。	◆印鑑（いんかん）③〔名〕	印章。
◆×（ばつ）①〔名〕	“叉”号；不正确。	◆判子（はんこ）③〔名〕	（=判（はん））印章。
◆値札（ねふだ）⓪〔名〕	价签。	◆成績証明書（せいせきしょうめいしょ）⓪〔名〕	成绩证明。
◆名札（なふだ）⓪〔名〕	姓名吊牌；胸卡。	◆修了証書（しゅうりょうしょうしょ）⑤〔名〕	课程修了证书。
◆案内状（あんないじょう）⓪〔名〕	请柬。	◆卒業証書（そつぎょうしょうしょ）⑤〔名〕	毕业证书。
◆招待状（しょうたいじょう）⓪〔名〕	请柬。	◆整理券（せいりけん）③〔名〕	（排队）号码牌。
◆領収書（りょうしゅうしょ）⓪〔名〕	收据，发票。	◆商品券（しょうひんけん）③〔名〕	购物券。
◆証明書（しょうめいしょ）⓪〔名〕	（各类）证书。	◆割引券（わりびきけん）④〔名〕	优惠券。

练 习

一、请从□中选择一个最合适的词，并用平假名写在（　　）中。

演説　目印　合図　物語

1. おばあさんは孫に昔の（　　　　　）を聞かせました。
2. 入り口に（　　　　　）の紙を貼っておきます。
3. 立候補（りっこうほ）した彼は街頭（がいとう）（　　　　　）に出ました。
4. 列車の出発（しゅっぱつ）の（　　　　　）に旗を振（ふ）ります。

二、请从□中选择一个最合适的词，并用汉字写在（　　）中。

しんせい　かくにん　かいわ　あらすじ

1. 信号を（　　　　　）してから、横断歩道を渡ります。
2. 市役所に道路工事の許可（きょか）を（　　　　　）します。
3. テレビドラマの（　　　　　）を事前（じぜん）に読んでおきます。
4. 親子の（　　　　　）が少なくなるのはよいことではありません。

三、请选择合适的搭配，把对应的字母写在（　　）中。

1. 印を　（　）	A. 引く	4. 参考に　（　）	D. なる
2. 名刺を　（　）	B. 差し出す	5. 質問に　（　）	E. おこす
3. 線を　（　）	C. 付ける	6. 問題を　（　）	F. こたえる

四、请从 A、B、C、D 四个选项中选择最合适的一个填入（　　）中。

1. 友人に暑中見舞い（しょちゅうみま）に（　　）を出しました。

A. 話題　　B. 表現　　C. 話し中　　D. 返事

2. 今の話は（　　）にすぎないので、気にしないでくださいね。

A. 会話　　B. 冗談　　C. 相談　　D. 昔話

3. A選手は世界選手権（せんしゅけん）大会で新しい（　　）を取りました。

A. 挿入　　B. 入力　　C. 記録　　D. 記入

第16课 文体·娱乐

✲艺术

★芸術（げいじゅつ）⓪〔名〕

艺术。✲～を楽（たの）しむ。/ 欣赏艺术。

☆細工（さいく）③〔名〕

手工艺（品）。✲きれいな～。/ 漂亮的手工艺品。

☆工作（こうさく）⓪〔名〕

（造型艺术）手工制作。✲学校（がっこう）の～教育（きょういく）。/ 学校的手工制作课。

☆創作（そうさく）⓪〔名·Ⅲ他〕

创作。✲作品（さくひん）を～する。/ 创作作品。

☆合作（がっさく）⓪〔名·Ⅲ自他〕

共同创作（作品等）。✲～で〔して〕映画（えいが）を撮（と）る。/ 合作拍摄影片。

✲绘画·雕刻·摄影

★絵（え）①〔名〕

画，图画。✲～を描（か）く。/ 画画。

★絵画（かいが）①〔名〕

绘画。✲～教室（きょうしつ）に通（かよ）う。/ 上绘画课。

★油絵（あぶらえ）③〔名〕

油画。✲～を描（か）く。/ 画油画。

☆彫刻（ちょうこく）⓪〔名·Ⅲ他〕

雕刻。✲細工（さいく）を～する。/ 雕刻工艺品。

☆像（ぞう）①〔名〕

（雕像等）像，雕像。✲～を立（た）てる〔彫刻（ちょうこく）する〕。/ 竖立〔雕刻〕雕像。

★写真（しゃしん）⓪〔名〕

照片，相片。✲～を撮（と）る。/ 拍照片。

★撮影（さつえい）⓪〔名·Ⅲ他〕

拍摄。✲映画（えいが）を～する。/ 拍摄电影。

✲图表·图案

★地図（ちず）①〔名〕

地图。✲～を見（み）る。/ 查看地图。

★図表（ずひょう）⓪〔名〕

图和表，图表。✲～を参考（さんこう）にする。/ 参考图表。

☆模様（もよう）⓪〔名〕

花纹，图案。✲美（うつく）しい～。/ 漂亮的花纹图案。

✲音乐·舞蹈

★音楽（おんがく）①〔名〕

音乐。✲～を聞（き）く。/ 听音乐。

★歌（うた）②〔名〕

歌，歌曲。✲～を歌（うた）う。/ 唱歌。

★曲（きょく）⓪〔名〕

（歌曲或乐曲）曲子。✲ショパンの～。/ 肖邦的曲子。

□芸術 □細工 □工作 □創作 □合作 □絵 □絵画 □油絵 □彫刻 □像
□写真 □撮影 □地図 □図表 □模様 □音楽 □歌 □曲

★楽器(がっき)⓪〔名〕

乐器。＊～を習(なら)う。/ 学习乐器。

☆演奏(えんそう)⓪〔名・Ⅲ他〕

演奏。＊～者(しゃ)が楽器(がっき)を～する。/ 乐手演奏乐器。

☆伴奏(ばんそう)⓪〔名・Ⅲ自〕

伴奏。＊ピアノで～する。/ 用钢琴伴奏。

★踊り(おどり)⓪〔名〕

舞蹈。＊～を踊(おど)る。/ 跳舞。

戏剧・剧团・剧场

☆劇(げき)①〔名〕

（传统或现代）戏剧。＊～を見(み)る。/ 看戏。

☆芝居(しばい)⓪〔名〕

（传统）戏剧。＊歌舞伎(かぶき)は伝統的(でんとうてき)な～だ。/ 歌舞伎是传统戏剧。

☆劇団(げきだん)⓪〔名〕

剧团。＊～の役者(やくしゃ)。/ 剧团演员。

☆劇場(げきじょう)⓪〔名〕

剧场。＊～の観衆(かんしゅう)。/ 剧场的观众。

☆舞台(ぶたい)①〔名〕

舞台。＊～に上(あ)がる。/ 登台表演。

展示

☆展覧(てんらん)⓪〔名・Ⅲ他〕

展览（艺术品、商品等）。＊名画(めいが)を～する。/ 展览名画。

☆展示(てんじ)⓪〔名・Ⅲ他〕

展示（作品、商品等）。＊生徒(せいと)の作品(さくひん)を～する。/ 展示学生作品。

电影

★映画(えいが)①〔名〕

电影。＊～を見(み)る。/ 看电影。

☆上映(じょうえい)⓪〔名・Ⅲ他〕

上映。＊映画(えいが)を～する。/ 上映电影。

☆動画(どうが)⓪〔名〕

动画（片）。＊～を作(つく)る。/ 绘制动画。

☆場面(ばめん)①〔名〕

（剧情等）场面，场景。＊～が変(か)わる。/ 场面切换。

体育

★体育(たいいく)①〔名〕

体育运动。＊～科目(かもく)。/ 体育课。

★運動(うんどう)⓪〔名・Ⅲ自〕

体育锻炼，运动。＊毎朝(まいあさ)～する。/ 每天早上锻炼身体。

★運動会(うんどうかい)③〔名〕

（校园、社区等）运动会。＊昨日(きのう)～があった。/ 昨天开了运动会。

★競技大会(きょうぎたいかい)④〔名〕

（大型）运动会。＊～に参加(さんか)する。/ 参加运动会。

★運動場(うんどうじょう)⓪〔名〕

（校园等）运动场。＊～に集(あつ)まる。/ 在运动场集合。

★体育館(たいいくかん)④〔名〕

体育馆。＊～で試合(しあい)をやる。/ 在体育馆举办比赛。

□楽器 □演奏 □伴奏 □踊り □劇 □芝居 □劇団 □劇場 □舞台 □展覧
□展示 □映画 □上映 □動画 □場面 □体育 □運動 □運動会 □競技大会
□運動場 □体育館

★競技場⓪〔名〕

（正规赛中）运动场，竞技场。＊～で試合を行う。/ 在运动场举办比赛。

✲竞技

★試合⓪〔名・Ⅲ自〕

（竞技）比赛。＊野球の～をする。/ 进行棒球比赛。

★競技①〔名・Ⅲ自〕

体育竞技，体育比赛。＊強いチームと～する。/ 与强队比赛。

★競争⓪〔名・Ⅲ他〕

（竞技、商业等）竞争，比拼。＊相手とメダルを～する。/ 与对手争夺奖牌。

☆挑戦⓪〔名・Ⅲ自〕

挑战。＊優勝者に～する。/ 挑战优胜者。

★勝負①〔名・Ⅲ自〕

（比）胜负。＊一対一で～する。/ 一对一比胜负。

★優勝⓪〔名・Ⅲ自〕

优胜。＊試合で～する。/ 在比赛中获得冠军。

☆審判⓪〔名・Ⅲ他〕

（体育）裁判，判定胜负。＊～員は勝敗を～する。/ 裁判员判定胜负。

★対①〔名〕

（比分）……比……＊1～3で負けた。/ 以1比3输了。

✲竞技项目

★野球⓪〔名〕

棒球。＊～をする。/ 打棒球。

★相撲⓪〔名〕

相扑。＊～を見る。/ 看相扑。

★水泳⓪〔名・Ⅲ自〕

（比赛或娱乐）游泳。＊～は体にいい。/ 游泳有益健康。

★体操⓪〔名〕

①（＝体操競技）体操。＊～の六項目。/ 体操的六项全能。

②（健身、养生）体操。＊毎朝～をする。/ 每天早上做体操运动。

✲兴趣・娱乐

★趣味①〔名〕

个人爱好。＊～は写真だ。/ 爱好是摄影。

★楽しみ③〔名〕

①乐趣，兴趣。＊読書の～。/ 读书的乐趣。

②（用「…を楽しみにする」）期待。＊再会を～にしている。/ 期待重逢。

★遊び⓪〔名〕

①出外游玩。＊山へ～に行く。/ 去山里玩。

②（作为兴趣或取乐等）玩耍。＊子供は水～が好きだ。/ 孩子喜欢玩水。

☆余暇①〔名〕

闲暇。＊～を利用する。/ 利用闲暇时间。

□競技場 □試合 □競技 □競争 □挑戦 □勝負 □優勝 □審判 □対 □野球
□相撲 □水泳 □体操 □趣味 □楽しみ □遊び □余暇

★書道（しょどう）①〔名〕

书法。＊～教室（きょうしつ）。/ 书法班。

★茶道（さどう）①〔名〕

茶道。＊～の稽古（けいこ）を受（う）ける。/ 接受茶道训练。

★華道（かどう）・花道（かどう）①〔名〕

花道。＊～教室（きょうしつ）に出（で）る。/ 上花道课。

★生（い）け花（ばな）②〔名〕

①插花艺术。＊～を習（なら）う。/ 学习插花。
②插好的花。＊食卓（しょくたく）に～を飾（かざ）る。/ 餐桌上装点插花。

旅行・游玩

☆旅（たび）②〔名〕

旅行，旅游。＊～に出（で）る。/ 出游。

★旅行（りょこう）⓪〔名・Ⅲ自〕

旅行。＊外国（がいこく）へ～する。/ 去外国旅行。

★修学旅行（しゅうがくりょこう）⑤〔名〕

（学生的春游、秋游）修学旅行。＊～を申（もう）し込（こ）む。/ 报名参加修学旅行。

☆合宿（がっしゅく）⓪〔名・Ⅲ自〕

（队员、职工、学生）集训，合宿生活。＊～を行（おこな）う。/ 开展团建生活。

★観光（かんこう）⓪〔名・Ⅲ他〕

观光，游览。＊日本各地（にほんかくち）を～する。/ 游览日本各地。

★見物（けんぶつ）⓪〔名・Ⅲ他〕

游览；观赏。＊お祭（まつ）りを～する。/ 逛庙会。

★見学（けんがく）⓪〔名・Ⅲ他〕

参观学习。＊工場（こうじょう）を～する。/ 参观工厂。

★登山（とざん）①〔名・Ⅲ自〕

登山。＊冬（ふゆ）に～する。/ 冬季登山。

★散歩（さんぽ）⓪〔名・Ⅲ自〕

散步。＊公園（こうえん）を～する。/ 漫步公园。

★花見（はなみ）③〔名〕

赏花，赏樱花。＊～に行（い）く。/ 去赏樱花。

娱乐・嗜好

★収集（しゅうしゅう）⓪〔名・Ⅲ他〕

（作为爱好的）收集，收藏。＊切手（きって）を～する。/ 收集邮票。

★釣（つ）り⓪〔名〕

垂钓。＊趣味（しゅみ）は～だ。/ 兴趣是垂钓。

★おもちゃ②〔名〕

玩具。＊子供（こども）に～をやる。/ 送孩子玩具。

★人形（にんぎょう）⓪〔名〕

玩偶。＊～を作（つく）る。/ 制作玩偶。

☆宝（たから）くじ③〔名〕

彩票。＊～に当（あ）たる。/ 中彩。

☆謎々（なぞなぞ）⓪〔名〕

谜语，猜谜。＊～をする。/ 玩猜谜游戏。

☆喫煙（きつえん）⓪〔名・Ⅲ自〕

吸烟。＊～室（しつ）で～する。/ 在吸烟室抽烟。

☆禁煙（きんえん）⓪〔名・Ⅲ自〕

禁烟。＊館内（かんない）は終日（しゅうじつ）～する。/ 场馆内全天禁烟。

□書道 □茶道 □華道・花道 □生け花 □旅 □旅行 □修学旅行 □合宿 □観光
□見物 □見学 □登山 □散歩 □花見 □収集 □釣り □おもちゃ □人形
□宝くじ □謎々 □喫煙 □禁煙

关联词 >>>

词语	释义	词语	释义
◆楽団（がくだん）⓪〔名〕	乐团。	◆予選（よせん）⓪〔名〕	预选赛。
◆合唱（がっしょう）⓪〔名・Ⅲ他〕	合唱。	◆準決勝（じゅんけっしょう）③〔名〕	半决赛。
◆合唱団（がっしょうだん）③〔名〕	合唱团。	◆決勝戦（けっしょうせん）③〔名〕	决赛。
◆音楽会（おんがくかい）③〔名〕	音乐会。	◆柔道（じゅうどう）①〔名〕	柔道。
◆舞踊（ぶよう）⓪〔名〕	（民族）舞蹈。	◆剣道（けんどう）①〔名〕	剑道。
◆歌舞伎（かぶき）⓪〔名〕	（戏剧）歌舞伎。	◆競走（きょうそう）⓪〔名・Ⅲ自〕	赛跑。
◆京劇（きょうげき）⓪〔名〕	（中国）京剧。	◆卓球（たっきゅう）⓪〔名〕	乒乓球。
◆博覧会（はくらんかい）③〔名〕	大型博览会。	◆パチンコ⓪〔名〕	赌博机，老虎机。
◆展覧会（てんらんかい）③〔名〕	（作品等）展览会。	◆競馬（けいば）⓪〔名〕	赛马，赌马。
◆展示会（てんじかい）③〔名〕	（商品等）展示会。	◆競輪（けいりん）⓪〔名〕	自行车赛。
◆球場（きゅうじょう）⓪〔名〕	棒球场。		

练 习

一、请从 [　　] 中选择一个最合适的词，并用平假名写在（　　）中。

舞台　演奏　登山　勝負

1. スポーツと同じように、ビジネスも（　　　　　）の世界です。
2. 初めて（　　　　　）に上がりましたが、少しも緊張しませんでした。
3. ピアノでショパンの曲を（　　　　　）しました。
4. （　　　　　）はいい運動ですが、体力（たいりょく）がないといけません。

二、请从 [　　] 中选择一个最合适的词，并用汉字写在（　　）中。

ばんそう　かいが　じょうえい　がっき

1. 姉が歌を歌い、兄はギターで（　　　　　）しました。
2. 先生の（　　　　　）作品は画廊（がろう）に展示（てんじ）されています。
3. A監督（かんとく）の新作（しんさく）映画は今、（　　　　　）中です。
4. もちろん、ピアノも（　　　　　）の一つです。

三、请选择合适的搭配，把对应的字母写在（　　）中。

1. 芝居を　（　　）	A. ひらく	4. 図表を　（　　）	D. つくる
2. 展覧会を　（　　）	B. たのしむ	5. 宝くじに　（　　）	E. あたる
3. 像を　（　　）	C. つくる	6. 旅に　（　　）	F. でる

四、请从 A、B、C、D 四个选项中选择最合适的一个填入（　　）中。

1. 学業成績（がくぎょうせいせき）で（　　）している生徒が多いです。

   A. 競技　　B. 競争　　C. 試合　　D. 審判

2. シルクロードをテーマとした音楽作品を（　　）しました。

   A. 創作　　B. 工作　　C. 芸術　　D. 細工

3. サッカー国際試合で、日本チームは（　　）しました。

   A. 展示　　B. 運動　　C. 優勝　　D. 体育

第17课 信息・传播

✲信息・传达

★情報（じょうほう）⓪〔名〕

信息，情报。✲～を集（あつ）める。/ 收集情报。

★うわさ⓪〔名〕

传言，八卦新闻。✲～がある。/ 有谣言。

★報告（ほうこく）⓪〔名・Ⅲ他〕

汇报（的内容）。✲仕事（しごと）を～する。/ 汇报工作。

☆伝達（でんたつ）⓪〔名・Ⅲ他〕

传达（指示、信息等）。✲命令（めいれい）を～する。/ 传达命令。

☆伝言（でんごん）⓪〔名・Ⅲ他〕

①口信。✲姉（あね）に～を頼（たの）む。/ 拜托姐姐捎个话。

②带口信。✲同僚（どうりょう）に～する。/ 给同事带口信。

✲通知

★連絡（れんらく）⓪〔名・Ⅲ他〕

①通知的内容。✲本社（ほんしゃ）から～が来（き）た。/ 总公司来通知了。

②通知，通报（相关事宜）。✲会議（かいぎ）の時間（じかん）を～する。/ 通报开会的日子。

★通知（つうち）⓪〔名・Ⅲ他〕

通知。✲住所（じゅうしょ）を～する。/ 告知住址。

★知（し）らせ⓪〔名〕

（=お知らせ）通知（的内容）。✲～が届（とど）く。/ 通知送到了。

★案内（あんない）③〔名〕

①（交通、旅行等）通知，通告。✲乗車（じょうしゃ）の～を伝（つた）える。/ 播报乘车通告。

②指南，手册。✲旅行（りょこう）～をもらう。/ 索取旅行指南。

✲名声

★人気（にんき）⓪〔名〕

人气，声望。✲女性（じょせい）に～がある。/ 受女孩子欢迎。

☆評判（ひょうばん）⓪〔名〕

①（好的）名声。✲～が高（たか）い〔いい〕。/ 信誉高〔好〕。

②（人物、产品等）有名，出名。✲あの歌手（かしゅ）はとても～だ。/ 那位歌手很有名。

☆評価（ひょうか）①〔名・Ⅲ他〕

评价。✲人（ひと）〔作品（さくひん）〕を～する。/ 评价他人〔作品〕。

☆好評（こうひょう）⓪〔名〕

好评。✲～を得（え）る。/ 博得好评。

☆魅力（みりょく）⓪〔名〕

（人或作品等）魅力。✲文学（ぶんがく）の～を味（あじ）わう。/ 品味文学的魅力。

☆信用（しんよう）⓪〔名・Ⅲ他〕

信誉，名声。✲～があるお店（みせ）。/ 信誉好的商店。

□情報 □うわさ □報告 □伝達 □伝言 □連絡 □通知 □知らせ □案内
□人気 □評判 □評価 □好評 □魅力 □信用

✲ 信函

★手紙（てがみ）⓪〔名〕

信件。＊～を書く〔出す〕。/ 写〔寄〕信。

★住所（じゅうしょ）①〔名〕

（个人、公司的）地址。＊荷物は会社の～に送る。/ 包裹送达公司地址。

✲ 通信

★留守番電話（るすばんでんわ）⑤〔名〕

留言电话。＊～を聞く。/ 听语音留言电话。

★信号（しんごう）⓪〔名〕

信号。＊～がない山の中。/ 无信号的大山里。

★送信（そうしん）⓪〔名・Ⅲ他〕 ⇔受信

发送（邮件等）。＊母にメールを～する。/ 给母亲发邮件。

★受信（じゅしん）⓪〔名・Ⅲ他〕 ⇔送信

接收（邮件等）。＊友達からメールを～する。/ 接收朋友发来的邮件。

☆往信（おうしん）⓪〔名〕 ⇔返信

（信函、电子邮件的）去信。＊相手へ～を出す。/ 给对方去信。

☆返信（へんしん）⓪〔名〕 ⇔往信

（邮件等）回信，回复。＊～のメールを書く。/ 写回复邮件。

☆伝送（でんそう）⓪〔名・Ⅲ他〕

转发（邮件等）。＊メールを～する。/ 转发邮件。

✲ 网络

☆接続（せつぞく）⓪〔名・Ⅲ自〕

（上网）连接。＊サイトに～する。/ 连接网站。

☆登録（とうろく）⓪〔名・Ⅲ他〕

登记，注册。＊新規～をする。/ 新注册。

☆検索（けんさく）⓪〔名・Ⅲ他〕

检索。＊索引で～する。/ 通过索引进行检索。

☆添付（てんぷ）⓪〔名・Ⅲ他〕

（邮件里）添加。＊メールに写真を～する。/ 在邮件里添加照片。

☆保存（ほぞん）⓪〔名・Ⅲ他〕

保存（数据等）。＊データを～する。/ 保存数据。

✲ 广告

☆宣伝（せんでん）⓪〔名・Ⅲ他〕

宣传。＊新製品を～する。/ 宣传新产品。

★広告（こうこく）⓪〔名〕

广告。＊雑誌に～を出す。/ 在杂志上刊登广告。

★看板（かんばん）⓪〔名〕

①户外广告牌；商店等的招牌。＊航空会社の～。/ 航空公司的广告牌。

②（名目）招牌，名片。＊～メニュー〔教授〕。/ 招牌菜〔名目上的教授〕

✲ 广电

★報道（ほうどう）⓪〔名・Ⅲ他〕

（媒体登载的）报道。＊事故を～する。/ 报道事故。

☆記事（きじ）①〔名〕

（媒体的）新闻报道。＊～を書く。/ 撰写报道。

□手紙 □住所 □留守番電話 □信号 □送信 □受信 □往信 □返信 □伝送
□接続 □登録 □検索 □添付 □保存 □宣伝 □広告 □看板 □報道 □記事

★放送（ほうそう）⓪〔名·Ⅲ他〕

播送，播放（节目）。*ドラマを～する。/播放电视剧。

★生放送（なまほうそう）③〔名·Ⅲ他〕

现场直播。*オリンピックを～する。/直播奥运会。

★中継（ちゅうけい）⓪〔名·Ⅲ他〕

(=中継放送）转播。*事故現場（じこげんば）を～する。/转播事故现场。

★生中継（なまちゅうけい）③〔名·Ⅲ他〕

实况转播。*試合（しあい）を～する。/实况转播赛事。

☆画面（がめん）①⓪〔名〕

（影像）画面。*～を明（あか）るくする。/调亮画面。

☆映像（えいぞう）⓪〔名〕

（影视等）影像。*スクリーンに映（うつ）った～。/放映在银幕上的影像。

★番組（ばんぐみ）⓪〔名〕

（广电）节目。*スポーツ～を見（み）る。/收看体育节目。

★天気予報（てんきよほう）④〔名〕

天气预报（节目）。*～を聞（き）く。/听天气预报。

✻ 报刊

★新聞（しんぶん）⓪〔名〕

报纸。*～を読（よ）む。/读报。

★雑誌（ざっし）⓪〔名〕

杂志。*～を読（よ）む。/看杂志。

☆印刷（いんさつ）⓪〔名·Ⅲ他〕

印刷。*名刺（めいし）を～する。/印刷名片。

☆欄（らん）①〔名〕

（报刊、表格等的）栏。*新聞（しんぶん）の社会（しゃかい）～。/报纸的社会栏。

✻ 书籍·词典

★読み物（よみもの）③〔名〕

（多供消遣的）读物。*ネットで～を調（しら）べる。/在网上查读物。

★本（ほん）①〔名〕

书籍，图书。*～を読（よ）む。/看书。

★漫画（まんが）⓪〔名〕

漫画。*～を描（か）く。/画漫画。

★絵本（えほん）②〔名〕

连环画，绘本。*～を描（か）く。/画绘本。

★辞書（じしょ）①〔名〕

词典，辞书。*～を引（ひ）く。/查辞典。

★辞典（じてん）⓪〔名〕

词典。*～で単語（たんご）を調（しら）べる。/用词典查单词。

★電子辞書（でんしじしょ）④〔名〕

电子词典。*便利（べんり）な～。/便利的电子词典。

□放送 □生放送 □中継 □生中継 □画面 □映像 □番組 □天気予報
□新聞 □雑誌 □印刷 □欄 □読み物 □本 □漫画 □絵本 □辞書
□辞典 □電子辞書

✲ 其他印刷品

☆献立（こんだて）⓪〔名〕

菜单，菜谱。＊受験生（じゅけんせい）向（む）けの～。／面向考生的菜单。

☆散（ち）らし⓪〔名〕

（散发的）小广告。＊～を配（くば）る。／发小广告。

💡也使用片假名「チラシ」。

☆張（は）り紙（がみ）⓪〔名〕

（张贴的）招贴。＊募集（ぼしゅう）の～を出（だ）す。／张贴招工启事。

☆一覧表（いちらんひょう）⓪〔名〕

（＝一覧）一览表。＊買（か）い物（もの）の～。／购物一览表。

关联词 >>>

◆葉書（はがき）⓪〔名〕	明信片。	◆受信者（じゅしんしゃ）③〔名〕	（电子邮件）收件人。
◆切手（きって）⓪〔名〕	邮票。	◆朝刊（ちょうかん）⓪〔名〕	早报；日报。
◆封筒（ふうとう）⓪〔名〕	信封。	◆夕刊（ゆうかん）⓪〔名〕	晚报。
◆便箋（びんせん）⓪〔名〕	信纸。	◆古新聞（ふるしんぶん）③〔名〕	旧报纸。
◆宛先（あてさき）⓪〔名〕	收件人地址。	◆参考書（さんこうしょ）⓪〔名〕	参考书。
◆宛名（あてな）⓪〔名〕	收件人姓名。	◆説明書（せつめいしょ）⓪〔名〕	操作指南。
◆件名（けんめい）⓪〔名〕	（电子邮件）主题。	◆入門書（にゅうもんしょ）⓪〔名〕	（＝入門）入门书。
◆送信者（そうしんしゃ）③〔名〕	（电子邮件）发件人。	◆案内書（あんないしょ）⓪〔名〕	指南，便览。

□献立　□散らし　□張り紙　□一覧表

练 习

一、请从[   ]中选择一个最合适的词，并用平假名写在（　　）中。

伝言　通知　好評　受信

1. メールで求職者(きゅうしょくしゃ)に採用(さいよう)（　　　　　）を出しました。
2. お客様から、新製品に対する（　　　　　）をいただきました。
3. 父によろしくと、父の同僚に（　　　　　）を頼みました。
4. 携帯電話がメールを（　　　　　）したら、音が鳴ります。

二、请从[   ]中选择一个最合适的词，并用汉字写在（　　）中。

れんらく　がめん　かんばん　はりがみ

1. 本社と（　　　　　）を取ってから、返事をさせていただきます。
2. （　　　　　）に、「ごみを出す曜日をきちんと守ろう」と書いてあります。
3. スマホの（　　　　　）を見ながら、道を歩く若い人が多いです。
4. 広告用の（　　　　　）はあちこちに立てられています。

三、请选择合适的搭配，把对应的字母写在（　　）中。

1. うわさが　（　　）	A. とどく	4. 番組を　（　　）	D. 生放送する
2. 知らせが　（　　）	B. 広まる	5. 競技大会を　（　　）	E. 検索する
3. ちらしを　（　　）	C. くばる	6. 情報を　（　　）	F. 制作する

四、请从A、B、C、D四个选项中选择最合适的一个填入（　　）中。

1. あの店の料理は町じゅうでとても（　　）ですよ。
   A. 評価　　B. 評判　　C. 魅力　　D. 伝言
2. この世の中は、（　　）社会になった。
   A. 送信　　B. 伝達　　C. 情報　　D. 報告
3. 各メディアでは、昨日起きた事件を大(おお)いに（　　）しています。
   A. 記事　　B. 接続　　C. 案内　　D. 報道

第 18 课 天地・城乡

✻ 天体

★宇宙(うちゅう) ①〔名〕

宇宙。＊～空間(くうかん)。/ 宇宙空间。

★地球(ちきゅう) ⓪〔名〕

地球。＊～が回(まわ)る。/ 地球转动。

★空(そら) ①〔名〕

天空。＊青色(あおいろ)の～。/ 蔚蓝的天空。

★太陽(たいよう) ①〔名〕

太阳。＊～が昇(のぼ)る〔沈(しず)む〕。/ 太阳升起〔下山〕。

★日(ひ) ⓪〔名〕 ⇔月

①太阳。＊～が出(で)る。/ 日出。
②阳光。＊～が強(つよ)い。/ 太阳光强。

★月(つき) ②〔名〕 ⇔日

①月亮。＊丸(まる)い～。/ 圆圆的月亮。
②月光。＊～が部屋(へや)に入(はい)る。/ 月光照进屋子。

★星(ほし) ⓪〔名〕

①星星。＊～が出(で)る。/ 星星出来了。
②星光。＊～の光(ひかり)。/ 星光。

✻ 陆地

☆大陸(たいりく) ⓪〔名〕

大陆。＊アジア～。/ 亚洲大陆。

★丘(おか)・岡(おか) ⓪〔名〕

山岗。＊～を越(こ)える。/ 越过山岗。

★島(しま) ②〔名〕

岛，岛屿。＊船(ふね)に乗(の)って～を回(まわ)る。/ 坐船游岛。

✻ 山脉

★山(やま) ②〔名〕 ⇔川・海

山。＊～に登(のぼ)る〔を下(お)りる〕。/ 登〔下〕山。

☆火山(かざん) ①〔名〕

火山。＊～が噴火(ふんか)する。/ 火山喷发。

★山頂(さんちょう) ⓪〔名〕

山顶。＊～に登(のぼ)る。/ 登上山顶。

☆頂上(ちょうじょう) ③〔名〕

顶峰，山巅。＊富士山(ふじさん)の～。/ 富士山的山顶。

☆麓(ふもと) ③〔名〕

山脚下。＊～に下(お)りる。/ 下到山脚下。

☆谷(たに) ②〔名〕

山谷，山沟，峡谷。＊～に落(お)ちる。/ 掉进山谷。

✻ 土壤・砂石

☆土地(とち) ⓪〔名〕

①土地。＊～の売買(ばいばい)。/ 土地买卖。
②当地，地方。＊～の言葉(ことば)〔食(た)べ物(もの)〕。/ 当地语言〔食物〕。

★土(つち) ②〔名〕

泥土，土壤。＊～に花(はな)を植(う)える。/ 把花种在泥土里。

□宇宙 □地球 □空 □太陽 □日 □月 □星 □大陸 □丘・岡 □島 □山
□火山 □山頂 □頂上 □麓 □谷 □土地 □土

★泥（どろ）②〔名〕

泥土，泥巴。＊ズボンに～が付く。/ 裤子上沾了泥巴。

★砂（すな）②〔名〕

沙子。＊～が目に入る。/ 沙子进了眼睛。

★石（いし）②〔名〕

石头。＊～を投げる。/ 扔石头。

★岩（いわ）②〔名〕

岩石。＊～が多い海岸。/ 岩石多的海岸。

✲ 江海湖泊

★海（うみ）①〔名〕 ⇔山

海。＊～で泳ぐ。/ 在大海里游泳。

★川（かわ）②〔名〕 ⇔山

河川，河流。＊～を渡る。/ 过河。

★湖（みずうみ）③〔名〕 ⇔池

湖，湖泊。＊広い～。/ 宽广的湖泊。

★池（いけ）②〔名〕 ⇔湖

池塘；水池。＊公園に～がある。/ 公园里有个水池。

✲ 岸边・岸上

★岸（きし）②〔名〕

海岸；湖岸；河岸。＊海の～を散歩する。/ 在海岸散步。

★海岸（かいがん）⓪〔名〕

海岸，海滨。＊～の白い砂。/ 海滨白沙。

☆沿岸（えんがん）⓪〔名〕

沿岸，近海。＊～に建つ建物。/ 沿岸建造的房子。

☆砂浜（すなはま）⓪〔名〕

沙滩。＊～を散歩する。/ 漫步沙滩。

✲ 水・水利

☆泉（いずみ）⓪〔名〕

泉水，源泉。＊地中から～が出る。/ 从地下涌出泉水。

☆井戸（いど）①〔名〕

井，水井。＊～を掘る。/ 挖井。

☆湯気（ゆげ）①〔名〕

（液体冒出的）热气。＊湯の～が立つ。/ 开水的热气直冒。

☆熱湯（ねっとう）⓪〔名〕

开水，热水。＊～で皿を消毒する。/ 用开水消毒碟子。

☆下水（げすい）⓪〔名〕

①（下水道、阴沟等的）污水。＊～を流す。/ 冲走污水。

②（＝下水道）下水道。＊～を作る。/ 造下水道。

☆泡（あわ）②〔名〕

泡，水泡，泡沫。＊～が立つ。/ 起泡沫。

★氷（こおり）⓪〔名〕

冰，冰块。＊～が張る。/ 结冰。

★波（なみ）②〔名〕

波浪。＊～の音を聞く。/ 听波浪声。

✲ 都市

★都会（とかい）⓪〔名〕 ⇔田舎

都会，城市。＊～に行く。/ 进城。

□泥 □砂 □石 □岩 □海 □川 □湖 □池 □岸 □海岸 □沿岸 □砂浜 □泉
□井戸 □湯気 □熱湯 □下水 □泡 □氷 □波 □都会

★都市（とし）①〔名〕

城市，都市。＊工業（こうぎょう）～。／工业城市。

☆首都（しゅと）①②〔名〕

首都。＊～の東京（とうきょう）。／首都东京。

★町（まち）・街（まち）②〔名〕 ⇔村

（多指一线城市以下的）城镇。＊きれいな～。／漂亮的城镇。

★都心（としん）⓪〔名〕

（东京都市中心）都内。＊～にあるビル。／市中心的大楼。

★市内（しない）①〔名〕

市内。＊～へ引（ひ）っ越（こ）す。／搬到市区去。

✲ 乡村

★郊外（こうがい）①〔名〕

郊外。＊～に住（す）む。／住在郊外。

★故郷（こきょう）①〔名〕

故乡。＊～が懐（なつ）かしい。／怀念故乡。

★古里（ふるさと）②〔名〕

家乡，老家。＊～へ帰（かえ）る。／回老家。

★国（くに）⓪〔名〕

家乡，老家。＊お～は京都（きょうと）だね。／您老家是京都吧。

★田舎（いなか）⓪〔名〕 ⇔都市

①乡下，农村。＊～に生（う）まれた。／出生在乡下。

②（进城务工人员的）家乡。＊夏休（なつやす）みに～へ帰（かえ）る。／暑假里回家乡。

☆地方（ちほう）①〔名〕

（大城市以外的）地方，外地。＊～から来（き）た者（もの）だ。／是从外地来的人。

★村（むら）②〔名〕 ⇔町

村子，村庄。＊小（ちい）さい～。／小村庄。

✲ 乡土

☆地元（じもと）⓪〔名〕

（居住和生活的）当地，本地。＊～の人（ひと）。／本地人。

☆本場（ほんば）⓪〔名〕

（食品、菜肴等）正宗，当地产。＊～の日本料理（にほんりょうり）。／正宗的日本料理。

☆産地（さんち）①〔名〕

（农副产品、食品等）产地。＊トマトの～。／番茄的产地。

☆原産地（げんさんち）③〔名〕

①（原料、产品等）原产地。＊ワインの～。／葡萄酒的原产地。

②（动植物）原始栖息地或原产地。＊チューリップの～。／郁金香的原产地。

✲ 道路・桥梁

☆地理（ちり）①〔名〕

（交通、道路等情况）路况，地理。＊この辺（あた）りの～に詳（くわ）しい。／很熟悉这一带的路况。

★道（みち）⓪〔名〕

①道路。＊広（ひろ）い～を歩（ある）く。／走在宽广的道路上。

②途中，路上。＊～で先生（せんせい）に会（あ）った。／在路上遇见老师。

□都市 □首都 □町・街 □都心 □市内 □郊外 □故郷 □古里 □国 □田舎
□地方 □村 □地元 □本場 □産地 □原産地 □地理 □道

★通(とお)り③〔名〕

（人、车通行的）马路。*大(おお)きな～に出(で)る。/来到大马路上。

★大通(おおどお)り③〔名〕

大马路，主干道。*～を通(とお)る車(くるま)。/通过主干道的车辆。

★道路(どうろ)①〔名〕

（机动车通行的）公路，马路。*～工事(こうじ)を行(おこな)う。/道路施工。

★高速道路(こうそくどうろ)⑤〔名〕

高速公路。*～を走(はし)る。/跑高速。

☆車道(しゃどう)⓪〔名〕

机动车道。*車(くるま)が～を走(はし)る。/车走车道。

☆歩道(ほどう)⓪〔名〕

人行道。*歩行者(ほこうしゃ)が～を歩(ある)く。/人走人行道。

★横断歩道(おうだんほどう)⑤〔名〕

斑马线。*～を渡(わた)る。/过斑马线。

☆沿線(えんせん)⓪〔名〕

（铁路等）沿线一带。*新幹線(しんかんせん)の～に住(す)む。/住在新干线的沿线一带。

★水道(すいどう)⓪〔名〕

自来水管道。*～の水(みず)。/自来水。

★橋(はし)②〔名〕

桥，桥梁。*～を渡(わた)る。/过桥。

✻路口・弯道・坡道

★交差点(こうさてん)⓪〔名〕

十字路口。*～を右(みぎ)に曲(ま)がる。/在十字路口往右拐。

★信号(しんごう)⓪〔名〕

信号灯（处）。*～を右(みぎ)に曲(ま)がる。/在信号灯处往右拐。

★角(かど)①〔名〕

拐角处。*～を左(ひだり)へ曲(ま)がる。/在拐弯处往左拐。

★坂(さか)②〔名〕

坡，斜坡。*～を上(のぼ)る。/爬坡。

★坂道(さかみち)②〔名〕

坡道。*車(くるま)が～を走(はし)る。/汽车跑坡道。

□通り □大通り □道路 □高速道路 □車道 □歩道 □横断歩道 □沿線 □水道
□橋 □交差点 □信号 □角 □坂 □坂道

关联词 >>>

词语	释义	词语	释义
◆青空（あおぞら）③〔名〕	蓝天。	◆夕焼け（ゆうや）⓪〔名〕	夕阳。
◆星空（ほしぞら）⓪③〔名〕	星空。	◆日の出（ひので）⓪〔名〕	日出。
◆夜空（よぞら）①〔名〕	夜空。	◆日の入り（ひのい）⓪〔名〕	日落。
◆朝日（あさひ）①〔名〕	朝日。	◆北半球（きたはんきゅう）③〔名〕	北半球。
◆西日（にしび）⓪〔名〕	夕日，落日。	◆南半球（みなみはんきゅう）④〔名〕	南半球。
◆北極（ほっきょく）⓪〔名〕	北极。	◆商店街（しょうてんがい）③〔名〕	购物街。
◆南極（なんきょく）⓪〔名〕	南极。	◆地下街（ちかがい）②〔名〕	地下商业街。
◆蒸気（じょうき）①〔名〕	蒸汽。	◆山道（やまみち）②〔名〕	山路。
◆水蒸気（すいじょうき）③〔名〕	水蒸气。	◆夜道（よみち）①〔名〕	夜路。
◆地下水（ちかすい）②〔名〕	地下水。	◆田舎道（いなかみち）③〔名〕	乡间小路。
◆市街地（しがいち）②〔名〕	闹市区。	◆国道（こくどう）⓪〔名〕	国道。
◆繁華街（はんかがい）③〔名〕	商业区。	◆県道（けんどう）⓪〔名〕	省级公路。

练 习

一、请从＿＿中选择一个最合适的词，并用平假名写在（ ）中。

氷 波 池 岸

1. 二人は手を引き合って、（　　　　）を散歩しています。
2. 魚は楽しそうに（　　　　）を泳いでいます。
3. （　　　　）が高いので、船を出すことができません。
4. 子供たちは（　　　　）の上を滑（すべ）って遊んでいました。

二、请从＿＿中选择一个最合适的词，并用汉字写在（ ）中。

こうがい　げすい　すいどう　こうさてん

1. あの（　　　　）のところに交番があります。
2. これは台所から出る（　　　　）を流（なが）す管（くだ）です。
3. （　　　　）工事で、一日断水（だんすい）しました。
4. 市内から離（はな）れた（　　　　）に住んでいます。

三、请选择合适的搭配，把对应的字母写在（ ）中。

1. 丘を　（　）	A. あがる	4. 横断歩道を　（　）	D. まがる
2. 島に　（　）	B. こえる	5. 坂道を　（　）	E. のぼる
3. 麓に　（　）	C. おりる	6. 角を　（　）	F. わたる

四、请从 A、B、C、D 四个选项中选择最合适的一个填入（ ）中。

1. お（　）も北海道ですかと山田（やまだ）さんは吉田（よしだ）さんに聞きました。

　A. 国　　B. 村　　C. 故郷　　D. 田舎

2. 東京は有名な商業（　）として知られています。

　A. 首都　　B. 都市　　C. 都心　　D. 都会

3. 子供の時、友だちと空を見て（　）を数（かぞ）えたことがあります。

　A. 日　　B. 月　　C. 砂　　D. 星

第19课 自然

✲天气

★天気(てんき)①〔名〕

天气。*～がいい。/ 天气好。

★気候(きこう)⓪〔名〕

气候。*～の変化(へんか)。/ 气候变化。

★晴れ(は)②〔名〕

晴天。*～になる。/ 天气转晴。

✲风・云・雨・雪

★風(かぜ)⓪〔名〕

风。*冷(つめ)たい～。/ 冷风。

★雲(くも)①〔名〕

云，云彩。*～が晴(は)れた。/ 云散了〔天晴了〕。

☆霧(きり)⓪〔名〕

雾。*～がかかる。/ 大雾弥漫。

★曇り(くも)③〔名〕

阴天。*～になる。/ 天气转阴。

★雨(あめ)①〔名〕 ⇔晴れ

雨。*昨日(きのう)は～だった。/ 昨天下雨了。

★雪(ゆき)②〔名〕

雪。*ゆうべは～だった。/ 昨晚下雪了。

★梅雨(つゆ)⓪〔名〕

（季节或雨水）梅雨。*～に入(はい)る。/ 入梅。

☆雷(かみなり)③〔名〕

雷。*～が鳴(な)る〔落(お)ちる〕。/ 打〔落〕雷。

✲空气・气温

☆大気(たいき)①〔名〕

大气。*～を汚染(おせん)する。/ 污染大气。

★空気(くうき)①〔名〕

空气。*～を吸(す)う。/ 吸入空气。

★温度(おんど)①〔名〕

温度。*～が高(たか)い。/ 温度高。

★気温(きおん)⓪〔名〕

气温。*～が上(あ)がる。/ 气温上升。

★体温(たいおん)①〔名〕

体温。*～を測(はか)る。/ 测体温。

★室温(しつおん)⓪〔名〕

室温。*～を上(あ)げる。/ 升高室温。

☆水分(すいぶん)①〔名〕

水分。*～が多(おお)い果物(くだもの)。/ 水分多的水果。

✲火・光

★火(ひ)①〔名〕

火。*～が強(つよ)い〔弱(よわ)い〕。/ 火势旺〔弱〕。

★花火(はなび)①〔名〕

焰火，花炮。*～を上(あ)げる。/ 放焰火。

★煙(けむり)⓪〔名〕

烟雾。*～が立(た)つ。/ 冒烟。

★光(ひかり)③〔名〕 ⇔陰

光线。*月(つき)の～が差(さ)す。/ 月光照射。

□天気 □気候 □晴れ □風 □雲 □霧 □曇り □雨 □雪 □梅雨 □雷 □大気
□空気 □温度 □気温 □体温 □室温 □水分 □火 □花火 □煙 □光

★日差し⓪〔名〕

阳光。*夏の～が強い。/ 夏日阳光强烈。

★日当たり⓪〔名〕

（房屋）采光（处）。*～がいい部屋。/ 采光好的屋子。

★陰①〔名〕 ⇔光

背阴处，阴暗处。*木の～で休む。/ 在树荫下休息。

★影①〔名〕

影子。*～が道に落ちた。/ 路上投着影子。

色

★色②〔名〕

颜色，色泽。*薄い～。/ 浅色。

声音・声响

☆物音③〔名〕

响动，响声。*変な～がする。/ 听到奇怪的声响。

☆音色⓪〔名〕

（乐器等的）音色。*ピアノの～。/ 钢琴音色。

☆騒音⓪〔名〕

噪声。*～防止対策。/ 噪声防止对策。

自然景色

★自然⓪〔名〕 ⇔文化・人工

大自然。*～に親しむ。/ 亲近大自然。

★天然⓪〔名〕

天然。*～ガス〔繊維〕。/ 天然气（纤维）。

★景色①〔名〕

景色，风景。*～を眺める。/ 眺望景色。

★眺め③〔名〕

景色。*すばらしい～。/ 美丽的景色。

☆遺跡⓪〔名〕

遗迹。*古代の～。/ 古代遗迹。

生物・动物

★生物①〔名〕

（动植物的总称）生物。*海〔陸〕の～。/ 海里〔陆地〕的生物。

★生き物③〔名〕

①（多指动物）生物，动物。*～をかわいがる。/ 爱护动物。

②（比喻语言、作品等）活生生的东西。*言葉は～だ。/ 语言是有生命力的。

★動物⓪〔名〕 ⇔植物

动物。*～を大切にする。/ 爱护动物。

★犬②〔名〕

狗。*～は頭がいい。/ 狗狗很聪明。

★猫①〔名〕

猫。*～の歩き方。/ 猫咪的步伐。

★鶏⓪〔名〕

鸡。*～は飛べない。/ 鸡飞不起来。

★鳥⓪〔名〕

①鸟，鸟类。*～が鳴く。/ 鸟儿啼鸣。
②鸡（肉）。*焼き～を食べる。/ 吃烤鸡肉串。

★小鳥⓪〔名〕

小鸟。*～が飛んできた。/ 小鸟飞来了。

★牛⓪〔名〕

牛。*～が草を食う。/ 牛吃草。

□日差し □日当たり □陰 □影 □色 □物音 □音色 □騒音 □自然 □天然 □景色
□眺め □遺跡 □生物 □生き物 □動物 □犬 □猫 □鶏 □鳥 □小鳥 □牛

★馬(うま)②〔名〕

马。＊～が走(はし)る。/ 马儿奔跑。

★豚(ぶた)⓪〔名〕

猪。＊～が太(ふと)る。/ 猪肥肥的。

★虫(むし)⓪〔名〕

虫子，昆虫。＊～に刺(さ)される。/ 被虫子咬。

★魚(さかな)⓪〔名〕

鱼。＊～が泳(およ)ぐ。/ 鱼儿游。

★金魚(きんぎょ)①〔名〕

金鱼。＊～を飼(か)う。/ 养金鱼。

☆翼(つばさ)⓪〔名〕

翅膀。＊～を広(ひろ)げる。/ 展开翅膀。

☆羽(はね)・羽根(はね)⓪〔名〕

①(＝羽)(长在身上的)羽毛。＊体(からだ)に～が生(は)える。/ 身上长出羽毛。

②(＝羽根)(羽毛加工品)羽绒。＊～の布団(ふとん)。/ 羽绒被。

✲植物

★植物(しょくぶつ)②〔名〕 ⇔動物

植物。＊～が多(おお)い山(やま)。/ 长满植物的山。

★草(くさ)②〔名〕

草。＊～を食(た)べる動物(どうぶつ)。/ 吃草的动物。

★芝生(しばふ)⓪〔名〕

草坪。＊～の手入(てい)れをする。/ 修剪草坪。

★森林(しんりん)⓪〔名〕

森林。＊～を守(まも)る。/ 保护森林。

★森(もり)⓪〔名〕

森林。＊～を出(で)る。/ 走出森林。

★林(はやし)⓪〔名〕

(比「森」面积小的)林子。＊～に入(はい)る。/ 进入林子。

★木(き)①〔名〕

①树，树木。＊庭(にわ)に～がある。/ 庭院里种有树木。

②木材。＊～で家(いえ)を造(つく)る。/ 用木材盖房子。

★花(はな)②〔名〕

花卉，鲜花。＊～を植(う)える。/ 种花。

★枝(えだ)⓪〔名〕

树枝。＊～を折(お)る。/ 折断树枝。

★葉(は)⓪〔名〕

叶，叶子。＊大根(だいこん)の～。/ 萝卜叶。

★木の葉(このは)・木の葉(きのは)①〔名〕

树叶。＊～が散(ち)る。/ 树叶掉落。

★紅葉(こうよう)⓪〔名・Ⅲ自〕

①(树叶)红叶。＊秋(あき)のきれいな～。/ 秋天美丽的红叶。

②叶子变红。＊木(こ)の葉(は)が～する。/ 树叶变红了。

★皮(かわ)⓪〔名〕

①(动植物的)皮，表皮。＊木(き)〔虎(とら)〕の～。/ 树木〔老虎〕皮。

②(饺子、包子等食品的)皮。＊ギョーザの～。/ 饺子皮。

☆種(たね)①〔名〕

种子。＊～をまく。/ 播种。

☆苗(なえ)①〔名〕

幼苗。＊～がよく育(そだ)つ。/ 苗木长势良好。

□馬 □豚 □虫 □魚 □金魚 □翼 □羽·羽根 □植物 □草 □芝生 □森林
□森 □林 □木 □花 □枝 □葉 □木の葉 □紅葉 □皮 □種 □苗

☆根（ね）①〔名〕

（=根っこ）根。*~が腐（くさ）る。/ 根腐烂。

☆芽（め）①〔名〕

芽。*~が出（で）る〔を吹（ふ）く〕。/ 发芽〔出芽〕。

☆栽培（さいばい）⓪〔名·Ⅲ他〕

种植（农作物、花草等）。*野菜（やさい）を~する。/ 种植蔬菜。

★満開（まんかい）⓪〔名·Ⅲ自〕

鲜花盛开。*桜（さくら）が~する。/ 樱花盛开。

☆実（み）⓪〔名〕

（瓜果等）果实。*バナナの~を採（と）る。/ 采摘香蕉果实。

★桜（さくら）⓪〔名〕

樱花（树）。*~が咲（さ）く。/ 樱花开放。

★紅葉（もみじ）①〔名〕

枫树或枫叶。*~を見（み）る。/ 观赏枫叶。

关联词 >>>

◆大風（おおかぜ）⓪〔名〕	大风。	◆黄色（きいろ）⓪〔名〕	黄色。
◆嵐（あらし）①〔名〕	暴风雨。	◆灰色（はいいろ）⓪〔名〕	灰色。
◆大雨（おおあめ）③〔名〕	大雨。	◆茶色（ちゃいろ）⓪〔名〕	茶色。
◆小雨（こさめ）⓪〔名〕	小雨。	◆紫（むらさき）②〔名〕	紫色。
◆夕立（ゆうだち）⓪〔名〕	傍晚阵雨。	◆象（ぞう）①〔名〕	大象。
◆大雪（おおゆき）⓪〔名〕	大雪。	◆パンダ①〔名〕	熊猫。
◆黒（くろ）①〔名〕	黑色。	◆虎（とら）⓪〔名〕	老虎。
◆白（しろ）①〔名〕	白色。	◆ライオン⓪〔名〕	狮子。
◆赤（あか）①〔名〕	红色。	◆鹿（しか）②〔名〕	鹿。
◆赤色（あかいろ）⓪〔名〕	红色。	◆熊（くま）①〔名〕	熊。
◆青（あお）①〔名〕	青色；蓝色。	◆イノシシ③〔名〕	野猪。
◆青色（あおいろ）⓪〔名〕	青色；蓝色。	◆羊（ひつじ）⓪〔名〕	绵羊。
◆緑（みどり）①〔名〕	绿色。	◆ウサギ⓪〔名〕	兔子。
◆緑色（みどりいろ）⓪〔名〕	绿色。	◆ネズミ⓪〔名〕	老鼠，耗子。

□根 □芽 □栽培 □満開 □実 □桜 □紅葉

◆蚊（か）⓪〔名〕	蚊子。	◆松（まつ）①〔名〕	松树。
◆ハエ⓪〔名〕	苍蝇。	◆竹（たけ）⓪〔名〕	竹子。
◆貝殻（かいがら）③〔名〕	贝壳。	◆梅（うめ）⓪〔名〕	梅花。
◆角（つの）②〔名〕	动物的犄角。	◆菊（きく）⓪〔名〕	菊花。
◆くちばし⓪〔名〕	鸟类的嘴。	◆ヒマワリ②〔名〕	向日葵。
◆しっぽ③〔名〕	尾巴。	◆バラ⓪〔名〕	玫瑰。
◆杉（すぎ）⓪〔名〕	杉树。	◆落ち葉（おちば）①〔名〕	落叶。
◆柳（やなぎ）⓪〔名〕	柳树，杨柳。	◆木の実（きのみ）①〔名〕	树的果实。

练 习

一、请从□中选择一个最合适的词，并用平假名写在（ ）中。

天然　自然　景色　遺跡

1. この辺の建物はもう歴史に残った重要な（　　　　）として保護（ほご）されています。
2. 山も水もある（　　　　）のいいところに住みたいです。
3. 日本も（　　　　）災害（さいがい）が多い国の一つです。
4. 日本には人工林（じんこうりん）も（　　　　）林もたくさんあります。

二、请从□中选择一个最合适的词，并用汉字写在（ ）中。

ながめ　かげ　しばふ　えだ

1. 人に見られないように、木の（　　　　）に体を隠（かく）しています。
2. 公園には（　　　　）が広く敷（し）かれています。
3. 松の（　　　　）が広く伸（の）びています。
4. （　　　　）のよい温泉旅館を予約しました。

三、请选择合适的搭配，把对应的字母写在（ ）中。

1. 梅雨に　（　）	A. はれる	4. 日差しが　（　）	D. 高い
2. 雷が　（　）	B. はいる	5. 日当たりが　（　）	E. 強い
3. 雲が　（　）	C. おちる	6. 室温が　（　）	F. いい

四、请从A、B、C、D四个选项中选择最合适的一个填入（ ）中。

1. （　）が汚（よご）れているので、夜でもあまり星が見えません。

A. 火　B. 煙　C. 花火　D. 空気

2. 医者はまず、患者の（　）をはかりました。

A. 温度　B. 温室　C. 気温　D. 体温

3. このバイオリンの（　）はとてもいいですね。

A. 物音　B. 音色　C. 騒音　D. 音楽

第 20 课　季节・年月

季节

★季節(きせつ)② 〔名〕

（全年）季节。*四(よっ)つの～。/ 四季。

★四季(しき)② 〔名〕

四季，全年。*～の変化(へんか)。/ 四季变迁。

★春(はる)① 〔名〕

春天，春季。*～が暖(あたた)かい。/ 春暖。

★夏(なつ)⓪ 〔名〕

夏天，夏季。*～が暑(あつ)い。/ 夏热。

★秋(あき)① 〔名〕

秋天，秋季。*～が涼(すず)しい。/ 秋凉。

★冬(ふゆ)② 〔名〕

冬天，冬季。*～が寒(さむ)い。/ 冬冷。

★正月(しょうがつ)④ 〔名〕

（＝お正月）新年。*～を祝(いわ)う。/ 贺新年。

★新年(しんねん)① 〔名〕

新年。*～を迎(むか)える。/ 迎接新年。

★元旦(がんたん)⓪ 〔名〕

元旦。*～の日(ひ)の出(で)。/ 元旦的日出。

★元日(がんじつ)⓪ 〔名〕

一月一日。*～に神社(じんじゃ)に参(まい)る。/ 元旦参拜神社。

年份

★年月日(ねんがっぴ)③ 〔名〕

年月日。*～の言(い)い方(かた)。/ 年月日的说法。

★年(とし)② 〔名〕

（岁月）年，年份。*新(あたら)しい～が始(はじ)まる。/ 新年伊始。

★年(ねん)② 〔名〕

每年，一年。*～に 1 回(かい)国(くに)へ帰(かえ)る。/ 每年回国一次。

★半年(はんとし)・半年(はんねん)④ 〔名〕

半年。*～経(た)った。/ 已经过了半年。

★年末(ねんまつ)⓪ 〔名〕

年末。*～のセール。/ 年末促销。

☆周年(しゅうねん)⓪ 〔名〕

（多为复合词）……周年。*結婚(けっこん) 30 ～。/ 结婚 30 周年。

☆長年(ながねん)⓪ 〔名〕

长年，多年。*～住(す)んでいる家(いえ)。/ 居住多年的房子。

月份

★月(つき)② 〔名〕

每月，一个月。*～に 1 回(かい)家(いえ)へ帰(かえ)る。/ 每月回家一次。

□季節　□四季　□春　□夏　□秋　□冬　□正月　□新年　□元旦　□元日　□年月日
□年　□年　□半年　□年末　□周年　□長年　□月

★半月（はんつき）④〔名〕

半个月。*～休んだ。/ 休息了半个月。

★月末（げつまつ）⓪〔名〕

月末，月底。*～に払う。/ 月底支付。

★上旬（じょうじゅん）⓪〔名〕

上旬。*7月の～。/7月上旬。

★中旬（ちゅうじゅん）⓪〔名〕

中旬。*8月の～。/8月中旬。

★下旬（げじゅん）⓪〔名〕

下旬。*9月の～。/9月下旬。

✼ 周

★週（しゅう）①〔名〕

每周，一周。*～に五日間働く。/ 每周工作五天。

★週末（しゅうまつ）⓪〔名〕

周末。*～に帰る。/ 周末回家。

✼ 日数

★日（ひ）⓪〔名〕

①（24小时）天，日。*～に8時間働く。/ 每天工作8小时。
②天数，日数。*誕生日までまだ～がある。/ 到过生日还有些日子。
③日期。*会議がある～。/ 开会的日期。
④白天。*～が長くなる。/ 白天变长了。

★日にち（ひにち）⓪〔名〕

（活动等的）日期，日子。*会議の～を間違えた。/ 搞错了开会日期。

★日々（ひび）①〔名〕

每天。*～の勉強は忙しい。/ 每天的学习很忙碌。

☆当日（とうじつ）⓪〔名〕

当日，当天。*イベントの～。/ 活动的当天。

★一日（いちにち）④〔名〕

一天，一日。*～八時間働く。/ 一天工作8小时。

★半日（はんにち）④〔名〕

半天。*～仕事をする。/ 工作半天。

✼ 平日・假日

★平日（へいじつ）⓪〔名〕

（多指工作日）平日里。*～は観光客が少ない。/ 平日里游客少。

★休日（きゅうじつ）⓪〔名〕

固定假日。*～が三日ある。/ 固定假日有三天。

☆定休日（ていきゅうび）③〔名〕

（业界的）例行假日。*5の日が～。/ 逢5休息。

★休暇（きゅうか）⓪〔名〕

休假。*～を取る。/ 休假。

☆振替休暇（ふりかえきゅうか）⑤〔名〕

调休。*～を申し込む。/ 申请调休。

★連休（れんきゅう）⓪〔名〕

大长假，连休日。*～を利用して旅行する。/ 利用长假去旅行。

□半月 □月末 □上旬 □中旬 □下旬 □週 □週末 □日 □日にち □日々
□当日 □一日 □半日 □平日 □休日 □定休日 □休暇 □振替休暇 □連休

★春休み（はるやすみ）③〔名〕

春假。*～が終わった。/ 春假结束了。

★夏休み（なつやすみ）③〔名〕

暑假。*～に旅行する。/ 暑假里去旅行。

★冬休み（ふゆやすみ）③〔名〕

寒假。*～に国へ帰る。/ 寒假里回故乡。

✲ 早上

★朝（あさ）①〔名〕

早上，早晨。*～ 7時に家を出る。/ 早上 7 点出门。

★今朝（けさ）①〔名〕 ⇔今夜

今早，今天早上。*～何を食べたの？ / 今早吃了什么？

★毎朝（まいあさ）①〔名〕

每天早上。*～ 7時に起きる。/ 每天早上 7 点起床。

✲ 上午・中午

★昼前（ひるまえ）③〔名〕

午前。*～に戻る。/ 午前返回。

★午前（ごぜん）①〔名〕 ⇔午後

上午。*～は英語の時間だ。/ 上午是英语课。

★正午（しょうご）①〔名〕

正午。*～の日差し。/ 正午的阳光。

✲ 白天

★昼（ひる）②〔名〕 ⇔夜

白天。*～も晩も忙しい。/ 白天晚上都很忙碌。

★昼間（ひるま）③〔名〕

白天。*夏の～は長い。/ 夏季的白天时间长。

✲ 下午

★昼過ぎ（ひるすぎ）④〔名〕

午后。*～に出かける。/ 午后出门。

★午後（ごご）①〔名〕 ⇔午前

下午。*～は休みだ。/ 下午休息。

★夕方（ゆうがた）⓪〔名〕

傍晚。*～に戻る。/ 傍晚时分返回。

✲ 晚上

★晩（ばん）⓪〔名〕

（就寝之前）晚上。*昨日の～は勉強した。/ 昨晚学习了。

★夜（よる）①〔名〕 ⇔昼

（起床之前）夜晚。*～に電話が鳴り出した。/ 半夜里电话铃响了。

★夜中（よなか）③〔名〕

深夜。*～の 2 時。/ 半夜 2 点。

★ゆうべ③〔名〕

昨晚。*～は雨が降った。/ 昨晚下雨了。

★今晩（こんばん）①〔名〕

今晚。*～は帰らない。/ 今晚不回家。

★毎晩（まいばん）①⓪〔名〕

每晚。*～は勉強する。/ 每晚都学习。

★一晩（ひとばん）②〔名〕

一整晚。*～寝なかった。/ 一晚没睡。

□春休み □夏休み □冬休み □朝 □今朝 □毎朝 □昼前 □午前 □正午 □昼
□昼間 □昼過ぎ □午後 □夕方 □晩 □夜 □夜中 □ゆうべ □今晩 □毎晩 □一晩

年月日 >>>

★おととい③〔名〕	★昨日(きのう)②〔名〕	★今日(きょう)①〔名〕	★明日(あした)③〔名〕・明日(あす)②〔名〕
前天	昨天	今天	明天
★あさって②〔名〕	★毎日(まいにち)①〔名〕	★先々週(せんせんしゅう)⓪③〔名〕	★先週(せんしゅう)⓪〔名〕
后天	每天	上上周	上周
★今週(こんしゅう)⓪〔名〕	★来週(らいしゅう)⓪〔名〕	★再来週(さらいしゅう)⓪〔名〕	★毎週(まいしゅう)⓪〔名〕
本周	下周	下下周	每周
★先々月(せんせんげつ)③〔名〕	★先月(せんげつ)①〔名〕	★今月(こんげつ)⓪〔名〕	★来月(らいげつ)①〔名〕
上上月	上月	本月	下月
★再来月(さらいげつ)⓪〔名〕	★毎月(まいつき)・毎月(まいげつ)⓪〔名〕	★おととし②〔名〕	★去年(きょねん)①〔名〕
下下月	每月	前年	去年
★今年(ことし)⓪〔名〕	★来年(らいねん)⓪〔名〕	★再来年(さらいねん)⓪〔名〕	★毎年(まいとし)・毎年(まいねん)⓪〔名〕
今年	明年	后年	每年

日期 >>>

★一日(ついたち)④〔名〕	★二日(ふつか)⓪〔名〕	★三日(みっか)⓪〔名〕	★四日(よっか)⓪〔名〕
一号	二号	三号	四号
★五日(いつか)⓪〔名〕	★六日(むいか)⓪〔名〕	★七日(なのか)⓪〔名〕	★八日(ようか)⓪〔名〕
五号	六号	七号	八号
★九日(ここのか)⓪〔名〕	★十日(とおか)⓪〔名〕	★十四日(じゅうよっか)	★二十日(はつか)
九号	十号	十四号	二十号

星期 >>>

★日曜日(にちようび)	★月曜日(げつようび)	★火曜日(かようび)	★水曜日(すいようび)	★木曜日(もくようび)	★金曜日(きんようび)	★土曜日(どようび)
星期日	星期一	星期二	星期三	星期四	星期五	星期六

关联词 >>>

词语	释义	词语	释义
◆年々（ねんねん）⓪〔名·副〕	年年，每年。	◆前週（ぜんしゅう）⓪〔名〕	（某周）上一周。
◆前年（ぜんねん）⓪〔名〕	（某年）上一年。	◆昨週（さくしゅう）⓪〔名〕	上周。
◆本年（ほんねん）①〔名〕	本年，今年。	◆翌週（よくしゅう）⓪〔名〕	第二周。
◆当年（とうねん）①〔名〕	当年，那年。	◆隔週（かくしゅう）⓪〔名〕	隔周。
◆一昨年（いっさくねん）④〔名〕	前年。	◆一昨日（いっさくじつ）④〔名〕	前天。
◆昨年（さくねん）⓪〔名〕	去年。	◆昨日（さくじつ）②〔名〕	昨天。
◆今年（こんねん）①〔名〕	今年。	◆本日（ほんじつ）①〔名〕	今天。
◆明年（みょうねん）①〔名〕	明年。	◆明日（みょうにち）①〔名〕	明天。
◆明後年（みょうごねん）⓪③〔名〕	后年。	◆明後日（みょうごにち）③〔名〕	后天。
◆翌年（よくねん）・翌年（よくとし）⓪〔名〕	第二年。	◆翌日（よくじつ）⓪〔名〕	第二天。
◆隔年（かくねん）⓪〔名〕	隔年。	◆隔日（かくじつ）⓪〔名〕	隔日。
◆ひと月（つき）②〔名〕	一个月。	◆前日（ぜんじつ）⓪〔名〕	（某日）上一天。
◆月々（つきづき）②〔名·副〕	每月。	◆後日（ごじつ）①〔名〕	过几天。
◆前月（ぜんげつ）①〔名〕	（某月）上一月。	◆真夜中（まよなか）②〔名〕	三更半夜。
◆本月（ほんげつ）①〔名〕	本月。	◆昨晩（さくばん）②〔名〕	昨晚。
◆当月（とうげつ）①〔名〕	当月，本月。	◆昨夜（さくや）②〔名〕	昨晚。
◆翌月（よくげつ）⓪〔名〕	第二个月。	◆今夜（こんや）①〔名〕	今晚。
◆隔月（かくげつ）⓪〔名〕	隔月。		

练 习

一、请从 [ ] 中选择一个最合适的词，并用平假名写在（　　）中。

長年　正午　当日　一日

1. 体調が悪いので、（　　　　）学校を休みました。
2. （　　　　）使っているものだから、捨てるのはもったいないです。
3. 試合は5月5日にやります。ただし、（　　　　）雨なら中止します。
4. （　　　　）近くなると、おなかがすくと感じます。

二、请从 [ ] 中选择一个最合适的词，并用汉字写在（　　）中。

よなか　ゆうがた　れんきゅう　げじゅん

1. 一週間の（　　　　）だから、どこかへ遊びに行こうと思っています。
2. 地震が（　　　　）の3時ごろ起きたんです。
3. 来月の（　　　　）に引(ひ)っ越(こ)す予定です。
4. （　　　　）までに帰ります。晩ご飯はうちで食べます。

三、请选择合适的搭配，把对应的字母写在（　　）中。

1. 年を　（　）	A. 越(こ)す	4. 日々の　（　）	D. 経(た)つ
2. 四季の　（　）	B. 眺め	5. 休暇を　（　）	E. 取る
3. 正月が　（　）	C. 来る	6. 日にちが　（　）	F. 生活

四、请从A、B、C、D四个选项中选择最合适的一个填入（　　）中。

1. （　　）は毎日忙しいですが、土日(どにち)は暇です。

　A. 休日　　B. 平日　　C. 定休日　　D. 年月日

2. 1月1日は（　　）で、それから1週間ほど休めます。

　A. 元日　　B. 正月　　C. 新年　　D. 大みそ日

3. 日本の（　　）ははっきりしていて、春、夏、秋、冬と分かれています。

　A. 一年　　B. 毎年　　C. 四季　　D. 季節

第 21 课　时间

✻时间・时刻

★時間（じかん）⓪〔名〕

①（做事情的整段）时间，工夫。*今は仕事の～だ。/ 现在是上班时间。
②（单位时间）小时，钟头。*一日は 24 ～だ。/ 一天 24 个小时。
③（某一时刻）时刻，钟点，时候。*バスの～に遅れた。/ 没赶上乘公交车的时间。
④（授课时间）……课。*午前は物理の～だ。/ 上午是物理课。

★時（とき）②〔名〕

①（时间点）时候。*出かける〔帰る〕～。/ 出门〔回家〕的时候。
②（时间段）时期，岁月。*若い～。/ 年轻的时候。
③（出现某种情况的场合）时候。*ちょうどいい～に来た。/ 来得正是时候。

★時刻（じこく）①〔名〕

（列车运行等）时间，时刻。*発車の～を調べる。/ 查阅发车时间。

☆時間帯（じかんたい）⓪〔名〕

（特定的时刻）时间段。*混雑する～。/ 拥挤的时间段。

✻场合・时机

★場合（ばあい）⓪〔名〕

①（假设的状况）万一发生……的时候。*雨の～は行かない。/ 若下雨就不去。
②（事态、情况的）场合。*時と～を考える。/ 考虑时间和场合。

★うち⓪〔名〕

（时间）……期间，……之内。*30 分の～に帰る。/30 分钟之内回来。

★間（あいだ）⓪〔名〕

（时间）……期间。*留守の～に客が来た。/ 我出门期间来过客人。

★機会（きかい）②〔名〕

机会。*いい～が来た。/ 好机会来临。

✻时代

★時代（じだい）⓪〔名〕

时代，时期。*学生～は楽しい。/ 学生时代很快乐。

★年代（ねんだい）⓪〔名〕

（世纪年数）年代。*～順に整理する。/ 按年代整理。

☆世紀（せいき）①〔名〕

世纪。*21 ～。/21 世纪。

□時間　□時　□時刻　□時間帯　□場合　□うち　□間　□機会　□時代
□年代　□世紀

✲ 时期・期间

☆時期（じき）①〔名〕

（季节）时期。✲梅雨（つゆ）の～。/ 梅雨期间。

★頃（ころ）①〔名〕

（大概的时间段）……时候。✲子（こ）どもの〔若い〕～。/ 小时候〔年轻时〕。

★日（ひ）①〔名〕

日期和时间。✲ほかの～にして伺（うかが）う。/ 改日拜访您。

★日時（にちじ）①〔名〕

日期和时间。✲会議（かいぎ）の～。/ 开会的时间。

☆期間（きかん）①〔名〕

期间，期限。✲出張（しゅっちょう）～を伸（の）ばす。/ 延长出差期限。

★締切（しめきり）⓪〔名〕

截止日期。✲申請（しんせい）の～。/ 报名的截止日期。

☆期限（きげん）①〔名〕

（限定的时间段）期限。✲切符（きっぷ）の～が切（き）れる。/ 票子过期了。

✲ 限时

★いつ①〔名〕

（年月日）什么时候。✲試験（しけん）は～ですか。/ 考试是什么时候？

★前回（ぜんかい）①〔名〕

上次，上回。✲～の試合（しあい）。/ 上次比赛。

★次回（じかい）①〔名〕

下次，下回。✲～の番組（ばんぐみ）。/ 下回节目。

★今回（こんかい）①〔名〕

（眼下或刚完成的）这次。✲～の試験。/ 这次考试。

★今度（こんど）①〔名〕

①（未来的）下回，下次。✲～の日曜日（にちようび）。/ 下个星期天。

②（已发生或已存在的）这次，最近。✲～の先生（せんせい）は美人（びじん）だ。/ 新老师是个美女。

★一回（いっかい）③⓪〔名〕

（用于数次数）一次。✲～から五回（ごかい）まで。/ 从第一次到第五次。

★一度（いちど）③〔名〕

（频率）曾一度，曾经……一次。✲～食（た）べたことがある。/ 曾经吃过一次。

✲ 平常

★日常（にちじょう）⓪〔名〕

日常，平时。✲～の会話（かいわ）。/ 日常会话。

★年中（ねんじゅう）①〔名〕

全年，整年。✲～暖（あたた）かい。/ 整年温暖。

✲ 往日

★前（まえ）①〔名〕

之前，上次。✲～の社長（しゃちょう）。/ 前任社长。

★昔（むかし）⓪〔名〕

（10年以上）很久以前。✲～は田舎（いなか）に住（す）んでいた。/ 很久以前住在乡下。

☆過去（かこ）①〔名〕

①（时间）过去，从前。✲～の経験（けいけん）。/ 过往的经验。

□時期　□頃　□日　□日時　□期間　□締切　□期限　□いつ　□前回　□次回
□今回　□今度　□一回　□一度　□日常　□年中　□前　□昔　□過去

②（以往的污点）前科。*暗(くら)い～がある。/ 有不光彩的经历。

☆当時(とうじ)①〔名〕

当时。*～の事情(じじょう)。/ 当时的情况。

★最近(さいきん)⓪〔名〕

（从过去到眼前）最近，近日。*～駅(えき)で彼(かれ)に会(あ)った。/ 最近在车站遇到了他。

✲ 现在・当前

★今(いま)①〔名〕 ⇔昔

①此时此刻。*～何時(なんじ)？/ 现在几点？

②当今。*～の若者(わかもの)。/ 如今的年轻人。

☆現在(げんざい)①〔名〕

①现在。*～の状況(じょうきょう)。/ 目前的状况。

②（某年份的）当时，当年。*2018 年(ねん)～の GDP。/ 截至 2018 年当年的 GDP。

✲ 之后・将来

★次(つぎ)②〔名〕 ⇔前

第二，下一（个）。*～の駅(えき)〔日(ひ)〕。/ 下一个车站〔第二天〕。

★後(あと)①〔名〕 ⇔先

①（用「时间＋後」）……以后，……之后。*1 週間(しゅうかん)～に帰(かえ)る。/1 周后回家。

②（用「後＋时间」）再过……*～ 1 時間(じかん)で終(お)わる。/ 再过 1 小时就可以结束。

☆先(さき)⓪〔名〕 ⇔後

将来，未来，以后。*三年(さんねん)～のこと。/ 三年以后的事情。

☆今後(こんご)⓪①〔名〕

今后，以后。*～注意(ちゅうい)する。/ 今后我一定注意。

★将来(しょうらい)①〔名〕

①（可预测的）将来。*～の事(こと)を考(かんが)える。/ 考虑将来的事情。

②（可预测的）前途。*～がある人(ひと)。/ 有前途的人。

☆未来(みらい)①〔名〕

（用于展望的）未来，遥远的将来。*人類(じんるい)の～。/ 人类的未来。

✲ 开始

★最初(さいしょ)⓪〔名〕 ⇔最後

最初，开头。*～の問題(もんだい)が易(やさ)しい。/ 最初的题目容易。

★始(はじ)め⓪〔名・副〕 ⇔終わり

（开始阶段）最初，当初。*月(つき)の～は寒(さむ)かった。/ 月初很冷。

★元(もと)⓪〔名〕

最原始的（场所、状态等）。*～の場所(ばしょ)に戻(もど)す。/ 放回原处。

☆優先(ゆうせん)⓪〔名・Ⅲ自〕

优先。*会員(かいいん)を～させる。/ 会员优先。

✲ 中途

★途中(とちゅう)⓪〔名〕

①半路上。*帰(かえ)る～。/ 回来的路上。

②（事情）中途。*～でやめた。/ 中途放弃了。

□当時 □最近 □今 □現在 □次 □後 □先 □今後 □将来 □未来 □最初
□始め □元 □優先 □途中

☆経由⓪〔名・Ⅲ自〕

（交通中转）途经，经由。＊香港を～してタイへ行く。/ 经香港去泰国。

✻ 结束

★最後①〔名〕 ⇔最初

最后，末了。＊～の問題が難しい。/ 最后的题目难。

★終わり⓪〔名〕 ⇔始め

（结束阶段）末了，结束。＊一年の～。/ 年终。

☆末⓪〔名〕

（年、月、周等的末尾时间）末，底。＊三月の～に国へ帰る。/ 三月末回国。

✻ 日程・行程

★日程⓪〔名〕

（工作、会议、旅行等）日程。＊～を組む〔立てる〕。/ 安排日程。

★遅刻⓪〔名・Ⅲ自〕

（人）迟到。＊会社に～する。/ 上班迟到。

★渋滞⓪〔名・Ⅲ自〕

堵车。＊交通が～する。/ 交通拥堵。

□経由 □最後 □終わり □末 □日程 □遅刻 □渋滞

练　习

一、请从 [　　] 中选择一个最合适的词，并用平假名写在（　　）中。

時刻　時期　日時　締切

1. スマホを使って、終電(しゅうでん)の（　　　　　）を調(しら)べます。
2. 合宿(がっしゅく)の（　　　　　）を決めてから、詳しいスケジュールを立てる。
3. 原稿(げんこう)の（　　　　　）は 10 月末となっています。
4. 一年でいちばん忙しい（　　　　　）を迎えました。

二、请从 [　　] 中选择一个最合适的词，并用汉字写在（　　）中。

ねんじゅう　にちじょう　こんかい　さいしょ

1. （　　　　　）生活には不自由なところはありません。
2. （　　　　　）の旅行先はまだ決まっていません。
3. （　　　　　）の授業は易しかったですが、だんだん難しくなりました。
4. （　　　　　）無休(むきゅう)はコンビニの営業方針(ほうしん)です。

三、请选择合适的搭配，把对应的字母写在（　　）中。

1. 機会を　（　　）	A. やめる	4. 日程を　（　　）	D. わからない
2. 途中で　（　　）	B. まつ	5. 元の所に　（　　）	E. もどる
3. 将来が　（　　）	C. ある	6. 先の事は　（　　）	F. たてる

四、请从 A、B、C、D 四个选项中选择最合适的一个填入（　　）中。

1. 交通が（　　）していて、車が前へ進みません。

　A. 経由　　B. 渋滞　　C. 遅刻　　D. 締切

2. アメリカには（　　）も行ったことがありません。

　A. 当時　　B. 過去　　C. 最近　　D. 一度

3. 賞味(しょうみ)（　　）が切れた食料品(しょくりょうひん)を処分(しょぶん)します。

　A. 場合　　B. 時刻　　C. 期限　　D. 期間

第22课 范围·数量

✻场所

★所（ところ）③〔名〕

场所，地方，位置。✻静かな～。/ 安静的地方。

★場（ば）⓪〔名〕

（存在或活动的）场所，地方。✻仕事〔活動〕の～。/ 工作〔活动〕场所。

★置き場（おきば）⓪〔名〕

（物品）摆放场所。✻自転車〔ゴミ〕～。/ 自行车停放点〔垃圾堆放点〕。

★場所（ばしょ）⓪〔名〕

（存在或活动的）场所，地方。✻荷物を置く～。/ 放行李的地方。

☆地点（ちてん）①〔名〕

地点。✻電車の到達～。/ 电车到达的地点。

✻区域·领域·范围

☆地域（ちいき）①〔名〕

地区，社区。✻～の代表。/ 社区代表。

★地方（ちほう）①〔名〕

（国内的一部分）地区，区域。✻関東～は雨だった。/ 关东地区下雨了。

☆方面（ほうめん）⓪〔名〕

①（车、台风等行进）地区。✻台風が九州～に近付く。/ 台风接近九州地区。

②领域，方面。✻各～の意見を聞く。/ 听取各方面的意见。

☆点（てん）⓪〔名〕

（事物被关注的）方面，……之处。✻疑問の～がある。/ 有疑问之处。

☆範囲（はんい）①〔名〕

范围，界限。✻試験の～を超える。/ 超过考试范围。

✻整体·部分

☆全体（ぜんたい）⓪〔名〕 ⇔部分

（接在名词后面）整个……，全部……✻国民〔工場〕～。/ 全体国民〔整个工厂〕。

☆部分（ぶぶん）①〔名〕 ⇔全体

（整体中可划分的）部分。✻三つの～に分かれる。/ 分三个部分。

★全部（ぜんぶ）①〔名〕 ⇔一部

全体，全部。✻～の社員。/ 全体员工。

★一部（いちぶ）②〔名〕 ⇔全部

其中一部分。✻～の学生はバスに乗る。/ 有一部分学生乘公交车。

★大部分（だいぶぶん）③〔名〕 ⇔一部分

（一半以上）大部分。✻～の人は知っている。/ 大部分人都知道。

□所 □場 □置き場 □場所 □地点 □地域 □地方 □方面 □点 □範囲
□全体 □部分 □全部 □一部 □大部分

★一部分③〔名〕 ⇔大部分

（一半以下）小部分，少部分。＊文章の～を見た。/ 看了文章的一小段。

★多く①〔名〕

很多。＊～の人が来た。/ 来了许多人。

★組②〔名〕

（物品）成套，成对。＊～になる食器。/ 成套的餐具。

★以上①〔名〕 ⇔以下

以上。＊500年～の町。/500 年以上的镇子。

★以下①〔名〕 ⇔以上

以下。＊八歳～の子供。/ 八岁以下的孩子。

★以外①〔名〕 ⇔以内

（多为复合词）……以外，……之外。＊バス～の交通機関。/ 公交车以外的交通工具。

★以内①〔名〕 ⇔以外

（多为复合词）……以内，……之内。＊五分～に戻ってくる。/ 五分钟之内回来。

☆未満①〔名〕

（多为复合词）（年龄、数量）……未满。＊5歳～は無料だ。/ 未满 5 岁免费。

一半

★半々③〔名〕

一半，二分之一。＊賛成者と反対者は～だ。/ 一半的人赞成，一半的人反对。

★半分③〔名〕

一半，二分之一。＊リンゴを～に切る。/ 把苹果切成两半。

☆半数③〔名〕

半数，一半。＊～が欠席する。/ 半数缺席。

☆過半数②〔名〕

一半以上。＊～を占める。/ 占一半以上。

★倍⓪〔名〕

倍，加倍。＊～になる。/ 翻倍（两倍）。

数量・分量

★数①〔名〕

数，数目。＊～を数える。/ 数数。

★量①〔名〕

量，分量。＊～が多い。/ 量多。

★数量③〔名〕

数量。＊～が増える。/ 数量增加。

★分①〔名〕

份额，份儿。＊君の～は私が払う。/ 你那份钱我来付。

☆桁⓪〔名〕

（数字）位数。＊～が違う番号。/ 位数不同的号码。

★番号③〔名〕

（电话等）号码。＊電話～。/ 电话号码。

☆時差①〔名〕

时差。＊両地区の～。/ 两地时差。

☆震度①〔名〕

地震烈度。＊～5の地震。/ 烈度 5 的地震。

与震级「マグニチュード」有别。

★いくら①〔名〕

多少钱。＊～ですか。/ 多少钱？

□一部分 □多く □組 □以上 □以下 □以外 □以内 □未満 □半々 □半分 □半数
□過半数 □倍 □数 □量 □数量 □分 □桁 □番号 □時差 □震度 □いくら

★いくつ①〔名〕

（物品数量）几个，多少。*卵は～あるか。/鸡蛋还有几个？

人数

★人数（にんずう）①〔名〕

人数。*～が増える。/人数增加。

★定員（ていいん）⓪〔名〕

规定的人数，定员。*この車の～は七人だ。/本车核载7人。

★人口（じんこう）⓪〔名〕

人口。*～が多い。/人口多。

★一人（ひとり）②〔名〕

①（数量）一个人。*部屋に～もいない。/屋子里没人。

②单独，只身一人。*～で行く。/只身一人前往。

★二人（ふたり）③〔名〕

两个人。*～で仕事をする。/两个人一起工作。

☆個人（こじん）①〔名〕

个人，个体。*～レッスン〔情報〕。/一对一课程〔个人信息〕。

★独身（どくしん）⓪〔名〕

独身，单身。*今も～です。/现在还是单身。

★大勢（おおぜい）③〔名·副〕

①很多的（人）。*～の人が来た。/众人都到了。

②〔副〕许多人。*人が～来た。/人来了很多。

☆一般（いっぱん）⓪〔名〕

众人，公众。*情報を～に公開する。/信息公布于众。

★全員（ぜんいん）⓪〔名〕

全体成员。*～が参加する。/全体成员参加。

★みな⓪〔名〕

大家，全体人员。*～は来ている。/大家都来了。

★みんな⓪〔名〕

（「みな」的口语）大家，全体人员。*～は知っている。/大家都知道。

★人々（ひとびと）②〔名〕

①人们，众多人。*～が集まっている。/众人集聚一堂。

②每个人。*～の意見を聞く。/倾听每个人的意见。

★方々（かたがた）②〔名〕

（尊）诸位，各位。*先生の～。/各位老师。

少量・大量

☆多少（たしょう）⓪〔名·副〕

①多与少，多少。*金額の～は問わない。/不论金额多少。

②〔副〕（程度上）多多少少，一些。*心配は～ある。/多少有点担心。

□いくつ □人数 □定員 □人口 □一人 □二人 □個人 □独身 □大勢 □一般
□全員 □みな □みんな □人々 □方々 □多少

☆複数（ふくすう）③〔名〕

（两个以上）复数。＊～の荷物（にもつ）。/ 多个包裹。

✻ 程度

★程度（ていど）①〔名〕

①（事物的程度）水平。＊生活（せいかつ）の～が上（あ）がる。/ 生活水平提高。

②（标准、基准）程度。＊小学生（しょうがくせい）の～。/ 小学生程度。

☆品数（しなかず）⓪〔名〕

品种数量。＊～が多（おお）い。/ 品种繁多。

✻ 规模

☆規模（きぼ）①〔名〕

规模。＊～が大（おお）きい計画（けいかく）。/ 大规模计划。

★大小（だいしょう）①〔名〕

（尺寸、规模等）大小。＊～がある箱（はこ）。/ 大小不一的箱子。

☆距離（きょり）①〔名〕

距离。＊～を測（はか）る。/ 测距离。

☆幅（はば）⓪〔名〕

宽度。＊道（みち）の～が広（ひろ）い。/ 路幅很宽。

☆寸法（すんぽう）⓪〔名〕

尺寸，尺码。＊～を測（はか）る。/ 量尺寸。

✻ 计算

★計算（けいさん）⓪〔名・Ⅲ他〕

计算。＊運賃（うんちん）を～する。/ 计算运费。

★小数点（しょうすうてん）③〔名〕

小数点。＊～は不必要（ふひつよう）だ。/ 不用小数点。

★分（ぶん）①〔名〕

（等分）分。＊二（に）～の一（いち）。/ 二分之一。

★合計（ごうけい）⓪〔名・Ⅲ他〕

合计。＊全体（ぜんたい）の金額（きんがく）を～する。/ 合计总额。

★四捨五入（ししゃごにゅう）①〔名・Ⅲ他〕

四舍五入。＊小数点以下（しょうすうてんいか）は～する。/ 小数点以下四舍五入。

数字的说法 >>>

一	二	三	四	五
いち	に	さん	し、よ、よん	ご
六	七	八	九	十
ろく	しち、なな	はち	きゅう、く	じゅう
百	千	万	億	零
ひゃく	せん	まん	おく	れい、ゼロ

□ 複数　□ 程度　□ 品数　□ 規模　□ 大小　□ 距離　□ 幅　□ 寸法　□ 計算　□ 小数点
□ 分　□ 合計　□ 四捨五入

个数・岁数的说法 >>>

一つ	二つ	三つ	四つ	五つ	六つ	七つ	八つ	九つ	十
ひとつ	ふたつ	みっつ	よっつ	いつつ	むっつ	ななつ	やっつ	ここのつ	とお

关联词 >>>

词	释义	词	释义
◆数人（すうにん）⓪〔名〕	数人。	◆容積（ようせき）①〔名〕	（容量）容积。
◆数回（すうかい）⓪〔名〕	数次。	◆体積（たいせき）①〔名〕	（空间）体积。
◆数個（すうこ）①〔名〕	数个。	◆面積（めんせき）①〔名〕	（表面）面积。
◆数日（すうじつ）⓪〔名〕	数日。	◆平方（へいほう）⓪〔名〕	平方。
◆数か月（すうかげつ）③〔名〕	数月。	◆立方（りっぽう）⓪〔名〕	立方。
◆数年（すうねん）⓪〔名〕	数年。	◆平米（へいべい）⓪〔名〕	平方米。
◆回数（かいすう）③〔名〕	次数。	◆直径（ちょっけい）⓪〔名〕	直径。
◆件数（けんすう）③〔名〕	（事件等）件数。	◆半径（はんけい）①〔名〕	半径。
◆枚数（まいすう）⓪〔名〕	（扁平物）张数。	◆重量（じゅうりょう）③〔名〕	重量。
◆度数（どすう）②〔名〕	（眼镜等）度数。	◆速度（そくど）①〔名〕	速度。
◆長短（ちょうたん）①〔名〕	长与短，长短。	◆時速（じそく）①〔名〕	时速。

练　习

一、请从 ______ 中选择一个最合适的词，并用平假名写在（　　）中。

大勢　規模　幅　品数

1. （　　　　　）が大きい計画が立てられました。
2. 来店（らいてん）している客が（　　　　　）います。
3. スーパーよりコンビニのほうが（　　　　　）が少ないです。
4. 男性の肩の（　　　　　）は女性のより広いです。

二、请从 ______ 中选择一个最合适的词，并用汉字写在（　　）中。

はんすう　どくしん　ちほう　ばしょ

1. 彼は結婚せずに、ずっと（　　　　　）でいます。
2. 大型（おおがた）の台風が九州（　　　　　）に近づいています。
3. 友達に待ち合わせの（　　　　　）を確認（かくにん）しました。
4. 参加者（さんかしゃ）の（　　　　　）は女性でした。

三、请选择合适的搭配，把对应的字母写在（　　）中。

1. 先生の　（　　）	A. 多少	4. 数を　（　　）	D. かぞえる
2. クラスの　（　　）	B. 方々	5. 量が　（　　）	E. おおい
3. 金額の　（　　）	C. 人々	6. 倍に　（　　）	F. なる

四、请从 A、B、C、D 四个选项中选择最合适的一个填入（　　）中。

1. 6 歳から 12 歳までは大人の半額で、5 歳（　　）の子供は無料です。

A. 以上　　B. 以下　　C. 以外　　D. 以内

2. このバスの乗車（じょうしゃ）（　　）は 45 人となっています。

A. 定員　　B. 人々　　C. 全員　　D. 人口

3. （　　）が違う花瓶は棚に並んでいます。

A. 程度　　B. 距離　　C. 大小　　D. 計算

第23课 位置·方向

✲位置

★位置①〔名·Ⅲ自〕

①位置，方位。✲~がいいアパート。/好地段的公寓。

②位于……（位置）。✲沖縄は南のほうに~する。/冲绳位于南方。

★前後①〔名·Ⅲ自〕

（位置）前面和后面，前后。✲行列の~。/队伍的前后。

☆左右①〔名〕

左边和右边，左右。✲前後~に揺れる。/前后左右地摇晃。

☆上下①〔名·Ⅲ自〕

上面和下面，上下。✲エレベーターが~に動く。/电梯上上下下。

★内外①〔名〕

内部和外部，内外。✲教室の~。/教室内外。

★反対⓪〔名〕

①相反（方向、场所等）。✲左の~は右だ。/左侧的反面是右面。

②（上下、左右、表里等）颠倒。✲前後ろ~に着ている。/〔衣服〕前后穿反了。

✲前后

★前①〔名〕 ⇔後ろ、後

①（较近的）正前面，正前方。✲家の~に木がある。/房子前面有棵树。

②人前。✲大勢の~で話す。/在众人面前讲话。

★先⓪〔名〕

（所处位置的）前方，前面。✲~に銀行がある。/前面有家银行。

★目の前③〔名〕

①（位置）跟前，眼皮底下。✲~で起こった事件。/眼皮底下发生的事件。

②（时间）眼前。✲試験はもう~になる。/考试就在眼前。

☆人前⓪〔名〕

（面对着大家）当众。✲~で発表する。/当众发表。

★向かい⓪〔名〕

（某位置的）正对面，正前方。✲本屋は駅の~にある。/书店在车站的正对面。

★後ろ⓪〔名〕 ⇔前

（紧挨着某人或某物体的）身后，背后。✲ぼくの~に立つ。/站在我身后。

□位置 □前後 □左右 □上下 □内外 □反対 □前 □先 □目の前 □人前 □向かい □後ろ

★後(あと)① 〔名〕 ⇔前

（队列或联排物体的）后面，后方。＊列(れつ)の～につく。/ 跟在队伍的后面。

✻ 左右

★左(ひだり)⓪ 〔名〕 ⇔右

左，左边。＊～へ曲(ま)がる。/ 往左拐。

★右(みぎ)⓪ 〔名〕 ⇔左

右，右边。＊～へ曲(ま)がる。/ 往右拐。

✻ 上下

★上(うえ)⓪ 〔名〕 ⇔下

①（垂直空间）上边，上面。＊～に天(てん)がある。/ 上有天。

②（衣物等的表里）外衣，外层。＊シャツの～。/ 衬衫外面。

★下(した)⓪ 〔名〕 ⇔上

①（垂直空间）下边，下面。＊～に地(ち)がある。/ 下有地。

②（衣物等的表里）内衣，内层。＊セーターの～。/ 毛衣里面。

★底(そこ)⓪ 〔名〕

底部。＊川(かわ)（箱(はこ)、足(あし)）の～。/ 河底〔箱底、脚底〕。

★奥(おく)① 〔名〕

（空间、位置）最里面，最深处。＊～の部屋(へや)。/ 最里面的房间。

✻ 中央・中间

★真ん中(まんなか)⓪ 〔名〕

（空间）正中间。＊部屋(へや)の～に椅子(いす)がある。/ 房间正中间有椅子。

★中心(ちゅうしん)⓪ 〔名〕

（区域地理位置）中央，中心。＊市(し)の～に住(す)む。/ 住在市中心。

★間(あいだ)⓪ 〔名〕

①（两个物体）……之间。＊ビルとビルの～。/ 大楼与大楼之间。

②（人群等范围）……当中。＊若者(わかもの)の～で人気(にんき)がある。/ 在年轻人当中很有人气。

✻ 两侧

★両側(りょうがわ)⓪ 〔名〕

（物体的左右）两侧。＊箱(はこ)の～。/ 箱子的两侧。

★横(よこ)⓪ 〔名〕 ⇔縦

①（左右、南北、水平方向）横，横向。＊～に字(じ)を書(か)く。/ 横着写字。

②（紧挨左右两边）旁边，侧面。＊机(つくえ)の～に置(お)く。/ 放在书桌的旁边。

★縦(たて)① 〔名〕 ⇔横

（左右、南北、水平方向）纵，纵向。＊～に並(なら)ぶ。/ 排成纵队。

✻ 周边・附近

★周り(まわり)⓪ 〔名〕

①（场所）四周。＊家(いえ)の～に木(き)がある。/ 房子周围有树。

②（身边的）人们。＊～の人(ひと)に聞(き)く。/ 问身边的人。

★周辺(しゅうへん)⓪ 〔名〕

周边（地区）。＊学校(がっこう)の～を調(しら)べる。/ 调查学校周边。

□後 □左 □右 □上 □下 □底 □奥 □真ん中 □中心 □間 □両側 □横 □縦 □周り □周辺

☆周囲①〔名〕

①（位置）周围，四周。＊島の～を回る。/ 绕着岛屿周围转。

②周围的人。＊～の声を聞く。/ 听取周围人的意见。

★近所①〔名〕

附近。＊～の人々。/ 左邻右舍。

★そば①〔名〕

（某建筑物或物体的）旁边。＊駅の～の銀行。/ 车站旁边的一家银行。

☆手元③〔名〕

身边。＊子供を～に置く。/ 把孩子留在身边。

☆手前⓪〔名〕

眼前，跟前。＊レバーを～に引く。/ 把操纵杆拉到自己跟前。

★近く②①〔名〕 ⇔遠く

不远处，附近。＊銀行は駅の～にある。/ 银行在车站附近。

★遠く③〔名〕 ⇔近く

远方，远处。＊～へ行く。/ 出远门。

★辺り①〔名〕

①(用「名词＋の辺り」「名词＋辺り」)……一带，……附近。＊駅前〔の〕～の書店。/ 车站附近的书店。

②（视线内的）周围，附近。＊～が暗くなる。/ 周围暗下来了。

★辺⓪〔名〕

（用「名词＋の辺」）……一带。＊駅の～で買い物する。/ 在车站一带购物。

★隣⓪〔名〕

①（相邻的）旁边。＊～の席〔ビル、町〕。/ 旁边的座位〔大楼、镇子〕。

②邻居。＊～の子ども。/ 领居家的孩子。

✲表里・内外

★表③〔名〕 ⇔裏

①（物体）表面，正面。＊コインの～。/ 硬币的正面。

②屋前，屋外。＊家の～に池がある。/ 家前面有池塘。

★裏②〔名〕 ⇔表

①（物体）背面，反面。＊服の～。/ 衣服的里子。

②屋后。＊家の～に林がある。/ 屋后有片小树林。

★中①〔名〕 ⇔外

①（空间）……里面。＊駅の～。/ 站内。

②（范围）……当中。＊三つの～から選ぶ。/ 从三个当中选。

★うち⓪〔名〕 ⇔外

①屋内，室内。＊～で遊ぶ。/ 在家里玩。

②（内侧）里面，里边。＊このドアは～から開ける。/ 这门要从里面打开。

★外①〔名〕 ⇔中・うち

①屋外，室外。＊～は家の中より寒い。/ 室外比室内冷。

②（相对于家里）外面，别处。＊～で食事をする。/ 在外面吃饭。

✲四面八方

★あちらこちら③〔名〕

（＝あちこち）各处，到处。＊～にある植物。/ 到处都有的植物。

□周囲 □近所 □そば □手元 □手前 □近く □遠く □辺り □辺 □隣 □表
□裏 □中 □うち □外 □あちらこちら

★各地① 〔名〕

各地。＊世界～を回る。/ 走遍世界各地。

✻ 角落・边缘・斜面

★隅① 〔名〕 ⇔角

(＝隅っこ)(屋内、院子等)内角，角落。＊部屋〔庭、箱〕の～。/ 房间〔院子、箱子〕的角落。

★角① 〔名〕 ⇔隅

(物体的)外角。＊壁〔机〕の～。/ 墙壁的外角〔书桌的一角〕。

☆端⓪ 〔名〕

①(棒状物的)前端。＊棒の～で突く。/ 用棒的前端捅。

②(道路、物体、队列等的)边缘。＊机〔行列〕の～。/ 桌子边缘〔队列的最边上〕。

☆斜め⓪ 〔名〕

倾斜，歪，斜。＊～の線を引く。/ 画斜线。

✻ 方向

★方向⓪ 〔名〕

(位置的)方向，方位。＊～を変える〔間違える〕。/ 改变〔搞错〕方向。

★方① 〔名〕

(大致的)方向，方位。＊駅の～にある。/ 位于车站方向。

★向こう② 〔名〕

(与所处场所相反的)反方向，对面。＊川の～に村がある。/ 河的对面有个村庄。

★東⓪ 〔名〕 ⇔西

东。＊～に山がある。/ 东面有座山。

★西⓪ 〔名〕 ⇔東

西。＊～に池がある。/ 西面有池塘。

★南⓪ 〔名〕 ⇔北

南。＊～に道がある。/ 南面有条路。

★北⓪ 〔名〕 ⇔南

北。＊～に村がある。/ 北面有村庄。

★目的地④ 〔名〕

目的地。＊～に着く。/ 到达目的地。

✻ 顺序

★順⓪ 〔名〕

顺序，次序。＊～に並べる。/ 按次序排列。

★番① 〔名〕

(按顺序的)轮班。＊次はあなたの～です。/ 下一位轮到你。

★順番⓪ 〔名〕

(按顺序)轮班，轮番。＊～を待つ。/ 排队等。

★順序① 〔名〕

(按规定的编号等)顺序。＊～よく並ぶ。/ 按顺序整齐排队。

★手続き② 〔名〕

手续。＊～を取る。/ 办理手续。

✻ 座位

★席① 〔名〕

(有椅子的场所)座位，位子。＊～を譲る〔外す〕。/ 让位子〔离开位子〕。

★座席⓪ 〔名〕

(指椅子、沙发等实物)座位，椅子。＊～に座る。/ 坐在座位上。

💡座席を譲る / 外す(×)

□各地 □隅 □角 □端 □斜め □方向 □方 □向こう □東 □西 □南 □北
□目的地 □順 □番 □順番 □順序 □手続き □席 □座席

关联词 >>>

词语	释义	词语	释义
◆車内（しゃない）①〔名〕	车内。	◆南東（なんとう）⓪〔名〕	（风向等）东南。
◆車外（しゃがい）①〔名〕	车外。	◆北西（ほくせい）⓪〔名〕	（风向等）西北。
◆社内（しゃない）①〔名〕	公司内部。	◆南西（なんせい）⓪〔名〕	（风向等）西南。
◆社外（しゃがい）①〔名〕	公司外部。	◆行く先（ゆくさき）・行き先（ゆきさき）⓪〔名〕	去处，目的地。
◆店内（てんない）①〔名〕	店内。	◆旅先（たびさき）⓪〔名〕	旅途，旅行地。
◆店外（てんがい）①〔名〕	店外。	◆旅行先（りょこうさき）⓪〔名〕	旅途，旅行地。
◆向こう側（むこうがわ）⓪〔名〕	对面。	◆出先（でさき）③〔名〕	（外出的）去处。
◆正面（しょうめん）③〔名〕	正面，对面。	◆外出先（がいしゅつさき）⓪〔名〕	（外出的）去处。
◆真正面（ましょうめん）②〔名〕	正对面。	◆出張先（しゅっちょうさき）⓪〔名〕	出差地。
◆真ん前（まんまえ）③〔名〕	正前方。	◆優先席（ゆうせんせき）③〔名〕	爱心专座。
◆真上（まうえ）③〔名〕	正上方。	◆予約席（よやくせき）③〔名〕	预约席。
◆真下（ました）③〔名〕	正下方。	◆指定席（していせき）②〔名〕	对号入座。
◆左手（ひだりて）⓪〔名〕	左手边，左侧。	◆自由席（じゆうせき）②〔名〕	自由座位。
◆左側（ひだりがわ）⓪〔名〕	左侧，左边。	◆喫煙席（きつえんせき）③〔名〕	吸烟席。
◆右手（みぎて）⓪〔名〕	右手边，右侧。	◆禁煙席（きんえんせき）③〔名〕	禁烟席。
◆右側（みぎがわ）⓪〔名〕	右边，右侧。	◆運転席（うんてんせき）③〔名〕	驾驶室。
◆東西南北（とうざいなんぼく）⑤〔名〕	（方位）东西南北。	◆助手席（じょしゅせき）⓪〔名〕	副驾驶室。
◆北東（ほくとう）⓪〔名〕	（风向等）东北。	◆客席（きゃくせき）⓪〔名〕	观众席；嘉宾席。

练　习

一、请从□中选择一个最合适的词，并用平假名写在（　　）中。

左右　手元　上下　人前

1. 今、（　　　　　）に君のほしい資料はありません。
2. （　　　　　）を確認してから、道を渡ります。
3. 駅でうっかり転(ころ)んで、（　　　　　）で恥(はじ)をかきました。
4. 旗を（　　　　　）に振(ふ)って、電車の運転士に合図(あいず)します。

二、请从□中选择一个最合适的词，并用汉字写在（　　）中。

いち　はんたい　あと　ちゅうしん

1. どうぞ、私の（　　　　　）についてきてください。
2. （　　　　　）の方向へ行ってしまいました。
3. GPSで、今いる（　　　　　）を確認します。
4. 町の（　　　　　）部に大きな噴水(ふんすい)があります。

三、请选择合适的搭配，把对应的字母写在（　　）中。

1. 机の	（　）	A. 隅	4. 手続きを	（　）	D. する
2. 庭の	（　）	B. 角	5. 斜めに	（　）	E. 着く
3. 布の	（　）	C. 端	6. 向こうに	（　）	F. なる

四、请从 A、B、C、D 四个选项中选择最合适的一个填入（　　）中。

1. 引っ越してきた彼女は隣（　　）の家々(いえいえ)を回(まわ)って挨拶をしました。
   A. 両側　　B. 周囲　　C. 周辺　　D. 近所
2. 電車などで（　　）をお年寄(としよ)りに譲(ゆず)ります。
   A. 助手席　　B. 客席　　C. 座席　　D. 席
3. 秋の旅行は九州(きゅうしゅう)（　　）にしましょうか。
   A. 辺り　　B. 辺　　C. 目的地　　D. 旅行先

第24课 事物的性质

✻ 状态・状况

★様子⓪〔名〕

①（实际观察到的）样子，状况。＊雨が降りそうな～だ。/ 看样子要下雨了。

②（事物的）征兆。＊彼の～がおかしい。/ 他的神情怪怪的。

☆姿①〔名〕

（事物的）面貌，情形。＊若者の～。/ 年轻人的精神面貌。

☆状態⓪〔名〕

状态，情况。＊混乱した生活～。/ 混乱的生活状态。

☆生態⓪〔名〕

生存状态，生态。＊昆虫の～。/ 昆虫的生态。

☆傾向⓪〔名〕

倾向，趋势。＊景気回復の～がある。/ 景气有望恢复。

☆事情⓪〔名〕

①事由，缘由。＊～があって休んだ。/ 因故请假。

②（国家、领域等的）情况，情形。＊日本〔経済〕～。/ 日本概况〔经济状况〕。

☆現象⓪〔名〕

（自然或人文）现象。＊自然〔社会〕～。/ 自然〔社会〕现象。

☆雰囲気③〔名〕

（小范围且现场能感受到的）氛围。＊パーティーの～がいい。/ 派对的氛围好。

☆気分①〔名〕

（大范围呈现出的综合性）气氛。＊お祭り〔正月〕の～。/ 节日〔过年〕气氛。

★予定⓪〔名・Ⅲ他〕

①（近期要做的事情）计划，打算。＊旅行の～がある。/ 有计划旅行。

②计划，筹划（实施某事）。＊引っ越しを～する。/ 计划搬家。

✻ 基础・中心

☆基礎①〔名〕

（学问等的）基础，底子。＊～を固める。/ 夯实基础。

☆中心⓪〔名〕

（事情、问题等的）核心，焦点。＊話題の～。/ 谈话的中心。

★内容⓪〔名〕 ⇔形式

内容。＊仕事の～。/ 工作内容。

★中身②〔名〕

内部的东西，内在的东西。＊かばん〔本〕の～。/ 包里的东西〔书中内容〕。

□様子 □姿 □状態 □生態 □傾向 □事情 □現象 □雰囲気 □気分 □予定
□基礎 □中心 □内容 □中身

✲形式・样式

★形式⓪〔名〕 ⇔内容

①形式，表面的东西。✲内容は～より重要だ。/ 内容大于形式。

②（文书）格式。✲レポートの～。/ 报告的格式。

☆様式⓪〔名〕

①（个人或社会固有的）形式，风格。✲若者の生活～。/ 年轻人的生活样式。

②（美术、文学、建筑等）形式，式样。✲建築～。/ 建筑样式。

☆形⓪〔名〕

（事物的形态）形式，样式。✲文学の～で表す。/ 用文学形式表达。

☆新型⓪〔名〕

（产品）新型，新式。✲～の掃除機。/ 新型除尘器。

☆見た目⓪〔名〕

（人或物的）外观。✲～には丈夫そうな人〔箱〕。/ 外观似乎很结实的人〔箱子〕。

☆象徴⓪〔名〕

象征。✲～としての建物。/ 作为象征的建筑物。

★種類①〔名〕

种类。✲～が多い。/ 种类多。

✲事例・样本

★例①〔名〕

例子，事例。✲～を挙げる。/ 举例。

★例外⓪〔名〕

例外。✲この規則には～がない。/ 这个规则无一例外。

★見本⓪〔名〕

①样品，样本。✲新製品の～を出す。/ 新产品出样。

②（代表性人物）典型，样板，示范。✲新人類の～。/ 新生代的榜样。

✲真伪

★現場⓪〔名〕

（事发等的）现场。✲事故～に行く。/ 奔赴事故现场。

☆現実⓪〔名〕 ⇔理想

现实。✲夢から～の世界に戻る。/ 从梦中回到现实世界。

☆事実①〔名〕

事实。✲～を認める。/ 承认事实。

★本当⓪〔名〕

真的，真实的。✲それは～の話だ。/ 那是真话。

💡口语中常用约音「ほんと」。

★実際⓪〔名・副〕

（所见所闻的）实际情况。✲～と違う。/ 跟实际情况不同。

★うそ①〔名〕

谎言，假话。✲～をつく。/ 撒谎。

☆代表⓪〔名・Ⅲ他〕

代表。✲家族を～する。/ 代表家人。

□形式 □様式 □形 □新型 □見た目 □象徴 □種類 □例 □例外 □見本
□現場 □現実 □事実 □本当 □実際 □うそ □代表

✻ 性质

☆性質（せいしつ）⓪〔名〕

（事物、产品等的）性质，特性。*問題の～が違う。/ 问题性质不同。

☆最新（さいしん）⓪〔名〕

最新。*～のデータ。/ 最新数据。

☆生（なま）①〔名〕

①生的（食物）。*～の肉。/ 生的肉。
②原汁原味的，未经加工的。*市民の～の声を聴く。/ 倾听市民真实的呼声。

✻ 形状

★形（かたち）⓪〔名〕

物品的外形。*この木は～がいい。/ 这棵树树形优美。

☆隙間（すきま）⓪〔名〕

（物与物之间的）缝隙，空隙。*ドアの～から見る。/ 透过门缝查看。

☆穴（あな）⓪〔名〕

洞，洞穴。*袋に～が空く。/ 袋子破了个洞。

☆空間（くうかん）⓪〔名〕

空间。*生活〔都市〕の～。/ 生活〔都市〕空间。

☆粒（つぶ）①〔名〕

颗粒状的物体。*ご飯の～。/ 饭粒。

✻ 方法・手段・用途

★方法（ほうほう）⓪〔名〕

方法，办法。*いい～。/ 好办法。

☆手段（しゅだん）①〔名〕

手段，办法。*～を取る。/ 采取手段。

☆使い道（つかいみち）⓪〔名〕

用途，用处。*金の～。/ 钱的用途。

★使い捨て（つかいすて）⓪〔名〕

一次性（用品）。*～のライター。/ 一次性打火机。

✻ 原因・结果

★訳（わけ）①〔名〕

理由或缘故。*何か～がある。/ 定有某种缘由。

★理由（りゆう）⓪〔名〕

（为辩解寻找的）理由，借口。*病気を～にする。/ 以生病为由。

★原因（げんいん）⓪〔名〕 ⇔結果

（造成某种结果的）原因，起因。*失敗の～を調べる。/ 调查失败的原因。

★結果（けっか）⓪〔名〕 ⇔原因

结果。*調査の～。/ 调查结果。

✻ 价值・概念

☆価値（かち）①〔名〕

价值，值得。*～がある発言〔研究〕。/ 有价值的发言〔研究〕。

☆意味（いみ）①〔名〕

（事情的）意义，价值。*何の～もない考え。/ 毫无意义的想法。

☆意義（いぎ）①〔名〕

（事情的）意义，价值。*～のある仕事。/ 有意义的工作。

□性質 □最新 □生 □形 □隙間 □穴 □空間 □粒 □方法 □手段
□使い道 □使い捨て □訳 □理由 □原因 □結果 □価値 □意味 □意義

☆証明（しょうめい）⓪〔名・Ⅲ他〕

证明。＊身分（みぶん）を～する。/ 证明身份。

✼ 品质・质量

★質（しつ）⓪〔名〕

①（产品）质量。＊品物（しなもの）の～が高（たか）い。/ 商品的质量高。

②（人的）素质。＊生徒（せいと）の～が下（さ）がる。/ 学生的素质下降。

★品質（ひんしつ）⓪〔名〕

（产品）质量。＊物（もの）の～がいい〔悪（わる）い〕。/ 商品质量好〔差〕。

✼ 缺点

☆欠点（けってん）③〔名〕

缺点，短处，欠缺之处。＊～を直（なお）す。/ 改掉缺点。

☆汚染（おせん）⓪〔名・Ⅲ他〕

使其污染。＊空気（くうき）〔水（みず）〕を～する。/ 污染空气〔水〕。

✼ 效果・成果

★効果（こうか）①〔名〕

①（药物等的）疗效。＊薬（くすり）の～が出（で）る。/ 药效显现。

②（工作、学习等的）成果，效果。＊～がある方法（ほうほう）。/ 有效果的方法。

☆成果（せいか）①〔名〕

成果。＊～が上（あ）がる。/ 取得成果。

☆実績（じっせき）⓪〔名〕

（留下的成绩或功绩）实绩，业绩。＊～を上（あ）げる。/ 提升业绩。

✼ 事情・事项

★事（こと）②〔名〕

事，事情。＊自分（じぶん）の～。/ 私事。

★用事（ようじ）⓪〔名〕

（要办理的）事情。＊～がある。/ 有事要办。

★件（けん）①〔名〕

（职场用语）事情。＊あの～はどうだったか。/ 那件事怎么样了？

★用件（ようけん）③〔名〕

（多为职场用语）要办理的事情。＊～をメモ帳（ちょう）に書（か）く。/ 写下要办的事宜。

★用（よう）①〔名〕

（要办理的公事或私事）事情。＊君（きみ）に～がある。/ 我有事要委托你。

★ご用（よう）②〔名〕

（「用」的尊他语）您要办的事情。＊何（なに）か～ですか。/ 您有什么事？

★急用（きゅうよう）⓪〔名〕

急事。＊～ができた。/ 突然有急事。

☆条件（じょうけん）③〔名〕

条件。＊～を付（つ）ける。/ 附加条件。

□証明 □質 □品質 □欠点 □汚染 □効果 □成果 □実績 □事 □用事 □件
□用件 □用 □ご用 □急用 □条件

练 习

一、请从 [ ] 中选择一个最合适的词，并用平假名写在（　　）中。

姿　中身　形　効果

1. 身体検査（しんたいけんさ）だけでなく、荷物の（　　　　　）も調べます。
2. 会長といっても、（　　　　　）だけなんですが。
3. 市民が生活する（　　　　　）を見てもらいたいです。
4. 練習の（　　　　　）が上がり、ピアノは前より上手に弾けるようになりました。

二、请从 [ ] 中选择一个最合适的词，并用汉字写在（　　）中。

みほん　きゅうよう　ひんしつ　じょうけん

1. （　　　　　）ができたので、社長と大阪へ行きました。
2. 家で犬を飼（か）ってもいいです。でも、（　　　　　）があります。
3. 新商品の（　　　　　）を展示会に出して展示しました。
4. ちょっと高くても（　　　　　）がいいものを買いたいです。

三、请选择合适的搭配，把对应的字母写在（　　）中。

1. メールの	（　）	A. 様式	4. うそを	（　）	D. 分からない
2. 建物の	（　）	B. 形式	5. 生の	（　）	E. つく
3. 果物の	（　）	C. 種類	6. 訳が	（　）	F. 声

四、请从 A、B、C、D 四个选项中选择最合适的一个填入（　　）中。

1. 病気を（　　）にして、仕事をサボる社員もいます。

A. 原因　　B. 理由　　C. 意味　　D. 結果

2. 警察はすぐに事故（　　）へ急行（きゅうこう）しました。

A. 事実　　B. 現場　　C. 実際　　D. 本当

3. （　　）はいいですが、中身がどうか分かりません。

A. 性質　　B. 象徴　　C. 目の前　　D. 見た目

第 25 课 物体的运动

✿ 移动

☆流れ⓪〔名〕

①（水、车、人等的）流动。*川〔車、客〕の～。/ 水流〔车流、客流〕。

②（时代、流行等的）潮流。*時代〔流行〕の～。/ 时代潮流〔流行趋势〕。

③（事情进行的）流程。*発表〔試合〕の～。/ 演讲流程〔比赛的进程〕。

☆平行⓪〔名・Ⅲ自〕

（线、线路等）平行。*二つの線が～している。/ 两条线平行。

✿ 区分

☆区别①〔名・Ⅲ他〕

区别开，分清（对立的事物）。*公私を～する。/ 分清公私。

☆差别①〔名・Ⅲ他〕

歧视，偏见。*～を無くす。/ 消除歧视。

☆分別⓪〔名・Ⅲ他〕

（垃圾）分类。*ごみを～する。/ 垃圾分类。

☆分類⓪〔名・Ⅲ他〕

分类，分门别类。*昆虫を～する。/ 对昆虫做分类。

✿ 接触

☆衝突⓪〔名・Ⅲ自〕

①撞（车）。*バスが自転車に～する。/ 巴士撞上自行车。

②（意见、想法等）冲突，矛盾。*利害が～する。/ 利害冲突。

✿ 变化・改变

★変化①〔名・Ⅲ自〕

变化。*天気が～する。/ 天气变化。

★変更⓪〔名・Ⅲ他〕

变更，更改。*日程を～する。/ 改变日程。

☆両替⓪〔名・Ⅲ他〕

兑换（外币或大额纸币）。*円をドルに～する。/ 日币兑换成美元。

★整理①〔名・Ⅲ他〕

整理，整顿（屋子或物品）。*部屋〔資料〕を～する。/ 整理屋子〔资料〕。

✿ 创造・制造

★発明⓪〔名・Ⅲ他〕

发明。*電話を～した。/ 发明了电话。

★製造⓪〔名・Ⅲ他〕

制造。*車を～する。/ 制造汽车。

★製作・制作⓪〔名・Ⅲ他〕

①（＝製作）制造（工业产品）。*機械を～する。/ 造机器。

②（＝製作）制作（一般器物）。*机を～する。/ 做书桌。

③（＝制作・製作）（文化产品）。*映画〔番組〕の～。/ 拍电影〔制作节目〕。

□流れ □平行 □区別 □差別 □分別 □分類 □衝突 □変化 □変更 □両替
□整理 □発明 □製造 □製作・制作

☆作成（さくせい）⓪〔名・Ⅲ他〕

编写（图表、文书、计划等）。＊予定表を～する。/ 编写计划表。

★注文（ちゅうもん）⓪〔名・Ⅲ他〕

（委托生产和配送）订购，下单。＊家具（かぐ）〔弁当（べんとう）〕を～する。/ 订购家具〔盒饭〕。

★生産（せいさん）⓪〔名・Ⅲ他〕 ⇔消費

生产。＊製品（せいひん）を～する。/ 生产产品。

✲进步・发展

☆発達（はったつ）⓪〔名・Ⅲ自〕

①身心发达。＊脳（のう）が～する。/ 大脑发达。
②（产业、技术等）进步。＊交通（こうつう）〔技術（ぎじゅつ）〕が～する。/ 交通〔技术〕发达。
③（大气压等势头）增强。＊台風（たいふう）が～する。/ 台风势头增强。

☆発展（はってん）⓪〔名・Ⅲ自〕

得到发展。＊経済（けいざい）が～する。/ 经济发展。

☆進歩（しんぽ）①〔名・Ⅲ自〕

（技术等）进步。＊科学技術（かがくぎじゅつ）が～する。/ 科学进步。

☆先進（せんしん）⓪〔名〕

（技术等）先进。＊～技術（ぎじゅつ）を取り入（い）れる。/ 引进先进技术。

☆向上（こうじょう）⓪〔名・Ⅲ自〕 ⇔低下

（成绩、水平、质量等）得到提高。＊技術力（ぎじゅつりょく）が～する。/ 技术能力提高。

✲影响・破坏・恶化

★影響（えいきょう）⓪〔名・Ⅲ自〕

影响。＊徹夜（てつや）が仕事（しごと）に～する。/ 熬夜影响工作。

☆刺激（しげき）⓪〔名・Ⅲ他〕

①（生理上的）刺激。＊体を～する薬。/ 刺激身体的药物。
②（精神）受鼓舞。＊感情（かんじょう）を～する。/ 鼓舞情绪。

☆崩壊（ほうかい）⓪〔名・Ⅲ自〕

①（建筑物）崩塌，倒塌。＊建物（たてもの）が～する。/ 建筑物倒塌。
②（经济等）崩溃。＊バブル経済（けいざい）が～する。/ 泡沫经济崩溃。

☆悪化（あっか）⓪〔名・Ⅲ自〕

（疾病、事态等）恶化。＊病気（びょうき）〔関係（かんけい）〕が～する。/ 病情〔关系〕恶化。

✲差异・特殊・类似

☆差（さ）⓪〔名〕

差异，差距。＊寒暖（かんだん）〔収入（しゅうにゅう）〕の～。/ 冷暖差〔收入差距〕。

☆違い（ちがい）⓪〔名〕

差异，不同点。＊二人（ふたり）の経験（けいけん）の～が出（で）た。/ 他俩的经历不同。

★外・他（ほか）⓪〔名〕

其他，另外。＊～の所（ところ）で遊（あそ）ぶ。/ 在其他地方玩。

💡可以不写作汉字「外・他」。

☆特色（とくしょく）⓪〔名〕

（跟别的不一样）特色。＊～がある作家（さっか）。/ 有特色的作家。

☆特徴（とくちょう）⓪〔名〕

（与众不同又特别明显的）特征，特点。＊～のある顔（かお）。/ 很有特征的长相。

□作成 □注文 □生産 □発達 □発展 □進歩 □先進 □向上 □影響 □刺激
□崩壊 □悪化 □差 □違い □外・他 □特色 □特徴

★一緒（いっしょ）⓪〔名〕

相同，一样。*二人（ふたり）の考（かんが）えは～だ。/ 他俩的想法一样。

✻增减・均衡

☆追加（ついか）⓪〔名・Ⅲ他〕

追加。*費用（ひよう）を～する。/ 追加费用。

★満員（まんいん）⓪〔名〕

满员，额满。*バスが～になる。/ 公交车客满。

☆平均（へいきん）⓪〔名・Ⅲ他〕

①（尺寸、重量、数量等）平均，均衡。*～点数（てんすう）を計算（けいさん）する。/ 计算平均分数。

②均衡，均摊（数量等）。*負担（ふたん）を～する。/ 均摊负担。

✻比较・比例

☆比較（ひかく）⓪〔名・Ⅲ他〕

比较。*価格（かかく）を～する。/ 比价格。

★割合（わりあい）⓪〔名〕

比例。*10%の～。/10% 的比例。

★効率（こうりつ）⓪〔名〕

效率。*仕事（しごと）の～を上（あ）げる。/ 提高工作效率。

□一緒 □追加 □満員 □平均 □比較 □割合 □効率

练 习

一、请从□中选择一个最合适的词，并用平假名写在（　　）中。

発明　悪化　刺激　変更

1. （　　　　）が強い映画を子供に見せないほうがいいです。
2. スマートフォンはアメリカ人によって（　　　　）されたのですか。
3. 資金不足（しきんぶそく）で、例の計画は（　　　　）されました。
4. 残念ですが、その患者（かんじゃ）の病気は（　　　　）しました。

二、请从□中选择一个最合适的词，并用汉字写在（　　）中。

せいり　へんか　まんいん　わりあい

1. 上海の（　　　　）が早くて、私たちは付いていけないと感じています。
2. こちらの書類をきちんと（　　　　）してください。
3. 毎朝、（　　　　）電車に乗って通勤しています。
4. 反対意見の（　　　　）は、全体の三分の二を超（こ）えたことが分かります。

三、请选择合适的搭配，把对应的字母写在（　　）中。

1. ごみを　（　）	A. 分別する	4. 船を　（　）	D. 制作する
2. 植物を　（　）	B. 分類する	5. アニメを　（　）	E. 作成する
3. 職業を　（　）	C. 差別する	6. グラフを　（　）	F. 製造する

四、请从A、B、C、D四个选项中选择最合适的一个填入（　　）中。

1. 外国の（　）技術をわが社に取り入れます。

　A. 進歩　　B. 先進　　C. 発展　　D. 発達

2. ピアニストの母の（　）で、私も5歳からピアノの練習をし始めました。

　A. 向上　　B. 追加　　C. 影響　　D. 特色

3. お客さんが（　）したお弁当を届けます。

　A. 注文　　B. 生産　　C. 製作　　D. 整理

第 2 章　外来语

第 1 课　外来语（1）

包括汉字和外来语的“混合语”。

身体・健康

☆エネルギー③②〔名〕

①体能，精力。＊～たっぷりの若者。/ 精力充沛的年轻人。

②能量，能源。＊太陽～の実用化。/ 太阳能的实用化。

☆カロリー①〔名〕

（热量）卡路里。＊～が高い食べ物。/ 高热量的食物。

☆ビタミン②〔名〕

维生素。＊～Cが多い果物。/ 富含维生素C的水果。

☆インフルエンザ⑤〔名〕

流感。＊～がはやる。/ 流感肆虐。

☆ウイルス②〔名〕

病毒。＊新型コロナ～が広がる。/ 新冠病毒蔓延。

☆リラックス②〔名・Ⅲ自〕

（身心）放松。＊温泉で～する。/ 在温泉放松一下。

动作・行为

★ノック①〔名・Ⅲ他〕

敲门。＊ドアを～する。/ 敲门。

☆チャレンジ②〔名・Ⅲ自〕

挑战。＊入学試験に～する。/ 挑战入学考试。

★スケジュール②③〔名〕

（工作、会议、旅行等）日程。＊～を組む〔立てる〕。/ 安排日程。

☆プラン①〔名〕

（活动等）计划。＊旅行の～を立てる。/ 制订旅行计划。

☆プロジェクト②〔名〕

课题；项目；规划。＊開発～を決める。/ 确定开发项目。

★キャンセル①〔名・Ⅲ他〕

取消（计划、预约等）。＊約束を～する。/ 取消约定。

☆レンタル①〔名・Ⅲ他〕

出租，租赁。＊バスを～する。/ 租赁大巴。

★リサイクル②〔名・Ⅲ他〕

再利用（资源、垃圾等）。＊空き缶を～する。/ 回收利用空罐子。

☆イメージ②①〔名・Ⅲ他〕

①整体印象，形象。＊いい～を残す。/ 给人留下好印象。

□エネルギー　□カロリー　□ビタミン　□インフルエンザ　□ウイルス　□リラックス
□ノック　□チャレンジ　□スケジュール　□プラン　□プロジェクト　□キャンセル
□レンタル　□リサイクル　□イメージ

②想象，回忆起。*彼(かれ)を～して語(かた)る。/ 边回忆边讲他的事情。

★アイデア①③〔名〕

(＝アイディア)主意，构思。*いい～を思(おも)い出(だ)す。/ 想出好主意。

☆センス①〔名〕

(审美与表达能力)灵感，美感。*～がいい服(ふく)。/ 美感十足的服装。

★ユーモア①〔名〕

幽默。*～のある人(ひと)。/ 有幽默感的人。

☆ショック①〔名〕

精神打击。*～を与(あた)える〔受(う)ける〕。/ 给予〔遭受〕打击。

☆ストレス②〔名〕

身心压力。*～がたまる〔を解消(かいしょう)する〕。/ 压力累积〔解压〕。

✲衣物・穿戴

★スーツ①〔名〕

(男女)西装。*～を作(つく)る。/ 缝制西装。

★シャツ①〔名〕

(长袖或短袖)衬衫。*～の上(うえ)にセーターを着(き)る。/ 衬衫外套件毛衣。

★ワイシャツ⓪〔名〕

(男)长袖白衬衫。*～にネクタイ。/ 白衬衫配领带。

★コート①〔名〕

外套，大衣。*～を着(き)る。/ 穿外套。

★セーター①〔名〕

毛衣。*頭(あたま)から～をかぶる。/ 从头部套穿毛衣。

★スカート②〔名〕

裙子。*長(なが)い～。/ 长裙子。

★ワンピース③〔名〕

连衣裙。*～を脱(ぬ)ぐ。/ 脱下连衣裙。

★ズボン①②〔名〕

长裤，西裤。*～をはく。/ 穿裤子。

★マスク①〔名〕

口罩。*～を掛(か)ける〔取(と)る〕。/ 戴〔取下〕口罩。

★マフラー①〔名〕

长围巾。*～をする〔巻(ま)く〕。/ 围围巾。

★ネクタイ①〔名〕

领带。*～をする〔締(し)める〕。/ 系领带。

★ネックレス①〔名〕

项链。*首(くび)に～をする。/ 脖子上戴项链。

★ポケット②〔名〕

口袋。*～が多(おお)い。/ 口袋多。

★ボタン⓪〔名〕

纽扣。*～を付(つ)ける〔取(と)る〕。/ 缝上〔取下〕纽扣。

★ファスナー①〔名〕

拉链。*～を開(あ)ける〔閉(し)める〕。/ 拉开〔拉上〕拉链。

□アイデア　□センス　□ユーモア　□ショック　□ストレス　□スーツ　□シャツ
□ワイシャツ　□コート　□セーター　□スカート　□ワンピース　□ズボン　□マスク
□マフラー　□ネクタイ　□ネックレス　□ポケット　□ボタン　□ファスナー

★アクセサリー①〔名〕

（头发、衣物等的）饰品，佩饰。＊～を経営する。/ 经营配饰。

✲饮食

★メニュー①〔名〕

菜单，菜谱。＊～を見る。/ 看菜单。

★ダイエット①〔名·Ⅲ自〕

（为减肥而）节食。＊今～している。/ 现在正在节食减肥。

☆バイキング①〔名〕

自助餐。＊～にする。/ 选择自助餐。

☆バーベキュー③〔名〕

户外烧烤。＊～をしようか。/ 去烧烤吧。

★ランチ①〔名〕

（快餐类）午饭。＊～を食べる。/ 吃午餐。

★ライス①〔名〕

米饭。＊～を注文する。/ 来一份米饭。

★カレーライス④〔名〕

（＝カレー）咖喱饭。＊～を食べる。/ 吃咖喱饭。

★パスタ①〔名〕

意大利面食的总称。＊～は種類が多い。/ 意大利面食种类繁多。

★スパゲッティ③〔名〕

（＝スパゲティ）意大利式实心面。＊～を頼む。/ 来一份意大利式实心面。

★パン①〔名〕

面包。＊～を焼く。/ 烤面包。

★サンドイッチ④〔名〕

三明治。＊～を食べる。/ 吃三明治。

★ハンバーガー③〔名〕

汉堡包。＊～を食べる。/ 吃汉堡。

★ピザ①〔名〕

比萨饼。＊～を頼む。/ 点一份比萨饼。

★サラダ①〔名〕

色拉。＊～を作る。/ 做色拉。

★スープ①〔名〕

（西餐）汤。＊～を飲む。/ 喝汤。

★ミルク①〔名〕

牛奶。＊～を飲む。/ 喝牛奶。

★ヨーグルト③〔名〕

酸奶。＊～を飲む。/ 喝酸奶。

☆デザート②〔名〕

餐后甜点。＊～を出す。/ 上甜点。

★ケーキ①〔名〕

蛋糕。＊～を買う。/ 买蛋糕。

★アイスクリーム⑤〔名〕

冰激凌。＊～を食べる。/ 吃冰激凌。

★チョコレート③〔名〕

巧克力。＊友達に～をあげる。/ 送给朋友巧克力。

★バナナ①〔名〕

香蕉。＊黄色い～。/ 黄香蕉。

☆アルコール⓪〔名〕

①酒精。＊～中毒〔飲料〕。/ 酒精中毒〔饮料〕。
②（特指）酒。＊～に強い人。/ 能喝酒的人。

□アクセサリー　□メニュー　□ダイエット　□バイキング　□バーベキュー　□ランチ
□ライス　□カレーライス　□パスタ　□スパゲッティ　□パン　□サンドイッチ
□ハンバーガー　□ピザ　□サラダ　□スープ　□ミルク　□ヨーグルト　□デザート
□ケーキ　□アイスクリーム　□チョコレート　□バナナ　□アルコール

★ビール①〔名〕

啤酒。＊冷(つめ)たい～。/ 冰啤酒。

★ワイン①〔名〕

葡萄酒。＊～を飲(の)む。/ 喝葡萄酒。

★ウイスキー③②〔名〕

威士忌。＊～に氷(こおり)を入(い)れる。/ 往威士忌里加冰块。

★コーヒー③〔名〕

咖啡。＊～を入(い)れる。/ 冲咖啡。

★ジュース①〔名〕

果汁，汁液。＊野菜(やさい)～を作(つく)る。/ 制作蔬菜汁。

★コーラ①〔名〕

可乐。＊～を飲(の)む。/ 喝可乐。

★スプーン②〔名〕

（西式）调羹。＊～でスープを飲(の)む。/ 用调羹喝汤。

★フォーク①〔名〕

（西式）叉子。＊～で焼肉(やきにく)を食(た)べる。/ 用叉子吃烤肉。

★ナイフ①〔名〕

（西式）餐刀；水果刀。＊～で焼肉(やきにく)を切(き)る。/ 用小刀切烤肉。

★コップ⓪〔名〕

（多为没把的）杯子。＊～に水(みず)を入(い)れる。/ 往杯子里倒水。

★カップ①〔名〕

咖啡杯，纸杯等。＊コーヒー～。/ 咖啡杯。

★グラス①〔名〕

红酒杯，高脚杯。＊～でワインを飲(の)む。/ 用高脚杯喝红酒。

★バター①〔名〕

黄油。＊パンに～を塗(ぬ)る。/ 面包上涂黄油。

★チーズ①〔名〕

奶酪。＊～ケーキ。/ 芝士蛋糕。

★ジャム①〔名〕

果酱。＊～を付(つ)ける。/ 蘸果酱。

★ソース①〔名〕

酱。＊～をかける。/ 洒上酱料。

✲ 建筑・居住

★センター①〔名〕

（功能设施）中心。＊～でスポーツをする。/ 在（体育）中心锻炼。

★ビル①〔名〕

（办公、商用等）大楼，大厦。＊高(たか)い～が多(おお)い。/ 有很多高楼大厦。

★テレビタワー④〔名〕

电视塔。＊スカイツリーという～に登(のぼ)る。/ 登上“天空树”电视塔。

★ホール①〔名〕

（多为复合词）会馆；礼堂；大厅。＊ダンス～を造(つく)る。/ 建造舞厅。

★ロビー①〔名〕

（宾馆等的）大厅。＊ホテルの～に集(あつ)まる。/ 在宾馆大厅集合。

□ビール □ワイン □ウイスキー □コーヒー □ジュース □コーラ □スプーン
□フォーク □ナイフ □コップ □カップ □グラス □バター □チーズ □ジャム
□ソース □センター □ビル □テレビタワー □ホール □ロビー

★ガレージ②〔名〕

车库。＊車(くるま)を～に入(い)れる。/ 把车开进车库。

★アパート②〔名〕

普通公寓。＊学生(がくせい)に～を貸(か)す。/ 向学生出租公寓楼。

★マンション①〔名〕

高级公寓。＊～を借(か)りる。/ 租高级公寓。

★トイレ①〔名〕

厕所。＊～に行(い)く。/ 上厕所。

☆ルーム①〔名〕

（多为复合词）房间，屋子。＊～ナンバー。/ 房间号码。

★ベランダ⓪〔名〕

（有天棚等遮挡的）阳台，凉台。＊～に洗濯物(せんたくもの)を干(ほ)す。/ 衣服晒在阳台上。

★ドア①〔名〕

（房间、汽车、冰箱等）门扇。＊～を開(あ)ける〔閉(し)める〕。/ 开〔关〕门。

★テーブル⓪〔名〕

（西式）餐桌。＊～をきれいにする。/ 把餐桌擦干净。

★ベンチ①〔名〕

长凳，长椅。＊～に座(すわ)って休(やす)む。/ 坐在长椅上休息。

★ソファー①〔名〕

沙发。＊～に寝(ね)る。/ 躺在沙发上。

★ベッド①〔名〕

（西式）床。＊～に入(はい)る。/ 上床休息。

★カーテン①〔名〕

窗帘。＊～を開(あ)ける〔閉(し)める〕。/ 拉开〔关上〕窗帘。

★ガラス⓪〔名〕

玻璃。＊窓(まど)に～を入(い)れる。/ 在窗户上装玻璃。

✻ 卫浴・洗刷・美容

★シャワー①〔名〕

淋浴。＊～を浴(あ)びる。/ 冲淋浴。

★クリーニング②〔名〕

（＝ドライクリーニング）干洗。＊背広(せびろ)を～に出(だ)す。/ 把西服拿去干洗。

★ヘアスタイル④〔名〕

发型。＊はやりの～。/ 时尚发型。

✻ 交通・出行

☆ステーション②〔名〕

（电车、地铁）车站。＊新幹線(しんかんせん)の～。/ 新干线车站。

★バス停(てい)⓪〔名〕

（＝バス停留所(ていりゅうじょ)）公交车站。＊～でバスを待(ま)つ。/ 在公交车站等公交车。

★ホーム①〔名〕

（＝プラットホーム）站台，月台。＊～で電車(でんしゃ)を待(ま)つ。/ 在月台等候电车。

★ガソリンスタンド⑥〔名〕

加油站。＊～で車(くるま)にガソリンを入(い)れる。/ 在加油站给车加油。

□ ガレージ　□ アパート　□ マンション　□ トイレ　□ ルーム　□ ベランダ　□ ドア　□ テーブル
□ ベンチ　□ ソファー　□ ベッド　□ カーテン　□ ガラス　□ シャワー　□ クリーニング
□ ヘアスタイル　□ ステーション　□ バス停　□ ホーム　□ ガソリンスタンド

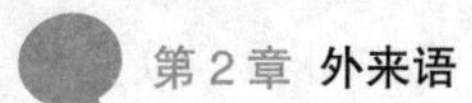

☆ルート①〔名〕

①（交通）线路。＊山頂への～。/ 通往山上的线路。
②（方法）途径。＊輸出の～を見付ける。/ 寻找出口途径。

☆ダイヤ①〔名〕

（＝ダイヤグラム）列车运行时刻表。＊事故で～が混乱する。/ 因交通事故，时刻表紊乱。

★チケット①〔名〕

（交通工具、会场等）票。＊飛行機〔コンサート〕の～。/ 机票〔音乐会门票〕。

★バス①〔名〕

公交车。＊～を降りる。/ 下公交车。

★タクシー①〔名〕

出租车。＊～を呼ぶ。/ 叫出租车。

☆レンタカー③〔名〕

租赁汽车。＊～を利用する。/ 利用租赁汽车。

★パトカー③〔名〕

（＝パトロールカー）警车。＊～が街を回る。/ 警车巡逻街区。

★トラック②〔名〕

卡车。＊～を運転する。/ 开卡车。

★オートバイ③〔名〕

摩托车。＊～に乗る。/ 开摩托车。

★フェリー①〔名〕

渡轮。＊～で海を渡る。/ 坐渡轮过海。

★エレベーター③〔名〕

升降电梯。＊～に乗る。/ 乘电梯。

★エスカレーター④〔名〕

自动扶梯。＊～を降りる。/ 下自动扶梯。

☆レジャー①〔名〕

休闲娱乐。＊～を楽しむ。/ 享受假日。

☆ツアー①〔名〕

（多为团体）旅行。＊ヨーロッパ～に行く。/ 去欧洲游。

☆キャンプ①〔名·Ⅲ自〕

野营，露营。＊友だちと～する。/ 跟朋友一起野营。

☆ハイキング①〔名·Ⅲ自〕

徒步野外旅行。＊家族で～する。/ 家人一起徒步旅行。

☆ピクニック①〔名〕

（结伴而行的）郊游。＊～に出かける。/ 出去郊游。

☆チェックイン④〔名·Ⅲ自〕

办理住宿或登机手续。＊フロントで～する。/ 在前台登记入住。

☆チェックアウト④〔名·Ⅲ自〕

办理退房手续。＊12時までに～する。/ 12点前退房。

□ルート　□ダイヤ　□チケット　□バス　□タクシー　□レンタカー　□パトカー
□トラック　□オートバイ　□フェリー　□エレベーター　□エスカレーター　□レジャー
□ツアー　□キャンプ　□ハイキング　□ピクニック　□チェックイン　□チェックアウト

关联词 >>>

衣服・穿戴		饮食	
◆スポーツウェア⑤〔名〕	运动服。	◆コース①〔名〕	（西式）套餐。
◆ドレス①〔名〕	礼服裙。	◆セット①〔名〕	（套餐种类）套餐。
◆ジャケット②〔名〕	夹克衫。	◆ファストフード④〔名〕	快餐。
◆ブラウス②〔名〕	（女）罩衫。	◆インスタント④〔名〕	速食（食品等）。
◆パジャマ①〔名〕	睡衣。	◆オムライス③〔名〕	（日式）蛋包饭。
◆ティーシャツ⓪〔名〕	T 恤衫。	◆トースト①⓪〔名〕	（烤面包片）吐司。
◆ジーンズ①〔名〕	牛仔衣。	◆ハンバーグ③〔名〕	（日式）汉堡肉饼。
◆ジーパン⓪〔名〕	牛仔裤。	◆ビフテキ⓪〔名〕	牛排。
◆半(はん)ズボン③〔名〕	短外裤。	◆ステーキ②〔名〕	牛排。
◆パンツ①〔名〕	短内裤。	◆ハム①〔名〕	火腿。
◆サンダル⓪①〔名〕	凉鞋。	◆ソーセージ①③〔名〕	火腿肠。
◆スリッパ①②〔名〕	拖鞋。	◆フライドチキン⑤〔名〕	炸鸡（肉）。
◆スニーカー②〔名〕	浅口轻便运动鞋。	◆エビフライ③〔名〕	油炸虾，炸虾。
◆ハイヒール③〔名〕	高跟鞋。	◆ガム①〔名〕	口香糖。
◆ソックス①〔名〕	短袜。	◆クッキー①〔名〕	曲奇饼干。
◆ストッキング②〔名〕	长筒丝袜。	◆コロッケ①〔名〕	炸肉饼。
◆シルク①〔名〕	丝绸。	◆ドーナツ①〔名〕	甜甜圈。
◆コットン①〔名〕	棉纱。	◆フルーツ②〔名〕	水果。
◆リネン①〔名〕	麻。	◆オレンジ②〔名〕	柑橘，橙子。
◆ウール①〔名〕	羊毛。	◆レモン①〔名〕	柠檬。
◆レザー①〔名〕	皮革。	◆メロン①〔名〕	甜瓜，香瓜。
◆スカーフ②〔名〕	方巾。	◆トマト①〔名〕	番茄。
◆ブローチ②〔名〕	胸针。	◆レタス①〔名〕	生菜。
◆イヤリング①〔名〕	耳环，耳坠。	◆キャベツ①〔名〕	卷心菜。
◆サングラス③〔名〕	太阳眼镜。	◆ガスレンジ③〔名〕	煤气灶。
◆コンタクト③〔名〕	隐形眼镜。	◆電子(でんし)レンジ③〔名〕	微波炉。
◆ベルト⓪〔名〕	腰带；表带。	◆オーブン①〔名〕	食品烤箱。
◆シートベルト④〔名〕	座位安全带。	◆フライパン⓪〔名〕	（炒菜用）平底锅。

◆スパイス⓪〔名〕 香辣调味料。
◆クリーム②〔名〕 奶油。
◆マヨネーズ③〔名〕 蛋黄酱。
◆ケチャップ②〔名〕 番茄酱。

●建筑・居住

◆スポーツセンター⑤〔名〕 体育活动中心。
◆ゲームセンター④〔名〕 游戏房。
◆ビニールハウス⑤〔名〕 塑料大棚。
◆テント①〔名〕 帐篷。
◆スタジオ⓪〔名〕 演播室（厅）。
◆音楽(おんがく)ホール⑤〔名〕 音乐厅。
◆老人(ろうじん)ホーム⑤〔名〕 养老院。
◆テレビ局(きょく)③〔名〕 电视台。
◆リビング①〔名〕 起居室。
◆ダイニング①〔名〕 家里的餐厅。
◆キッチン①〔名〕 家里的厨房。
◆シングル①〔名〕 单人间。
◆ツイン②〔名〕 双人间，套间。
◆ダブルベッド④〔名〕 （客房）双人床。
◆シングルベッド⑤〔名〕 （客房）单人床。
◆ツインベッド④〔名〕 （客房）两架单人床。
◆ブラシ①〔名〕 毛刷，刷子。
◆歯(は)ブラシ②〔名〕 牙刷。
◆シャンプー①〔名〕 洗发液。
◆ボディーソープ④〔名〕 沐浴露。
◆ハンドソープ④〔名〕 洗手液。

●交通・出行

◆ロケット②〔名〕 火箭。
◆ヘリコプター③〔名〕 直升机。
◆マイカー③〔名〕 私家车。
◆ワゴン車(しゃ)②〔名〕 箱型货车，皮卡车。
◆スポーツカー④〔名〕 跑车。
◆コンテナ車(しゃ)④〔名〕 集卡车。
◆バイク①〔名〕 轻型摩托车。
◆スクーター②〔名〕 小型摩托车；滑板车。
◆ヨット①〔名〕 帆船。
◆ボート①〔名〕 船。
◆パックツアー④〔名〕 团体旅行。
◆パッケージツアー⑥〔名〕 团体旅行。
◆フリーツアー④〔名〕 自由行。

练 习

一、请从 ☐ 中选择一个最合适的词，并把对应的字母写在（　　）中。

A. レジャー　B. キャンセル　C. リサイクル　D. センス　E. フェリー

1. 予約を取り消してもいいですが、（　　　　）料を払うことになっています。
2. 飛行機がなかったときは、よく（　　　　）でアメリカへ行ったものです。
3. この冷蔵庫は（　　　　）ショップで買ったのです。
4. 長い連休を利用して、家族といっしょに（　　　　）を楽しみたいです。
5. （　　　　）のいい彼女はデザインの仕事をしています。

二、请选择合适的搭配，把对应的字母写在（　　）中。

1. スケジュールを（　　）	A. 思いつく	5. マフラーを首に（　　）	E. 予約する
2. アイディアを（　　）	B. 立てる	6. マスクを耳に（　　）	F. 巻く
3. ショックを（　　）	C. 解消する	7. 飛行機のチケットを（　　）	G. つける
4. ストレスを（　　）	D. 与える	8. 列車のダイヤが（　　）	H. 乱（みだ）れる

三、请从 A、B、C、D 四个选项中选择最合适的一个填入（　　）中。

1. 太陽（　　）を利用して発電（はつでん）します。

   A. カロリー　　B. エネルギー　　C. ビタミン　　D. リサイクル

2. 商品の（　　）を向上（こうじょう）させるために、新しくデザインしました。

   A. プロジェクト　　B. プラン　　C. チャレンジ　　D. イメージ

3. （　　）するために、温泉に入る利用者が多いです。

   A. センス　　B. ユーモア　　C. リラックス　　D. キャンセル

4. （　　）中の彼女は一日に一食しか食べていないそうです。

   A. アルコール　　B. メニュー　　C. バイキング　　D. ダイエット

5. たくさんの乗客は（　　）で電車の来るのを待っています。

   A. ホーム　　B. ルート　　C. ベンチ　　D. ベランダ

6. フロントでチェック（　　）してから、客室（きゃくしつ）へ行きます。

   A. オン　　B. オフ　　C. イン　　D. アウト

第2课 外来语（2）

✲文体・娱乐

☆ファッション①〔名〕

（服饰、发型、化妆等）流行，时尚。✲古典の～がはやる。/ 怀旧时尚流行。

☆ブーム①〔名〕

热，热潮，流行。✲健康～が巻き起こる。/ 健康潮兴起。

★デザイン②〔名・Ⅲ他〕

（美术、建筑等造型工艺）设计（图）。✲自分で靴を～する。/ 亲自设计鞋子。

☆ベストセラー④〔名〕

畅销书。✲～となった本。/ 成为畅销书。

★カタログ⓪〔名〕

商品目录。✲商品の～を見る。/ 浏览商品目录。

★パンフレット①〔名〕

小册子，宣传册。✲～をもらう。/ 索取小册子。

★ガイドブック④〔名〕

（旅行等）指南，便览。✲～を用意する。/ 准备好旅行手册。

☆マニュアル①⓪〔名〕

（操作、工序等用）手册，便览。✲～を読む。/ 阅读手册。

★アルバム⓪〔名〕

影集；集邮册；纪念册；唱片专辑。✲卒業～を作る。/ 制作毕业相册。

★カレンダー②〔名〕

日历，历书。✲～を見る。/ 看日历。

★サンプル①〔名〕

样品，样本。✲商品の～を送る。/ 寄送商品的样品。

☆コラム①〔名〕

（报刊等的）专栏。✲～に投書する。/ 向专栏投稿。

★グラフ①〔名〕

图表；坐标图。✲～を描く。/ 绘制图表。

☆イラスト⓪〔名〕

插画。✲～がある教科書。/ 配有插画的教科书。

☆リスト①〔名〕

（列表式）名单；货单；目录。✲買い物～を作る。/ 列出购物清单。

☆プログラム③〔名〕

①（影视、戏剧等）演出节目单。✲コンサートの～。/ 音乐会节目单。
②项目（表），计划（表），进程（表）。✲ホームステイの～に参加する。/ 参加寄宿民家的项目。

□ファッション □ブーム □デザイン □ベストセラー □カタログ
□パンフレット □ガイドブック □マニュアル □アルバム □カレンダー
□サンプル □コラム □グラフ □イラスト □リスト □プログラム

☆ステージ②〔名〕

舞台。*～に立(た)つ。/ 站在舞台上。

☆コンテスト①〔名〕

（演讲、作品等）比赛，评比会。*スピーチ～を行(おこな)う。/ 举办演讲比赛。

☆コンクール③〔名〕

（艺术类）竞赛会，会演。*合唱(がっしょう)～に参加(さんか)する。/ 参加合唱大赛。

★コンサート①〔名〕

音乐会。*～に行(い)く。/ 去听音乐会。

☆デビュー①〔名·Ⅲ自〕

（艺人等）初出茅庐。*歌手(かしゅ)は芸能界(げいのうかい)に～した。/ 歌手在演艺圈出道。

☆ヒット①〔名·Ⅲ自〕

（歌曲、新商品等）大获成功。*新曲(しんきょく)が～した。/ 新曲火爆了。

☆メロディー①〔名〕

（高低起伏的）旋律。*～が美(うつく)しい曲(きょく)。/ 旋律美妙的曲子。

☆リズム①〔名〕

①（音乐速度的快慢）节奏。*～に乗(の)って踊(おど)る。/ 跟着节奏起舞。

②（生活等）节奏。*生活(せいかつ)の～が乱(みだ)れる。/ 生活节奏紊乱。

★ピアノ⓪〔名〕

钢琴。*～ができる。/ 会弹钢琴。

★バイオリン⓪〔名〕

小提琴。*～を習(なら)う。/ 学习小提琴。

★ギター①〔名〕

吉他。*～を弾(ひ)く。/ 弹吉他。

★ダンス①〔名〕

现代舞，交际舞。*～をする。/ 跳舞。

★スポーツ②〔名〕

体育运动。*外(そと)で～をする。/ 在户外运动。

★オリンピック④〔名〕

（=オリンピック大会(たいかい)）奥运会。*～に出(で)る。/ 参加奥运会。

☆プレー②〔名·Ⅲ自〕

体育比赛。*強(つよ)いチームと～する。/ 跟强队较量。

★コート①〔名〕

（网球、篮球、排球等）球场。*～を作(つく)る。/ 建球场。

★プール①〔名〕

泳池。*～で泳(およ)ぐ。/ 在游泳池里游泳。

☆シュート①〔名·Ⅲ他〕

（足球）进球；（篮球）投篮。*ボールを～する。/ 进球。

☆スタート②〔名·Ⅲ自〕 ⇔ゴール

①出发（点）。*～からゴールまでの距離(きょり)。/ 起点到终点之间的距离。

②开始（做某事）。*工事(こうじ)は来月(らいげつ)から～する。/ 工程从下月开始。

☆ゴール①〔名·Ⅲ自〕 ⇔スタート

①（球类比赛）进球（得分）。*～が決(き)まる〔を決(き)める〕。/ 进球得分。

□ステージ □コンテスト □コンクール □コンサート □デビュー □ヒット
□メロディー □リズム □ピアノ □バイオリン □ギター □ダンス □スポーツ
□オリンピック □プレー □コート □プール □シュート □スタート □ゴール

②（跑步等比赛）终点。*～に入(はい)る。/拼入终点。

③跑到终点。*一気(いっき)に～した。/一口气跑到终点。

☆ゴールイン③〔名·Ⅲ自〕

①跑到终点。*1位(い)で～した。/以第一名跑到终点。

②球踢进球门。*続(つづ)けて二(ふた)つ～した。/连进两球。

★ルール①〔名〕

（游戏、赛事等的）规则。*試合(しあい)の～を決(き)める。/决定比赛规则。

☆メダル⓪〔名〕

奖牌。*金(きん)～を獲得(かくとく)する。/获得金牌。

★サッカー①〔名〕

足球。*～をする。/踢足球。

★テニス①〔名〕

网球。*～をする。/打网球。

★バスケットボール⑥〔名〕

（=バスケット）篮球。*～をする。/打篮球。

★ゴルフ①〔名〕

高尔夫。*～場(じょう)で～をする。/在高尔夫球场打高尔夫。

★スキー②〔名〕

滑雪。*冬(ふゆ)に～に行(い)く。/冬天去滑雪。

★スケート②〔名〕

滑冰。*～に行(い)く。/去滑冰。

★マラソン⓪〔名〕

马拉松。*～大会(たいかい)。/马拉松比赛。

☆ランニング⓪〔名〕

（健身）跑步。*朝(あさ)の～。/晨跑。

☆ウォーキング①〔名〕

（健身）快走。*～は体(からだ)にいい。/健身快走有益健康。

★ジョギング⓪〔名·Ⅲ自〕

（健身）慢跑。*毎朝(まいあさ)～する。/每天早上慢跑锻炼。

★ゲーム①〔名〕

游戏。*～をする。/玩游戏。

★カラオケ⓪〔名〕

KTV，卡拉OK。*～に行(い)く。/去K歌。

★ペット①〔名〕

宠物。*～を飼(か)う。/饲养宠物。

★ドライブ②〔名·Ⅲ自〕

开车兜风。*彼女(かのじょ)と～する。/带着女友开车兜风。

☆クイズ①〔名〕

智力竞猜，脑筋急转弯。*～番組(ばんぐみ)を見(み)る。/收看智力竞猜节目。

✲传媒

☆マスコミ⓪〔名〕

（=マスコミュニケーション）大众传媒。*～を利用(りよう)する。/利用媒体。

☆メディア①〔名〕

（=マスメディア）媒体，传媒。*ニュー～を重視(じゅうし)する。/重视新媒体。

☆PR(ピーアール)③〔名·Ⅲ他〕

形象宣传，公关。*自己(じこ)～をする。/推销自己。

□ゴールイン □ルール □メダル □サッカー □テニス □バスケットボール □ゴルフ
□スキー □スケート □マラソン □ランニング □ウォーキング □ジョギング □ゲーム
□カラオケ □ペット □ドライブ □クイズ □マスコミ □メディア □PR

☆CM(シーエム)③〔名〕

（节目中插播的）商业广告。*番組(ばんぐみ)に～が割(わ)って入(はい)る。/ 节目中插播广告。

☆コマーシャル②〔名〕

（节目中插播的）商业广告。*テレビ～が流(なが)される。/ 播送电视广告。

★ポスター①〔名〕

海报，广告画。*映画(えいが)の～を貼(は)る。/ 张贴电影海报。

★アナウンス③〔名·Ⅲ他〕

（车站、学校、商店等的）广播，播报。*お知(し)らせを～する。/ 播报通知。

★ニュース①〔名〕

①新闻（节目）。*NHK の～を聞(き)く。/ 听 NHK 的新闻。

②（信息）消息，通知。*よい～がある。/ 有一个好消息。

★ドラマ①〔名〕

电视剧，广播剧。*～を書(か)く〔見(み)る〕。/ 写剧本〔看电视剧〕。

★アニメ①〔名〕

（＝アニメーション）动漫。*～を撮(と)る〔見(み)る〕。/ 拍摄〔观看〕动漫。

★インターネット⑤〔名〕

（＝ネット）互联网。*毎日(まいにち)～をする。/ 每天都上网。

★サイト①〔名〕

（＝「ウェブ」「ウェブサイト」）网站。*～に登録(とうろく)する。/ 登录网站。

★ホームページ④〔名〕

主页。*学校(がっこう)の～を見(み)る。/ 查看学校的主页。

★メッセージ①〔名〕

留言，短信，信息。*携帯(けいたい)に～を入(い)れる。/ 给手机发短信。

★メール①⓪〔名·Ⅲ自〕

①（＝イーメール）电子邮件。*～を送(おく)る〔出(だ)す〕。/ 发电子邮件。

②发邮件，发消息。*友(とも)だちに～する。/ 给朋友发邮件。

★アドレス①〔名〕

（电子邮件）地址。*メール～を入(い)れる。/ 输入邮箱地址。

★データ①〔名〕

数据。*～を入力(にゅうりょく)する。/ 输入数据。

☆アクセス①〔名·Ⅲ自〕

①（网络）访问。*ホームページに～する。/ 访问主页。

②（通往目的地的）交通线路。*町(まち)への～がよい。/ 到市区的交通便利。

★アップロード④〔名·Ⅲ他〕 ⇔ダウンロード

上传。*データを～する。/ 上传数据。

★ダウンロード④〔名·Ⅲ他〕 ⇔アップロード

下载。*資料(しりょう)を～する。/ 下载资料。

☆フリーズ②〔名·Ⅲ自〕

（电脑）死机。*パソコンが～する。/ 电脑死机。

□ CM　□ コマーシャル　□ ポスター　□ アナウンス　□ ニュース　□ ドラマ　□ アニメ
□ インターネット　□ サイト　□ ホームページ　□ メッセージ　□ メール　□ アドレス
□ データ　□ アクセス　□ アップロード　□ ダウンロード　□ フリーズ

✲教育

★スクール②〔名〕

（多为复合词）学校。＊ビジネス～を希望(きぼう)する。/ 报考商校。

☆キャンパス①〔名〕

校园。＊～を開放(かいほう)する。/ 开放校园。

★クラス①〔名〕

班级。＊英語(えいご)の～。/ 在英语班。

★コース①〔名〕

课程，学科。＊進学(しんがく)～を選(えら)ぶ。/ 选择升学课程。

☆カリキュラム③〔名〕

教学计划，课程计划。＊～を作成(さくせい)する。/ 编制教学计划。

★レッスン①〔名〕

（琴、棋、书、画等）专门课程；授课。＊ピアノの～を受(う)ける。/ 上钢琴课。

★トレーニング②〔名・Ⅲ自〕

（技艺、体育等）训练。＊語彙(ごい)〔球技(きゅうぎ)〕の～。/ 词汇〔球技〕训练。

☆ホームステイ⑤〔名〕

（学生的体验课）寄宿民居。＊～を体験(たいけん)する。/ 体验寄宿民居。

☆オリエンテーション⑤〔名〕

新员工或新生培训。＊～を行(おこな)う。/ 举办新人培训。

☆リハーサル②〔名〕

彩排。＊開会式(かいかいしき)の～をする。/ 彩排开幕式。

☆ゼミ①〔名〕

（＝ゼミナール）

①（大学的）研讨班，研讨会。＊～で発表(はっぴょう)する。/ 在讨论班上发表。

②（社会上的）讲习班，知识讲座。＊地域(ちいき)の～を行(おこな)う。/ 举办社区讲座。

💡「ゼミナール」源于德语。

☆セミナー①〔名〕

（＝ゼミナール）

①（大学的）研讨班，研讨会。＊～に参加(さんか)する。/ 参加研讨班。

②（社会上的）讲习班，知识讲座。＊市民(しみん)～を行(おこな)う。/ 举办市民知识讲座。

💡「セミナー」源于英语。

☆アンケート①③〔名・Ⅲ他〕

问卷调查，民意调查。＊～調査(ちょうさ)に答(こた)える。/ 回答问卷调查。

☆アドバイス③〔名・Ⅲ自〕

忠告，劝告。＊友人(ゆうじん)に～する。/ 给朋友建议。

☆ヒント①〔名〕

提示，暗示。＊～を与(あた)える〔得(え)る〕。/ 给予〔得到〕暗示。

★チェック①〔名・Ⅲ他〕

确认，查验。＊宿題(しゅくだい)を～する。/ 检查作业。

☆カンニング⓪〔名・Ⅲ自〕

考试作弊，偷看。＊～してはいけない。/ 考试时不可作弊。

★テスト①〔名・Ⅲ他〕

考试，测验。＊漢字(かんじ)を～する。/ 测试汉字（水平）。

□スクール □キャンパス □クラス □コース □カリキュラム □レッスン
□トレーニング □ホームステイ □オリエンテーション □リハーサル □ゼミ
□セミナー □アンケート □アドバイス □ヒント □チェック □カンニング □テスト

★マーク①〔名·Ⅲ他〕

（给答案等）涂黑，做记号。＊正答（せいとう）の番号（ばんごう）に～する。/ 给正确答案涂黑。

★テキスト①〔名〕

教科书。＊～を作（つく）る。/ 编写教科书。

★ペン①〔名〕

钢笔。＊～で書（か）く。/ 用钢笔写。

★ボールペン⓪〔名〕

圆珠笔。＊～で書（か）く。/ 用圆珠笔写。

★消（け）しゴム⓪〔名〕

橡皮。＊～で字（じ）を消（け）す。/ 用橡皮擦字。

★インク①〔名〕

（笔、打印机等）墨水。＊赤（あか）〔黒（くろ）〕の～。/ 红〔黑〕墨水。

★ノート①〔名〕

（学生用）笔记本。＊～に字（じ）を書（か）く。/ 在笔记本上写字。

★メモ①〔名·Ⅲ他〕

①小纸条，留言条。＊～を見（み）ながら話（はな）す。/ 边看笔记纸条边说。

②做笔记，记笔记。＊電話番号（でんわばんごう）を～する。/ 记下电话号码。

✲ 语言

★スピーチ②〔名〕

演讲，致辞。＊結婚式（けっこんしき）で～をする。/ 在婚礼上致辞。

★コミュニケーション④〔名〕

（语言、情感等）交流，沟通。＊親（おや）との～が少（すく）ない。/ 和父母的沟通很少。

☆タイトル①〔名〕

（文章）标题；（影视剧）片名。＊新作（しんさく）の～。/ 新作品的标题。

☆テーマ①〔名〕

（文章、发言等）主题。＊論文（ろんぶん）の～を決（き）める。/ 决定论文主题。

☆ストーリー②〔名〕

（影视作品等）故事。＊映画（えいが）の～。/ 电影中的故事。

★レポート②〔名〕

（公司的）报告书；（学生的）小论文。＊～を社長（しゃちょう）に出（だ）す。/ 把报告交给社长。

★コピー①〔名·Ⅲ他〕

①复印件。＊パスポートの～を見（み）せる。/ 出示护照复印件。

②复印，拷贝。＊写真（しゃしん）を～する。/ 复印照片。

★プリント⓪〔名·Ⅲ他〕

①（打印出来的资料）打印件。＊～を配（くば）る。/ 分发打印资料。

②打印，印刷。＊問題用紙（もんだいようし）を～する。/ 打印考卷。

★ミスプリント④〔名〕

（＝ミスプリ）（印刷品）印错，误印。＊～がある。/ 有误印的地方。

☆ラベル①〔名〕

（贴在瓶子等上面的纸片）招贴。＊商品（しょうひん）に～を貼（は）る。/ 给商品贴上招贴。

★カード①〔名〕

①（不可充值的）卡，卡片。＊単語（たんご）を～に書（か）く。/ 把单词写在卡片上。

□マーク　□テキスト　□ペン　□ボールペン　□消しゴム　□インク　□ノート
□メモ　□スピーチ　□コミュニケーション　□タイトル　□テーマ　□ストーリー
□レポート　□コピー　□プリント　□ミスプリント　□ラベル　□カード

②（可充值的各类）卡。*～で買い物をする。/ 刷卡购物。

★レシート②〔名〕

（收银机打出的）购物小票。*～をもらう。/ 索取收银小票。

★パスポート③〔名〕

护照。*～を申し込む。/ 申领护照。

★サイン①〔名·Ⅲ自〕

①（合同等）签字。*契約書に～する。/ 在合同上签字。
②（明星）签名。*歌手に～してもらう。/ 请歌手签名。

☆スキャン②〔名·Ⅲ他〕

扫描。*QR コードを～する。/ 扫描二维码。

☆タッチ①〔名·Ⅲ自〕

（磁卡、指纹接触等传感器）触碰。*センサーに～する。/ 触碰传感器。

✲ 社会活动

☆ミーティング⓪〔名〕

会议。*～を開く。/ 召开会议。

★パーティー①〔名〕

聚会，派对。*誕生日～をやる。/ 举办生日派对。

☆キャンペーン③〔名〕

（商业或公益等）宣传活动。*選挙～を行う。/ 进行竞选活动。

☆イベント⓪〔名〕

（促销、文化等）活动。*試食の～を行う。/ 举办试吃活动。

★グループ②〔名〕

小组，团队。*～に入る〔を作る / 組む〕。/ 加入团队〔组队〕。

★サークル①〔名〕

兴趣小组。*～活動に入る。/ 参加兴趣小组活动。

★クラブ①〔名〕

（体育等）俱乐部。*野球～に入る。/ 加入棒球俱乐部。

★チーム①〔名〕

（活动、竞技等）队，团队。*野球～を作る。/ 组建棒球队。

☆スタッフ②〔名〕

职员，员工，工作人员。*～がそろっている。/ 成员到齐。

★メンバー①〔名〕

（团体中的）成员。*チームの～。/ 团队成员。

★ファン①〔名〕

（文体等）粉丝。*野球～。/ 棒球迷。

★ボランティア②〔名〕

志愿者。*～活動。/ 志愿者活动。

★プレゼント②〔名·Ⅲ他〕

①礼物。*誕生日の～。/ 生日礼物。

□ レシート □ パスポート □ サイン □ スキャン □ タッチ □ ミーティング
□ パーティー □ キャンペーン □ イベント □ グループ □ サークル □ クラブ
□ チーム □ スタッフ □ メンバー □ ファン □ ボランティア □ プレゼント

②赠送礼物。*友達(ともだち)に絵(え)を～する。/ 送给朋友一幅画。

☆マナー① 〔名〕

（细节上的）礼节，规矩。*テーブル～を習(なら)う。/ 学习餐桌礼仪。

☆インタビュー① 〔名·Ⅲ自〕

采访。*首相(しゅしょう)に～する。/ 采访首相。

☆トラブル② 〔名〕

①（人际）纠纷。*家庭(かてい)で～を起(お)こす。/ 跟家人吵架了。

②（机械等设备）故障。*エンジン～。/ 发动机故障。

关联词 >>>

●文体・娱乐		◆ゴルフ場(じょう)⓪〔名〕	高尔夫球场。
◆シート①〔名〕	（表格）……卡。	◆スキー場(じょう)⓪〔名〕	滑雪场。
◆ハンドブック④〔名〕	入门手册。	◆テニスコート④〔名〕	网球场。
◆コミック①〔名〕	漫画，连环画。	◆スタジアム②〔名〕	露天体育场。
◆スケッチ②〔名〕	写生，素描。	◆スタンド⓪〔名〕	（赛场）看台。
◆デッサン①〔名〕	素描。	◆グラウンド⓪〔名〕	运动场，赛场。
◆ショー①〔名〕	展示，表演。	◆スポーツジム⑤〔名〕	健身房。
◆コスプレ⓪〔名〕	动漫真人模仿秀。	◆トラック②〔名〕	跑道。
◆ライブ①〔名〕	演唱会。	◆ボール⓪〔名〕	球，皮球。
◆バンド⓪〔名〕	乐队。	◆ラケット②〔名〕	球拍。
◆コーラス①〔名〕	合唱（团）。	◆ネット①〔名〕	球网。
◆クラシック③〔名〕	古典音乐。	◆スポーツマン④〔名〕	运动员，选手。
◆ジャズ①〔名〕	爵士音乐。	◆プレーヤー②〔名〕	运动员。
◆ポップス①〔名〕	通俗音乐。	◆ランナー①〔名〕	赛跑运动员。
◆ロック①〔名〕	摇滚音乐。	◆バレーボール④〔名〕	排球。
◆スポーツ大会(たいかい)⑤〔名〕	（大型）运动会。	◆バドミントン③〔名〕	羽毛球。
◆ワールドカップ⑤〔名〕	世界杯。	◆ラグビー①〔名〕	橄榄球。

□ マナー □ インタビュー □ トラブル

◆ボウリング①〔名〕 保龄球。

◆ボクシング①〔名〕 拳击。

◆レスリング①〔名〕 摔跤。

◆リレー⓪〔名・Ⅲ他〕 接力（赛）。

◆レース①〔名〕 速度赛。

◆スイミング②〔名〕 游泳。

◆テレビゲーム④〔名〕 电子游戏。

◆ネットゲーム③〔名〕 网络游戏。

◆パズル①〔名〕 智力游戏。

◆トランプ②〔名〕 扑克牌。

●传媒

◆ネットワーク④〔名〕 网络。

◆ハードウエア④〔名〕 （计算机）硬件。

◆ソフトウエア④〔名〕 （计算机）软件。

◆アプリ①〔名〕 （应用软件）APP。

◆チャット①〔名〕 聊天平台。

◆ブログ⓪〔名〕 博客。

●教育

◆中間（ちゅうかん）テスト⑤〔名〕 期中考试。

◆期末（きまつ）テスト④〔名〕 期末考试。

◆マークシート④〔名〕 答题卡。

◆チョーク①〔名〕 粉笔。

◆シャープペンシル④〔名〕 自动铅笔。

◆クレヨン②〔名〕 蜡笔。

◆ペンケース③〔名〕 文具盒，铅笔盒。

◆ホチキス①〔名〕 订书机。

●语言

◆QR（キューアール）コード③〔名〕 二维码。

◆バーコード③〔名〕 条形码。

◆レッテル⓪〔名〕 标签，商标。

◆プレート②〔名〕 标语牌、车牌等。

◆ID カード⑤〔名〕 身份证。

◆バッジ①〔名〕 徽章。

◆スタンプ②〔名〕 印章，邮戳。

练 习

一、请从 [ ] 中选择一个最合适的词，并把对应的字母写在（ ）中。

A. デザイン B. スピーチ C. ヒント D. アンケート E. コミュニケーション

1. 広告はやっぱりシンプルな（ ）のほうがいいと思います。
2. 市民を対象(たいしょう)にして、（ ）調査(ちょうさ)を行いました。
3. 外国語の上達(じょうたつ)の道は、よく人と（ ）を取ることです。
4. 友達の結婚式でぼくが（ ）することになりました。
5. この謎(なぞ)の解(と)き方(かた)の（ ）を与(あた)えてくれませんか。

二、请选择合适的搭配，把对应的字母写在（ ）中。

1. ファッションが	（ ）	A. 見せる	5. 新人が	（ ）	E. ヒットする
2. ブームを	（ ）	B. 上がる	6. 新曲が	（ ）	F. デビューする
3. サンプルを	（ ）	C. はやる	7. 部下に	（ ）	G. インタビューする
4. ステージに	（ ）	D. 起こす	8. 選手に	（ ）	H. アドバイスする

三、请从 A、B、C、D 四个选项中选择最合适的一个填入（ ）中。

1. 決められた（ ）を守(まも)らなければなりません。
   A. ルール　B. プレー　C. メダル　D. ゴール
2. ミスがあるかどか、しっかり（ ）してください。
   A. メッセージ　B. ピーアール　C. カンニング　D. チェック
3. すみません、取引先(とりひきさき)と（ ）を起こしました。
   A. セミナー　B. トラブル　C. ミーティング　D. キャンペーン
4. これでよろしければ、この契約書(けいやくしょ)に（ ）していただけませんか。
   A. テスト　B. アンケート　C. マーク　D. サイン
5. 調査団(ちょうさだん)の（ ）が足りないので、5 人募集(ぼしゅう)しました。
   A. グループ　B. チーム　C. メンバー　D. ファン
6. 新商品の発表会で試飲(しいん)の（ ）を行うことになっています。
   A. イベント　B. プレゼント　C. ボランティア　D. マナー

第3课 外来语（3）

✻工作・职场

★ビジネス①〔名〕

商务，生意。*～を行(おこな)う人(ひと)。/ 生意人。

★アルバイト③〔名・Ⅲ自〕

（＝バイト）

①（学生）打工者。*～を使(つか)う。/ 雇用打工者。

②（学生）打工。*スーパーで～する。/ 在超市打工。

★パート①〔名〕

（＝パートタイマー）钟点工，临时工。*スーパーの～。/ 超市的钟点工。

★ラッシュ①〔名〕

（交通等）高峰。*朝夕(あさゆう)の～。/ 早晚的高峰。

★ラッシュアワー④〔名〕

（交通等）高峰时间。*～を避(さ)ける。/ 避开高峰时间。

☆メーカー①〔名〕

厂家，厂商。*～に製品(せいひん)を注文(ちゅうもん)する。/ 向厂家订货。

☆フロント⓪〔名〕

（宾馆等）前台，服务台。*～でチェックインする。/ 在前台登记入住。

☆カウンター⓪〔名〕

①（酒吧、寿司店等）长形餐台。*～で食事(しょくじ)をする。/ 在餐台就餐。

②（咨询处等的）服务台。*相談(そうだん)〔サービス〕～。/ 咨询处〔服务台〕。

★デパート②〔名〕

百货商场。*～の店員(てんいん)。/ 百货店的店员。

★スーパー①〔名〕

超市。*大型(おおがた)～。/ 大型超市。

★コンビニ⓪〔名〕

便利店。*～の弁当(べんとう)。/ 便利店的盒饭。

★ネットショップ④〔名〕

网店。*～で買(か)う。/ 在网店购物。

★ホテル①〔名〕

宾馆。*～に泊(と)まる。/ 投宿宾馆。

★レストラン①〔名〕

西餐厅。*～で食事(しょくじ)をする。/ 在餐厅就餐。

★コーナー①〔名〕

（多为复合词）……专柜；……服务处。*スパイス～を作(つく)る。/ 开设调味料专柜。

★サービス①〔名・Ⅲ自〕

①服务，待客。*あの店(みせ)は～がいい。/ 那家店服务到位。

②廉价销售。*知(し)り合(あ)いに～した。/ 给熟人优惠价。

□ビジネス □アルバイト □パート □ラッシュ □ラッシュアワー □メーカー
□フロント □カウンター □デパート □スーパー □コンビニ □ネットショップ
□ホテル □レストラン □コーナー □サービス

★ショッピング①〔名·Ⅲ自〕

购物。*ネットショップで～する。/ 在网店购物。

☆コスト①〔名〕

成本。*～を引き下げる。/ 降低成本。

★バーゲンセール⑤〔名〕

（=「バーゲン」「セール」）大减价。*着物の～をやる。/ 服装大减价甩卖。

★ボーナス①〔名〕

奖金。*～が出る〔をもらう〕。/ 发〔领〕奖金。

★コイン①〔名〕

硬币。*～を札に換える。/ 把硬币换成纸币。

✻ 人员

☆エンジニア③〔名〕

技师，工程师。*システム～。/ 系统工程师。

★デザイナー②〔名〕

（图案等）设计师。*服装の～。/ 服装设计师。

★アナウンサー③〔名〕

播音员。*テレビの～。/ 电视播音员。

★カメラマン③〔名〕

专业摄影师。*テレビ局の～。/ 电视台的摄影师。

☆レポーター②〔名〕

采访记者。*～が取材する。/ 记者采访。

★ピアニスト③〔名〕

钢琴家。*～になる。/ 当钢琴家。

★コーチ①〔名〕

教练员。*サッカーの～。/ 足球教练。

☆モデル①〔名〕

（时装、车展、绘画等）模特儿。*～を起用する。/ 起用模特儿。

★ガイド①〔名·Ⅲ他〕

①（职业）导游。*旅行会社の～。/ 旅游公司的导游。

②导游。*町を～する。/ 带人观光城市。

★ビジネスマン④〔名〕

商务人员。*商社の～。/ 商社的生意人。

★サラリーマン③〔名〕

工薪族。*会社の～。/ 公司的工薪族。

☆アマチュア⓪〔名〕

（=アマ）业余的。*～スポーツ。/ 业余体育。

☆プロ①〔名〕

专业的，职业的。*～選手になる。/ 成为职业选手。

☆タレント⓪〔名〕

媒体名人，著名公众人物。*～教授になった。/ 成了明星教授。

☆アイドル①〔名〕

偶像。*～歌手。/ 偶像歌手。

★スター②〔名〕

（演员、歌手、选手）明星。*～になる夢を見る。/ 做明星梦。

□ショッピング　□コスト　□バーゲンセール　□ボーナス　□コイン
□エンジニア　□デザイナー　□アナウンサー　□カメラマン　□レポーター
□ピアニスト　□コーチ　□モデル　□ガイド　□ビジネスマン　□サラリーマン
□アマチュア　□プロ　□タレント　□アイドル　□スター

✲物品

☆エンジン①〔名〕

汽车引擎。*～をかける〔切る〕。/ 发动〔关掉〕引擎。

☆タイヤ⓪〔名〕

轮胎。*～がパンクした。/ 爆胎了。

☆ハンドル⓪〔名〕

汽车方向盘；自行车车把。*～を切る。/ 打方向盘。

☆ブレーキ②〔名〕

刹车（装置）。*～をかける。/ 踩刹车。

☆アクセル①〔名〕

（汽车）油门。*～を踏む。/ 踩油门。

★ストーブ②〔名〕

（用电或煤油的）取暖器。*～を付ける〔消す〕。/ 打开〔关掉〕暖炉。

★エアコン⓪〔名〕

冷暖空调。*～を付ける〔消す〕。/ 开〔关〕空调。

★カメラ①〔名〕

相机。*～で写真を撮る。/ 用相机拍照。

★デジカメ⓪〔名〕

（＝デジタルカメラ）数码相机。*新型の～。/ 最新款数码相机。

★ビデオカメラ④〔名〕

摄像机。*～で撮る。/ 用摄像机拍摄。

★ゲーム機③〔名〕

游戏机。*～でゲームをする。/ 用游戏机玩游戏。

★スイッチ②〔名〕

（电源）开关。*～を入れる〔切る〕/ 接通〔关掉〕电源。

★ボタン⓪〔名〕

（电器、机械等）按钮，电钮。*～を押す。/ 按按钮。

★ロボット②〔名〕

机器人。*～を作る。/ 生产机器人。

★レジ①〔名〕

（＝レジスター）

①收银机，收银处。*～を打つ。/ 操作收银机。

②收银员。*スーパーで～をしている。/ 在超市做收银员。

☆ダイヤル⓪〔名〕

（有刻度盘的）旋钮。*ラジオの～を回す。/ 旋转收音机旋钮。

★コンピュータ③〔名〕

（＝コンピューター）计算机。*～技術を習う。/ 学习计算机技术。

★パソコン⓪〔名〕

个人电脑。*～を使って本を書く。/ 利用电脑编书。

★プリンター⓪〔名〕

打印机，印刷机。*～でプリントする。/ 用打印机打印。

★コピー機②〔名〕

复印机。*～でコピーする。/ 用复印机复印。

□エンジン □タイヤ □ハンドル □ブレーキ □アクセル □ストーブ □エアコン
□カメラ □デジカメ □ビデオカメラ □ゲーム機 □スイッチ □ボタン □ロボット
□レジ □ダイヤル □コンピュータ □パソコン □プリンター □コピー機

★テレビ①〔名〕

①电视节目。＊～を見(み)る。/ 看电视。
②（机体）电视机。＊～を修理(しゅうり)する。/ 修理电视机。

★ラジオ①〔名〕

①广播。＊～を聞(き)く。/ 听广播。
②（机体）收音机。＊～が故障(こしょう)した。/ 收音机坏了。

★ビデオ①〔名〕

①影像，视频。＊～を撮(と)る。/ 拍视频。
②录像机。＊番組(ばんぐみ)を～に入(い)れる。/ 录节目。

☆パワーポイント④〔名〕

（制作软件）PPT。＊～を写(うつ)す。/ 播放PPT。

☆スクリーン③〔名〕

（电影、投影仪等的）银幕，屏幕。＊～に映(うつ)る。/放映到屏幕上。

★スマホ⓪〔名〕

（＝スマートホン）智能手机。＊便利(べんり)な～。/ 便利的智能手机。

★ベル①〔名〕

电铃、车铃、门铃、闹钟铃等。＊～を鳴(な)らす。/ 打铃。

★スーツケース④〔名〕

（大型）旅行箱。＊～を引(ひ)く。/ 拉着旅行箱。

☆トランク②〔名〕

①（大型）旅行箱，行李箱。＊衣類(いるい)などを～に入(い)れる。/ 把衣服放进手提箱。
②（汽车）后备厢。＊車(くるま)の～を開(あ)ける。/ 打开车子后备厢。

☆ランドセル④〔名〕

（学生用）双肩书包。＊小学生(しょうがくせい)の～。/ 小学生的书包。

☆リュック①〔名〕

（＝リュックサック）双肩包。＊～を背負(せお)う。/ 背上双肩包。

★ハンドバッグ④〔名〕

（女式）手提包。＊手(て)に～を提(さ)げる。/ 手里提着手提包。

★ポスト①〔名〕

邮箱，邮筒。＊手紙(てがみ)を～に入(い)れる。/ 把信投入邮筒。

★ペットボトル④〔名〕

塑料瓶。＊～をデザインする。/ 设计塑料瓶。

★オイル①〔名〕

（西餐食用油、机油等）油类。＊サラダ～。/ 色拉油。

★ガソリン⓪〔名〕

汽油。＊車(くるま)に～を入(い)れる。/ 给车加油。

★ガス①〔名〕

（煤气、天然气等）燃气。＊～を付(つ)ける〔消(け)す〕。/ 打开〔关闭〕煤气。

★プラスチック④〔名〕

合成树脂，硬质塑料。＊～の食器(しょっき)。/ 塑料餐具。

★ビニール②〔名〕

塑料薄膜。＊～袋(ぶくろ)。/ 塑料袋。

□テレビ　□ラジオ　□ビデオ　□パワーポイント　□スクリーン　□スマホ　□ベル
□スーツケース　□トランク　□ランドセル　□リュック　□ハンドバッグ　□ポスト
□ペットボトル　□オイル　□ガソリン　□ガス　□プラスチック　□ビニール

★ゴム①〔名〕

橡胶。＊～製品。/ 橡胶产品。

★タオル①〔名〕

毛巾。＊～で顔を洗う。/ 用毛巾洗脸。

★ハンカチ⓪〔名〕

手帕。＊～で手を拭く。/ 用手帕擦手。

★ティッシュ①〔名〕

(＝ティッシュペーパー）餐巾纸。＊～で鏡を拭く。/ 用餐巾纸擦拭镜子。

★トイレットペーパー⑥〔名〕

（卷筒状）卫生纸。＊～が切れている。/ 卫生纸用完了。

★シーツ①〔名〕

床单。＊～を敷く。/ 铺床单。

★テープ①〔名〕

（胶带、封箱带等）带子。＊～で箱を閉じる。/ 用胶带封箱。

✻ 自然

☆スモッグ②〔名〕

（雾、烟、废气的混合物）烟尘。＊～公害。/ 烟尘公害。

★トンネル⓪〔名〕

隧道。＊～を通る。/ 穿过隧道。

★コース①〔名〕

（交通、登山、旅行等的）路线。＊登山～を決める。/ 决定登山路线。

★カーブ①〔名·Ⅲ自〕

①转弯处，弯道。＊～が多い道。/ 弯道多的道路。

②车辆转弯。＊自動車が右へ～する。/ 汽车向右拐。

✻ 数量

☆ナンバー①〔名〕

号码。＊部屋に～を付ける。/ 给房间编上号码。

★ゼロ①〔名〕

①（数字）零。＊～も偶数だ。/ 0也是偶数。

②（事情）全无，零基础。＊英語は～から始める。/ 从零开始学英语。

★シリーズ①〔名〕

（广电节目、丛书、联赛等）系列。＊～番組。/ 系列节目。

★セット①〔名〕

（物品）成套，套装。家具を～で買う。/ 买套装家具。

☆チャンネル①⓪〔名〕

电视频道。＊テレビの～を変える。/ 换电视频道。

★サイズ①〔名〕

尺寸。＊～が大きい。/ 尺寸大。

★スピード⓪〔名〕

速度。＊～が速い。/ 速度快。

☆プラス①〔名·Ⅲ他〕 ⇔マイナス

①（加号）加。＊2～8は10になる。/ 2加8等于10。

②加上（数量）。＊Aクラスに五人～する。/ A班加进去五个人。

□ゴム □タオル □ハンカチ □ティッシュ □トイレットペーパー □シーツ
□テープ □スモッグ □トンネル □コース □カーブ □ナンバー □ゼロ
□シリーズ □セット □チャンネル □サイズ □スピード □プラス

☆マイナス⓪〔名·Ⅲ他〕 ⇔プラス

①（减号）减。*8 ～ 7 は 1 になる。/8 减 7 等于 1。
②减去（数量）。*A クラスから五人～する。/ 把 A 班减少五人。

☆イコール②〔名〕

（等号）等于。*a は b と～だ。/ab 相等。

✻时间・空间

★クリスマス③〔名〕

圣诞节。*～、おめでとうございます。/ 圣诞节快乐！

☆ウイークデー④〔名〕

工作日。*～は忙しい。/ 工作日很忙。

★ゴールデンウィーク⑥〔名〕

（休假制度）黄金周。*～に海外へ旅行する。/ 黄金周去海外旅行。

☆タイム①〔名〕

（用于计时的）时间。*ランチ～。/ 午饭时间。

☆タイミング⓪〔名〕

时机。*～がいい。/ 时机正好。

★チャンス①〔名〕

机会，良机。*～を待つ。/ 等待机会。

★シーズン①〔名〕

（活动的）季节。*秋はスポーツの～だ。/ 秋天是运动的季节。

☆スペース②〔名〕

①（纸面）字间距，行间距。*行と行の～を広げる。/ 扩大行间距。
②空间。*宇宙〔部屋〕の～。/ 宇宙〔屋子〕空间。

★シート①〔名〕

（飞机、列车、公交车等的）座位。*～を倒して寝る。/ 把座位放下来睡觉。

✻人或事物性质

☆ニーズ①〔名〕

（客户的）需求，要求。*利用者の～に応える。/ 满足客户需求。

★タイプ①〔名〕

①（产品）类型，型号。*新しい～のスマホ。/ 新型号的智能手机。
②（人物）类型。*優しい～の男が増える。/ 暖男在增多。

☆スタイル②〔名〕

①身段。*～のいい人。/ 身段好看的人。
②（个人等固有的）形式，风格。*若者のライフ～。/ 年轻人的生活方式。
③（美术、文学、建筑等）形式，式样。*ニュー～の建築。/ 现代建筑。

☆シンボル①〔名〕

象征。*愛の～だ。/ 爱情的象征。

☆システム①〔名〕

①（机器等的）系统。*ネットワーク～。/ 网络系统。
②（社会、团体等的）结构，体系。*管理～。/ 管理体系。

□ マイナス　□ イコール　□ クリスマス　□ ウイークデー　□ ゴールデンウィーク
□ タイム　□ タイミング　□チャンス　□ シーズン　□ スペース　□ シート　□ ニーズ
□ タイプ　□ スタイル　□ シンボル　□ システム

★レベル①〔名〕

水平，水准。*テニスの～が高(たか)い。/网球水平高。

☆ポイント⓪〔名〕

①（问题、事情等的）要点，关键点。*問題(もんだい)の～を見付(みつ)ける。/寻找问题的关键点。

②（购物时的）计分；（比赛时的）得分。*～を稼(かせ)ぐ。/攒积分。

☆カット①〔名·Ⅲ他〕

①删除，去除，削减。*運賃(うんちん)を～する。/削减运费。

②剪发，剪辑，剪彩等。*髪(かみ)を～する。/剪发。

☆オーバー①〔名·Ⅲ他〕

超过（限度或范围）。*出費(しゅっぴ)は予算額(よさんがく)を～した。/费用超出预算额。

☆バランス⓪〔名〕

平衡，均衡。*～を取(と)る。/取得平衡。

★セット①〔名·Ⅲ他〕

①设定，设置（定时装置、程序等）。*目覚(めざ)ましを6時(じ)に～する。/闹钟设定在6点。

②组装，组合。*本棚(ほんだな)を～する。/组装书架。

☆エコロジー②〔名〕

生态，环保。*～運動(うんどう)を行(おこな)う。/实施环保运动。

关联词 >>>

●工作・职场		●人员	
◆オフィス①〔名〕	事务所。	◆クラスメート④〔名〕	（同班）学友。
◆インフォメーション④〔名〕	咨询处。	◆ルームメート④〔名〕	（同住）室友。
◆プレーガイド④〔名〕	门票预售处。	◆チームメート④〔名〕	（体育等）队友。
◆リサイクルショップ⑥〔名〕	旧货店，二手店。	◆コック①〔名〕	（西餐）厨师。
◆ペットショップ④〔名〕	宠物店。	◆シェフ①〔名〕	（西餐）厨师长。
◆100円(えん)ショップ⑤〔名〕	百元店。	◆パイロット③〔名〕	飞行员。
◆ケーキ屋(や)⓪〔名〕	蛋糕店。	◆CA(シーエー)③〔名〕	空乘人员。
◆パン屋(や)①〔名〕	面包房。	◆ドライバー②〔名〕	司机，驾驶员。
◆オンラインショップ⑥〔名〕	网店。	◆ジャーナリスト④〔名〕	新闻记者。
◆ファミレス⓪〔名〕	大众餐馆。	◆キャスター①〔名〕	现场报道记者。
◆バー①〔名〕	酒吧。	◆ミュージシャン③〔名〕	音乐人。
◆カフェ①〔名〕	咖啡屋。	◆ウェーター①〔名〕	男服务生。

□レベル □ポイント □カット □オーバー □バランス □セット □エコロジー

◆ウェートレス①〔名〕	女服务生。
◆リーダー①〔名〕	领导人。
◆ＯＬ（オーエル）⓪〔名〕	白领女性。
◆フリーター②〔名〕	自由职业者。
◆ホスト①〔名〕	主人，东道主。
◆ホストファミリー④〔名〕	（寄宿的）主人家。

●物品

◆クリーナー②〔名〕	吸尘器。
◆電気（でんき）ポット④〔名〕	电热水瓶（壶）。
◆ヒーター①〔名〕	室内取暖器。
◆スチーム②〔名〕	暖气（设备）。
◆クーラー①〔名〕	冷气（设备）。
◆ドライヤー②〔名〕	电吹风。
◆アイロン⓪〔名〕	熨斗。
◆リモコン⓪〔名〕	遥控器。
◆ディスプレー①〔名〕	显示屏。
◆モニター①〔名〕	监视设备。
◆防犯（ぼうはん）カメラ⑤〔名〕	监控摄像头。
◆カーナビ⓪〔名〕	导航仪。
◆スキャナー②〔名〕	扫描仪。
◆メーター①〔名〕	仪表，计量仪器。
◆レバー①〔名〕	操纵杆，拉杆。
◆ノートパソコン④〔名〕	笔记本电脑。
◆キーボード③〔名〕	键盘。
◆マウス①〔名〕	鼠标。
◆シュレッダー②〔名〕	碎纸机。
◆プロジェクター③〔名〕	投影仪。
◆スライド⓪〔名〕	幻灯机；幻灯片。
◆ステレオ⓪〔名〕	立体声（音响）。
◆プレーヤー②〔名〕	音乐播放器。
◆レコード②〔名〕	唱片。
◆イヤホン③〔名〕	耳塞式耳机。
◆ヘッドホン③〔名〕	头戴式耳机。
◆マイク①〔名〕	麦克风。
◆スピーカー②〔名〕	喇叭，扬声器。
◆コード①〔名〕	（电线）软线。
◆アンテナ⓪〔名〕	（通信用）天线。
◆インターホン③〔名〕	内线电话。
◆チャイム①〔名〕	门铃。
◆ブザー①〔名〕	蜂鸣器。
◆アラーム②〔名〕	闹钟。
◆クラクション②〔名〕	车喇叭；汽笛。
◆サイレン①〔名〕	警灯；报警器。
◆バケツ⓪〔名〕	水桶。
◆パッケージ①〔名〕	（食品）包装袋。
◆パック①〔名〕	（食品）包装盒。
◆ケース①〔名〕	盒子，箱子。
◆段（だん）ボール箱（ばこ）⑤〔名〕	纸板箱。
◆パイプ①〔名〕	管道。
◆ステンレス②〔名〕	不锈钢。
◆アルミ⓪〔名〕	铝，铝材。
◆ペンキ⓪〔名〕	（化工）油漆。
◆セメント⓪〔名〕	水泥。
◆コンクリート④〔名〕	混凝土。
◆グッズ⓪〔名〕	小商品。
◆カーペット①〔名〕	地毯。
◆カバー①〔名〕	套子，罩子。
◆エプロン①〔名〕	围裙。
◆セロテープ③〔名〕	透明胶带。
◆ガムテープ③〔名〕	纸胶带。
◆リボン①〔名〕	丝带，绸带。
◆キー①〔名〕	钥匙；键。
◆マッチ①〔名〕	火柴。
◆ライター①〔名〕	打火机。

练　习

一、请从□中选择一个最合适的词，并把对应的字母写在（　　）中。

A. ラッシュ　B. ボタン　C. スイッチ　D. タイミング　E. タイム

1. （　　　　）を入れたら、電気が付きました。

2. もうランチ（　　　　）だから、食堂に行こう。

3. 友達は出かけたばかりだ。ああ、（　　）が悪かったなあ。

4. 朝の（　　　　）を避(さ)けて出かけたほうがいいです。

5. この（　　　　）を押すと、飲み物が出ますよ。

二、请选择合适的搭配，并把对应的字母写在（　　）中。

1. サービスが　（　　）	A. 高い	5. ボーナスが　（　　）	E. 出る
2. コストが　（　　）	B. 大きい	6. チャンスを　（　　）	F. 待つ
3. サイズが　（　　）	C. よい	7. レベルが　（　　）	G. 取る
4. スピードが　（　　）	D. 速い	8. バランスを　（　　）	H. 上がる

三、请从 A、B、C、D 四个选项中选择最合适的一个填入（　　）中。

1. 住民の（　　）にこたえて、市の中心地に公園を作ることになりました。

　A. ニーズ　B. タイプ　C. スタイル　D. シンボル

2. 市民の（　　）意識(いしき)が高まっています。

　A. セット　B. カット　C. ポイント　D. エコロジー

3. 今は、修学旅行の（　　）で、どこでも学生の姿(すがた)が見られます。

　A. シリーズ　B. シーズン　C. システム　D. スペース

4. 海外の（　　）から本体(ほんたい)と部品を輸入しています。

　A. フロント　B. メーカー　C. カウンター　D. ショッピング

5. （　　）中だから、安く買ったんです。

　A. コーナー　B. ビジネス　C. コイン　D. セール

6. （　　）さんは観光客をあちこちへ案内しました。

　A. スター　B. コーチ　C. モデル　D. ガイド

第3章　イ形容词

第1课　イ形容词（1）

✲ 单汉字イ形容词（～い）

★青(あお)い②〔イ〕

青（绿、蓝）色。*～空(そら)。/ 蓝天。

★赤(あか)い⓪〔イ〕

红色的。*～シャツ。/ 红衬衫。

★明(あか)るい⓪〔イ〕　⇔暗い

①光线明亮。*～空(そら)〔部屋(へや)〕。/ 亮堂的天空〔屋子〕。

②（性格）开朗。*～性格(せいかく)。/ 开朗的性格。

③（前途）光明。*～将来(しょうらい)。/ 前途光明。

★浅(あさ)い⓪〔イ〕　⇔深い

①（深浅）浅的。*このプールは～。/ 这个泳池很浅。

②（色彩等）淡的。*～色(いろ)。/ 浅色。

★暖(あたた)かい・温(あたた)かい④〔イ〕

①「暖かい」天气暖和的。*～春(はる)。/ 温暖的春天。

②「温かい」物体热乎乎的。*～スープ〔体(からだ)〕。/ 热乎乎的汤〔身体〕。

③「温かい」温和，热情。*心(こころ)の～人(ひと)。/ 和善的人。

★厚(あつ)い⓪〔イ〕　⇔薄い

（厚度）厚的。*～コート〔本(ほん)〕。/ 厚外套〔书籍〕。

★暑(あつ)い②〔イ〕　⇔寒い

天气炎热的。*～夏(なつ)。/ 炎热的夏天。

★熱(あつ)い②〔イ〕　⇔冷たい

①（食物等）烫的。*～お茶(ちゃ)。/ 热茶。

②（感情等）高涨的。*～恋心(こいごころ)。/ 热恋。

★危(あぶ)ない⓪〔イ〕

危险。*～所(ところ)〔人(ひと)〕。/ 危险之地〔人〕。

★甘(あま)い⓪〔イ〕　⇔辛い

①甜的。*～リンゴ。/ 甜苹果。

②（打分）不严格。*採点(さいてん)が～。/ 打分不严。

③（想法）天真。*考(かんが)え方(かた)が～。/ 想法过于乐观。

☆荒(あら)い⓪〔イ〕

①波浪汹涌。*波(なみ)が～。/ 汹涌的波涛。

②（待人、措辞等）粗暴。*言葉遣(ことばづか)いが～。/ 措辞粗暴。

③（花钱）大手大脚。*金遣(かねづか)いが～。/ 乱花钱。

☆淡(あわ)い②〔イ〕　⇔濃い・強い

①（颜色、味道、光线等）淡。*～ピンク。/ 淡粉色。

②（情感、愿望等）轻微，些许。*～恋心(こいごころ)。/ 淡淡的恋慕之情。

□青い　□赤い　□明るい　□浅い　□暖かい·温かい　□厚い　□暑い　□熱い
□危ない　□甘い　□荒い　□淡い

★痛い②〔イ〕

①（肉体）疼痛。＊歯が～。／牙疼。

②（精神）痛苦。＊頭が～問題。／令人头疼的问题。

★薄い②〔イ〕 ⇔濃い

①（厚度）薄的。＊～パン〔壁〕。／薄面包〔墙壁〕。

②（颜色、味道）淡的。＊色〔味、お茶〕が～。／颜色〔味道、茶〕淡。

③（空气等）稀薄的。＊空気が～。／空气稀薄。

④密度低的。＊髪が～。／头发稀疏。

☆偉い②〔イ〕

（人物）出色，了不起。＊～学者。／了不起的学者。

★多い①〔イ〕 ⇔少ない

许多，好多。＊学生が～。／学生很多。

★大きい③〔イ〕 ⇔小さい

①（体积、规模等）大的。＊～部屋〔町〕。／大房间〔城市〕。

②（程度）大的，重大的。＊～問題〔声〕。／大问题〔声〕。

③（年龄）大的，年长的。＊兄は僕より三つ～。／哥哥比我大三岁。

☆幼い③〔イ〕

年幼，幼年。＊～弟。／年幼的弟弟。

★遅い②〔イ〕 ⇔早い・速い

①（动作）慢。＊この車は～。／这辆车速度慢。

②（时间）晚。＊帰りが～。／回家晚。

★重い⓪〔イ〕 ⇔軽い

①（重量）重的。＊～荷物。／重行李。

②（程度）严重。＊～病気。／重病。

☆限りない④〔イ〕

无限。＊～喜び。／无比喜悦。

★賢い③〔イ〕

①（人）聪明伶俐。＊～子。／聪明的孩子。

②（手段）有智慧，高明。＊～やり方。／高明的做法。

★硬い・固い⓪〔イ〕 ⇔軟らかい

①「硬い・固い」坚硬。＊～ご飯〔石〕。／硬邦邦的米饭〔石头〕。

②「硬い」（表情、措辞等）生硬。＊～文章。／生硬的文章。

★堅い・固い⓪〔イ〕

坚固的，牢固的。＊～家。／牢固的房子。

★辛い②〔イ〕 ⇔甘い

①辣的。＊～カレー。／辣的咖喱。

②（打分）严格。＊点数が～。／打分严格。

★軽い⓪〔イ〕 ⇔重い

①（重量）轻的。＊～荷物。／轻行李。

②（程度）轻微。＊～病気。／小毛病。

★汚い③〔イ〕 ⇔きれい

（环境、措辞、手段）肮脏。＊～部屋〔言葉遣い〕。／脏乱的房间〔脏话〕。

★臭い②〔イ〕

臭的，难闻的。＊～匂い。／难闻的气味。

□痛い □薄い □偉い □多い □大きい □幼い □遅い □重い □限りない
□賢い □硬い・固い □堅い・固い □辛い □軽い □汚い □臭い

★暗(くら)い⓪〔イ〕 ⇔明るい

①（光线）昏暗，黑暗。＊～空(そら)〔部屋(へや)〕。/ 昏暗的天空〔屋子〕。
②（性格、心情）忧郁，沉重。＊～気分(きぶん)。/ 沉重的心情。
③（前途）暗淡。＊将来(しょうらい)は～。/ 前途黑暗。

★黒(くろ)い②〔イ〕 ⇔白い

黑色的。＊～ズボン。/ 黑色的裤子。

★煙(けむ)い⓪〔イ〕

烟雾呛人的。＊火事(かじ)の現場(げんば)が～。/ 呛人的火灾现场。

★濃(こ)い①〔イ〕 ⇔薄い

①浓的。＊色(いろ)〔味(あじ)、お茶(ちゃ)〕が～。/ 颜色〔味道、茶〕浓。
②稠密的。＊～かゆ。/ 稠粥。
③密度高的。＊眉毛(まゆげ)が～。/ 浓眉。

★細(こま)かい③〔イ〕

（事情的细节）细致，周密。＊～説明(せつめい)。/ 细致的说明。

★怖(こわ)い②〔イ〕

害怕，恐怖。＊～話(はなし)〔顔(かお)〕。/ 可怕的故事〔表情〕。

★寒(さむ)い②〔イ〕 ⇔暑い

天气寒冷。＊～冬(ふゆ)。/ 寒冷的冬季。

★渋(しぶ)い②〔イ〕

（味道）苦涩。＊～味(あじ)。/ 苦涩的味道。

★白(しろ)い②〔イ〕 ⇔黒い

白色。＊～紙(かみ)。/ 白纸。

★少(すく)ない③〔イ〕 ⇔多い

数量少，不多。＊お金(かね)が～。/ 钱很少。

★酸(す)っぱい③〔イ〕

酸的。＊～ブドウ。/ 酸葡萄。

☆鋭(するど)い③〔イ〕 ⇔鈍い

①刀刃锋利。＊～ナイフ。/ 锋利的小刀。
②提问尖锐。＊～質問(しつもん)。/ 尖锐的提问。
③五官反应敏锐。＊目(め)〔耳(みみ)〕が～。/ 眼睛尖〔耳朵灵〕。

★狭(せま)い②〔イ〕 ⇔広い

（面积、宽幅）狭窄的。＊～部屋(へや)〔道(みち)〕。/ 小房间〔狭窄的道路〕。

★高(たか)い②〔イ〕 ⇔低い・安い

①（高度）高的。＊～山(やま)。/ 高山。
②（声音）响亮的。＊～声(こえ)。/ 高声。
③价格贵。＊～かばん。/ 价钱贵的皮包。

★足(た)りない③〔イ〕

数量不足。＊数(かず)〔金(かね)〕が～。/ 数量〔钱款〕不足。

★小(ちい)さい③〔イ〕 ⇔大きい

①（体积、规模等）小的。＊～橋(はし)〔村(むら)〕。/ 小桥〔村庄〕。
②（程度）小的，轻微的。＊～問題(もんだい)〔声(こえ)〕。/ 小问题〔声〕。
③（年龄）小的，年幼的。＊僕(ぼく)は兄(あに)より三(みっ)つ～。/ 我比哥哥小三岁。

★近(ちか)い②〔イ〕 ⇔遠い

①（距离）近的。＊うちは学校(がっこう)に～。/ 我家离学校近。

□暗い　□黒い　□煙い　□濃い　□細かい　□怖い　□寒い　□渋い　□白い
□少ない　□酸っぱい　□鋭い　□狭い　□高い　□足りない　□小さい　□近い

②（时间）近的，不远的。＊～将来。/不远的将来。

③（亲属关系）近的。＊～親戚。/近亲。

★冷たい（つめたい）③〔イ〕 ⇔熱い

①（空气、物体）冰凉的。＊～水。/冰凉的水。

②待人冷淡。＊～態度。/冷淡的态度。

★強い（つよい）②〔イ〕 ⇔弱い

①（光线、风雨等）激烈的，强烈的。＊～風〔日〕。/大风〔强烈的日光〕。

②（身体）健壮，结实。＊体が～。/身体结实。

③对……有抵抗力。＊地震に～ビル。/抗震的大楼。

★遠い（とおい）⓪〔イ〕 ⇔近い

①（距离）远的。＊うちは駅から～。/我家离车站远。

②（时间）遥远的。＊～将来。/遥远的将来。

③（亲属关系）远的。＊～親戚。/远亲。

★無い（ない）①〔イ〕 ⇔ある

①不存在，不在。＊鍵は机の上に～。/钥匙不在桌子上。

②不拥有，没有。＊わたしは車が～。/我没有车。

③不进行，不举办。＊明日は試合が～。/明天没有比赛。

④不会发生，没发生。＊パソコンは故障が～。/电脑没故障。

💡一般写作假名，不写汉字。

★長い（ながい）②〔イ〕 ⇔短い

①（长度）长的。＊～川。/长长的河流。

②（时间）长时间。＊～時間。/长时间。

③（篇幅）长的。＊～文章。/长篇文章。

★苦い（にがい）②〔イ〕

（味道）苦的。＊～薬。/苦药。

★眠い（ねむい）②〔イ〕

发困，想睡觉。＊会議中～。/开会时很困。

★眠たい（ねむたい）③

困倦，昏昏欲睡。＊春は～季節だ。/春天是犯困的季节。

★早い・速い（はやい）②〔イ〕 ⇔遅い

①（时间）早。＊夏休みはまだ～ね。/放暑假还早着呢。

②（动作）快。＊新幹線が～。/新干线跑得快。

★低い（ひくい）②〔イ〕 ⇔高い

①（高度）低的。＊～山。/矮山。

②（声音）低沉的。＊～声。/低声。

★広い（ひろい）②〔イ〕 ⇔狭い

（面积、宽幅）宽阔的。＊～国〔海、庭〕。/大国〔大海、大庭院〕。

★深い（ふかい）②〔イ〕 ⇔浅い

①（深浅）深的。＊この川は～。/这条河的河水很深。

②（色彩等）深的。＊～色。/深色。

★太い（ふとい）②〔イ〕 ⇔細い

①（物体）粗的。＊～木〔ズボン〕。/粗壮的树木〔宽大的裤子〕。

□冷たい □強い □遠い □無い □長い □苦い □眠い □眠たい □早い・速い □低い □広い □深い □太い

②（肢体）粗壮。*～指(ゆび)〔手(て)、足(あし)〕。/粗壮的手指〔手臂、腿〕。

★古(ふる)い②〔イ〕 ⇔新しい

①（物品等）旧的。*～テレビ〔服(ふく)〕。/旧电视机〔衣服〕。
②（事物）陈旧的。*～歌(うた)。/老歌。

★細(ほそ)い②〔イ〕 ⇔太い

①（物体）纤细，细的。*～木(き)〔ズボン〕。/细细的木头〔细长的裤子〕。
②（肢体）纤瘦。*～指(ゆび)〔手(て)、足(あし)〕。/纤细的手指〔手臂、腿〕。

★丸(まる)い・円(まる)い⓪〔イ〕

圆的。*～月(つき)。/圆圆的月亮。

★短(みじか)い③ ⇔長い

①（长度）短的。*～髪(かみ)。/短发。
②（时间）短的。*～時間(じかん)。/短时间。
③（篇幅）短的。*～文章(ぶんしょう)。/短篇文章。

★安(やす)い②〔イ〕 ⇔安い

便宜，低廉。*～料理(りょうり)。/便宜的饭菜。

★柔(やわ)らかい・軟(やわ)らかい④〔イ〕

①柔和的。*～声(こえ)。/柔和的声音。
②柔软的。*～ふとん。/柔软的被褥。

★緩(ゆる)い②〔イ〕 ⇔きつい

①（坡度、弯度、速度等）缓，慢。*～坂(さか)〔カーブ〕。/缓坡〔平缓弯道〕。
②（尺寸）宽松。*この靴(くつ)はちょっと～。/这双鞋有点松。

★良(よ)い①〔イ〕 ⇔悪い

①上，好，佳。*～物(もの)〔人(ひと)、天気(てんき)〕。/好商品〔人、天气〕。
②有利于……*牛乳(ぎゅうにゅう)は体(からだ)に～。/牛奶对身体好。
💡一般用平假名书写。

★弱(よわ)い②〔イ〕 ⇔強い

①（光线、风雨等）不强烈的，弱的。*～風(かぜ)〔雨(あめ)〕。/小风〔雨〕。
②（身体）不健壮，不结实。*体(からだ)が～。/体弱。
③对……缺乏抵抗力。*アルコールに～。/不能喝酒。

★若(わか)い②〔イ〕

①年轻。*～人(ひと)。/年轻人。
②（岁数）小。*僕(ぼく)より二(ふた)つ～。/比我小两岁。

★悪(わる)い②〔イ〕 ⇔良い

①脏，乱，差。*～物(もの)〔人(ひと)、天気(てんき)〕。/坏商品〔人、天气〕。
②对……有害。*たばこは体(からだ)に～。/吸烟有害健康。

□古い　□細い　□丸い・円い　□短い　□安い　□柔らかい・軟らかい　□緩い
□良い　□弱い　□若い　□悪い

练 习

一、请从□中选择一个最合适的词，并用平假名写在（　　）中。

鋭い　幼い　熱い　浅い

1.（　　　　）から、手でコップに触らないでください。

2. 記者は首相（しゅしょう）に（　　　　）質問をしました。

3. 安全のために、（　　　　）川で泳ぐことにしました。

4. うちには（　　　　）子が二人います。

二、请从□中选择一个最合适的词，并用汉字写在（　　）中。

ほそい　ねむく　つよく　きたない

1. 運動して、体を（　　　　）したいです。

2. 妹の指は長くて（　　　　）です。

3.（　　　　）水を飲んではいけません。

4. 講義（こうぎ）が始まると、（　　　　）なる子もいます。

三、请选择合适的搭配，把对应的字母写在（　　）中。

1. あかるい　（　）	A. 布	4. 説明が　（　）	D. くさい
2. あぶない　（　）	B. 空	5. 匂いが　（　）	E. こまかい
3. あつい　（　）	C. 所	6. 味が　（　）	F. にがい

四、请从A、B、C、D四个选项中选择最合适的一个填入（　　）中。

1. 食べやすいように、肉を（　）煮ます。

A. かたく　B. ひくく　C. あたたかく　D. やわらかく

2. 僕は兄より二つ（　　）です。

A. せまい　B. わかい　C. ゆるい　D. やすい

3. わが市には面積（めんせき）が（　　）公園が少ないです。

A. ひろい　B. おおきい　C. ふとい　D. おおい

第2课　イ形容词（2）

✲ 单汉字イ形容词（～しい）

★新(あたら)しい④〔イ〕　⇔古い

①（物品等）新的。＊～パソコン〔服(ふく)〕。/ 新电脑〔服装〕。

②（事物）全新的。＊～ニュース。/ 最新的新闻。

③（果蔬等）新鲜的。＊～魚(さかな)。/ 新鲜的鱼。

★忙(いそが)しい④〔イ〕

繁忙的，忙碌的。＊仕事(しごと)が～。/ 工作繁忙。

★美(うつく)しい④〔イ〕

（事物或心灵等）美丽，漂亮。＊～花(はな)〔心(こころ)〕。/ 美丽的花〔心灵〕。

★羨(うらや)ましい⑤〔イ〕

羡慕。＊彼(かれ)の生活(せいかつ)が～。/ 羡慕他的生活。

☆惜(お)しい②〔イ〕

（为结果而感到）遗憾，惋惜。＊負(ま)けて～。/ 输了，很遗憾。

☆恐(おそ)ろしい④〔イ〕

（事件、情景等）非常可怕。＊～事件(じけん)。/ 可怕的事件。

★悲(かな)しい⓪〔イ〕　⇔うれしい

悲伤，伤心。＊別(わか)れは～。/ 分别令人伤心。

★厳(きび)しい③〔イ〕

①（要求、规则、标准等）严厉，严格，苛刻。＊～先生(せんせい)〔テスト〕。/ 严格的老师〔测验〕。

②（形势、情况等）严峻，艰苦。＊～生活(せいかつ)。/ 艰苦的生活。

☆悔(くや)しい③〔イ〕

后悔，懊恼。＊負(ま)けて～。/ 输了很懊悔。

☆苦(くる)しい③〔イ〕

①（工作、家境等）困难。＊生活(せいかつ)〔経営(けいえい)〕が～。/ 生活〔经营〕困难。

②（身心）痛苦，难受。＊胸(むね)が～思(おも)いをする。/ 心里觉得难受。

★詳(くわ)しい③〔イ〕

（事情的始末）详细，详尽。＊～説明(せつめい)。/ 详细的说明。

☆険(けわ)しい③〔イ〕

①（山、路等）险峻。＊～山道(やまみち)を歩(ある)く。/ 走险要的山路。

②（状况）艰险。＊前途(ぜんと)が～。/ 前途艰险。

★寂(さび)しい③〔イ〕

感到寂寞。＊一人(ひとり)は～。/ 一个人很寂寞。

★親(した)しい③〔イ〕

（人际关系）亲密，亲近。＊～友(とも)だち。/ 亲密的朋友。

★涼(すず)しい③〔イ〕

天气凉爽。＊～秋(あき)。/ 凉爽的秋天。

★正(ただ)しい③〔イ〕

正确无误。＊～答(こた)え。/ 正确的答案。

□新しい　□忙しい　□美しい　□羨ましい　□惜しい　□恐ろしい　□悲しい　□厳しい
□悔しい　□苦しい　□詳しい　□険しい　□寂しい　□親しい　□涼しい　□正しい

★楽しい⓪〔イ〕

（过程）令人愉悦。＊～旅行〔パーティー〕。/ 快乐的旅行〔派对〕。

★懐かしい④〔イ〕

怀念，思念。＊故郷が～。/ 怀念家乡。

★激しい③〔イ〕

（程度、势头）激烈，强烈，剧烈。＊雨〔競争〕が～。/ 雨势〔竞争〕激烈。

★恥ずかしい④〔イ〕

①（因受表扬等）感到难为情。＊ほめられて～。/ 受表扬时感到害羞。

②（为糟糕的结果）惭愧，羞耻。＊失敗して～。/ 失败了很惭愧。

★貧しい③〔イ〕 ⇔豊か

①（生活等）贫穷。＊～国〔人〕。/ 穷国〔人〕。

②（知识等）贫乏。＊～経験。/ 贫乏的经验。

★難しい④〔イ〕 ⇔易しい

难懂，费解。＊～漢字。/ 难学的汉字。

★珍しい④〔イ〕

珍奇，罕见。＊～大雪〔植物〕。/ 罕见的大雪〔植物〕。

★易しい⓪〔イ〕 ⇔難しい

浅显易懂。＊～本。/ 浅显易懂的书。

★優しい⓪〔イ〕

①温柔，体贴。＊～女性。/ 温柔的女性。

②（对环保等）有利于，不损害。＊環境に～車〔肌に～化粧品〕。/ 环保车〔不伤肌肤的化妆品〕。

☆喜ばしい⑤〔イ〕

可喜，喜悦。＊～知らせ。/ 喜讯。

✲复合イ形容词

★青白い④〔イ〕

①（光线）青白。＊～月の光。/ 皎白的月光。

②（脸色）苍白。＊顔色が～。/ 脸色苍白。

★薄暗い④〔イ〕

（光线）昏暗。＊～バー。/ 昏暗的酒吧。

★黄色い⓪〔イ〕

（色彩）黄色的。＊～花。/ 黄颜色的花。

★塩辛い④〔イ〕

味道咸的。＊塩が～。/ 盐是咸的。

★細長い④〔イ〕

细长的，狭长的。＊～道。/ 狭长的道路。

★蒸し暑い④〔イ〕

闷热的。＊～夜。/ 闷热的夜晚。

☆申し訳ない⑥〔イ〕

对不起，抱歉。＊遅れて～。/ 我迟到了，对不起。

☆若々しい⑤〔イ〕

（声音、肌肤等）有活力。＊～歌声〔肌〕。/ 充满活力的歌声〔肌肤〕。

☆面倒臭い⑥〔イ〕

非常麻烦。＊～問題。/ 非常麻烦的问题。

✲无汉字イ形容词（～い）

☆ありがたい④〔イ〕

①难得，可贵。＊これは～雨だ。/ 这是一场及时雨。

□楽しい □懐かしい □激しい □恥ずかしい □貧しい □難しい □珍しい
□易しい □優しい □喜ばしい □青白い □薄暗い □黄色い □塩辛い
□細長い □蒸し暑い □申し訳ない □若々しい □面倒臭い □ありがたい

②值得感谢。＊手伝ってくれて～。/ 谢谢你帮助我。

★いい①〔イ〕 ⇔悪い

（「よい」的口语）

①上，好，佳。＊～天気〔人〕。/ 好天气〔人〕。

②有利于…… ＊運動は体に～。/ 运动有益健康。

③（用「…はもういい」）够了。＊その話はもう～。/ 那件事你不要再说了。

★いけない⓪〔イ〕

①（表示不认可）不行，不要。＊飲み過ぎは～。/ 喝多了可不行啊。

②（状态、情况）不好，很坏。＊あの会社はもう～。/ 那公司没指望了。

★うまい②〔イ〕 ⇔まずい

①味道好吃。＊～料理。/ 好吃的菜。

②技艺高明。＊日本語が～。/ 日语熟练。

★うるさい③〔イ〕

①吵闹。＊自動車の音が～。/ 汽车声很吵。

②话多。＊～人。/ 爱唠叨的人。

★おもしろい④〔イ〕

①（人）风趣。＊～人。/ 很风趣的人。

②（娱乐产品）有意思。＊～映画。/ 好看的电影。

★かっこいい④〔イ〕 ⇔かっこ悪い

（样式、打扮等）好看，漂亮。＊～恰好〔車〕。/ 漂亮的装束〔车子〕。

★かまわない③〔イ〕

（表示认可）没关系，可以。＊飲酒は～。/ 喝酒也无妨。

☆かゆい②〔イ〕

皮肤等瘙痒。＊目が～。/ 眼睛痒。

★かわいい③〔イ〕

①（小孩、宠物等）可爱。＊～子供。/ 可爱的孩子。

②（物品）小巧玲珑。＊～かばん。/ 精巧的包包。

★きつい⓪〔イ〕 ⇔緩い

①（尺寸）小而挤。＊このズボンは～。/ 这条裤子很紧。

②（烟酒）凶，劲大。＊～お酒。/ 烈酒。

③（事情）费力，累人。＊～仕事〔旅行〕。/ 累人的工作〔旅行〕。

★しかたない④〔イ〕

没办法。＊子どもだから、～。/ 因为还是个孩子，没办法。

★しょっぱい③〔イ〕

带咸味的。＊～みそ汁。/ 咸的味噌汤。

★すごい②〔イ〕

①（程度）厉害的，吓人的。＊～スピード。/ 惊人的速度。

②（非常优秀）了不起的。＊～人気がある。/（明星）红得发紫。

☆ずるい②〔イ〕

（手段等）狡猾。＊～やつ。/ 狡猾的家伙。

☆だるい②〔イ〕

身体乏力。＊体が～。/ 全身乏力。

★つまらない③〔イ〕

①（人因为无能而）无价值，微不足道。＊～人。/ 没用的人。

②（娱乐产品等）无聊，没意思。＊～ゲーム。/ 不好玩的游戏。

③（送礼时的自谦语）一点心意。＊～物ですが、どうぞ。/ 一点心意，请收下。

□いい　□いけない　□うまい　□うるさい　□おもしろい　□かっこいい
□かまわない　□かゆい　□かわいい　□きつい　□しかたない　□しょっぱい
□すごい　□ずるい　□だるい　□つまらない

★つらい⓪〔イ〕

①（精神折磨）令人痛苦，难过。＊～別れ。/痛苦的离别。

②（肉体折磨）艰苦。＊～練習〔仕事〕。/艰苦的训练〔工作〕。

☆とんでもない⑤〔イ〕

①岂有此理，不像话。＊～事〔要求〕。/荒唐的事情〔毫无道理的要求〕。

②（用于回敬致谢或道歉时）不客气。＊お礼だなんて～ことです。/看您说的，什么谢不谢的。

★ぬるい②〔イ〕

（水温等）微温。＊～お茶。/微温的茶。

☆のろい②〔イ〕

（动作）慢腾腾。＊バス〔計算〕が～。/大巴〔计算〕速度慢腾腾。

★ひどい②〔イ〕

①（言行、手段）过分。＊～ことを言う。/说过分的话。

②（风雨、冷暖等）激烈，猛烈。＊～雨〔風、暑さ〕。/暴雨〔狂风、酷热〕。

③（状况）恶劣。＊～成績。/烂成绩。

★まずい②〔イ〕 ⇔うまい

①不好吃。＊～スープ。/难喝的汤。

②技艺等拙劣。＊～方法。/笨办法。

③（时机、情况）不妙。＊人に知れると～。/被人知道就糟了。

☆めでたい③〔イ〕

（事情）可喜可贺。＊～話。/可喜可贺的事情。

☆もったいない⑤〔イ〕

（因浪费而感到）可惜，舍不得。＊捨てるのは～。/扔掉太可惜了。

无汉字イ形容词（～しい）

★うれしい③〔イ〕

（意外惊喜时）开心。＊～こと。/开心事。

★おいしい③ ⇔まずい

好吃，美味。＊～料理。/很好吃的菜肴。

★おかしい③〔イ〕

①（想法、行为等）可疑，不正常。＊考えが～。/想法怪异。

②（表情、说话等）搞笑，滑稽。＊～顔〔話〕。/搞笑的表情〔话〕。

☆おとなしい④〔イ〕

（小孩、宠物等）老实，温顺，听话。＊この子は～。/这孩子真乖。

★かわいらしい⑤〔イ〕

小巧而可爱。＊赤ちゃんの～手。/婴儿可爱的小手。

★すばらしい④〔イ〕

①极漂亮的（景色等）。＊～眺め〔車〕。/漂亮的景色〔车〕。

②极好的（天气、成绩、活动等）。＊～天気〔成績、コンサート〕。/出色的天气〔成绩、音乐会〕。

☆やかましい④〔イ〕

①（对规则、管教等）要求严厉。＊規則〔しつけ〕が～。/规则〔家教〕很严。

②（对食物、规矩等）挑剔。＊食べ物に～。/挑剔食物。

★よろしい③〔イ〕

（表示认可）行，可以。＊どちらも～。/哪个都可以。

□つらい □とんでもない □ぬるい □のろい □ひどい □まずい □めでたい
□もったいない □うれしい □おいしい □おかしい □おとなしい □かわいらしい
□すばらしい □やかましい □よろしい

练　习

一、请从 [　　] 中选择一个最合适的词，并用平假名写在（　　）中。

悲しい　面倒くさい　珍しい　恥ずかしい

1. こんな手続きは本当に（　　　　　）ですね。
2. 大勢(おおぜい)の人の前に出て（　　　　　）です。
3. 動物園でとても（　　　　　）動物が見られます。
4. その人から（　　　　　）物語(ものがたり)を聞きました。

二、请从 [　　] 中选择一个最合适的词，并用汉字写在（　　）中。

うらやましい　さびしい　くやしかった　くるしかった

1. テストに失敗して（　　　　　）です。
2. 夜になると、（　　　　　）感じがします。
3. 友達の成功(せいこう)が（　　　　　）です。
4. 子供の時の生活は（　　　　　）です。

三、请选择合适的搭配，把对应的字母写在（　　）中。

1. くわしい　（　　）	A. 説明	4. 生活が　（　　）	D. なつかしい
2. けわしい　（　　）	B. 友達	5. 競争が　（　　）	E. はげしい
3. したしい　（　　）	C. 山々	6. 故郷が　（　　）	F. きびしい

四、请从 A、B、C、D 四个选项中选择最合适的一个填入（　　）中。

1. ビールは少しなら飲んでもいいけど、たばこは（　　）よ。

　A. いけない　　B. うまい　　C. うるさい　　D. おもしろい

2. （　　）雨ですね。雨がやむまで待ちましょうか。

　A. かゆい　　B. からい　　C. すごい　　D. ぬるい

3. いい友達と別れるのは（　　）ことです。

　A. おいしい　　B. めでたい　　C. のろい　　D. つらい

第 4 章　ナ形容词

第 1 课　ナ形容词（1）

✻ 单汉字音读ナ形容词

☆逆（ぎゃく）⓪〔名・ナ〕

（方向、位置、表里等）反过来。＊順番（じゅんばん）が～になる。/ 顺序反了。

★急（きゅう）⓪〔ナ〕

①道路陡峭。＊～な山道（やまみち）。/ 陡峭的山路。
②水流湍急。＊～な流れ（なが）。/ 湍急的水流。
③事出突然。＊～な事件（じけん）。/ 突发事件。

☆損（そん）①〔ナ〕　⇔得

吃亏，不划算。＊～な商売（しょうばい）。/ 不划算的生意。

☆得（とく）⓪〔ナ〕　⇔損

划算，合算。＊～な価格（かかく）。/ 划算的价格。

★別（べつ）⓪〔名・ナ〕

另，另外，别的。＊～の店（みせ）で買（か）う。/ 在其他店买。

★変（へん）①〔ナ〕

（状况、思维、行为等）古怪，不正常。＊～な匂（にお）い〔話（はなし）〕。/ 奇怪的气味〔话语〕。

★楽（らく）②〔ナ〕

①（做事情不费劲）轻松，简便。＊～な方法（ほうほう）。/ 简便的方法。
②（生活）舒适，无忧无虑。＊～な生活（せいかつ）を送（おく）る。/ 过着舒适的生活。

✻ 多汉字音读ナ形容词

☆曖昧（あいまい）⓪〔ナ〕　⇔明確

（表达、态度）暧昧。＊～な態度（たいど）。/ 模棱两可的态度。

★安心（あんしん）⓪〔ナ・Ⅲ自〕　⇔不安

①〔ナ〕无忧无虑的。＊～な暮（く）らし。/ 无忧无虑的生活。
②〔自〕放心，安心。＊合格（ごうかく）できて～した。/ 考试及格，这下放心了。

★安全（あんぜん）⓪〔名・ナ〕　⇔危険

①〔名〕（人身）安全。＊命（いのち）の～を祈（いの）る。/ 祈祷人身安全。
②〔ナ〕（环境）安全的，没有危险的。＊～な所（ところ）に行（い）く。/ 去安全的地方。

☆意外（いがい）⓪〔ナ・副ト〕

①〔ナ〕出乎意料。＊～な事件（じけん）。/ 意外的事件。
②〔副ト〕意外地，格外地。＊病気（びょうき）は～と重（おも）い。/ 病情格外地重。

☆快適（かいてき）⓪〔名・ナ〕

（季节、生活等）舒适，舒服。＊～な生活（せいかつ）。/ 舒适的生活。

☆確実（かくじつ）⓪〔ナ〕　⇔不確実

准确无误，确实可靠。＊～な結論（けつろん）〔情報（じょうほう）〕。/ 准确无误的结论〔信息〕。

□逆　□急　□損　□得　□別　□変　□楽　□曖昧　□安心　□安全　□意外　□快適
□確実

☆**可能**（かのう）⓪〔名・ナ〕 ⇔不可能

（实现、完成的可能性）可能。*実現（じつげん）～な計画（けいかく）。/ 有可能实现的计划。

☆**感心**（かんしん）⓪〔ナ・Ⅲ自〕

①〔ナ〕令人佩服的。*～な子（こ）。/ 令人佩服的孩子。

②〔自〕对……敬佩。*彼（かれ）の仕事（しごと）ぶりに～する。/ 佩服他的工作态度。

☆**間接**（かんせつ）⓪〔名・ナ〕 ⇔直接

①〔名〕间接。*～照明（しょうめい）。/ 间接照明。

②〔ナ〕拐弯抹角，委婉。*～に聞（き）く。/ 委婉打听。

☆**完全**（かんぜん）⓪〔名・ナ〕 ⇔不完全

①（技术、设备等）完善。*～な設備（せつび）。/ 完善的设备。

②（数量等）全部。*～に仕事（しごと）を仕上（しあ）げる。/ 工作全部完成。

③（过程或结果）完全，彻底。*～な失敗（しっぱい）。/ 彻底的失败。

★**簡単**（かんたん）⓪〔ナ〕 ⇔複雑

①（构造、结构等）不复杂，简单。*～なパソコン。/ 简单好使的电脑。

②（做起来）不费事。*～にできる料理（りょうり）。/ 很容易做的饭菜。

★**危険**（きけん）⓪〔名・ナ〕 ⇔安全

①〔名〕（人身）不安全。*この手術（しゅじゅつ）には～がある。/ 这手术有风险。

②〔ナ〕（环境）危险的。*～な所（ところ）。/ 危险的地方。

☆**共通**（きょうつう）⓪〔名・ナ・Ⅲ自〕

①〔名・ナ〕一样的，相同的。*～の悩（なや）みを持（も）つ。/ 有着一样的烦恼。

②〔自〕共同拥有。*二人（ふたり）に～する長所（ちょうしょ）。/ 两人身上都有的优点。

☆**気楽**（きらく）⓪〔名・ナ〕

（工作、生活等）安逸，轻松。*～な仕事（しごと）をする。/ 做着轻松的工作。

☆**勤勉**（きんべん）⓪〔名・ナ〕

勤奋。*～な社員（しゃいん）。/ 勤劳的职工。

★**苦労**（くろう）①〔名・ナ・Ⅲ自〕

①〔名・ナ〕辛苦的。*～が多（おお）い。/ 很辛苦。

②〔自〕操心于……，操劳于……*子育（こそだ）てに～する。/ 操心带孩子。

★**けっこう**①〔ナ〕

①（表示认可）可以，行。*鉛筆（えんぴつ）で～です。/ 用铅笔写就可以了。

②（用「…はもうけっこうだ」）够了。*お酒（さけ）はもう～だ。/ 我不要再喝酒了。

💡一般不写作汉字「結構」。

★**元気**（げんき）①〔名・ナ〕

①〔名〕精力。*～がある〔ない〕。/ 精力旺盛〔萎靡不振〕。

②〔ナ〕健康的。*～な体（からだ）。/ 健康的体魄。

★**健康**（けんこう）⓪〔名・ナ〕

①〔名〕（身心）健康状况。*タバコは～に悪（わる）い。/ 吸烟有害健康。

②〔ナ〕（身心、文化产品等）健康的。*～な体（からだ）〔読（よ）み物（もの）〕。/ 健康的身体〔读物〕。

□可能 □感心 □間接 □完全 □簡単 □危険 □共通 □気楽 □勤勉 □苦労 □けっこう □元気 □健康

★懸命(けんめい)⓪〔名·ナ〕

拼命。*～に働く。/ 拼命工作。

☆幸福(こうふく)⓪〔名·ナ〕 ⇔不幸

①〔名〕幸福。*～を祈る。/ 祈祷幸福。

②〔ナ〕幸福的。*～な一生を送る。/ 度过幸福的一生。

☆公平(こうへい)⓪〔名·ナ〕 ⇔不公平

公平。*～な見方。/ 公平的视角。

☆困難(こんなん)①〔名·ナ〕 ⇔容易

①〔名〕困难，难题。*～にぶつかる。/ 遭遇困难。

②〔ナ〕困难的，难以解决的。*～な家計〔状況〕。/ 贫穷的生活〔困难状况〕。

★残念(ざんねん)③〔ナ〕

（结果不如意时）遗憾，可惜。*不合格は～なことだ。/ 落榜是遗憾的事情。

☆自然(しぜん)⓪〔ナ〕 ⇔不自然

（动作、创作等）自然，不造作。*～な表現。/ 自然的表达。

★失礼(しつれい)②〔ナ·Ⅲ自〕

①〔ナ〕不礼貌的，失礼的。*～な人〔話〕。/ 失礼的人〔话〕。

②〔自〕告辞。*それでは、～します。/ 那我就告辞了。

☆地味(じみ)⓪〔名·ナ〕 ⇔派手

①（生活）简朴。*～な暮らし。/ 朴素的生活。

②（穿戴等）朴素。*～なネクタイ。/ 朴素的领带。

★邪魔(じゃま)⓪〔ナ〕

有妨碍的，碍手碍脚的。*～な荷物。/ 碍手碍脚的货物。

★自由(じゆう)②〔名·ナ〕 ⇔不自由

①〔名〕（言论、行动受保护）自由。*人の～を守る。/ 保护人身自由。

②〔ナ〕（生活不受束缚）自由，随意。*～に暮らす。/ 随心所欲地生活。

★十分(じゅうぶん)③〔ナ·副〕 ⇔不十分

①〔ナ〕十分，充分。*～な注意が必要だ。/ 需要充分注意。

②〔副〕（数量）足够多。*時間は～ある。/ 时间有的是。

★重要(じゅうよう)⓪〔ナ〕

重要，要紧。*～な仕事〔会議〕。/ 重要工作〔会议〕。

☆正直(しょうじき)③〔ナ·副〕 ⇔不正直

①〔ナ〕老实，诚实。*森君は～な人だ。/ 森先生为人诚实。

②〔副〕老实说。*～困っている。/ 说实话，很为难啊。

★丈夫(じょうぶ)⓪〔ナ〕

（身体、物品）结实。*～な体〔机〕。/ 结实的身体〔书桌〕。

★親切(しんせつ)①〔名·ナ〕 ⇔不親切

（待人态度）对……亲切，善待……*彼は人に～だ。/ 他待人亲切。

★新鮮(しんせん)⓪〔ナ〕

新鲜（食品、果蔬、空气等）。*～な魚。/ 鲜活的鱼。

□懸命 □幸福 □公平 □困難 □残念 □自然 □失礼 □地味 □邪魔
□自由 □十分 □重要 □正直 □丈夫 □親切 □新鮮

☆慎重（しんちょう）⓪〔名・ナ〕

①态度谨慎。*～な態度。/ 谨慎的态度。

②动作小心翼翼。*～に運ぶ。/ 小心地搬运。

★心配（しんぱい）⓪〔ナ・Ⅲ他〕

①〔ナ〕令人担心的。*～な事。/ 担心的事。

②〔他〕担心，牵挂。*母の病気を～している。/ 牵挂着母亲的病情。

★素敵（すてき）⓪〔ナ〕

极好，绝妙，极漂亮。*～な旅館〔服〕。/ 漂亮的旅馆〔服装〕。

☆正確（せいかく）⓪〔名・ナ〕

①（时间、数据等）准确。*時間に～な人。/ 很守时的人。

②（判断）正确。*～な判断をする。/ 做出正确的判断。

☆相当（そうとう）⓪〔ナ・Ⅲ自・副〕

①〔ナ〕相当的。*～な被害。/ 很大的损失。

②〔自〕相当于，相等于。*百万円に～する絵。/ 相当于一百万日元的画。

③〔副〕（超过平常的程度）相当，很。*～時間がある。/ 有相当多的时间。

★粗末（そまつ）①〔名・ナ〕

①（做工）不精致，粗糙。*～な食事〔おもちゃ〕。/ 粗糙的饮食〔玩具〕。

②（设施等）简陋。*～な旅館〔遊園地〕。/ 简陋的旅馆〔游乐园〕。

③（用「…を粗末にする」）不爱惜（物品等）。*物を～にする。/ 不爱惜东西。

☆退屈（たいくつ）⓪〔ナ・Ⅲ自〕

①〔ナ〕（因无所事事而感到）无聊。*～な日々を送る。/ 过着无聊的日子。

②〔自〕对……感到厌倦。*人生に～する。/ 对人生感到厌倦。

★大事（だいじ）③〔ナ〕

①重要，要紧（的物品、事情等）。*～な資料〔試験〕。/ 重要的资料〔考试〕。

②（用「…を大事にする」）珍惜。*この写真を～にする。/ 珍惜这张照片。

★大丈夫（だいじょうぶ）③〔ナ〕

①（表示认可）行，可以。*ちょっと遊んでも～だ。/ 可以玩会儿。

②（表示放心的心情）不要紧，不碍事。*風邪はもう～だ。/ 感冒已经没事了。

★大切（たいせつ）⓪〔ナ〕

①重要（物品或事情）。*～なプリント。/ 重要的资料。

②（用「…を大切にする」）珍惜，珍爱。*物を～にする。/ 爱惜物品。

★大変（たいへん）⓪〔ナ・副〕

①（事态）严重，够呛。*～な仕事〔道〕。/ 累死人的工作〔够呛的道路〕。

②非常，相当。*～おもしろい〔暑い〕。/ 很有趣〔热〕。

作副词时一般不写作汉字「大変」。

☆大量（たいりょう）⓪〔ナ〕 ⇔少量

（数量）大量。*～に作る。/ 大量生产。

★だめ②〔名・ナ〕

①（表示禁止）不行，不可以。*飲酒は～だよ。/ 不可饮酒。

②（能力或可能性）不会，不可能。*僕は野球が～だ。/ 我棒球打不好。

□慎重 □心配 □素敵 □正確 □相当 □粗末 □退屈 □大事 □大丈夫
□大切 □大变 □大量 □だめ

③（人、物、事）无用，徒劳。*この薬（くすり）はもう～だ。/这药已经过期了。

☆単純（たんじゅん）⓪〔名·ナ〕 ⇔複雑

（事情）单纯，不复杂，过于简单。*～なミス〔仕事（しごと）〕。/低级错误〔简单的工作〕。

☆中途半端（ちゅうとはんぱ）④〔名·ナ〕

①（事情）半途而废，不彻底。*仕事（しごと）は～で終（お）わる。/工作半途而废。

②（物品、数量、知识等）不完整。*～な品物（しなもの）。/数量不齐的商品。

★丁寧（ていねい）①〔名·ナ〕

①（做事）小心翼翼，精心细致。*～なやり方（かた）。/处事细心。

②（言辞）彬彬有礼。*～な言葉（ことば）を使（つか）う。/使用礼貌的词语。

★適当（てきとう）⓪〔ナ〕 ⇔不適当

适当，适度。*～な大（おお）きさ〔温度（おんど）〕。/适当的大小〔温度〕。

★当然（とうぜん）⓪〔ナ·副〕

①〔ナ〕理所当然的。*それは～なことだ。/那是理所当然的事情。

②〔副〕当然，应当。*～そうすべきだ。/当然应该那么做。

★得意（とくい）②〔ナ〕 ⇔苦手

（技艺）擅长，拿手。*料理（りょうり）が～だ。/烧菜很拿手。

☆独特（どくとく）⓪〔名·ナ〕

独具特色的。*～な手法（しゅほう）。/独特的手法。

★特別（とくべつ）⓪〔ナ·副〕 ⇔普通

①〔ナ〕（非同寻常）特殊，例外。*～な日（ひ）。/特殊的日子。

②〔副〕（程度上）特别，格外。*部下（ぶか）に～厳（きび）しい。/对下属的要求特别严格。

★熱心（ねっしん）①〔名·ナ〕

（做事态度）专心于……，热衷于…… *彼（かれ）は仕事（しごと）に～だ。/他热衷于工作。

★非常（ひじょう）⓪〔名·ナ〕

①〔名〕（发生灾难等场合）紧急。*～時（じ）に使（つか）う～袋（ぶくろ）。/紧急情况下用的应急包。

②〔ナ〕（程度）非常，极其。*～な喜（よろこ）び。/异常喜悦。

★必要（ひつよう）⓪〔ナ〕

（必要性）必要，必需。*お金（かね）が～だ。/需要钱。

☆秘密（ひみつ）⓪〔名·ナ〕

①〔名〕秘密。*～を守（まも）る。/保守秘密。

②〔ナ〕秘密的。*～に交渉（こうしょう）する。/秘密谈判。

☆微妙（びみょう）⓪〔ナ〕

微妙。*～な違（ちが）い。/微妙的差异。

☆平等（びょうどう）⓪〔名·ナ〕 ⇔不平等

①〔名〕平等。*～を欠（か）く。/缺乏平等。

②〔ナ〕平等的。*～な待遇（たいぐう）。/平等待遇。

☆貧乏（びんぼう）①〔名·ナ〕

生活贫困，贫穷。*～な生活（せいかつ）。/穷日子。

☆不安（ふあん）⓪〔名·ナ〕 ⇔安心

①〔名〕不安，担心。*人（ひと）に～を与（あた）える。/给人带去不安。

②〔ナ〕不安的，不放心的。*～な日（ひ）々。/令人不安的日日夜夜。

□単純 □中途半端 □丁寧 □適当 □当然 □得意 □独特 □特別 □熱心
□非常 □必要 □秘密 □微妙 □平等 □貧乏 □不安

★複雑(ふくざつ)⓪〔ナ〕 ⇔簡単

①（事物本身）错综复杂。*～な機械(きかい)。/（结构）复杂的机器。
②（做起来）费事。*～な仕事(しごと)。/ 费神费时的工作。

☆不景気(ふけいき)②〔名・ナ〕 ⇔好景気

（经济）不景气，萧条。*～な市場(しじょう)。/ 不景气的市场。

☆不足(ふそく)⓪〔ナ・Ⅲ自〕

①〔ナ〕不满意，不满足。*～なことはない。/ 没什么不满意的。
②〔自〕（数量等）缺少，不足，不够。*経験(けいけん)が～する。/ 经验不足。

☆無事(ぶじ)⓪〔名・ナ〕

①〔名〕（无病无灾）安然无恙。*家族(かぞく)の～を祈(いの)る。/ 祈祷家人平安。
②〔ナ〕平安无事。*～に退院(たいいん)する。/ 平安出院。

☆不思議(ふしぎ)⓪〔ナ〕

不可思议（的现象等）。*～な自然現象(しぜんげんしょう)。/ 不可思议的自然现象。

★不十分(ふじゅうぶん)②〔名・ナ〕

不充分，不足，不完善。*勉強(べんきょう)は～だ。/ 不够用功。

★不注意(ふちゅうい)②〔名・ナ〕

粗心大意。*～な運転(うんてん)。/ 开车心不在焉。

★普通(ふつう)⓪〔名・ナ・副〕 ⇔特別

①〔名〕（场合相比）平时，往常，寻常。*遅刻(ちこく)は～の事(こと)だ。/ 迟到是家常便饭。
②〔ナ〕（同类相比）普通，不特别。*～に見(み)られる品物(しなもの)。/ 到处可见的商品。
③〔副〕通常情况下，一般来说。*夕食(ゆうしょく)は～6時(じ)だ。/ 晚饭一般 6 点吃。

★不便(ふべん)①〔ナ〕 ⇔便利

（因设施不齐全而）不便，不方便。*駅(えき)から遠(とお)くて～だ。/ 离车站远，所以不方便。

☆不満(ふまん)⓪〔名・ナ〕

①〔名〕不满。*～を言(い)う。/ 发牢骚。
②〔ナ〕不满意，不满足。*～な結果(けっか)になる。/ 导致不满意的结果。

☆平気(へいき)⓪〔名・ナ〕

①（无所谓的态度）若无其事。*～な顔(かお)をする。/ 一副若无其事的表情。
②（觉得轻而易举而有信心）不要紧，不算什么。*ビールなら～だ。/ 喝啤酒是毛毛雨。

★便利(べんり)①〔ナ〕 ⇔不便

（因设施齐全而）方便，便利。*駅(えき)から近(ちか)くて～だ。/ 离车站近，所以很方便。

☆豊富(ほうふ)⓪〔ナ〕

（资源、生活、知识等）丰富。*～な経験(けいけん)がある。/ 具有丰富的经验。

★満足(まんぞく)①〔ナ・Ⅲ自〕 ⇔不満足

①〔ナ〕令人满意的。*～な結果(けっか)。/ 结果令人满意。
②〔自〕对……满意，满足于……*今(いま)の成績(せいせき)に～する。/ 安于既有的成绩。

★無駄(むだ)⓪〔名・ナ〕

①（努力等）白费劲。*～な努力(どりょく)をするな。/ 不要白白努力。

□複雑 □不景気 □不足 □無事 □不思議 □不十分 □不注意 □普通 □不便
□不満 □平気 □便利 □豊富 □満足 □無駄

②（时间、金钱等）浪费。＊時間の～になる。/ 浪费时间。

☆夢中⓪〔ナ〕

沉醉，迷恋。＊ゲームに～だ〔になる〕。/ 热衷于游戏。

★無理①〔ナ·Ⅲ自〕

①〔ナ〕难以办到，有困难。＊～な頼み。/ 难以办到的委托之事。

②〔自〕逞强，逞能。＊～をしないように。/ 不要硬撑。

☆迷惑①〔ナ·名·Ⅲ自〕

①〔ナ〕为难，麻烦。＊～な話をしない。/ 不说让人为难的话。

②〔名〕（用「迷惑をかける」）添麻烦。＊人に～をかける。/ 给人添麻烦。

③〔自〕烦扰，打扰，打搅。＊人に～するな。/ 不要打扰别人。

☆面倒③〔名·ナ〕

①〔名〕（用「面倒を見る」）照料他人。＊老人の～を見る。/ 照料老人。

②〔ナ〕麻烦，棘手。＊～な手続き。/ 麻烦的手续。

★有名⓪〔ナ〕

有名，著名。＊～な店。/ 有名的商店。

☆愉快①〔名·ナ〕　⇔不愉快

愉快。＊～な情報。/ 令人愉快的消息。

★乱暴⓪〔ナ〕

①（言语）粗暴，粗俗。＊～な言葉。/ 粗俗的语言。

②（做事）粗野，野蛮。＊～な運び方。/ 野蛮的搬运方式。

★立派⓪〔ナ〕

①人物优秀。＊～な学生。/ 优秀学生。

②工作出色。＊仕事が～だ。/ 工作出色。

③（建筑物等）宏伟，壮观。＊～な建物。/ 宏伟的建筑。

□夢中　□無理　□迷惑　□面倒　□有名　□愉快　□乱暴　□立派

练　习

一、请从 [　　] 中选择一个最合适的词，并用平假名写在（　　）中。

貧乏　平等　丁寧　大切

1. 利益（りえき）を（　　　　）に分けます。
2. その子は先生に（　　　　）に挨拶をしました。
3. 彼女がくれたプレゼントだから、（　　　　）にしています。
4. 食事にも困っていて、（　　　　）な暮（く）らしをしている人もいます。

二、请从 [　　] 中选择一个最合适的词，并用汉字写在（　　）中。

ふまん　へいき　しんぱい　くろう

1. しかられましたが、（　　　　）な顔をしています。
2. 軽い風邪ですから、ご（　　　　）要りません。
3. 何もやらないのに、（　　　　）ばかり言っています。
4. 母はこの家のためにたいへん（　　　　）しました。

三、请选择合适的搭配，把对应的字母写在（　　）中。

1. 丈夫な　（　）	A. 方法	4. 無事に　（　）	D. 作る
2. 快適な　（　）	B. 住宅	5. 大量に　（　）	E. 働く
3. 確実な　（　）	C. 家具	6. 懸命に　（　）	F. 帰る

四、请从 A、B、C、D 四个选项中选择最合适的一个填入（　　）中。

1. まだ（　）に日本語を話すことができません。

   A. 豊富　　B. 満足　　C. 普通　　D. 便利

2. 勉強が好きな娘は毎日読書に（　）になっています。

   A. 立派　　B. 愉快　　C. 夢中　　D. 無理

3. 人の（　）にならないように気を付けましょう。

   A. 迷惑　　B. 乱暴　　C. 無駄　　D. 不足

第2课 ナ形容词（2）

✲ 单汉字训读ナ形容词

☆新た①〔ナ〕

（抽象事物）新，重新。*人生の～な出発。/ 人生全新的启程。

★主①〔ナ〕

主要的。*～な仕事。/ 主要的工作。

★嫌②〔ナ〕 ⇔好き

①厌烦（某事）。*～な事。/ 厌烦的事情。
②不愿意（做某事）。*彼に会うのが～だ。/ 我不愿意见他。

★嫌い⓪〔ナ〕 ⇔好き

厌恶（某人某事）。*勉強が～だ。/ 厌恶上学。

☆幸い⓪〔ナ·副ニ〕

①〔ナ〕幸运。*～な人。/ 幸运的人。
②〔副ニ〕幸亏，幸好。*～（に）間に合った。/ 幸好赶上了。

★盛ん⓪〔ナ〕

①（产业）繁荣。*商業が～な町。/ 商业繁荣的城市。
②（活动）盛行。*野球が～な国。/ 棒球盛行的国家。
③（势头）旺盛，迅猛。*火が～に燃える。/ 火熊熊燃烧。
④（做事的劲头）热心，热烈，积极。*～に拍手する〔質問する〕。/ 热烈鼓掌〔积极提问〕。

★幸せ⓪〔名·ナ〕

①〔名〕幸福。*～を祈る。/ 祈求幸福。
②〔ナ〕幸福的。*～な人生。/ 幸福的人生。

★好き②〔ナ〕 ⇔嫌い·嫌

喜欢（某人某事）。*～な仕事〔人〕。/ 喜欢的工作〔人〕。

★暇⓪〔名·ナ〕

①〔名〕空闲时间。*今は～がない。/ 现在没工夫。
②〔ナ〕空闲的。*～な時。/ 有空的时候。

✲ ～か

★暖か·温か③〔ナ〕

①「暖か」天气暖和的。*～な南の国。/ 温暖的南方。
②「温か」物体热乎乎的。*～なご飯。/ 热乎乎的米饭。
③「温か」温和，热情。*心が～だ。/ 心地善良。
💡「あたたかに＋动词」（×）

★静か①〔ナ〕

①（周围）安静。*～な図書館。/ 安静的图书馆。

□新た □主 □嫌 □嫌い □幸い □盛ん □幸せ □好き □暇 □暖か·温か
□静か

②（动作）轻。*～に戸を開ける。/ 轻轻打开门。

③（性格）文静。*～な人だ。/ 文静的人。

☆確か（たしか）①〔ナ〕 ⇔不確か

（事实、证据等）可靠，信得过。*～な証拠はない。/ 没有确凿证据。

★豊か（ゆたか）①〔ナ〕 ⇔貧しい

①（生活等）富裕。*～な生活。/ 富裕的生活。

②（知识等）丰富。*～な経験〔資源〕。/ 丰富的经验〔资源〕。

☆穏やか（おだやか）②〔ナ〕

①（性格等）温和，和蔼。*～な人柄。/ 性情温和的人。

②（天气、情绪等）平静，平稳。*～な海〔顔〕。/ 平静的大海〔和颜悦色〕。

☆細やか（こまやか）②〔ナ〕

①（情感）细腻，细心，深厚。*～な人。/ 细心的人。

②（说明、思维等）细致，精细。*～な解説。/ 细致的讲解。

☆清らか（きよらか）②〔ナ〕

①清澈，干净。*～な水。/ 清澈的水。

②纯洁。*～な心。/ 纯洁的心灵。

☆滑らか（なめらか）②〔ナ〕

①（表面）光滑。*～な床〔肌〕。/ 光滑的地板〔肌肤〕。

②（外语）流利。*英語が～だ。/ 英语说得很流利。

③（进展）顺利。*交渉が～に進む。/ 谈判顺利进行。

☆朗らか（ほがらか）②〔ナ〕

乐观，开朗，阳光。*～な若者。/ 开朗的年轻人。

★柔らか・軟らか（やわらか）③②〔ナ〕

①柔和的。*～な言い方。/ 柔和的措辞。

②柔软的。*体が～だ。/ 身体柔软。

✻ 多汉字训读ナ形容词

☆当たり前（あたりまえ）⓪〔ナ〕

理所当然。*借金を返すのは～だ。/ 归还欠债理所当然。

☆勝手（かって）⓪〔ナ〕

①（自顾自地）任性，放肆。*～なやつ。/ 做事任性的人。

②（用「勝手にする」）为所欲为。*（君の）～にしろ。/ 随你的便吧。

☆気の毒（きのどく）③〔名・ナ〕

①（同情他人）觉得可怜。*～な一生。/（他）可怜的一生。

②（感觉对不住他人）于心不安。*彼に～なことをした。/ 做了愧对于他的事。

★上手（じょうず）③〔ナ〕 ⇔下手

（技艺）高明，高超。*日本語が～だ。/ 日语说得好。

☆素直（すなお）①〔ナ〕

（为人做事）直率，纯朴，温顺。*～な子ども〔性格〕。/ 乖孩子〔老实的性格〕。

★大嫌い（だいきらい）①〔ナ〕 ⇔大好き

非常厌恶（某人某事）。*～な仕事。/ 非常厌恶的工作。

□確か □豊か □穏やか □細やか □清らか □滑らか □朗らか □柔らか·軟らか
□当たり前 □勝手 □気の毒 □上手 □素直 □大嫌い

★大好き①〔ナ〕 ⇔大嫌い

非常喜欢（某人某事）。＊～な曲。/ 非常喜欢的曲子。

★苦手⓪〔ナ〕 ⇔得意

（技艺）不擅长。＊英語が～だ。/ 不擅长英语。

☆派手②〔ナ〕 ⇔地味

①（生活）阔绰。＊～に金を使う。/ 花钱阔绰。

②（穿戴等）华丽。＊～な洋服を着る。/ 穿华丽的服装。

★下手②〔ナ〕 ⇔上手

（技艺）笨拙，拙劣。＊料理が～だ。/ 做菜水平很差。

★真っ赤③〔名·ナ〕

鲜红。＊～な血。/ 鲜红的血。

★真っ暗③〔名·ナ〕

夜色漆黑。＊～な夜道。/ 漆黑的夜路。

★真っ黒③〔名·ナ〕

乌黑。＊～な髪。/ 乌黑的头发。

★真っ青③〔名·ナ〕

①蔚蓝。＊～な空。/ 蔚蓝的天空。

②（脸色）苍白。＊～な顔。/ 脸色苍白。

★真っ白③〔名·ナ〕

雪白。＊～な雪。/ 皑皑白雪。

★真面目⓪〔ナ〕 ⇔不真面目

①为人诚实。＊～な人。/ 诚实的人。

②做事认真。＊～に働く〔勉強する〕。/ 认真工作〔学习〕。

☆見事①〔ナ〕

①（景色等）美丽，好看。＊～な花火。/ 好看的烟火。

②（事情做得）精彩，出色。＊～な演技。/ 精彩的演技。

③（结果）完全，彻底。＊～に成功する〔負ける〕。/ 彻底成功〔输了〕。

✻无汉字ナ形容词

☆あいにく⓪〔ナ·副〕

①〔ナ〕偏巧，扫兴。＊～な雨だ。/ 扫兴的雨。

②〔副〕不凑巧。＊～留守だった。/ 不凑巧没在家。

☆おしゃれ②〔ナ·Ⅲ自〕

①〔ナ〕好打扮（的人）。＊～なお嬢さん。/ 好打扮的姑娘。

②〔自〕漂亮打扮。＊～して出かける。/ 打扮得漂漂亮亮地出门。

★かわいそう④〔ナ〕

（对他人的同情）好可怜。＊～な子供。/ 可怜的孩子。

★きれい①〔ナ〕

①（长相、景色等）美丽，漂亮。＊～な人〔服〕。/ 美丽的人〔服装〕。

②（环境）干净。＊～な床。/ 干净的地板。

③（结果）漂亮。＊～な字。/ 好看的字。

☆ぜいたく③〔名·ナ〕

（生活）奢侈，奢华。＊～な食事を取る。/ 吃得奢侈。

□大好き □苦手 □派手 □下手 □真っ赤 □真っ暗 □真っ黒 □真っ青 □真っ白
□真面目 □見事 □あいにく □おしゃれ □かわいそう □きれい □ぜいたく

★そっくり③〔ナ〕

（外观）几乎一模一样。＊目(め)が父親(ちちおや)に～だ。/眼睛特像他爸爸。

★にぎやか②〔ナ〕

①热闹。＊～なパーティー。/热闹的派对。
②繁华，繁荣。＊～な街(まち)。/繁华的街道。

★まっすぐ③〔ナ〕

笔直的。＊～な道(みち)。/笔直的道路。

☆わがまま③〔名·ナ〕

（多用于评价未成年人）任性。＊～な子供(こども)〔に育(そだ)つ〕。/任性的孩子〔娇生惯养〕。

ABAB 型ナ形容词

★いろいろ⓪〔ナ·副ト〕

①〔ナ〕（种类）各种各样的。＊～な人(ひと)〔物(もの)〕。/形形色色的人〔物品〕。
②〔副ト〕（涉及面）各方面，多方面。＊～と聞(き)く。/问了很多事。
💡一般可不写作汉字「色々」。

☆ぎりぎり⓪〔名·ナ〕

接近极限。＊～で合格(ごうかく)した。/勉强及格。

★さまざま②〔ナ〕

各种各样。＊～な人(ひと)〔服装(ふくそう)〕。/形形色色的人〔各种各样的装扮〕。
💡一般可不写作汉字「様々」。

☆ばらばら⓪〔ナ〕

①（物品、人员等）零散的状态。＊家(いえ)〔卒業生(そつぎょうせい)〕が～だ。/房屋东一家西一家〔毕业生各奔东西〕。
②（意见等）不统一。＊みんなの意見(いけん)は～だ。/大家各有各的意见。

☆ぺこぺこ⓪〔ナ〕

饥肠辘辘。＊おなかが～だ。/饥肠辘辘。

外来语ナ形容词

★ハンサム①〔ナ〕

（长相）帅气的。＊～な男(おとこ)。/美男子。

☆シンプル①〔ナ〕

①简洁，不复杂。＊～なデザイン。/简洁的样式。
②生活简朴。＊～な生活(せいかつ)。/简朴生活。

☆ユニーク②〔ナ〕

（想法、设计等）别出心裁的。＊～なデザイン。/独特的设计。

□そっくり　□にぎやか　□まっすぐ　□わがまま　□いろいろ　□ぎりぎり　□さまざま
□ばらばら　□ぺこぺこ　□ハンサム　□シンプル　□ユニーク

练　习

一、请从□中选择一个最合适的词，并用平假名写在（　　）中。

派手　勝手　苦手　見事

1. ぼくは歌が（　　　　）だから、あまりカラオケには行きません。
2. お作品は本当に（　　　　）にできましたね。
3. ぼくのパソコンを（　　　　）に使うな。
4. 新婦（しんぷ）は（　　　　）な服装（ふくそう）で会場に入りました。

二、请从□中选择一个最合适的词，并用汉字写在（　　）中。

しあわせ　ひま　おも　あたりまえ

1. （　　　　）だったら、私のところへ遊びに来てください。
2. この地方（ちほう）の（　　　　）な作物（さくもつ）はお米（こめ）です。
3. 悪口（わるくち）を言われて怒るのは（　　　　）です。
4. 二人は（　　　　）に暮らしています。

三、请选择合适的搭配，把对应的字母写在（　　）中。

1. ゆたかな	（　）	A. 夜中	4. 盛んな	（　）	D. デザイン
2. たしかな	（　）	B. 生活	5. 新たな	（　）	E. 声援
3. しずかな	（　）	C. 情報	6. 幸いな	（　）	F. 人々

四、请从 A、B、C、D 四个选项中选择最合适的一个填入（　　）中。

1. 一流ホテルのサービスは心遣い（こころづか）が（　　）です。

A. おだやか　　B. こまやか　　C. ほがらか　　D. やわらか

2. 遅刻しませんでしたが、（　　）で間に合いました。

A. ぎりぎり　　B. さまざま　　C. ばらばら　　D. ぺこぺこ

3. 美恵（みえ）さんは、（　　）をしてお見合（みあ）いに行きました。

A. ぜいたく　　B. おしゃれ　　C. シンプル　　D. ユニーク

第5章 动词

第1课 动词（1）

✻ Ⅰ类自他两用动词

☆争(あらそ)う③〔Ⅰ自他〕

〔自〕争吵，争论。＊兄弟(きょうだい)で～。/ 兄弟间争吵。

〔他〕争夺，竞争。＊優勝(ゆうしょう)を～。/ 争冠。

☆伺(うかが)う⓪〔Ⅰ自他〕

〔自〕（谦）前往拜访。＊先生(せんせい)のお宅(たく)へ～。/ 前往老师家拜访。

〔他〕

①（谦）倾听（意见）。＊ご意見(いけん)を～。/ 倾听您的意见。

②询问（事情）。＊先生(せんせい)に留学(りゅうがく)のことを～。/ 向老师咨询留学事宜。

★間違(まちが)う③〔Ⅰ自他〕

〔自〕不正确，错误。＊答(こた)えが～。/ 答案错误。

〔他〕弄错，搞错。＊電話番号(でんわばんごう)を～。/ 弄错电话号码。

★付(つ)き合(あ)う③〔Ⅰ自他〕

〔自〕与人交往。＊人(ひと)と～。/ 与人交往。

〔他〕（社交上的）陪同，作陪。＊客(きゃく)にゴルフを～。/ 陪客人打高尔夫。

☆注(そそ)ぐ⓪〔Ⅰ自他〕

①〔自〕液体大量流入。＊川(かわ)の水(みず)が海(うみ)に～。/ 河水入海。

②〔他〕大量灌入液体。＊容器(ようき)に水(みず)を～。/ 往容器里注水。

★吹(ふ)く①〔Ⅰ自他〕

〔自〕刮（风）。＊風(かぜ)が～。/ 刮风。

〔他〕吹。＊熱(あつ)いお茶(ちゃ)を～。/ 吹凉热茶。

★開(ひら)く②〔Ⅰ自他〕 ⇔閉じる・閉める

〔自〕

①（门窗等闭合物）打开。＊本(ほん)が～。/ 书打开着。

②（店、班等）开业，开张。＊店(みせ)が～。/ 开店。

〔他〕

①打开（门窗等闭合物）。＊門(もん)を～。/ 打开大门。

②开店、开班等。＊パソコン教室(きょうしつ)を～。/ 开电脑班。

③召开，举办（会议、活动）。＊会議(かいぎ)を～。/ 召开会议。

☆向(む)く⓪〔Ⅰ自他〕

〔自〕适合（某人群）。＊女性(じょせい)に～仕事(しごと)。/ 适合女性干的工作。

〔他〕使（脸、身体）朝向。＊顔(かお)を上(うえ)のほうへ～。/ 把脸朝上。

★急(いそ)ぐ②〔Ⅰ自他〕

〔自〕匆匆赶路。＊道(みち)を～。/ 赶路。

〔他〕着急做事。＊仕事(しごと)を～。/ 赶工。

★暮(く)らす⓪〔Ⅰ自他〕

〔自〕生活。＊田舎(いなか)で～。/ 在乡下生活。

〔他〕度日。＊夏休(なつやす)みを～。/ 过暑假。

□争う □伺う □間違う □付き合う □注ぐ □吹く □開く □向く □急ぐ
□暮らす

★差す①〔Ⅰ自他〕

〔自〕（光线）照射。*西日が～。/夕阳照射。

〔他〕手里撑举着（雨伞、小旗子等）。*傘を～。/撑着雨伞。

★持つ①〔Ⅰ自他〕

〔自〕（产品、食品等）经久耐用。*缶詰が長く～。/罐头食品不易坏。

〔他〕

①(手上一直)拿着,把持。*手に本を～。/手上拿着书。

②(必需品等)身边带着。*金を～必要がある。/身边需要带些钱。

③拥有（实物或抽象事物）。*家〔夢〕を～。/有房子〔梦想〕。

★運ぶ⓪〔Ⅰ自他〕

〔自〕（事情）进展,进行。*工事〔交渉〕がうまく～。/工程〔谈判〕进展顺利。

〔他〕搬运，运送。*荷物を～。/搬运货物。

★休む②〔Ⅰ自他〕

〔自〕放假。*会社が～。/公司放假。

〔他〕请假。*学校を～。/请假不上学。

★怒る②〔Ⅰ自他〕

〔自〕（冲着某人）生气，发怒。*息子に～。/冲儿子发脾气。

〔他〕（训诫）骂，怒骂。*息子を～。/骂儿子。

☆限る②〔Ⅰ自他〕

〔自〕限于某对象。*本日に～。/仅限今日。

〔他〕限定数量。*人数を～。/限定人数。

★頑張る③〔Ⅰ自他〕

〔自〕为……而拼命加油。*会社再建に～。/为公司重建而努力。

〔他〕努力做,拼命干。*仕事を～。/拼命工作。

★触る⓪〔Ⅰ自他〕

〔自〕（用手轻轻）触碰。*額〔機械〕に～。/触摸额头〔机器〕。

〔他〕（用手指等）反复摆弄。*鼻〔髪の毛〕を～。/反复揉鼻子〔抚摸头发〕。

☆頼る②〔Ⅰ自他〕

〔自〕依赖(某人)。*親に～。/依靠父母。

〔他〕把（事情）委托（他人）。*妻に家事を～。/把家务交给妻子。

★終わる⓪〔Ⅰ自他〕　⇔始まる・始める

〔自〕(自然)结束。*授業が～。/课上完了。

〔他〕(人为)结束。*会議を～。/结束会议。

Ⅱ类自他两用动词

☆閉じる②〔Ⅱ自他〕　⇔開く・開ける

〔自〕（门、窗、嘴巴、眼睛等）合上。*戸〔箱〕が～。/门关上〔箱盖合上〕。

〔他〕合上（门、窗、嘴巴、眼睛等）。*戸〔箱〕を～。/关门〔合上箱盖〕。

☆向ける⓪〔Ⅱ自他〕

〔自〕

①面向（特定人群）。*女性に～弁当。/面向女性的盒饭。

②为了(某目标对象)。*大会に～準備。/为大会做准备。

□差す　□持つ　□運ぶ　□休む　□怒る　□限る　□頑張る　□触る　□頼る
□終わる　□閉じる　□向ける

〔他〕

①（把身体的一部分）朝向。＊前に顔を～。/ 脸朝前。

②（把物品等）转向，面向。＊観衆にマイクを～。/ 把麦克风对着观众。

★受ける②〔Ⅱ自他〕

〔自〕受欢迎。＊若者に～映画。/ 受年轻人喜爱的电影。

〔他〕

①接受（礼物、任务、订单等）。＊お土産〔注文〕を～。/ 收到礼品〔订单〕。

②受到（表扬或批评等）。＊国民から非難を～。/ 遭到国民的指责。

☆訪れる④〔Ⅱ自他〕

〔自〕（时期、事情等）来临。＊春が～。/ 春天来临。

〔他〕正式访问。＊首相が中国を～。/ 首相访问中国。

Ⅲ类自他两用动词

★する⓪〔Ⅲ自他〕

〔自〕

①（五官）感到。＊寒気が～。/ 感觉发冷。

②（价钱、价格）花费。＊20 万円～。/ 花费 20 万日元。

③（时间）经过。＊5 分～と着くだろう。/ 再过 5 分钟就到了吧。

〔他〕

①干，做，进行（事情）。＊家の仕事を～。/ 在家里做家务。

②戴（项链、手套、口罩、戒指等）；系（领带、围巾、腰带等）。＊ネクタイ〔マフラー〕を～。/ 系领带〔围巾〕。

☆達する⓪〔Ⅲ自他〕

〔自〕达到某基准。＊人口が 1 億に～。/ 人口达到 1 亿。

〔他〕实现（愿望、目标等）。＊目的を～。/ 努力实现目的。

★注意する①〔Ⅲ自他〕

〔自〕（为避开危险）警惕，小心。＊ガスに～。/ 小心燃气。

〔他〕警告，批评。＊学生を～。/ 警告学生。

☆依頼する⓪〔Ⅲ自他〕

〔自〕依赖（某人）。＊友人に～。/ 依靠朋友。

〔他〕把（事情）委托（他人）。＊部下に仕事を～。/ 把工作委托给下属。

☆応接する⓪〔Ⅲ自他〕

〔自〕跟客人打招呼。＊来客に～。/ 跟来客打招呼。

〔他〕接待客人。＊来客を～。/ 接待来客。

★決定する⓪〔Ⅲ自他〕

〔自〕定下来。＊会の日が～。/ 会期已定。

〔他〕做决定。＊会の日を～。/ 决定会期。

★完成する⓪〔Ⅲ自他〕

〔自〕完成。＊仕事が～。/ 工作完成。

〔他〕使完成。＊作品を～。/ 完成作品。

★移動する⓪〔Ⅲ自他〕

〔自〕发生移动。＊車が～。/ 车子移开了。

〔他〕使移动。＊机を～。/ 移动桌子。

★集中する⓪〔Ⅲ自他〕

〔自〕得到集中。＊人口が市内に～。/ 人口集中在市区。

□受ける　□訪れる　□する　□達する　□注意する　□依頼する　□応接する
□決定する　□完成する　□移動する　□集中する

〔他〕使集中。*力(ちから)を仕事(しごと)に～。/把精力集中于工作。

☆解消(かいしょう)する⓪〔Ⅲ自他〕

〔自〕得到消除或解除。*水不足(みずぶそく)が～。/缺水问题解除了。

〔他〕消除或解除。*ストレスを～。/消除精神压力。

☆遠慮(えんりょ)する⓪〔Ⅲ自他〕

〔自〕顾虑，放不开。*客(きゃく)が～する。/客人有所顾虑。

〔他〕委婉拒绝。*招待(しょうたい)を～。/婉拒邀请。

☆普及(ふきゅう)する⓪〔Ⅲ自他〕

〔自〕得到普及。*スマホが～。/智能手机得到普及。

〔他〕使普及。*義務教育(ぎむきょういく)を～。/普及义务教育。

☆集合(しゅうごう)する⓪〔Ⅲ自他〕 ⇔解散する

〔自〕集合。*参加者(さんかしゃ)が～。/参加者集合。

〔他〕使集合。*生徒(せいと)を～。/集合学生。

☆解散(かいさん)する⓪〔Ⅲ自他〕 ⇔集合する

〔自〕解散。*旅行団(りょこうだん)が～。/旅行团解散。

〔他〕使解散。*協会(きょうかい)を～。/解散协会。

☆感謝(かんしゃ)する①〔Ⅲ自他〕

〔自〕致谢（对方）。*皆様(みなさま)に～。/向大家致谢。

〔他〕感谢（付出）。*ご好意(こうい)を～。/感谢您的好意。

☆解決(かいけつ)する⓪〔Ⅲ自他〕

〔自〕（难题）得到解决。*事件(じけん)が～。/事件得以解决。

〔他〕解决，处理（难题）。*難問(なんもん)を～。/解决难题。

☆実現(じつげん)する⓪〔Ⅲ自他〕

〔自〕得到实现。*希望(きぼう)が～。/希望得以实现。

〔他〕使实现。*夢(ゆめ)を～。/实现梦想。

☆進行(しんこう)する⓪〔Ⅲ自他〕

〔自〕（机械或活动）继续进行。*列車(れっしゃ)〔試合(しあい)〕が～。/列车行驶〔比赛进行〕。

〔他〕使（机械或活动）进行。*車(くるま)〔会議(かいぎ)〕を～。/开车〔会〕。

☆破壊(はかい)する⓪〔Ⅲ自他〕 ⇔建設する

①〔自〕遭到破坏。*建物(たてもの)が～。/建筑物遭到破坏。

②〔他〕使破坏，使毁坏。*環境(かんきょう)を～。/破坏环境。

☆回復(かいふく)する⓪〔Ⅲ自他〕

〔自〕（健康、行情等）得到恢复。*景気(けいき)が～。/景气恢复。

〔他〕使（健康、行情等）恢复。*健康(けんこう)を～。/康复。

☆拡大(かくだい)する⓪〔Ⅲ自他〕 ⇔縮小する

〔自〕（范围、尺寸等）被扩大。*需要(じゅよう)が～。/需求扩大了。

〔他〕扩大（范围、尺寸等）。*写真(しゃしん)を～。/放大照片。

□解消する □遠慮する □普及する □集合する □解散する □感謝する □解決する
□実現する □進行する □破壊する □回復する □拡大する

☆縮小（しゅくしょう）する⓪〔Ⅲ自他〕 ⇔拡大する

〔自〕（范围、尺寸等）被缩小。＊サイズが～。/ 尺寸缩小了。

〔他〕缩小（范围、尺寸等）。＊規模（きぼ）を～。/ 缩小规模。

☆増加（ぞうか）する⓪〔Ⅲ自他〕 ⇔減少する

〔自〕增加。＊収入（しゅうにゅう）が～。/ 收入增加。

〔他〕使增加。＊体重（たいじゅう）を～。/ 增加体重。

☆減少（げんしょう）する⓪〔Ⅲ自他〕 ⇔増加する

〔自〕减少。＊収入（しゅうにゅう）が～。/ 收入减少。

〔他〕使减少。＊体重（たいじゅう）を～。/ 减少体重。

☆パスする①〔Ⅲ自他〕

〔自〕通过（考试、测试、审查等）。＊試験（しけん）に～~~する~~した。/ 通过了考试。

〔他〕使（考试、测试、审查等）通过。＊審査（しんさ）を～。/ 让审查通过。

★ミスする①〔Ⅲ自他〕

〔自〕失误，失败。＊試合（しあい）で～~~する~~した。/ 比赛中失误了。

〔他〕搞错，弄错。＊計算（けいさん）を～~~する~~した。/ 算错了。

☆オープンする①〔Ⅲ自他〕

〔自〕商店等开张。＊店（みせ）が～。/ 商店开张。

〔他〕开设新店等。＊新店（しんてん）を～。/ 开新店。

☆アップする①〔Ⅲ自他〕 ⇔ダウンする

〔自〕得到提高。＊給料（きゅうりょう）が～~~する~~した。/ 工资涨了。

〔他〕使提高。＊能力（のうりょく）を～。/ 提高能力。

☆ダウンする①〔Ⅲ自他〕 ⇔アップする

〔自〕自然降低。＊年収（ねんしゅう）が～。/ 年收入下降。

〔他〕使降低。＊コストを～。/ 降低成本。

☆ストップする②〔Ⅲ自他〕

〔自〕停止。＊電車（でんしゃ）が～。/ 电车停驶。

〔他〕使停止。＊エンジンを～。/ 关掉发动机。

☆チェンジする①〔Ⅲ自他〕

〔自〕（物品、形象等）得到更新。＊イメージが～。/ 形象得到改变。

〔他〕使（物品、形象等）更新。＊部品（ぶひん）を～。/ 更换零件。

□縮小する　□増加する　□減少する　□パスする　□ミスする　□オープンする
□アップする　□ダウンする　□ストップする　□チェンジする

练 习

一、请从□中选择一个最合适的词，并用平假名写在（　　）中。

間違って　閉じて　訪れて　向けて

1. 箱のふたを（　　　　）ください。
2. 優勝に（　　　　）がんばります。
3. 君はやり方が（　　　　）いるようです。
4. 毎年、たくさんの観光客が京都を（　　　　）います。

二、请从□中选择一个最合适的词，并用汉字写在（　　）中。

つきあって　あらそう　くらして　おこる

1. おじいさんは一人で静かに（　　　　）います。
2. 彼女とは、幼(おさな)い時から（　　　　）います。
3. ぼくは君に（　　　　）理由はありません。
4. 山田君は世界で一、二を（　　　　）名選手です。

三、请选择合适的搭配，把对应的字母写在（　　）中。

1. ご意見を（　）	A. うかがう	4. 友人に（　）	D. さわる
2. 店を（　）	B. いそぐ	5. 機械に（　）	E. かぎる
3. 夜道を（　）	C. ひらく	6. 女性に（　）	F. たよる

四、请从 A、B、C、D 四个选项中选择最合适的一个填入（　　）中。

1. 店員は、注文した料理を（　）くれました。

　A. はこんで　B. さして　C. いそいで　D. そそいで

2. 母の影響(えいきょう)を（　）、私もピアノの勉強をし始めました。

　A. 向けて　B. 受けて　C. 応接して　D. 実現して

3. 髪型(かみがた)を変えて、イメージを（　）します。

　A. パス　B. ミス　C. ストップ　D. チェンジ

第2课 动词（2）

✲ 自他对应动词（～まる⇔～める）

★閉(し)まる②〔Ⅰ自〕

①（门窗等）关闭。＊窓(まど)が～。/窗户关闭。

②（商店）打烊。＊郵便局(ゆうびんきょく)は3時(じ)に～。/邮局3点打烊。

★閉(し)める②〔Ⅱ他〕 ⇔開ける

①关闭（门窗等）。＊ドアを～。/关门。

②（商店）打烊。＊9時(じ)に店(みせ)を～。/商店（晚上）9点打烊。

★始(はじ)まる⓪〔Ⅰ自〕 ⇔終わる

（事情）开始。＊仕事(しごと)が～。/工作开始。

★始(はじ)める⓪〔Ⅱ他〕 ⇔終わる

开始（做事情）。＊授業(じゅぎょう)を～。/开始上课。

★止(と)まる⓪〔Ⅰ自〕

①（运转中的车辆、机械等）停止。＊電車(でんしゃ)が～。/电车停下了。

②（水电煤等设施）停止运作。＊電気(でんき)〔ガス〕が～。/停电〔气〕。

★止(と)める⓪〔Ⅱ他〕

①使（运转中的车辆、机械等）停止。＊家(いえ)の前(まえ)に車(くるま)を～。/把车停在门前。

②使（水电煤等设施）停止运作。＊電気(でんき)〔水(みず)〕を～。/断电〔水〕。

★泊(と)まる⓪〔Ⅰ自〕

①船停泊。＊船(ふね)が～。/船停着。

②客人住宿，投宿。＊客(きゃく)がホテルに～。/客人住宾馆。

★泊(と)める⓪〔Ⅱ他〕

①使船停泊。＊船(ふね)を～。/停船。

②留人住宿。＊客(きゃく)を旅館(りょかん)に～。/留客人住旅馆。

★集(あつ)まる③〔Ⅰ自〕 ⇔散る

①（人）集合。＊学生(がくせい)が運動場(うんどうじょう)に～。/学生聚集操场。

②（物品）集中。＊お金(かね)が～。/钱款收齐。

★集(あつ)める③〔Ⅱ他〕 ⇔散らす

①召集（人）。＊人(ひと)を会場(かいじょう)に～。/把人召集到会场。

②收集（物品）。＊ごみを～。/回收垃圾。

★締(し)まる②〔Ⅰ自〕

①（领带、腰带、裤带等）系紧。＊ベルトが～。/皮带系紧了。

②（瓶盖等）拧紧。＊蓋(ふた)が～。/盖子拧紧了。

★締(し)める②〔Ⅱ他〕

①系紧（领带、腰带、裤带）。＊ネクタイを～。/系领带。

②拧紧（瓶盖等）。＊蓋(ふた)を～。/拧上盖子。

□閉まる　□閉める　□始まる　□始める　□止まる　□止める　□泊まる　□泊める
□集まる　□集める　□締まる　□締める

★決まる⓪〔Ⅰ自〕

①（事项、规则等）决定好了。* 会議の時間が～。/ 开会时间已定。

②（胜负、当选等）已成定局。* 勝負が～。/ 胜负已成定局。

★決める⓪〔Ⅱ他〕

①决定（事项），制定（规则）。* 日程〔規則〕を～。/ 制定日程〔规则〕。

②决定（胜负、当选等）。* 優勝を～。/ 决定谁胜出。

★暖まる・温まる④〔Ⅰ自〕 ⇔冷える

暖和起来。* 体が～。/ 身体开始暖和了。

★暖める・温める④〔Ⅱ他〕 ⇔冷やす

使温暖，加热。* 電子レンジでご飯を～。/ 用微波炉热饭。

★詰まる②〔Ⅰ自〕

①物品被塞满。* 財布に札が～。/ 钱包里塞满了钱。

②塞住，卡住。* 鼻〔コピー用紙〕が～。/ 鼻子塞住不通气〔复印纸卡住了〕。

③（日程安排等）排满。* 予定が～。/ 计划排得满满的。

★詰める②〔Ⅱ他〕

①往里塞物品。* 本を箱に～。/ 把书往箱子里塞。

②挤座位。* 席を～。/ 挤座位。

③排满（日程安排等）。* 日程を～。/ 排满日程。

☆染まる⓪〔Ⅰ自〕

颜色被染上。* 布が～。/ 布匹被染色。

☆染める⓪〔Ⅱ他〕

染色，染上颜色。* 髪の毛を～。/ 染发。

☆まとまる⓪〔Ⅰ自〕

①（零散的东西）得到集中，汇总。* 書類が～。/ 文件已汇总。

②（不一致的意见等）得到统一。* 意見が～。/ 意见得到统一。

③（交涉等事情）有了着落。* 縁談が～。/ 婚事谈成。

☆まとめる⓪〔Ⅱ他〕

①集中，汇总（零散的东西）。* 資料を～。/ 汇总资料。

②统一（不一致的意见等）。* 考え〔意見〕を～。/ 统一思想〔意见〕。

③促使（交涉等事情）有着落。* 交渉を～。/ 促使谈判成功。

☆埋まる⓪〔Ⅰ自〕

①（部分或全部）被埋上。* 雪で家が～。/ 房子被雪埋住。

②（赤字等）得到弥补，得到填补。* 欠員が～。/ 人员空缺补齐。

☆埋める⓪〔Ⅱ他〕

①填埋（部分或全部）。* 穴を～。/ 填补空洞。

②弥补，填补（赤字等）。* 赤字を～。/ 填补赤字。

□決まる □決める □暖まる·温まる □暖める·温める □詰まる □詰める
□染まる □染める □まとまる □まとめる □埋まる □埋める

☆たまる⓪〔Ⅰ自〕

①（钱财、物品）堆积。＊洗濯物（せんたくもの）が～。/一大堆待洗的衣物。

②（事情）积压。＊宿題（しゅくだい）が～。/作业积压。

☆ためる⓪〔Ⅱ他〕

①储存（钱财等）。＊お金（かね）を～。/攒钱。

②（使事情）积压。＊仕事（しごと）を～。/积压工作。

☆早（はや）まる・速（はや）まる③〔Ⅰ自〕

①「早まる」日期提前。＊予定（よてい）が～。/计划提前。

②「早まる・速まる」速度加快。＊スピードが～。/速度加快。

☆早（はや）める・速（はや）める③〔Ⅱ他〕

①「早める」使日期提前。＊締切日（しめきりび）を～。/把截止日期提前。

②「早める・速める」使速度加快。＊足（あし）を～。/加快脚步。

☆高（たか）まる③〔Ⅰ自〕 ⇔低まる

（程度）提高。＊地位（ちい）が～。/地位提高。

☆高（たか）める③〔Ⅱ他〕 ⇔低める

提高（程度）。＊関心（かんしん）を～。/提高关注度。

☆弱（よわ）まる③〔Ⅰ自〕 ⇔強まる

势头等变弱。＊風雨（ふうう）が～。/风雨减弱。

☆弱（よわ）める③〔Ⅱ他〕 ⇔強める

使势头等变弱。＊勢力（せいりょく）を～。/削弱势力。

☆強（つよ）まる③〔Ⅰ自〕 ⇔弱まる

势头等强烈起来。＊実力（じつりょく）が～。/实力得到提高。

☆強（つよ）める③〔Ⅱ他〕 ⇔弱める

增强势头等。＊実力（じつりょく）を～。/提高实力。

☆固（かた）まる⓪〔Ⅰ自〕

①自然凝固，自然凝结。＊砂糖（さとう）が～。/砂糖结块。

②（基础、信心等）得到巩固。＊基礎（きそ）が～。/基础得到巩固。

☆固（かた）める⓪〔Ⅱ他〕

①使凝固，使凝结。＊セメントを～。/使水泥凝固。

②巩固，坚定（基础、信心等）。＊決心（けっしん）を～。/坚定决心。

☆深（ふか）まる③〔Ⅰ自〕

（程度）得到加深，得到增强。＊愛情（あいじょう）が～。/爱情加深。

☆深（ふか）める③〔Ⅱ他〕

加深，增强（程度）。＊友情（ゆうじょう）を～。/增进友情。

☆広（ひろ）まる③⓪〔Ⅰ自〕

（范围、知识、信息等）扩大，传播。＊知識（ちしき）〔うわさ〕が～。/知识面扩大〔流言传开〕。

☆広（ひろ）める③⓪〔Ⅱ他〕

使（范围、知识、信息等）扩大，传播。＊知識（ちしき）〔うわさ〕を～。/扩大知识面〔传播谣言〕。

☆改（あらた）まる④〔Ⅰ自〕

得到更新，改变。＊規則（きそく）が～。/规则改变。

□たまる □ためる □早まる·速まる □早める·速める □高まる □高める
□弱まる □弱める □強まる □強める □固まる □固める □深まる □深める
□広まる □広める □改まる

☆改(あらた)める④〔Ⅱ他〕

使改变，改正。*内容(ないよう)〔規則(きそく)、癖(くせ)〕を～。/改变内容〔规则、陋习〕。

✼自他对应动词（～かる⇔～ける）

★受(う)かる②〔Ⅱ自〕

（考试、测试）及格。*入学試験(にゅうがくしけん)に～。/通过入学考试。

★受(う)ける②〔Ⅱ他〕

参加（考试、测试等）。*入学試験(にゅうがくしけん)を～。/参加入学考试。

★掛(か)かる②〔Ⅰ自〕

①悬挂着。*壁(かべ)に写真(しゃしん)が～。/墙上挂着照片。

②（覆盖物）覆盖着。*山(やま)に雪(ゆき)が～。/山上覆盖着雪。

③（眼镜、口罩等）戴着。*眼鏡(めがね)が～。/戴着眼镜。

④（抽屉、门等）已上锁。*引き出(だ)しに鍵(かぎ)が～。/抽屉锁上了。

⑤从某人那儿打来电话。*友達(ともだち)から電話(でんわ)が～。/朋友来电。

★掛(か)ける②〔Ⅱ他〕

①悬挂。*壁(かべ)に写真(しゃしん)を～。/在墙上挂照片。

②盖上（覆盖物）。*体(からだ)にふとんを～。/给身体盖上被子。

③戴（眼镜、口罩等）。*眼鏡(めがね)を～。/戴眼镜。

④（给门、抽屉）上锁。*ドアに鍵(かぎ)を～。/给门上锁。

⑤给人打电话。*友達(ともだち)に電話(でんわ)を～。/给朋友打电话。

★助(たす)かる③〔Ⅰ自〕

①生命得救。*命(いのち)が～。/生命得救。

②（得到帮助而省时省钱省心）。*来(き)てくれれば～。/你要是过来就好了。

★助(たす)ける③〔Ⅱ他〕

①拯救生命。*命(いのち)を～。/挽救生命。

②（出钱出力地）帮助他人。*貧(まず)しい人(ひと)を～。/帮助穷人。

☆もうかる③〔Ⅰ自〕

赚大钱，发大财。*株(かぶ)で金(かね)が～。/靠炒股发了大财。

☆もうける③〔Ⅱ他〕

（为发财而）赚钱。*株(かぶ)でお金(かね)を～。/靠炒股票赚钱。

★見付(みつ)かる⓪〔Ⅰ自〕

①找到了（苦苦寻找的事物）。*いい仕事(しごと)が～。/找到好工作。

②（行为等）被发现，被逮住。*飲酒運転(いんしゅうんてん)が～。/酒驾被发现。

★見付(みつ)ける⓪〔Ⅱ他〕

去寻找，去发现。*いい方法(ほうほう)〔落(おと)し物(もの)〕を～。/寻找好方法〔遗失物〕。

★ぶつかる⓪〔Ⅰ自〕

撞上（人、车等）。*車(くるま)がバスに～。/汽车撞上了公交车。

★ぶつける⓪〔Ⅱ他〕

使撞上（人、车等）。*頭(あたま)をドアに～。/用头撞门。

□改める □受かる □受ける □掛かる □掛ける □助かる □助ける
□もうかる □もうける □見付かる □見付ける □ぶつかる □ぶつける

★揚がる⓪〔Ⅰ自〕

①食物炸好。＊魚が～。/鱼炸好了。

②（气球、风筝、烟雾等）升到空中。＊花火が～。/烟花升空。

★揚げる⓪〔Ⅱ他〕

①油炸（食物）。＊エビを～。/油炸虾。

②使（气球、风筝、烟雾等）升到空中。＊たこを～。/放风筝。

★上がる⓪〔Ⅰ自〕

①（手脚、头等）举起，抬起。＊足が～。/脚抬起来。

②（电梯等）往上移动，上升。＊エレベーターが5階まで～。/电梯升到5楼。

③（温度、价格、能力等）得到提高。＊給料が～。/薪水涨了。

④雨停。＊雨が～。/雨停。

★上げる⓪〔Ⅱ他〕 ⇔下げる

①举起，抬起（手脚、头等）。＊手を高く～。/把手举得高高的。

②使（价格、能力等）提高。＊値段を～。/涨价。

★下がる②〔Ⅰ自〕 ⇔上がる

①（手脚、头等）放下，低下。＊頭が～。/头低下。

②（电梯等）往下移动。＊エレベーターが～。/电梯下降。

③（温度、物价、能力等）得到降低。＊熱が～。/退烧。

④（人、车等）后退。＊人が後ろへ～。/人往后退。

⑤提着；挎着；佩戴着。＊肩にカメラが～。/肩上挎着相机。

★下げる②〔Ⅱ他〕 ⇔上げる

①使（物体）往下移动。＊頭を～。/低下头。

②使（温度、物价、能力等）降低。＊温度を～。/降温。

③使（人、车等）后退。＊車を後ろへ～。/向后倒车。

④（手）提；（肩）挎；（身上）佩戴。＊手にバッグを～。/手里提着手提包。

★曲がる⓪〔Ⅰ自〕

①不直，弯曲。＊腰〔道〕が～。/弯着腰〔道路弯曲〕。

②拐弯，转弯。＊あの角を右へ～。/在那个拐角往右拐。

★曲げる⓪〔Ⅱ他〕

使弯曲。＊膝〔枝〕を～。/屈膝〔弄弯树枝〕。

☆広がる⓪〔Ⅰ自〕

①（面积、空间等）拓宽，增大。＊道幅が～。/道路变宽。

②（包裹等）展开。＊新聞が～。/报纸摊开。

③（事态）扩大，蔓延。＊流感が～。/流感蔓延。

☆広げる⓪〔Ⅱ他〕

①扩大（空间、面积等）。＊道路を～。/拓宽道路。

②展开、摊开（包裹等）。＊地図を～。/摊开地图。

□揚がる □揚げる □上がる □上げる □下がる □下げる □曲がる □曲げる
□広がる □広げる

③扩大，普及（事态）。*事業(じぎょう)を～。/扩展事业。

☆盛(も)り上(あ)がる④〔Ⅰ自〕

气氛高涨。*雰囲気(ふんいき)が～。/氛围高涨。

☆盛(も)り上(あ)げる④〔Ⅱ他〕

使气氛高涨。*雰囲気(ふんいき)を～。/渲染气氛。

☆仕上(しあ)がる③〔Ⅰ自〕

事情做完。*作品(さくひん)が～。/作品完成。

☆仕上(しあ)げる③〔Ⅱ他〕

完成事情。*仕事(しごと)を～。/完成工作。

□盛り上がる　□盛り上げる　□仕上がる　□仕上げる

练　习

一、请从［　　］中选择一个最合适的词，并用平假名写在（　　）中。

改まった　曲がった　染まって　固まって

1. 車は（　　　　　）山道をゆっくり走っています。
2. あの子の髪の毛は赤く（　　　　　）います。
3. 規則（きそく）が（　　　　　）そうですよ。
4. 砂糖（さとう）が（　　　　　）います。

二、请从［　　］中选择一个最合适的词，并用汉字写在（　　）中。

しまる　とまった　とめる　しめて

1. あれはゆうべ私たちが（　　　　　）ホテルです。
2. あのスーパーが（　　　　　）時間を知っていますか。
3. 壊れたスイッチを取り換えるまえに、電気を（　　　　　）。
4. 父はネクタイを（　　　　　）出かけました。

三、请选择合适的搭配，把对应的字母写在（　　）中。

1. 日程が　（　）	A. 詰まる	4. 試験に　（　）	D. うかる
2. 仕事が　（　）	B. たまる	5. テストを　（　）	E. うける
3. 道が雪で　（　）	C. 埋まる	6. 命が　（　）	F. たすかる

四、请从 A、B、C、D 四个选项中选择最合适的一个填入（　　）中。

1. 仕事を（　　）ために、あちこちを歩いています。

　A. もうかる　　B. もうける　　C. みつかる　　D. みつける

2. 旅行先は（　　）いますが、出発（しゅっぱつ）時間はまだです。

　A. きまって　　B. きめて　　C. しまって　　D. しめて

3. エレベーターが 1 階から 5 階に（　　）きました。

　A. あがって　　B. あげて　　C. さがって　　D. さげて

第3课 动词（3）

✲自他对应动词（～れる⇔～る）

★取れる②〔Ⅱ自〕

①（缝上、粘上的附着物等）自然脱落。＊服のボタンが～。/ 衣服的纽扣掉了。
②（疲劳、痛苦等）得到消除。＊腰の痛みが～。/ 腰不疼了。
③能得到（许可、成绩、资格等）。＊満点が～。/ 得了满分。
④能预订（商品、服务、座位等）。＊部屋の予約が～。/ 能预订房间。
⑤能吃上（一日三餐）。＊一日に三食が～。/ 能保证一日三餐。

★取る①〔Ⅰ他〕

①弄掉（缝上、粘上的附着物等）。＊釘を～。/ 拔掉铁钉。
②消除（疲劳、痛苦等）。＊温泉に入って疲れを～。/ 泡温泉消除疲劳。
③获得，得到（许可、成绩、资格等）。＊休暇を～。/ 获得休假。
④预订（商品、服务、座位等）。＊弁当〔部屋〕を～。/ 订盒饭〔房间〕。
⑤吃（一日三餐）。＊朝食を～。/ 吃早饭。
⑥摘下（眼镜、帽子、口罩、戒指等）。＊眼鏡〔ネクタイ〕を～。/ 摘下眼镜〔解开领带〕。
⑦拿到手上或拿到身边。＊新聞を手に～。/ 把报纸拿在手上。

★割れる⓪〔Ⅱ自〕

①（易碎品）破碎。＊お皿が～。/ 盘子打碎了。
②裂开，破裂。＊地震で道が～。/ 因地震出现地裂。

★割る⓪〔Ⅰ他〕

①打破（易碎品）。＊グラスを～。/ 打碎玻璃杯。
②（用刀从中间）分，切，割，劈。＊スイカを～。/ 切西瓜。

★破れる③〔Ⅱ自〕

①（纸张、布等）撕破，弄破。＊ズボンが～。/ 裤子破了。
②（梦想等）破灭。＊夢が～。/ 梦想破灭。

★破る②〔Ⅰ他〕

①撕破，弄破（纸张、布等）。＊手紙を～。/ 撕破信纸。
②打破（抽象事物）。＊約束〔規則〕を～。/ 打破约定〔违反规则〕。

★折れる②〔Ⅱ自〕

①（硬质物品）发生折断。＊枝〔骨〕が～。/ 树枝折断〔骨折〕。
②（纸张等）发生折叠。＊紙が～。/ 纸头折了（角）。
③转弯，拐弯。＊信号を右へ～。/ 在信号处往右拐。

□取れる □取る □割れる □割る □破れる □破る □折れる

★折(お)る①〔Ⅰ他〕

①折断（物品）。＊枝(えだ)〔鉛筆(えんぴつ)〕を～。/折断树枝〔铅笔〕。

②折叠（纸张等）。＊紙(かみ)を～。/折纸。

★切(き)れる②〔Ⅱ自〕

①（绳线等软质物品）断开，断裂。＊糸(いと)が～。/线断了。

②被划伤等。＊ナイフで指(ゆび)が～。/小刀割伤了手指。

③（电源、电话、网络等）中断。＊電話(でんわ)〔電池(でんち)〕が～。/电话被挂了〔电池耗尽〕。

★切(き)る①〔Ⅰ他〕

①切，割，砍，剪，裁等。＊スイカを二(ふた)つに～。/西瓜一切为二。

②划伤等。＊ナイフで指(ゆび)を～。/手指被小刀割伤。

③切断（电源、电话、网络等）。＊電源(でんげん)〔電話(でんわ)〕を～。/关电源〔挂电话〕。

★売(う)れる⓪〔Ⅱ自〕

畅销。＊品物(しなもの)が～。/东西好卖。

★売(う)る⓪〔Ⅰ他〕 ⇔買う

出售，销售。＊弁当(べんとう)を～。/销售盒饭。

☆振(ふ)れる⓪〔Ⅱ自〕

（垂挂物）晃动。＊地震(じしん)で電灯(でんとう)が～。/电灯因地震晃动。

☆振(ふ)る⓪〔Ⅰ他〕

①挥动，摇动（手中的物品）。＊手(て)〔旗(はた)〕を～。/挥手〔挥舞旗帜〕。

②撒，洒（少量液体或颗粒状物体）。＊塩(しお)を～。/撒盐。

自他对应动词（～わる⇔～える）

★終(お)わる⓪〔Ⅰ自〕 ⇔始まる

（事情）结束，完了。＊仕事(しごと)が～。/工作结束了。

★終(お)える⓪〔Ⅱ他〕 ⇔始める

使（事情）结束。＊宿題(しゅくだい)を～。/做完作业。

★変(か)わる⓪〔Ⅰ自〕

发生改变。＊考(かんが)えが～。/主意变了。

★変(か)える⓪〔Ⅱ他〕

使改变。＊場所(ばしょ)を～。/改变场所。

★代(か)わる⓪〔Ⅰ自〕

代理，取代。＊課長(かちょう)に～。/代理科长。

★代(か)える⓪〔Ⅱ他〕

代替，代用。＊紙袋(かみぶくろ)をレジ袋(ぶくろ)に～。/用纸袋代替塑料袋。

★替(か)わる・換(か)わる⓪〔Ⅰ自〕

①（以旧换新）被替换。＊部品(ぶひん)が～。/零件更换了。

②（两者）被调换。＊彼(かれ)と席(せき)が～。/跟他的座位调换了。

★替(か)える・換(か)える⓪〔Ⅱ他〕

①（以旧换新）改换，更换。＊電池(でんち)を～/更换电池。

②交换，调换（两者）。＊円(えん)をドルに～。/把日元换成美元。

★植(う)わる⓪〔Ⅰ自〕

种植着。＊花(はな)が～。/种有花卉。

□折る □切れる □切る □売れる □売る □振れる □振る □終わる □終える
□変わる □変える □代わる □代える □替わる・換わる □替える・換える □植わる

★植える⓪〔Ⅱ他〕

种植。*木を～。/种树。

★伝わる⓪〔Ⅰ自〕

（信息、文化等）传递，传播。*漢字が日本に～。/汉字传到日本。

★伝える⓪〔Ⅱ他〕

传递，转达（信息、文化等）。*伝言を課長に～。/向科长转达口信。

☆加わる⓪〔Ⅰ自〕

（人员、物品等）加入进来。*林君がグループに～。/小林加入团队。

☆加える⓪〔Ⅱ他〕

添加（人员、物品等）。*説明文に挿絵を～。/在说明文里添加插图。

☆備わる③〔Ⅰ自〕

①（设备、设施）配有。*地域に老人ホームが～。/社区配备有养老院。

②（能力）具备。*外国語の実力が～。/具备外语实力。

☆備える③〔Ⅱ他〕

①配备（设备、设施）。*ビルに冷暖房を～。/大楼里配备空调设备。

②使具备（能力）。*音楽の才能を～。/具备音乐才能。

③防备于（突发或不测之事）。*災害に～。/防备灾害。

✻自他对应动词（～る⇔～せる）

★乗る⓪〔Ⅰ自〕 ⇔降りる

①乘坐（公交车等）。*バスに～。/乘坐公交车。

②自驾（私家车）。*車に～。/开车。

③骑（自行车、摩托车、马等）。*自転車に～。/骑车。

★乗せる⓪〔Ⅱ他〕

①让乘（公交车等）。*友だちを車に～。/让朋友搭我的车。

②让骑（自行车、摩托车、马等）。*子供を馬に～。/让孩子骑马。

★載る⓪〔Ⅰ自〕

①装载着（货物）。*荷物が車に～。/货装在车上。

②登载，记载。*ホームページに写真が～。/照片登在网页上。

★載せる⓪〔Ⅱ他〕 ⇔下ろす

①装载（货物）。*荷物を車に～。/把货装到车上。

②登载，记载。*新聞に広告を～。/在报纸上刊登广告。

☆混じる・交じる②〔Ⅰ自〕

（＝混ざる・交ざる）掺杂，夹杂，混杂。*黒い髪に白髪が～。/黑发里夹杂着白发。

☆混ぜる・交ぜる②〔Ⅱ他〕

①掺和，混在一起。*コーヒーにミルクを～。/往咖啡里掺牛奶。

②搅拌。*セメントを～。/搅拌水泥。

✻自他对应动词（～える⇔～ｉる）

★見える②〔Ⅱ自〕

（自然而然映入眼帘）能看见，看得见。*富士山が～。/能看到富士山。

□植える □伝わる □伝える □加わる □加える □備わる □備える □乗る
□乗せる □載る □載せる □混じる·交じる □混ぜる·交ぜる □見える

★見(み)る①〔Ⅱ他〕

（有意识地去看）看，观看，查看。*テレビを～。/ 看电视。

★煮(に)える⓪〔Ⅱ自〕

煮熟。*肉(にく)が～。/ 肉煮熟了。

★煮(に)る⓪〔Ⅱ他〕

煮。*肉(にく)を～。/ 煮肉。

✼自他对应动词（～く⇔～ける）

★付(つ)く⓪①〔Ⅰ自〕 ⇔消える

①（电源或火源）开着。*電気(でんき)が～。/ 电灯开着。

②蘸有，涂有，抹有（调味料等）。*パンにバターが～。/ 面包上抹有黄油。

③佩饰等别着。*胸(むね)にブローチが～。/ 胸前别着胸针。

④被缝上（纽扣等饰品）。*シャツにボタンが～。/ 衬衫上缝着纽扣。

⑤（附属品、附属设施等）配备有。*ホテルにプールが～。/ 宾馆里配备泳池。

⑥（额外的事物）附加着，添加着。*条件(じょうけん)が～。/ 讲条件。

⑦（习惯等）已经养成。*悪(わる)い癖(くせ)が～。/ 坏习惯养成了。

⑧（价格、分数、名称等）已定。*値段(ねだん)〔点数(てんすう)〕が～。/ 价格〔分数〕已定。

★付(つ)ける②〔Ⅱ他〕 ⇔消す

①开（电源或火源）。*火(ひ)を～。/ 点火。

②蘸，涂，抹（调味料等）。*しょう油(ゆ)を～。/ 蘸酱油（吃）。

③别上配饰等。*胸(むね)にバッジを～。/ 在胸前别上徽章。

④缝上（纽扣等饰品）。*かばんにファスナーを～。/ 给包缝上拉链。

⑤配备（附属品、附属设施等）。*コートに帽子(ぼうし)を～。/ 给大衣配上帽子。

⑥附加，添加（额外的事物）。*条件(じょうけん)を～。/ 附加条件。

⑦养成（习惯等）。*よい習慣(しゅうかん)を～。/ 养成好习惯。

⑧定（价格、分数、名称等）。*値段(ねだん)〔点数(てんすう)〕を～。/ 定价〔打分〕。

★開(あ)く⓪〔Ⅰ自〕 ⇔閉まる

①（门窗、抽屉、箱子、瓶盖等）打开。*ドア〔窓(まど)〕が～。/ 房门〔窗户〕开着。

②开门营业。*銀行(ぎんこう)は3時(じ)まで～。/ 银行营业到3点。

★開(あ)ける⓪〔Ⅱ他〕 ⇔閉める

①打开（门、窗、抽屉、箱子、瓶盖等）。*ドア〔窓(まど)〕を～。/ 打开房门〔窗户〕。

②开门营业。*9時(じ)に店(みせ)を～。/9点开门营业。

★空(あ)く⓪〔Ⅰ自〕

①（位子、屋子、设备等）闲着，空着。*席(せき)〔部屋(へや)〕が～。/ 位子〔房间〕空着。

②（时间）有空余。*午後(ごご)は時間(じかん)が～。/ 下午有空余时间。

★空(あ)ける⓪〔Ⅱ他〕

①腾出（位子、屋子、设备等）。*席(せき)〔部屋(へや)〕を～。/ 空出席位〔房间〕。

②腾出（时间）。*午後(ごご)は時間(じかん)を～。/ 下午抽出时间来。

□見る □煮える □煮る □付く □付ける □開く □開ける □空く □空ける

☆傾く③〔Ⅰ自〕

发生倾斜。＊地震で家屋が～。/ 地震使房屋倾斜。

☆傾ける④〔Ⅱ他〕

使倾斜。＊体を前に～。/ 身体前倾。

★届く②〔Ⅰ自〕

（邮件、传真、包裹等）传到，送到。＊弁当〔メール〕が～。/ 盒饭〔邮件〕送到了。

💡「電話が届く」（×）

★届ける③〔Ⅱ他〕

投递（邮件、包裹等）。＊弁当を～。/ 送盒饭。

★続く⓪〔Ⅰ自〕

①连续不断。＊話〔事件〕が～。/ 谈话继续〔事件多发〕。

②接前面的（中断的事情）。＊先週に～授業。/ 接上周的课。

★続ける⓪〔Ⅱ他〕 ⇔やめる

①（使不间断地）连续进行。＊仕事〔休み〕を～。/ 连续工作〔休假〕。

②使接上前面（中断的事情）。＊午後も午前の会議を～。/ 下午接上午的会议。

★傷付く③〔Ⅰ自〕

（身心、物品、名誉等）受伤。＊手〔心〕が～。/ 手〔心灵〕受伤。

★傷付ける④〔Ⅱ他〕

使（身心、物品、名誉等）受伤。＊足〔心〕を～。/ 弄伤腿〔伤人心〕。

★片付く③〔Ⅰ自〕

①（零乱的物品）得以收拾。＊書類が～。/ 资料整理好了。

②（难题、残局等）得到解决。＊事件が～。/ 事件得以平息。

★片付ける④〔Ⅱ他〕

①收拾（凌乱的物品）。＊部屋を～。/ 收拾屋子。

②解决（难题、残局等）＊仕事〔宿題〕を～。/ 处理完工作〔作业〕。

☆近付く③〔Ⅰ自〕

①靠近（某处）。＊列車が駅に～。/ 列车慢慢靠近车站。

②（时期）接近，临近眼前。＊新学期が～。/ 新学期临近。

☆近付ける④〔Ⅱ他〕

使接近，使靠近（某处）。＊目を本に～。/ 眼睛凑近书本。

☆結び付く④〔Ⅰ自〕

①（绳带与绳带等）被打结并连上。＊糸と糸が～。/ 两根线接好了。

②（抽象事物）密切关联。＊趣味が仕事に～。/ 兴趣和工作相结合。

☆結び付ける⑤〔Ⅱ他〕

①打结并连上（绳带与绳带等）。＊紐と紐を～。/ 把两根绳子系在一起。

②使（抽象事物）结合起来。＊原因と結果を～。/ 结合原因和结果。

□傾く □傾ける □届く □届ける □続く □続ける □傷付く □傷付ける
□片付く □片付ける □近付く □近付ける □結び付く □結び付ける

✲ 自他对应动词（～ける⇔～く）

★解(と)ける② 〔Ⅱ自〕

①（结）被解开，松开。＊小包(こづつみ)の紐(ひも)が～。/ 包裹的绳子松开了。

②（题目、谜底）被解开。＊問題(もんだい)が～。/ 问题已经解开。

★解(と)く① 〔Ⅰ他〕 ⇔結ぶ

①解开（结）。＊紐(ひも)を～。/ 解开带子。

②解题，解开谜底。＊謎(なぞ)を～。/ 解谜底。

★破(やぶ)ける③ 〔Ⅱ自〕

①（纸张、布等）被撕破，被弄破。＊解答用紙(かいとうようし)が～。/ 答题纸被撕破了。

②（常识、平衡等抽象事物）被打破。＊夢(ゆめ)が～。/ 梦想破灭。

★破(やぶ)く② 〔Ⅰ他〕

①撕破，弄破（纸张、布等）。＊布(ぬの)を～。/ 撕破布条。

②打破（常识、平衡等抽象事物）。＊常識(じょうしき)を～。/ 打破常识。

★焼(や)ける⓪ 〔Ⅱ自〕

①已烤好。＊魚(さかな)が～。/ 鱼烤好了。

②烧毁。＊家(いえ)が～。/ 房子烧毁了。

★焼(や)く⓪ 〔Ⅰ他〕

①烧烤。＊魚(さかな)を～。/ 烤鱼。

②（烧成灰状）焚烧。＊手紙(てがみ)を～。/ 焚烧书信。

★炊(た)ける⓪ 〔Ⅱ自〕

饭已烧好。＊ご飯(はん)が～。/ 饭烧好了。

★炊(た)く⓪ 〔Ⅰ他〕

烧饭。＊ご飯(はん)を～。/ 烧饭。

☆抜(ぬ)ける⓪ 〔Ⅱ自〕

①（毛发、钉子、牙齿等）自然脱落。＊髪(かみ)の毛(け)が～。/ 头发脱落。

②（气体）跑掉，跑气。＊タイヤの空気(くうき)が～。/ 轮胎漏气。

③（人员、信息等）漏掉。＊名簿(めいぼ)から名前(なまえ)が～。/ 名字漏写在名册上。

☆抜(ぬ)く⓪ 〔Ⅰ他〕

①拔掉（杂草、毛发、钉子、牙齿等）。＊草(くさ)〔白髪(しらが)〕を～。/ 拔草〔白发〕。

②放掉（气体），放气。＊タイヤの空気(くうき)を～。/ 放掉轮胎的气。

③省略，删除（人员、信息等）。＊朝食(ちょうしょく)を～。/ 不吃早饭。

☆欠(か)ける⓪ 〔Ⅱ自〕

①缺少，缺乏（物资、能力等）。＊経営能力(けいえいのうりょく)が～。/ 缺乏经营能力。

②器皿、钝器出现缺口。＊ナイフが～。/ 小刀有了缺口。

☆欠(か)く⓪ 〔Ⅰ他〕

①使（物资、能力等）缺乏。＊常識(じょうしき)を～。/ 欠缺常识。

②使器皿、钝器出现缺口。＊茶碗(ちゃわん)を～。/ 茶杯磕出了豁口。

★脱(ぬ)げる② 〔Ⅱ自〕

（衣服或鞋帽）掉下来，自动脱落。＊靴(くつ)が～。/ 鞋子掉了。

★脱(ぬ)ぐ① 〔Ⅰ他〕 ⇔着る・はく・履く

脱去（衣服、鞋袜和帽子）。＊服(ふく)〔靴下(くつした)〕を～。/ 脱掉衣服〔袜子〕。

□解ける □解く □破ける □破く □焼ける □焼く □炊ける □炊く
□抜ける □抜く □欠ける □欠く □脱げる □脱ぐ

练 习

一、请从 [ ] 中选择一个最合适的词，并用平假名写在（ ）中。

加わって 植わって 載せて 解いて

1. 道の両側に木が（ ）います。
2. その数学問題を（ ）みましたが、できませんでした。
3. 途中で、友だちをぼくの車に（ ）あげました。
4. 新しいメンバーがチームに（ ）います。

二、请从 [ ] 中选择一个最合适的词，并用汉字写在（ ）中。

あいて あく かわって うれる

1. この席は（ ）いますので、どうぞ座ってください。
2. 出張中の父に（ ）、ぼくがおじの結婚式に行きました。
3. 暑くなると、アイスクリームがよく（ ）ようになるでしょう。
4. うちの店は朝9時に（ ）ことになっています。

三、请选择合适的搭配，把对应的字母写在（ ）中。

1. 疲れが （ ）	A. われる	4. 紙を （ ）	D. とる
2. コップが （ ）	B. とれる	5. りんごを （ ）	E. きる
3. シャツが （ ）	C. やぶれる	6. 夕食を （ ）	F. おる

四、请从A、B、C、D四个选项中选择最合适的一个填入（ ）中。

1. 参加者が増えたので、会場を（ ）ことにしました。

A. おわる　B. おえる　C. かわる　D. かえる

2. ただいま、ニュースをお（ ）します。

A. つたわり　B. つたえ　C. そなわり　D. そなえ

3. ネットショップで注文した品物（しなもの）が（ ）ようです。

A. とどいた　B. とどけた　C. つづいた　D. つづけた

第4课 动词（4）

✲ 自他对应动词（～つ⇔～てる）

★育（そだ）つ②〔Ⅰ自〕

①（儿女、新人等）成长。＊技術者（ぎじゅつしゃ）が～。/ 技术人才在成长。

②（植物）生长。＊木（き）がよく～。/ 树木长势很好。

★育（そだ）てる③〔Ⅱ他〕

①抚育，培养（儿女、新人等）。＊子供（こども）を～。/ 育儿。

②培育（植物）。＊花（はな）を～。/ 种花。

★立（た）つ①〔Ⅰ自〕

①（横躺着的物体）竖立，竖着。＊電柱（でんちゅう）が～。/ 电线杆竖着。

②（计划、方案等）制订完毕。＊計画（けいかく）が～。/ 计划制订完毕。

③（烟雾、水汽等）冒出来。＊煙（けむり）〔湯気（ゆげ）〕が～。/ 烟雾〔热气〕冒出来。

★立（た）てる②〔Ⅱ他〕

①竖起（横躺着的物体）。＊電柱（でんちゅう）を～。/ 竖起电线杆。

②制订（计划、方案等）。＊計画（けいかく）を～。/ 制订计划。

③使（烟雾、水汽等）冒出来。＊煙突（えんとつ）が煙（けむり）を～。/ 烟囱排烟。

★建（た）つ①〔Ⅰ自〕

（房屋等）建好。＊家（いえ）が～。/ 房子建好了。

★建（た）てる②〔Ⅱ他〕

建造（房屋等）。＊病院（びょういん）を～。/ 建造医院。

★役立（やくだ）つ③〔Ⅰ自〕

对……有用，有利于，有助于。＊辞書（じしょ）が勉強（べんきょう）に～。/ 词典有利学习。

★役立（やくだ）てる④〔Ⅱ他〕

使起作用，应用于。＊辞書（じしょ）を勉強（べんきょう）に～。/ 词典用于学习。

✲ 自他对应动词（～む⇔～める）

★沈（しず）む⓪〔Ⅰ自〕

①沉入水中。＊船（ふね）が～。/ 船沉了。

②（太阳、月亮）下山。＊日（ひ）が西（にし）に～。/ 日落西山。

★沈（しず）める⓪③〔Ⅱ他〕

使沉入水中。＊船（ふね）を～。/ 使船沉。

★進（すす）む⓪〔Ⅰ自〕

①（人、车等）往前移动。＊船（ふね）が～。/ 船只航行。

②（事情）推进。＊工事（こうじ）が～。/ 工程在进行。

③（技术）先进。＊科学技術（かがくぎじゅつ）が～。/ 科技发达。

★進（すす）める⓪〔Ⅱ他〕

①使（人、车等）往前移动。＊車（くるま）を～。/ 把车往前开。

②使（事情）推进。＊工事（こうじ）を～。/ 推进工程。

□育つ　□育てる　□立つ　□立てる　□建つ　□建てる　□役立つ　□役立てる
□沈む　□沈める　□進む　□進める

☆痛む②〔Ⅰ自〕

①（肉体）疼痛。＊歯が～。/ 牙疼。

②（精神）痛苦。＊心が～。/ 心里苦。

☆痛める③〔Ⅱ他〕

①（使肉体）疼痛。＊転んで腰を～。/ 摔伤了腰。

②（使精神）痛苦。＊頭を～。/ 伤脑筋。

☆緩む②〔Ⅰ自〕

①（拧紧或系紧的东西）发生松动。＊靴の紐〔ねじ〕が～。/ 鞋带〔螺丝〕松了。

②（速度、气氛等）缓和。＊緊張が～。/ 紧张的气氛缓解。

☆緩める③〔Ⅱ他〕

①放松（拧紧或系紧的东西）。＊ベルトを～。/ 放松皮带。

②放缓（速度、气氛等）。＊スピードを～。/ 放慢速度。

☆苦しむ③〔Ⅰ自〕

（为疾病或困难等）感到痛苦。＊母が頭痛に～。/ 母亲受头疼折磨。

☆苦しめる④〔Ⅱ他〕

使人受折磨，使人痛苦。＊頭痛が彼を～。/ 头疼折磨着他。

✻自他对应动词（～く⇔～かす）

★すく⓪〔Ⅰ自〕

肚子饿。＊おなかが～。/ 肚子饿了。

★すかす⓪〔Ⅰ他〕

空着肚子。＊おなか〔腹〕を～。/ 空腹。

★沸く⓪〔Ⅰ自〕

（水等）沸腾，烧开。＊お湯が～。/ 水烧开了。

★沸かす⓪〔Ⅰ他〕

煮开，把水烧开。＊お湯を～。/ 烧水。

★驚く③〔Ⅰ自〕

为……感到惊讶。＊町の変化に～。/ 惊叹于城市的变化。

★驚かす④〔Ⅰ他〕

使人吃惊，使人惊讶。＊人を～。/ 让人吓一跳。

★乾く②〔Ⅰ自〕

自然干燥，自然晾干。＊洗濯物が～。/ 洗的衣服干了。

★乾かす③〔Ⅰ他〕

晒干，烘干。＊服を～。/ 晒干衣服。

★動く②〔Ⅰ自〕 ⇔止まる

①（身体）动弹。＊体が～。/ 身体动弹。

②（机械）开动。＊車が～。/ 车子开动。

③（物体）松动，活动。＊歯が～。/ 牙齿松动。

★動かす③〔Ⅰ他〕 ⇔止める

①活动（身体）。＊体〔手足〕を～。/ 活动身体〔手脚〕。

②开动（机械）。＊機械〔車〕を～。/ 开动机械〔汽车〕。

③搬动，挪动（物体）。＊椅子を～。/ 搬椅子。

□痛む □痛める □緩む □緩める □苦しむ □苦しめる □すく □すかす
□沸く □沸かす □驚く □驚かす □乾く □乾かす □動く □動かす

✲ 自他对应动词（～む⇔～ます）

☆悩(なや)む②〔Ⅰ自〕

为……而烦恼，因……而苦恼。✲就職(しゅうしょく)のことに～。/ 为就职而苦恼。

☆悩(なや)ます③〔Ⅰ他〕

使烦恼，折磨（精神）。✲人(ひと)〔心(こころ)〕を～。/ 让人烦恼〔烦心〕。

☆済(す)む①〔Ⅰ自〕

事情做完。✲食事(しょくじ)が～。/ 饭已吃好。

☆済(す)ます②〔Ⅰ他〕

①做完，干完（事情）。✲宿題(しゅくだい)を～。/ 做完作业。

②（用「…で済ます」）凑合，将就。✲昼飯(ひるめし)は弁当(べんとう)で～。/ 午饭吃盒饭凑合。

☆励(はげ)む②〔Ⅰ自〕

为……而努力，勤勉于……✲仕事(しごと)に～。/ 努力工作。

☆励(はげ)ます③〔Ⅰ他〕

鼓励，激励。✲友(とも)だちを～。/ 鼓励朋友。

✲ 自他对应动词（～える⇔～やす）

★増(ふ)える・殖(ふ)える②〔Ⅱ自〕 ⇔減る

①「増える」（数量）增加。✲人口(じんこう)が～。/ 人口增多。

②「殖える・増える」（动植物）繁殖。✲ネズミが～。/ 老鼠繁殖。

③「殖える・増える」（财产）增值。✲財産(ざいさん)が～。/ 财产增值。

★増(ふ)やす・殖(ふ)やす②〔Ⅰ他〕 ⇔減らす

①（＝増やす）增加（数量）。✲労働時間(ろうどうじかん)を～。/ 增加劳动时间。

②（殖やす・増やす）繁殖（动植物）。✲パンダを～。/ 繁殖熊猫。

③（＝殖やす・増やす）使（财产）增值。✲財産(ざいさん)を～。/ 使财产增值。

★冷(ひ)える②〔Ⅱ自〕 ⇔温まる

①（热的或常温物体）变凉。✲お茶(ちゃ)が～。/ 茶水变凉了。

②（身体）觉得冷，发凉。✲手足(てあし)が～。/ 手脚发凉。

★冷(ひ)やす②〔Ⅰ他〕 ⇔温める

①冰镇（到常温以下）。✲ビール〔すいか〕を～。/ 冰镇啤酒〔西瓜〕。

②使（身体）变凉。✲氷(こおり)で額(ひたい)を～。/ 用冰块敷额头。

★燃(も)える⓪〔Ⅱ自〕

起火燃烧。✲家(いえ)が～。/ 房屋在燃烧。

★燃(も)やす⓪〔Ⅰ他〕

使燃烧，点燃。✲ごみを～。/ 燃烧垃圾。

☆生(は)える②〔Ⅱ自〕

（植物、胡子、牙齿等）生长。✲雑草(ざっそう)が～。/ 杂草生长。

☆生(は)やす②〔Ⅰ他〕

使（植物、胡子、牙齿等）生长。✲ひげを～。/ 留胡须。

✲ 自他对应动词（～れる⇔～す）

★外(はず)れる⓪〔Ⅱ自〕

①（零部件等）固定物脱落。✲ボタンが～。/ 纽扣脱落。

②期望、预测等落空。✲天気予報(てんきよほう)が～。/ 天气预报不准。

□悩む □悩ます □済む □済ます □励む □励ます □増える·殖える □増やす·殖やす
□冷える □冷やす □燃える □燃やす □生える □生やす □外れる

★外す⓪〔Ⅰ他〕

①摘下或拆下固定物。＊窓ガラスを～。/ 拆下窗户玻璃。

②错过机会等。＊チャンスを～。/ 错失机会。

★倒れる③〔Ⅱ自〕 ⇔起きる

①（物体）倒下，倒掉。＊大風で木が～。/ 因大风树倒了。

②（企业）倒闭。＊会社が～。/ 公司倒闭。

③病倒，累倒。＊病気で～。/ 病倒。

★倒す②〔Ⅰ他〕 ⇔起こす

①弄倒，打翻，使倒下。＊花瓶を～。/ 打翻花瓶。

②打败，击败，击垮（对方）。＊強いチームを～。/ 打败强队。

★流れる③〔Ⅱ自〕

①（汗水、眼泪、血液等）流淌。＊涙が～。/ 眼泪流淌。

②（河水等液体）流动。＊川の水が～。/ 川流不息。

③顺水而流；随风飘动。＊ごみ〔雲〕が～。/ 垃圾顺水漂流〔云彩飘动〕。

④（音乐、新闻等）播放。＊テレビからニュースが～。/ 电视里在播新闻。

★流す②〔Ⅰ他〕

①使（汗水、眼泪、血液等）流淌。＊涙〔汗〕を～。/ 流泪〔汗〕。

②排放液体。＊汚い水を～。/ 排放污水。

③冲走，冲毁。＊大水が橋を～。/ 大水冲毁桥梁。

④播放（音乐、新闻等）。＊音楽を～。/ 播放音乐。

★離れる③〔Ⅱ自〕

①（握着的手）松开。＊握った手が～。/ 握着的手放开了。

②离开某地或某人身边。＊古里を～。/ 离开故乡。

③（距离、年龄等）相隔，相差。＊駅から 10 キロ～。/ 距离车站 10 公里。

★離す②〔Ⅰ他〕

①放开（握着的手）。＊ハンドルから手を～。/ 撒手方向盘。

②分开，分离（人与人）。＊恋している二人を～。/ 棒打鸳鸯。

③（拉开距离）分开，隔开。＊椅子と椅子を～。/ 把椅子拉开距离。

★壊れる③〔Ⅱ自〕

①（物品）破损，损坏。＊椅子が～。/ 椅子被损坏。

②（身体）伤害。＊体が～。/ 身体垮了。

★壊す②〔Ⅰ他〕

①破坏，损坏（物品）。＊おもちゃを～。/ 弄坏玩具。

②伤害（身体）。＊体を～。/ 损害身体。

★汚れる⓪〔Ⅱ自〕

被弄脏，被污染。＊手〔空気〕が～。/ 手脏了〔空气污染了〕。

★汚す⓪〔Ⅰ他〕

搞脏，弄脏。＊服〔部屋〕を～。/ 弄脏了衣服〔房间〕。

□外す □倒れる □倒す □流れる □流す □離れる □離す □壊れる □壊す □汚れる □汚す

☆崩(くず)れる③〔Ⅱ自〕

①（山体等）坍塌，（建筑等）倒塌。＊大雨(おおあめ)で山(やま)が～。/ 因大雨山体滑坡。

②（钱）被化整为零。＊1 万円札(まんえんさつ)が～。/ 1 万日元大钞被打散。

☆崩(くず)す②〔Ⅰ他〕

①摧毁（山体等），拆毁（建筑物等）。＊ビルを～。/ 拆大楼。

②（钱）化整为零。＊1 万円札(まんえんさつ)を～。/ 把 1 万日元大钞打散。

☆潰(つぶ)れる⓪〔Ⅱ自〕

①东西压坏，压碎。＊卵(たまご)が～。/ 鸡蛋压碎了。

②破产，倒闭。＊企業(きぎょう)が～。/ 公司倒闭。

☆潰(つぶ)す⓪〔Ⅰ他〕

①把东西弄碎。＊箱(はこ)を～。/ 弄坏箱子。

②使破产。＊会社(かいしゃ)を～。/ 致使公司破产。

☆現(あらわ)れる④〔Ⅱ自〕　⇔隠れる

显露出来。＊新人(しんじん)が～。/ 新人出现。

☆現(あらわ)す③〔Ⅰ他〕　⇔隠す

使显露，使出现。＊姿(すがた)〔効果(こうか)〕を～。/ 露面〔显出效果〕。

☆表(あらわ)れる④〔Ⅱ自〕

表现出，显露出。＊感情(かんじょう)が顔(かお)に～。/ 感情外露。

☆表(あらわ)す③〔Ⅰ他〕

表示，表达，表现。＊気持(きも)ちを～。/ 表达心情。

☆こぼれる③〔Ⅱ自〕

（液体、粉末等）洒漏，洒落。＊コーヒーが～。/ 咖啡洒了。

☆こぼす②〔Ⅰ他〕

使（液体、粉末等）洒漏，洒落。＊ご飯(はん)を～。/ 弄洒米饭。

★ぬれる⓪〔Ⅱ自〕

被淋湿。＊服(ふく)が雨(あめ)に～。/ 衣服被雨淋湿了。

★ぬらす⓪〔Ⅰ他〕

弄湿。＊タオルを～。/ 弄湿毛巾。

☆ずれる②〔Ⅱ自〕

（排列不整齐而）错开，错位。＊地震(じしん)で瓦(かわら)が～。/ 因地震瓦片错位。

☆ずらす②〔Ⅰ他〕

（把东西）挪开一点，错开。＊机(つくえ)を～。/ 挪开桌子。

☆切(き)れる②〔Ⅱ他〕

（储存的物品等）被用完，被耗尽。＊お米(こめ)が～。/ 米吃完了。

☆切(き)らす②〔Ⅰ他〕

用完，用尽（储存的物品等）。＊名刺(めいし)を～。/ 用光名片了。

☆枯(か)れる⓪〔Ⅱ自〕

植物枯萎。＊花(はな)が～。/ 花枯萎了。

☆枯(か)らす⓪〔Ⅰ他〕

使植物枯萎。＊花(はな)を～。/ 把花养枯萎了。

□崩れる　□崩す　□潰れる　□潰す　□現れる　□現す　□表れる　□表す　□こぼれる
□こぼす　□ぬれる　□ぬらす　□ずれる　□ずらす　□切れる　□切らす　□枯れる　□枯らす

☆漏(も)れる② 〔Ⅱ自〕

①（光线、液体、气体等）漏出来。＊ガスが～。/ 煤气泄漏。

②（信息）被泄露。＊情報(じょうほう)が～。/ 情报泄露。

③被遗漏。＊名前(なまえ)は候補(こうほ)から～。/ 名字从候选中遗漏。

☆漏(も)らす② 〔Ⅰ他〕

①漏出（光线、液体、气体等）。＊光(ひかり)を～。/ 漏光。

②泄漏，走漏（信息）。＊秘密(ひみつ)を～。/ 泄露秘密。

③遗漏。＊名簿(めいぼ)から名前(なまえ)を～。/ 遗漏名单。

☆隠(かく)れる③ 〔Ⅱ自〕 ⇔現れる

①隐藏，躲藏。＊虫(むし)が穴(あな)に～。/ 虫子躲在洞穴里。

②（真相等）被掩盖。＊緊張感(きんちょうかん)が～。/ 紧张感被掩盖。

☆隠(かく)す② 〔Ⅰ他〕 ⇔現す

①使隐藏。＊姿(すがた)を～。/ 躲起来。

②掩盖真相等。＊真相(しんそう)を～。/ 掩盖真相。

□漏れる □漏らす □隠れる □隠す

练　习

一、请从[ ]中选择一个最合适的词，并用平假名写在(　　)中。

役立つ　倒れる　流れる　壊れる

1. そんなだめな会社はそのうちに(　　　　)かもしれません。
2. 血管(けっかん)の中を温かい血が(　　　　)。
3. 講義(こうぎ)のメモは後の復習に(　　　　)。
4. 質が悪い家電なら、すぐ(　　　　)でしょう。

二、请从[ ]中选择一个最合适的词，并用汉字写在(　　)中。

たてる　わく　うごいて　ひやして

1. お湯が(　　　　)まで、台所にいてください。
2. ビールは冷蔵庫で(　　　　)あります。
3. 郊外に土地を買って、家を(　　　　)ことにしました。
4. もう仕事の時間ですよ。みなさん、(　　　　)ください。

三、请选择合适的搭配，把对应的字母写在(　　)中。

1. 水が　(　)	A. よごす	4. 子供が　(　)	D. そだてる
2. 空気を　(　)	B. ぬれる	5. 人材を　(　)	E. そだつ
3. ズボンが　(　)	C. よごれる	6. 変化に　(　)	F. おどろく

四、请从A、B、C、D四个选项中选择最合适的一个填入(　　)中。

1. この仕事を(　　)から友達と飲みに行きます。

A. はげまして　B. はげんで　C. すまして　D. すんで

2. ネットゲームに夢中になっている子が(　　)いるようです。

A. ふえて　B. ふやして　C. はずれて　D. はずして

3. 大型(おおがた)家具を(　　)運びます。

A. もえて　B. もやして　C. なおれて　D. たおして

第5课 动词(5)

✲自他对应动词(～る⇔～す)

★帰(かえ)る ①〔Ⅰ自〕 ⇔出かける

回到(家里、公司、故乡等)。*家(いえ)〔国(くに)〕へ～。/回家〔国〕。

★帰(かえ)す ①〔Ⅰ他〕

让回到(家里、公司、故乡等)。*娘(むすめ)を先(さき)に家(いえ)へ～。/让女儿先回家。

★寝(ね)る ⓪〔Ⅱ自〕

①睡觉。*11時(じ)に～。/11点睡觉。

②躺着休息。*ベッドに～。/躺在床上。

★寝(ね)かす ⓪〔Ⅰ他〕

①让睡觉。*子(こ)どもを～。/哄孩子睡觉。

②让躺着休息。*病人(びょうにん)を～。/让病人躺下休息。

★通(とお)る ①〔Ⅰ自〕

①(人、车等)通过或穿过某处。*車(くるま)がトンネルを～。/车子通过隧道。

②(风、光、水等)透过,穿过。*風(かぜ)が窓(まど)を～。/风透过窗户。

③客人来到某房间。*来客(らいきゃく)が客間(きゃくま)に～。/来客到了客厅。

④通过(测试、测评等)。*面接試験(めんせつしけん)に～。/通过面试考试。

★通(とお)す ①〔Ⅰ他〕

①(腾出道路空间)让人、车等过去。*道(みち)を開(ひら)いて、人(ひと)〔車(くるま)〕を～。/腾出道路让别人〔车辆〕过去。

②(让风、光、水等)穿透到某处。*部(へ)屋(や)に風(かぜ)を～。/让房间通通风。

③带客人到某房间去。*客(きゃく)を客間(きゃくま)に～。/把客人带到客厅。

④使(审查、方案等)通过。*法案(ほうあん)〔面(めん)接者(せつしゃ)〕を～。/通过法案〔让面试者通过〕。

★治(なお)る ②〔Ⅰ自〕

痊愈。*病気(びょうき)が～。/病好了。

★治(なお)す ②〔Ⅰ他〕

治疗,医治。*病気(びょうき)を～。/治病。

★直(なお)る ②〔Ⅰ自〕

①(房屋、机械、电器等)修好了。*時計(とけい)が～。/表修好了。

②(文章等)改好了。*作文(さくぶん)が～。/作文改好了。

③(缺点等)改正了。*悪(わる)い癖(くせ)が～。/坏毛病改掉了。

★直(なお)す ②〔Ⅰ他〕

①修理(房屋、机械、电器等)。*家電(かでん)を～。/修理家电。

②修改(文章等)。*文章(ぶんしょう)を～。/修改文章。

③改正(缺点等)。*悪(わる)い癖(くせ)を～。/改正坏毛病。

□帰る □帰す □寝る □寝かす □通る □通す □治る □治す □直る □直す

★移る（うつる）②〔Ⅰ自〕

①（物品）被移动（到别处）。＊机が二階に～。/ 桌子搬到2楼。

②（场所）迁移。＊会社が東京に～。/ 公司搬到东京去。

③（工作）调动。＊社員が本店に～。/ 职工被调到总店。

④（疾病）传染。＊人から人へ～病気。/ 人与人之间传染的病。

★移す（うつす）②〔Ⅰ他〕

①移动（物品到别处）。＊テーブルを～。/ 搬桌子。

②迁移（场所）。＊事務所を三階に～。/ 把办公室搬到3楼。

③调动（工作）。＊社員を支社へ～。/ 调职工到分公司。

④传染（疾病）。＊風邪を人に～。/ 感冒传染给他人。

★写る（うつる）②〔Ⅰ自〕

（相纸上）显影。＊人が写真に～。/ 人印在照片上。

★写す（うつす）②〔Ⅰ他〕

拍摄（照片、影像）。＊スマホで写真を～。/ 用智能手机拍照。

☆映る（うつる）②〔Ⅰ自〕

①映照。＊朝日が窓に～。/ 朝阳映照在窗户上。

②（视频等上面）放映，显示。＊スクリーンに映像が～。/ 影像放映在屏幕上。

☆映す（うつす）②〔Ⅰ他〕

①使映照。＊姿を鏡に～。/ 身影映在镜子里。

②放映。＊映画をスクリーンに～。/ 在银幕上放电影。

★回る（まわる）⓪〔Ⅰ自〕

①发生转动，回转。＊扇風機〔地球〕が～。/ 风扇〔地球〕转动。

②（文件、通知等依次）传送到。＊知らせが経営課へ～。/ 通知转送到经营科。

③（人在某区域里）巡回，环游。＊世界〔街〕を～。/ 周游世界〔巡视街区〕。

④（跑客户、跑亲戚家等）依次走访。＊会社を～。/ 访问客户。

★回す（まわす）⓪〔Ⅰ他〕

①使转动，拧动，扭动。＊つまみを～。/ 转动旋钮。

②依次传送（文件、通知等）。＊レポートを彼に～。/ 把报告传送给他。

★渡る（わたる）⓪〔Ⅰ自〕

①过（河、桥、马路等）。＊車が橋を～。/ 车过桥。

②（物品等）到手。＊全員に資料が～。/ 人人拿到了资料。

★渡す（わたす）⓪〔Ⅰ他〕

①让人过（河、桥、马路等）。＊船で人を～。/ 用船把人送过河。

②（把物品等亲手）交给。＊本を先生に～。/ 把书交给老师。

★残る（のこる）②〔Ⅰ自〕

①（一部分暂时保持）留下。＊雪が～。/ 还有残雪。

②（一部分存到最后）剩余。＊ビールが～。/ 啤酒没喝完。

□ 移る　□ 移す　□ 写る　□ 写す　□ 映る　□ 映す　□ 回る　□ 回す　□ 渡る　□ 渡す
□ 残る

★残す②〔Ⅰ他〕

①(使一部分暂时保持)留下。*仕事を～。/留下一部分工作。

②(使一部分存到最后)剩余。*ご飯を～。/剩下吃不完的饭。

★戻る②〔Ⅰ自〕

①(人等)返回原地。*自分の席に～。/回到自己的座位上。

②物品回到原点。*貸したお金が～。/借出的钱还回来了。

★戻す②〔Ⅰ他〕

①让(人等)回到原地。*釣った魚を川に～。/把钓到的鱼放回河里。

②使物品回到原处。*本を本棚に～。/把书放回书架。

★返る①〔Ⅰ自〕

(借出的物品)已归还。*貸した本は～。/借出的书已归还。

★返す①〔Ⅰ自〕

归还(所借的物品)。*本を図書館に～。/把书还给图书馆。

★起こる②〔Ⅰ自〕

(事故、灾难等)发生。*災害が～。/发生灾害。

★起こす②〔Ⅰ他〕

引发(事故、灾难等)。*事故を～。/引发事故。

★減る⓪〔Ⅰ自〕 ⇔増える

①(数量)减少。*費用が～。/费用减少。

②(肚子)饿。*腹が～。/肚子饿。

★減らす③〔Ⅰ他〕 ⇔増やす

①减少(数量)。*費用を～。/减少费用。

②饿着(肚子)。*腹を～。/空腹。

★散る⓪〔Ⅰ自〕 ⇔集まる

(花瓣、树叶等)散落。*花が～。/花朵凋零。

★散らす⓪〔Ⅰ他〕 ⇔集める

使(花瓣、树叶等)散落。*ごみを～。/使垃圾散落一地。

★鳴る⓪〔Ⅰ自〕

(铃声、警报等)响起。*携帯電話が～。/手机响了。

★鳴らす③〔Ⅰ他〕

鸣响(电铃、喇叭等)。*ベルを～。/鸣响电铃。

☆転がる⓪〔Ⅰ自〕

物体滚动。*石が～。/石头在滚动。

☆転がす⓪〔Ⅰ他〕

使滚动。*ボールを～。/滚动皮球。

★無くなる⓪〔Ⅰ自〕

(物品)遗失。*財布が～。/钱包不见了。

★無くす⓪〔Ⅰ他〕

遗失(物品)。*財布を～。/丢了钱包。

★亡くなる⓪〔Ⅰ自〕

去世，逝世。*事故で人が～。/人在事故中丧生。

★亡くす⓪〔Ⅰ他〕

丧失性命。*事故で人を～。/事故夺走了人命。

□残す □戻る □戻す □返る □返す □起こる □起こす □減る □減らす
□散る □散らす □鳴る □鳴らす □転がる □転がす □無くなる □無くす
□亡くなる □亡くす

★負（ま）ける⓪〔Ⅱ自〕 ⇔勝つ

输了。＊相手（あいて）が～。/ 对方输了。

★負（ま）かす⓪〔Ⅰ他〕

打败。＊相手（あいて）を～。/ 打败对方。

☆溶（と）ける②〔Ⅱ自〕

①（固体溶解到液体里）溶解。＊洗剤（せんざい）が水（みず）に～。/ 洗涤剂溶解到水里。

②固体自然溶化，溶解。＊氷（こおり）〔鉄（てつ）〕が～。/ 冰〔铁〕化了。

☆溶（と）かす②〔Ⅰ他〕

①（使固体溶解到液体里）溶解。＊絵（え）の具（ぐ）を水（みず）で～。/ 用水溶解颜料。

②（通过加热等）溶解，融化（固体物）。＊加熱（かねつ）してバターを～。/ 加热融化黄油。

★刺（さ）さる②〔Ⅰ自〕

扎进，刺入（刀、针、刺等）。＊喉（のど）に魚（さかな）の骨（ほね）が～。/ 鱼刺卡喉咙。

★刺（さ）す①〔Ⅰ他〕

（用刀、针、刺等）扎，刺，捅。＊虫（むし）が人（ひと）を～。/ 虫刺人。

✲ 自他对应动词（～iる⇔～す）

★過（す）ぎる②〔Ⅱ自〕

①（用「（时光）が～」）时光流逝。＊夏休（なつやす）みが～。/ 暑假已经过去。

②（用「（时间）を～」）过了某时间。＊12時（じ）を～。/ 过了中午 12 点。

③（用「（年龄）を～」）过了某年龄。＊50歳（さい）を～。/ 年过五十。

④（用「（场所）を～」）车等驶过站。＊降（お）りる駅（えき）を～。/ 坐过站了。

★過（す）ごす②〔Ⅰ他〕

①（用「（时光）を～」）度过（时光）。＊音楽（おんがく）を聞（き）いて時間（じかん）を～。/ 听音乐打发时间。

②（用「日を～」）生活，过日子。＊田舎（いなか）で日（ひ）を～。/ 在乡下生活。

★落（お）ちる②〔Ⅱ自〕

①遗失，遗漏，遗忘。＊スマホが芝生（しばふ）に～。/ 手机掉在草坪上。

②（物品、光影等从高处）落下，投下。＊木（こ）の葉（は）〔影（かげ）、雷（かみなり）〕が～。/ 树叶〔影子、雷〕落下。

③（程度、水准、地位等）降低，衰退。＊人気（にんき）が～。/ 人气下滑。

④落选，落榜。＊入試（にゅうし）に～。/ 入学考试落榜了。

★落（お）とす②〔Ⅰ他〕

①丢掉，丢失。＊財布（さいふ）を～。/ 弄丢钱包。

②打落，投下（高处的物品、光影等）。＊柿（かき）〔影（かげ）〕を～。/ 打落柿子〔投射影子〕。

③使（程度、水准、地位等）降低。＊スピードを～。/ 降低速度。

④使落选，使不及格。＊60点以下（てんいか）の生徒（せいと）を～。/ 不满 60 分者判为不及格。

★伸（の）びる②〔Ⅱ自〕

①长度自然伸长，自然变长。＊髪（かみ）が～。/ 头发长长了。

②实力等得到提高、增加、扩大。＊日本語（にほんご）の力（ちから）が～。/ 日语水平进步。

③（营业额等数量）增加。＊売上（うりあげ）が～。/ 销售额增加。

□ 負ける □ 負かす □ 溶ける □ 溶かす □ 刺さる □ 刺す □ 過ぎる □ 過ごす
□ 落ちる □ 落とす □ 伸びる

★伸ばす②〔Ⅰ他〕

①使长度伸长，使变长。*ひげを～。/留胡须。

②提高、增加、扩大实力等。*能力を～。/提升能力。

③增加（营业额等数量）。*支持率を～。/提高支持率。

★延びる②〔Ⅱ自〕

距离或时间延长。*道路が～。/公路延长。

★延ばす②〔Ⅰ他〕

延长距离或时间。*会議の時間を～。/延长开会时间。

★下りる②〔Ⅱ自〕

①（窗帘、帷幕等悬挂物）被放下。*舞台の幕が～。/舞台幕布放下了。

②（沿着山、楼梯、坡道等）下来。*山〔階段〕を～。/下山〔楼〕。

③下到某处。*1階〔地上〕に～。/下到1楼〔地面〕。

★下ろす②〔Ⅰ他〕 ⇔載せる

①从高处卸下来。*荷物を棚から～。/把货物从架子上拿下来。

②放下（窗帘、帷幕等悬挂物）*カーテンを～。/拉下窗帘。

③提取钱款。*銀行からお金を～。/从银行取钱。

★降りる②〔Ⅱ自〕 ⇔乗る

下车、下电梯等。*エレベーターを～。/下电梯。

★降ろす②〔Ⅰ他〕

让下车、让下电梯等。*人を車から～。/让人下车。

✻自他对应动词（～eる⇔～す）

★消える⓪〔Ⅱ自〕 ⇔付く

①（灯）关闭，（火）熄灭。*電気が～。/电灯熄灭了。

②（声音、气味等）自然消失。*話し声が～。/听不到说话声了。

③（记录等）被删除，被抹去。*録音した音楽が～。/录好的音乐被删。

★消す⓪〔Ⅰ他〕 ⇔付ける

①关（灯），熄（火）。*電気を～。/关电灯。

②消除（声音、气味等）。*魚の臭みを～。/除掉鱼腥味。

③擦去，消去，删除（记录等）。*消しゴムで字を～。/用橡皮擦掉字。

☆震える⓪〔Ⅱ自〕

（身体、声音等）发抖。*体が～。/身体发抖。

☆震わす⓪〔Ⅰ他〕

使（身体、声音等）发抖。*緊張で声を～。/因紧张声音颤抖。

★出る①〔Ⅱ自〕 ⇔入る

①人走出（屋子、公司等）。*父が家を～。/父亲出门。

②毕业。*大学を～。/大学毕业。

③去上班、去参加会议或活动等。*会社〔会議〕に～。/去上班〔去开会〕。

□伸ばす □延びる □延ばす □下りる □下ろす □降りる □降ろす □消える
□消す □震える □震わす □出る

④（物品等从里面）露出了。＊財布から札が～。/ 钞票露出钱包。

⑤（现象等）发生，出现。＊熱〔元気、意見〕が～。/ 发烧了〔来劲、提出了建议〕。

⑥（果蔬等）上市。＊スイカがスーパーに～。/ 西瓜在超市上市。

⑦出现在（某领域）。＊社会に～。/ 踏上社会。

★出す①〔Ⅰ他〕 ⇔入れる

①让人走出(屋子等)。＊猫を部屋から～。/ 把猫咪赶出屋子。

②（把物品等从里面）拿出来。＊財布からお金を～。/ 从钱包里拿出钱。

③使（现象等）发生，出现。＊スピード〔元気、意見〕を～。/ 提速〔鼓劲、提建议〕。

④使（果蔬等）上市销售。＊新しい野菜をスーパーに～。/ 把新鲜蔬菜送到超市销售。

⑤把人送上（社会等领域）。＊卒業生を社会に～。/ 把毕业生送上社会。

⑥提交（课外作业、报告等）。＊宿題〔レポート〕を～。/ 交作业〔报告〕。

⑦寄（包裹、邮件等）。＊小包を～。/ 寄包裹。

★覚める②〔Ⅱ自〕

（用「目が～」）自然醒来。＊睡眠から目が～。/ 从睡梦中醒来。

★覚ます②〔Ⅰ他〕

（用「目を～」）弄醒，唤醒。＊雷の音で目を～。/ 雷声把我吵醒。

☆冷める②〔Ⅱ自〕

（烫的东西）变凉，变冷。＊お湯が～。/ 开水变凉了。

☆冷ます②〔Ⅰ他〕

使（烫的东西）冷却到常温。＊お湯を～。/ 冷却开水。

✻ 其他自他对应动词

☆当たる⓪〔Ⅰ自〕

①撞上，命中。＊ボールが窓に～。/ 球砸在窗子上。

②（A物接触B物）贴上，放在。＊手が額に～。/ 手贴在额头上。

③日晒雨淋。＊日がよく～部屋。/ 洒满阳光的房间。

④（年龄、博彩、天气等）猜到，猜中。＊予報〔宝くじ〕が～。/ 预报准了〔中奖了〕。

⑤（A物）相当于（B物）。＊彼女は僕のいとこに～。/ 她相当于我表姐。

⑥担任，承担工作等。＊クラスの担任に～。/ 担任班主任。

⑦（事情的结果）大获成功。＊イベントが～。/ 活动大获成功。

☆当てる⓪〔Ⅱ他〕

①使撞上，使命中。＊ボールにバットを～。/ 用棒击球。

②（使A物接触B物）贴在，放在。＊手を口に〔受話器を耳に〕～。/ 用手捂住嘴〔把听筒贴近耳朵〕。

③使日晒雨淋。＊草花を日に～。/ 让花草晒晒太阳。

□出す □覚める □覚ます □冷める □冷ます □当たる □当てる

④猜测，预测（年龄、博彩、天气等）。*謎〔勝負〕を～。/猜谜语〔预测胜负〕。

⑤指派人员，分配工作等。*社員に仕事を～。/给职工分派工作。

☆重なる⓪〔Ⅰ自〕

①物品层层叠加起来。*落ち葉が～。/落叶层叠。

②事情反复出现。*不幸が～。/连遭不幸。

☆重ねる⓪〔Ⅱ他〕

①使物品层层叠加。*本を～。/把书一本本地摞起来。

②使事情反复进行。*交渉〔失敗〕を～。/反复谈判〔重复失败〕。

★入る①〔Ⅰ自〕 ⇔出る

①进入。*人が部屋に～。/人进屋。

②（某空间内放有物品）放着，装着。*かばんに本が～。/包里有书。

③（饮品）冲泡好了。*お茶が～。/茶已沏好。

④（对方）进来电话等。*客から電話〔連絡〕が～。/客户来电话〔联系〕。

⑤（对方）预约、订单等进来。*客から予約〔注文〕が～。/客户来预约〔客户下单〕。

★入れる⓪〔Ⅱ他〕 ⇔出す

①让进入。*人を部屋に～。/让人进屋。

②（将物品放入某空间内）放入，装进。*本をかばんに～。/把书放进书包里。

③冲泡(饮品)。*コーヒーを～。/冲咖啡。

④给（对方）打电话等。*会社に電話〔連絡〕を～。/给公司打电话〔跟公司联系〕。

⑤给（对方）预约，下单。*料理店に予約〔注文〕を～。/跟饭店预约〔订餐〕。

★捕まる⓪〔Ⅰ自〕

①用手抓在（固定物上的）某处。*手すりに～。/（手）抓在扶手上。

②（人或动物）被逮住。*泥棒が～。/小偷被抓了。

★捕まえる⓪〔Ⅱ他〕

①用手抓住（某物体）。*棒〔袖〕を～。/抄起木棒〔揪住袖子〕。

②逮住(人或动物)。*泥棒を～。/抓小偷。

★分かれる③〔Ⅱ自〕 ⇔合う

①（整体）分成。*学生が三チームに～。/学生分成3队。

②（意见等）分歧。*意見が～。/出现意见分歧。

★分ける②〔Ⅱ他〕 ⇔合わせる

(将整体)分割,分开。*クラスを～。/分班。

★合う①〔Ⅰ自〕 ⇔分かれる

(两者)一致,吻合。*意見〔サイズ〕が～。/意见一致〔尺寸吻合〕。

★合わせる③〔Ⅱ他〕 ⇔分ける

①使一致，使吻合。*意見〔答案〕を～。/使意见一致〔对答案〕。

②合并,二者合一。*部屋を～。/合并房间。

☆かなう②〔Ⅰ自〕

(愿望、目的)如愿以偿。*願いが～。/愿望实现。

☆かなえる③〔Ⅱ他〕

实现(目的、愿望)。*夢を～。/实现梦想。

□重なる □重ねる □入る □入れる □捕まる □捕まえる □分かれる □分ける
□合う □合わせる □かなう □かなえる

★飛ぶ⓪〔Ⅰ自〕

①飞翔。＊飛行機が空を～。/ 飞机在天上飞。

②（被风）刮飞。＊帽子が風で～。/ 帽子被风刮走了。

③（液体等）飞溅。＊油が～。/ 油飞溅。

★飛ばす⓪〔Ⅰ他〕

①放飞。＊紙飛行機を～。/ 放飞纸飞机。

②（风）吹飞，吹跑。＊風が傘を～。/ 风吹飞雨伞。

③（使液体等）飞溅。＊水〔泥〕を～。/ 溅起水花〔泥巴〕。

★並ぶ⓪〔Ⅰ自〕

①物品（整齐地）排列着，摆放着。＊本棚に本が～。/ 书架上摆放着书。

②人排队。＊客が列に～。/ 客人排队。

★並べる⓪〔Ⅱ他〕

①（整齐地）排列，摆放物品。＊本を本棚に～。/ 把书放进书架里。

②让人排队。＊生徒を列に～。/ 让学生排队。

☆浮かぶ⓪〔Ⅰ自〕

①（水面、空中）漂浮。＊木が川に～。/ 木头漂浮在河上。

②（抽象事物）自然浮现。＊アイディアが頭に～。/ 脑海里有了主意。

☆浮かべる⓪〔Ⅱ他〕

①使浮起，使浮出（水面、空中）。＊水に花びらを～。/ 花瓣漂浮在水面上。

②使（抽象事物）浮现。＊思い出を頭に～。/ 往事浮现在脑海里。

★積もる②〔Ⅰ自〕

①（颗粒物等）堆积。＊雪が～。/ 积雪。

②（分量、数量等）积累。＊借金が～。/ 负债累累。

★積む⓪〔Ⅰ他〕

①装载（颗粒物等）。＊石を船に～。/ 将沙石装上船。

②积累（分量、数量等）。＊経験を～。/ 累积经验。

★聞こえる⓪〔Ⅱ自〕

（自然而然传到耳朵里）能听到。＊音楽が～。/ 听到音乐。

★聞く・聴く⓪〔Ⅰ他〕 ⇔見る

①（聞く・聴く）（有意识地）倾听。＊音楽を～。/ 听音乐。

②（聞く）打听，询问事宜。＊お巡りさんに道を～。/ 向警察问路。

☆塞がる⓪〔Ⅰ自〕

（洞口、缝隙、通道等）被堵，被塞。＊下水道が～。/ 下水道堵住了。

☆塞ぐ⓪〔Ⅰ他〕

堵住，塞住（洞口、缝隙、通道等）。＊穴を～。/ 堵住洞穴。

☆つながる⓪〔Ⅰ自〕

①（一物）被拴在（另一固定物上）。＊ウシが木に～。/ 牛被拴在树上。

②（绳子等两端）接上了，接好了。＊折れた糸が～。/ 断开的线接好了。

③（电话、网络等）接通。＊電話が～。/ 电话接通了。

□飛ぶ　□飛ばす　□並ぶ　□並べる　□浮かぶ　□浮かべる　□積もる　□積む
□聞こえる　□聞く·聴く　□塞がる　□塞ぐ　□つながる

☆つなぐ⓪〔Ⅰ他〕

①（把一物）拴在（另一固定物上）。*ボートを岸(きし)に～。/ 把船拴在岸边。

②（把绳子等两端连接起来）接，连接。*コードを～。/ 连接电线。

③接通，连接（电话、网络等）。*ネットを～。/ 连接网络。

★生(う)まれる・産(う)まれる⓪〔Ⅱ自〕 ⇔死ぬ

①「生まれる・産まれる」出生，诞生。*赤(あか)ちゃんが～。/ 宝宝诞生。

②「生まれる・産まれる」（禽类动物）孵出。*雛(ひよこ)が～。/ 孵出小鸡。

③「生まれる」（新事物）诞生，出现。*新記録(しんきろく)〔スター〕が～。/ 新纪录〔明星〕诞生。

★生(う)む・産(う)む⓪〔Ⅰ他〕

①「生む・産む」分娩。*子供(こども)を～。/ 生孩子。

②「生む・産む」产蛋，产卵。*鶏(にわとり)が卵(たまご)を～。/ 鸡产蛋。

③「生む」孕育出（新生事物）。*新(あたら)しい作品(さくひん)を～。/ 产生新作品。

☆挟(はさ)まる③〔Ⅰ自〕

被夹住，被夹在（物与物之间）。*本(ほん)に写真(しゃしん)が～。/ 照片夹在书里。

☆挟(はさ)む②〔Ⅰ他〕

①（用筷子、镊子等的两端）夹住。*箸(はし)で豆(まめ)を～。/ 用筷子夹豆子。

②（把一物夹放在另一物内）夹在。*写真(しゃしん)を本(ほん)に～。/ 把照片夹在书里。

★そろう②〔Ⅰ自〕

①（颜色、尺寸、数量等）达到整齐。*サイズが～。/ 尺寸凑齐了。

②（物品成对、成套、成系统地）备齐。*食器(しょっき)が～。/ 餐具备齐了。

③人员凑齐。*参加者(さんかしゃ)が～。/ 与会者都到齐了。

★そろえる③〔Ⅱ他〕

①使（颜色、尺寸、数量等）整齐。*色(いろ)を～。/ 凑齐颜色。

②（成对、成套、成系统地）备齐物品。*家具(かぐ)を～。/ 备齐家具。

③使人员凑齐，集合。*スタッフを～。/ 集合成员。

☆向(む)かう⓪〔Ⅰ自〕

①（身体、视线等）面对，面向。*顔(かお)が壁(かべ)に～。/ 面朝墙壁。

②（朝某方向或某地）行进。*飛行機(ひこうき)が東(ひがし)へ～。/ 飞机朝东飞去。

☆向(む)ける⓪〔Ⅱ他〕

①使（身体、视线等）朝向（某方向后继续向前）。*顔(かお)を前(まえ)に～。/ 脸朝前。

②使转向（某方向继续行进）。*車(くるま)を西(にし)に～。/ 把车转向西面（行驶）。

□つなぐ □生まれる·産まれる □生む·産む □挟まる □挟む □そろう
□そろえる □向かう □向ける

练 习

一、请从[ ]中选择一个最合适的词，并用平假名写在（ ）中。

戻して 残って 冷めて 捕まって

1. 銀行に少し預金(よきん)が（ ）います。
2. エスカレーターに乗るとき、しっかり手でベルトに（ ）ください。
3. 道具を元の所に（ ）ください。
4. おかゆが（ ）から食べましょう。

二、请从[ ]中选择一个最合适的词，并用汉字写在（ ）中。

なおった なおした うつった うつした

1. 父は壊れた椅子を（ ）。
2. 山田君は支社から本社に（ ）。
3. 風邪が（ ）ので、今日は学校へ行きます。
4. きれいな景色を写真に（ ）。

三、请选择合适的搭配，把对应的字母写在（ ）中。

1. 事故を	（ ）	A. わたす	4. 髪の毛を	（ ）	D. おとす
2. 資料を	（ ）	B. おこす	5. スピードを	（ ）	E. のばす
3. つまみを	（ ）	C. まわす	6. 財布を	（ ）	F. なくす

四、请从A、B、C、D四个选项中选择最合适的一个填入（ ）中。

1. あ、道に財布が（ ）いるよ。

A. おちて　　B. おとして　　C. のびて　　D. のばして

2. みんなは山の下に（ ）きた。

A. おりて　　B. おとして　　C. さめて　　D. さまして

3. 宝(たから)くじに（ ）、うれしかったです。

A. わかれて　　B. わけて　　C. あたって　　D. あてて

第6课 动词（6）

✼无自他对应Ⅰ类动词

★会(あ)う①〔Ⅰ自〕 ⇔別れる

①（约好与人）见面。✱友達(ともだち)と～約束(やくそく)をした。/ 约了跟朋友见面。

②（在某处）偶遇某人。✱好(す)きな人(ひと)に～。/ 遇上意中人。

★通(かよ)う⓪〔Ⅰ自〕

经常来往于（某处）。✱学校(がっこう)〔会社(かいしゃ)〕に～。/ 上学〔班〕。

☆従(したが)う⓪〔Ⅰ自〕

①跟着（领头人等）。✱社長(しゃちょう)に～。/ 跟着社长。

②听从（指示、意见）。✱指示(しじ)に～。/ 听从指示。

☆戦(たたか)う・闘(たたか)う⓪〔Ⅰ自〕

战斗，抗争。✱強(つよ)いチームと～。/ 和强队战斗。

★違(ちが)う⓪〔Ⅰ自〕

①（两者）不一样，不同。✱兄(あに)とは父(ちち)が～。/ 我跟哥哥是异父同胞。

②不对，错误。✱答(こた)えが～。/ 答案错了。

★迷(まよ)う②〔Ⅰ自〕

①迷路。✱道(みち)に～。/ 迷路。

②（对选择）犹豫。✱選択(せんたく)に～。/ 不知该选哪一个。

☆酔(よ)う①〔Ⅰ自〕

①喝醉酒。✱酒(さけ)に～。/ 喝醉酒。

②晕船、晕车、晕机等。✱船(ふね)に～。/ 晕船。

★笑(わら)う⓪〔Ⅰ自〕 ⇔泣く

笑，发笑。✱人(ひと)が～。/ 人在笑。

☆味(あじ)わう③〔Ⅰ他〕

①品尝味道。✱お酒(さけ)〔お茶(ちゃ)〕を～。/ 品酒〔茗〕。

②鉴赏，玩味。✱文学作品(ぶんがくさくひん)を～。/ 品味文学作品。

☆扱(あつか)う⓪〔Ⅰ他〕

①（对客人、部下等）待人。✱客(きゃく)を優(やさ)しく～。/ 热情待客。

②办理事务。✱申請(しんせい)を～。/ 办理申请。

③操纵机械。✱クレーンを～。/ 操作大吊车。

④经营商品。✱家電(かでん)を～。/ 经营家电。

★洗(あら)う⓪〔Ⅰ他〕

洗涤，清洗（衣服及其他物品）。✱手(て)〔車(くるま)〕を～。/ 洗手〔车〕。

★言(い)う⓪〔Ⅰ他〕

①（简短地）说，说话。✱あいさつを～。/ 说客套话。

②（称谓）叫作…… ✱これをバラと～。/ 把这个叫作“玫瑰”。

□会う □通う □従う □戦う·闘う □違う □迷う □酔う □笑う □味わう
□扱う □洗う □言う

★祝う②〔Ⅰ他〕

祝贺，庆祝。*誕生日を～。/ 庆祝生日。

☆失う⓪〔Ⅰ他〕

失去（财产或抽象的东西）。*命〔夢〕を～。/ 丢了性命〔失去理想〕。

★歌う⓪〔Ⅰ他〕

歌唱。*歌を～。/ 唱歌。

☆疑う⓪〔Ⅰ他〕 ⇔信じる

怀疑，不相信。*事実〔相手〕を～。/ 怀疑事实〔对方〕。

☆奪う②〔Ⅰ他〕

夺走，抢走（财物、生命、地位等）。*金〔命〕を～。/ 抢钱〔夺去生命〕。

☆負う⓪〔Ⅰ他〕

①背人或物品。*子を～。/ 背着孩子。
②（身心）负伤。*傷を～。/ 受伤。
③担负（负担）。*借金を～。/ 背债。
④负起，承担（责任、任务等）。*責任を～。/ 承担责任。

☆追う⓪〔Ⅰ他〕

追赶。*警察が泥棒を～。/ 警察追小偷。

★行う⓪〔Ⅰ他〕

进行，实施（会议、活动等）。*試験〔大会〕を～。/ 举行考试〔召开大会〕。

☆襲う⓪〔Ⅰ他〕

（人或自然灾害）袭击，侵袭，侵扰。*台風が九州を～。/ 台风袭击九州。

★思う②〔Ⅰ他〕

①（用于推测）估计，猜想。*雨だろうと～。/ 我估计会下雨。
②（用于断定）认为，相信。*彼はいい人だと～。/ 相信他是个好人。

★買う⓪〔Ⅰ他〕 ⇔売る

购买。*服〔本〕を～。/ 买衣服〔书〕。

★飼う①〔Ⅰ他〕

饲养动物。*猫を～。/ 养猫。

★嫌う⓪〔Ⅰ他〕

厌恶，讨厌（人或事）。*人との付き合いを～。/ 讨厌与人交往。

★食う①〔Ⅰ他〕

吃饭。*飯を～。/ 吃饭。

★誘う⓪〔Ⅰ他〕

邀请。*友達を旅行に～。/ 邀请朋友去旅行。

★吸う⓪〔Ⅰ他〕 ⇔吐く

①吸（烟），抽（烟）。*たばこを～。/ 吸烟。
②吸（空气、液体、粉末等）。*コーラ〔空気〕を～。/ 吸可乐〔呼吸空气〕。

★しまう⓪〔Ⅰ他〕

收纳并保管好。*布団を押し入れに～。/ 把被褥收纳进壁橱。

☆救う⓪〔Ⅰ他〕

①搭救（性命）。*溺れた人を～。/ 搭救溺水的人。

□祝う □失う □歌う □疑う □奪う □負う □追う □行う □襲う □思う
□買う □飼う □嫌う □食う □誘う □吸う □しまう □救う

②救济（弱势群体）。*貧しい人を～。/救济穷人。

③挽救（失足者等）。*不良少年を～。/挽救不良少年。

★使う⓪〔Ⅰ他〕

①使用（物品、设施、人才、知识等）。*箸〔バイト〕を～。/用筷子〔用工〕。

②花费（金钱、时间等）。*お金を～。/花钱。

★習う②〔Ⅰ他〕 ⇔教える

跟人学习（知识、技能）。*先生に絵を～。/跟老师学习绘画。

★縫う①〔Ⅰ他〕

缝，缝住。*着物〔傷口〕を～。/缝衣服〔伤口〕。

☆拭う②〔Ⅰ他〕

（用毛巾、手帕等）擦脸，擦汗。*タオルで汗を～。/用毛巾擦汗。

★願う②〔Ⅰ他〕

请求，恳求，祈求。*～事がある。/有事相求。

★払う②〔Ⅰ他〕

付款，付钱。*お金を～。/付钱。

★拾う⓪〔Ⅰ他〕 ⇔捨てる

①捡起，拾起（掉在地上的东西）。*ごみを～。/捡起垃圾。

②捡到（遗失物等）。*財布を～。/捡到钱包。

☆養う③〔Ⅰ他〕

①抚养（孩子），赡养（老人）。*子供〔親〕を～。/抚养孩子〔赡养父母〕。

②喂养（动物）。*豚を～。/养猪。

★歩く②〔Ⅰ自〕 ⇔走る

①步行，行走。*道を～人。/在路上行走的人。

②到处走，游览，遍访。*古い町を～。/游览古镇。

☆いく⓪〔Ⅰ自〕

①开始做，开始干，开始进行。*この方法で～。/用此方法做。

②（多用「うまくいく」）顺利地进展。*試験はうまく～だろう。/估计能考好。

★行く⓪〔Ⅰ自〕 ⇔来る

①（人、车等）去某地，前往。*学校に～。/去学校。

②沿着道路行走，步行。*まっすぐこの道を～。/沿这条路笔直走。

③（季节等时间）过去，流逝。*春は～。夏は来る。/春去夏来。

★渇く②〔Ⅰ自〕

渴，干渴。*喉が～。/口渴。

☆効く・利く⓪〔Ⅰ自〕

①「効く」（药物等）有效，见效。*この薬は風邪に～。/这药对感冒有效。

①「利く・効く」（机械等）好使，给力。*エアコンが～。/空调很给力。

□使う □習う □縫う □拭う □願う □払う □拾う □養う □歩く □いく
□行く □渇く □効く·利く

★咲(さ)く⓪〔Ⅰ自〕

（花）开。*花(はな)が～。/ 花开。

★すく⓪〔Ⅰ自〕

（空间内因数量少）空，稀疏。*バスが～。/ 公交车很空。

★着(つ)く①〔Ⅰ自〕

①（人、车等按时）到达。*バスはバス停(てい)に～。/ 公交车到站了。

②（邮件等按时）送到。*メールが～。/ 电子邮件到了。

★泣(な)く⓪〔Ⅰ自〕 ⇔笑う

哭，哭泣。*声(こえ)を出(だ)して～。/ 放声大哭。

★鳴(な)く⓪〔Ⅰ自〕

（鸟类、虫类、猫等小动物）鸣叫。*鳥(とり)〔猫(ねこ)〕が～。/ 鸟〔猫〕叫。

★働(はたら)く⓪〔Ⅰ自〕

工作，劳动。*父(ちち)は銀行(ぎんこう)で～。/ 爸爸在银行工作。

★泳(およ)ぐ②〔Ⅰ自〕

游泳。*海(うみ)〔川(かわ)〕で～。/ 在大海〔河〕里游泳。

★騒(さわ)ぐ②〔Ⅰ自〕

吵闹，闹腾，喧哗。*飲(の)み屋(や)で～。/ 在酒馆里闹腾。

☆描(えが)く②〔Ⅰ他〕

①描绘（图画、图表等）。*グラフを～。/ 画图表。

②（文章）描写；（心中）描绘。*生活(せいかつ)〔未来(みらい)〕を～。/ 描写生活〔描绘未来〕。

★置(お)く⓪〔Ⅰ他〕

①（在平面上随意）放置，搁置。*本(ほん)を机(つくえ)の上(うえ)に～。/ 把书放在书桌上。

②（把人或物留在某处）留下，放下。*子(こ)どもを家(いえ)に～。/ 把孩子留在家里。

★書(か)く・描(か)く①〔Ⅰ他〕 ⇔読む

①「書く」写，书写，编写。*メールを～。/ 写电子邮件。

②「書く・描く」画，描。*絵(え)〔地図(ちず)〕を～。/ 画画〔地图〕。

★敷(し)く⓪〔Ⅰ他〕

①（把被褥、垫子等）铺开，垫上。*布団(ふとん)〔座布団(ざぶとん)〕を～。/ 铺被子〔垫上坐垫〕。

②铺设（草坪、铁轨等）。*庭(にわ)に芝生(しばふ)を～。/ 院子里铺上草坪。

☆抱(だ)く②〔Ⅰ他〕

抱（婴儿），拥抱（恋人等）。*赤(あか)ちゃんを～。/ 抱婴儿。

☆抱(いだ)く②〔Ⅰ他〕

抱着（梦想、期待或不安、怨恨等）。*希望(きぼう)〔不安(ふあん)〕を～。/ 怀揣期待〔不安〕。

☆たたく②〔Ⅰ他〕

（用手掌或棍棒等连续）拍打，敲打。*手(て)〔太鼓(たいこ)〕を～。/ 拍手〔击鼓〕。

★はく⓪〔Ⅰ他〕 ⇔脱ぐ

穿裤子。*ズボンを～。/ 穿裤子。

★履(は)く⓪〔Ⅰ他〕 ⇔脱ぐ

穿（鞋袜）。*靴(くつ)を～。/ 穿鞋子。

★吐(は)く①〔Ⅰ他〕 ⇔吸う

①吐出（口中食物等）。*薬(くすり)を～。/ 吐出

□咲く　□すく　□着く　□泣く　□鳴く　□働く　□泳ぐ　□騒ぐ　□描く　□置く
□書く·描く　□敷く　□抱く　□抱く　□たたく　□はく　□履く　□吐く

（含在口中的）药物。

③（自然反应）吐气、吐血、吐痰等。＊血〔息〕を～。/ 吐血〔气〕。

★掃く①〔Ⅰ他〕

（用扫帚）打扫。＊庭を～。/ 扫庭院。

★引く⓪〔Ⅰ他〕 ⇔押す

①拉，拽，牵拉。＊ドアを～。/ 拉开门。

②查（词典）。＊辞書を～。/ 查字典。

③画（线条）。＊線を～。/ 划线。

④患（感冒）。＊風邪を～。/ 感冒了。

★弾く⓪〔Ⅰ他〕

拉或弹奏乐器。＊ピアノを～。/ 弹钢琴。

★ひく⓪〔Ⅰ他〕

车轧人，车碾人。＊バスが人を～。/ 公交车轧了人。

★拭く⓪〔Ⅰ他〕

①擦拭（物体表面使其干净）。＊テーブル〔手〕を～。/ 擦饭桌〔手〕。

②擦掉（眼泪、汗水、灰尘等）。＊汗〔涙〕を～。/ 擦汗〔眼泪〕。

★巻く⓪〔Ⅰ他〕

①（一物缠绕在另一物上）缠，绕，围。＊首にマフラーを～。/ 脖子上围上围巾。

②（把纸张等扁平物）卷成圆筒状。＊紙〔布団〕を～。/ 卷纸〔铺盖〕。

☆招く②〔Ⅰ他〕

①（正式）邀请。＊首相を～。/ 邀请首相（访问）。

②招致（灾难等）。＊危険を～。/ 招致危险。

★磨く⓪〔Ⅰ他〕

①刷牙。＊歯を～。/ 刷牙。

②（用力）刷净，擦亮，磨光。＊床〔鏡〕を～。/ 擦地板〔镜子〕。

★嗅ぐ⓪〔Ⅰ他〕

闻，嗅。＊香りを～。/ 闻香味。

★稼ぐ②〔Ⅰ他〕

①（为生计而）挣钱。＊お金を～。/ 赚钱。

②争取，赢得（时间、分数、选票等）。＊点数〔時間〕を～。/ 争取分数〔赢得时间〕。

★防ぐ②〔Ⅰ他〕

防止，防守，预防。＊火事〔犯罪〕を～。/ 防止火灾〔犯罪〕。

□掃く □引く □弾く □ひく □拭く □巻く □招く □磨く □嗅ぐ □稼ぐ □防ぐ

练　习

一、请从 [ ] 中选择一个最合适的词，并用平假名写在（　　）中。

通って　行って　効く　渇く

1. 今、展示会で漫画展を（　　　　　）います。
2. この薬は頭痛（ずつう）によく（　　　　　）そうですよ。
3. 毎日自転車で学校に（　　　　　）います。
4. お水を飲まないと、喉が（　　　　　）。

二、请从 [ ] 中选择一个最合适的词，并用汉字写在（　　）中。

ひろった　はらう　かって　さそって

1. うちではカードで（　　　　　）こともできますよ。
2. うちでは何のペットも（　　　　　）いません。
3. （　　　　　）スマホを警察に届けました。
4. あの方を食事に（　　　　　）みましたが、断（ことわ）られました。

三、请选择合适的搭配，把对应的字母写在（　　）中。

1. 道に	（　）	A. よう	4. 子供を	（　）	D. だく
2. 酒に	（　）	B. まよう	5. 夢を	（　）	E. いだく
3. 先輩に	（　）	C. ならう	6. 生活費を	（　）	F. かせぐ

四、请从A、B、C、D四个选项中选择最合适的一个填入（　　）中。

1. 事故の発生を（　　）には、日ごろの注意が必要です。
   A. まねく　B. みがく　C. ふせぐ　D. かぐ
2. 食事の前に、テーブルをきれいに（　　）。
   A. おきます　B. はきます　C. まきます　D. ふきます
3. 計画はうまく（　　）だろうと思います。
   A. いく　B. あるく　C. はらう　D. ぬぐう

第7课 动词（7）

✻无自他对应Ⅰ类动词

☆犯す②〔Ⅰ他〕

犯法，犯罪，犯错误。✻法律〔罪、ミス〕を～。/ 犯法〔罪、错〕。

★押す⓪〔Ⅰ他〕 ⇔引く

①（用力）推，按，挤压。✻車〔人〕を～。/ 推车〔人〕。

②按（按钮、门铃等）。✻ボタン〔キー〕を～。/ 按按钮〔键〕。

☆欠かす⓪〔Ⅰ他〕

（与否定形式搭配）（不可）缺。✻～ことができない水。/ 不可或缺的水。

★貸す⓪〔Ⅰ他〕 ⇔借りる

借出。✻人にお金を～。/ 借给别人钱。

☆超す⓪〔Ⅰ他〕

超过（数量、程度）。✻38度を～暑さ。/ 超过38度的酷暑。

★殺す⓪〔Ⅰ他〕

杀死。✻人を～。/ 杀人。

★捜す・探す⓪〔Ⅰ他〕

寻找（想得到的或遗忘的东西）。✻仕事〔鍵〕を～。/ 找工作〔钥匙〕。

☆指す①〔Ⅰ他〕

①（手或指针等）指着，指向。✻針が十二時を～。/ 指针指向12点。

②（意思）指的是……✻どういう意味を～のか。/ 所指意思是什么？

☆挿す①〔Ⅰ他〕

插入（花、枝条等）。✻花を花瓶に～。/ 把花插进花瓶。

☆示す②〔Ⅰ他〕

①出示（证件等）。✻パスポートを～。/ 出示护照。

②表示，表明（态度、意愿等）。✻態度を～。/ 表明态度。

③（借助手等）指着。✻手で東のほうを～。/ 用手指着东边。

☆記す⓪〔Ⅰ他〕

书写，记录。✻手帳に名前を～。/ 把名字写进记事本。

☆だます②〔Ⅰ他〕

欺骗，骗人。✻甘い言葉で人を～。/ 用甜言蜜语骗人。

☆試す②〔Ⅰ他〕

尝试，检验（能力、性能、功效等）。✻実力〔性能〕を～。/ 试一下实力〔性能〕。

☆果たす②〔Ⅰ他〕

①发挥（职责等）。✻役割を～。/ 发挥作用。

②完成（任务等）。✻任務を～。/ 完成任务。

□犯す □押す □欠かす □貸す □超す □殺す □捜す・探す □指す □挿す
□示す □記す □だます □試す □果たす

★話す②〔Ⅰ他〕

①（详尽地）讲述，谈论，讲解。＊留学の事を～。/ 讲解有关留学事宜。

②说外语或方言。＊日本語を～。/ 讲日语。

★干す①〔Ⅰ他〕

晾晒。＊洗濯物を～。/ 晾晒衣物。

☆もたらす③〔Ⅰ他〕

带来（幸福或灾难）。＊幸福〔被害〕を～。/ 带来幸福〔灾害〕。

★訳す②〔Ⅰ他〕

（＝訳する）翻译。＊中国語の小説を日本語に～。/ 把中文小说翻译成日语。

★許す②〔Ⅰ他〕

①允许，准许（做事情）。＊結婚を～。/ 允许结婚。

②原谅，宽恕（某人）。＊いたずらっ子を～。/ 原谅小捣蛋鬼。

★打つ①〔Ⅰ他〕

①（用手或工具）拍打。＊お尻〔ボール〕を～。/ 打屁股〔击球〕。

②（敲击键盘写原稿）打字等。＊字〔メール、レジ、広告〕を～。/ 打字〔写邮件、出小票、写广告〕。

★勝つ①〔Ⅰ自〕 ⇔負ける

赢得，战胜。＊試合に～。/ 比赛胜利。

☆経つ①〔Ⅰ自〕

（光阴）流逝。＊時間が～。/ 光阴流逝。

★立つ①〔Ⅰ自〕 ⇔座る

①站立，站着不动。＊人が床に～。/ 人站在地板上。

②（直起腰后）站起来。＊ソファーから～。/ 从沙发上站起来。

☆立つ・発つ①〔Ⅰ自〕

①（用「场所＋を～」）从某地出发。＊故郷を～。/ 离开故乡。

②（用「场所＋に / へ～」）出发去某地。＊オーストラリアに～。/ 去澳大利亚。

☆保つ②〔Ⅰ他〕

①保持，维持（某种状态不变）。＊距離〔平和〕を～。/ 保持距离〔维护和平〕。

②保住，保存（原有的地位、信誉等）。＊信用〔地位〕を～。/ 保持信用〔地位〕。

★待つ①〔Ⅰ他〕

①等待（人、车等的到来）。＊バス〔友だち〕を～。/ 等公交车〔朋友〕。

②期待（事情的到来）。＊機会〔出番〕を～。/ 等机会〔出场〕。

★死ぬ⓪〔Ⅰ自〕 ⇔生まれる

（人或动物）死亡。＊人〔魚〕が～。/ 人〔鱼儿〕死了。

★遊ぶ⓪〔Ⅰ自〕

玩耍，游玩。＊子どもと一緒に～。/ 陪孩子玩耍。

★選ぶ②〔Ⅰ他〕

选择，挑选。＊好きなものを～。/ 挑选喜欢的东西。

★転ぶ⓪〔Ⅰ自〕

跌倒，摔倒。＊階段から～。/ 从楼梯摔下来。

★叫ぶ②〔Ⅰ自〕

大声喊叫，高喊。＊大きな声で～。/ 大声喊叫。

□話す □干す □もたらす □訳す □許す □打つ □勝つ □経つ □立つ
□立つ·発つ □保つ □待つ □死ぬ □遊ぶ □選ぶ □転ぶ □叫ぶ

★飛ぶ・跳ぶ⓪〔Ⅰ自〕

①「飛ぶ」飞，飞翔。*鳥が空を～。/鸟儿在天空飞翔。

②「飛ぶ・跳ぶ」（原地或向前）跳跃。*子供〔馬〕が～。/孩子〔马儿〕跳跃。

☆学ぶ⓪〔Ⅰ他〕

学习(综合知识)。*技術を～。/学习技术。

★結ぶ⓪〔Ⅰ他〕 ⇔解く

①系紧并打结（绳带等）。*帯を～。/系紧和服腰带。

②（道路、桥梁、通信等）连接。*空港と市内を～道。/连接机场和市区的道路。

★呼ぶ⓪〔Ⅰ他〕

①(称谓)叫作……*その山を富士山と～。/把那座山叫作“富士山”。

②（点名等场合）叫名字。*先生は学生の名前を～。/老师点学生的名字。

③叫来（可提供帮助的人或车等）。*警官〔タクシー〕を～。/叫警察〔出租车〕。

④邀请来（需要招待的人）。*彼を飲み会へ～。/邀请他来会餐。

★喜ぶ③〔Ⅰ他〕 ⇔悲しむ

为……而高兴。*成功を～。/为成功而高兴。

★込む・混む①〔Ⅰ自〕

拥挤，混杂。*道〔電車〕が～。/路上堵车〔电车里拥挤〕。

★親しむ③〔Ⅰ自〕

①（人与人）亲密，亲近。*友だちと～。/与好友亲密相处。

②（人与事物）爱好，喜好。*自然〔スポーツ〕に～。/喜爱大自然〔体育〕。

☆しぼむ⓪〔Ⅰ自〕

①（花卉）枯萎。*花が～。/花朵枯萎。

②（气球、轮胎等）瘪了。*風船が～。/气球瘪了。

③（梦想、希望）落空。*夢が～。/梦想落空。

★住む①〔Ⅰ自〕

（人）居住；（动物）栖息。*田舎〔海〕に～。/住在乡下〔大海里〕。

★やむ⓪〔Ⅰ自〕

①(风、雨、雪等)停止。*雨が～。/雨停。

②(铃声、哭声等声音)停止。*電話が～。/电话铃声不响了。

★編む①〔Ⅰ他〕

编织。*セーターを～。/织毛衣。

☆惜しむ②〔Ⅰ他〕

①珍惜，爱惜（生命、时间等）。*命〔時間〕を～。/爱惜生命〔时间〕。

②吝惜，舍不得（钱财等）。*金を～。/吝惜金钱。

☆囲む⓪〔Ⅰ他〕

①（人围成一圈）围着。*食卓を～。/围坐在餐桌前。

②(用东西)围着，包围。*垣根で家を～。/用围墙把房子围起来。

③（山、水等）环抱。*海が島を〔山が村を〕～。/大海环抱着岛屿〔大山环抱着村庄〕。

★悲しむ③〔Ⅰ他〕 ⇔喜ぶ

为……而悲伤。*友人の死を～。/为朋友的死而悲痛。

□飛ぶ・跳ぶ □学ぶ □結ぶ □呼ぶ □喜ぶ □込む・混む □親しむ □しぼむ
□住む □やむ □編む □惜しむ □囲む □悲しむ

★かむ①〔Ⅰ他〕

①咀嚼。＊ガムを～。/ 嚼口香糖。

②咬。＊犬が人を～。/ 狗咬人。

☆組む①〔Ⅰ他〕

①编制，编排（时间表、计划等）。＊時間割を～。/ 编制课程表。

②（编组人物搭档）组成，组建。＊コンビ〔組〕を～。/ 组成搭档〔组队〕。

☆くるむ②〔Ⅰ他〕

（全部或一部分）包，裹，卷。＊体を毛布で～。/ 用毛毯裹住身子。

☆好む②〔Ⅰ他〕

（个人爱好、嗜好）爱好，喜欢。＊音楽〔お茶〕を～。/ 爱好音乐〔饮茶〕。

★畳む⓪〔Ⅰ他〕

①叠（被褥、衣服等）。＊布団〔服〕を～。/ 叠被子〔衣服〕。

②收拢（雨伞、折扇等）。＊傘〔扇子〕を～。/ 合上雨伞〔折扇〕。

★楽しむ③〔Ⅰ他〕

欣赏，享受。＊景色〔音楽〕を～。/ 欣赏景色〔音乐〕。

★頼む②〔Ⅰ他〕

①请人过来，叫人过来。＊医者〔警官〕を～。/ 请医生〔叫警察〕。

②委托（别人做事）。＊家事を家内に～。/ 把家务事交给妻子。

③（在餐馆等）点菜，点单。＊料理を～。/ 点菜。

☆つかむ②〔Ⅰ他〕

①（用手、手指）抓住，捏住。＊相手の腕を～。/ 抓住对方的胳膊不放。

②抓住，获得（机会、重点、感觉等）。＊機会〔情報、感覚〕を～。/ 抓住机会〔获得信息、找感觉〕。

★包む②〔Ⅰ他〕

（严严实实地）包装。＊包み紙でプレゼントを～。/ 用包装纸包礼物。

★盗む②〔Ⅰ他〕

偷盗。＊お金〔絵〕を～。/ 偷钱〔盗画〕。

☆望む⓪〔Ⅰ他〕

希望，愿望，期望。＊出世を～。/ 渴望出人头地。

★飲む①〔Ⅰ他〕

喝，吞，咽。＊牛乳を～。/ 喝牛奶。

☆含む②〔Ⅰ他〕

①含在口中。＊あめを口に～。/ 把糖果含在嘴里。

②包含（某要素）在内。＊税金を～料金。/ 含税的费用。

★踏む⓪〔Ⅰ他〕

踩，踏（地面、踏板等物体）。＊足で土〔ブレーキ〕を～。/ 用脚踩土〔刹车〕。

★読む①〔Ⅰ他〕 ⇔書く

阅读。＊本〔新聞〕を～。/ 看书〔报〕。

□かむ □組む □くるむ □好む □畳む □楽しむ □頼む □つかむ □包む
□盗む □望む □飲む □含む □踏む □読む

练 习

一、请从 中选择一个最合适的词，并用平假名写在（ ）中。

包む　保つ　選ぶ　干す

1. どれを（ ）か迷(まよ)っています。
2. 室温を25度に（ ）。
3. ぬれた服を脱いで、日に（ ）。
4. 新聞紙で弁当箱を（ ）。

二、请从 中选择一个最合适的词，并用汉字写在（ ）中。

うつ　さけぶ　おす　よぶ

1. お名前を（ ）から、ここで待っていてね。
2. 助けてくれと大声(おおごえ)で（ ）。
3. このキーを（ ）のを忘れた。
4. 彼女はパソコンで字を（ ）のが速い。

三、请选择合适的搭配，把对应的字母写在（ ）中。

1. 仕事を	（ ）	A. かす	4. 試合に	（ ）	D. かつ
2. 本を	（ ）	B. はなす	5. 東京を	（ ）	E. まつ
3. 英語を	（ ）	C. さがす	6. 友人を	（ ）	F. たつ

四、请从A、B、C、D四个选项中选择最合适的一个填入（ ）中。

1. 靴のひもをしっかり（ ）。
   A. ころぶ　B. まなぶ　C. さけぶ　D. むすぶ
2. 山に行って、自然に（ ）。
   A. したしむ　B. かなしむ　C. かこむ　D. おしむ
3. 今回は（ ）ください。これから気を付けますから。
   A. やくして　B. ゆるして　C. ころして　D. おろして

第8课 动词（8）

✲无自他对应Ⅰ类动词

★上（あ）がる⓪〔Ⅰ自〕 ⇔下りる

①（到达点）上楼、上岸、上屋顶等。＊二階（にかい）に～。/ 上到二楼。

②（一步步地移动）爬（台阶、梯子等）。＊階段（かいだん）を～。/ 爬楼梯。

★謝（あやま）る③〔Ⅰ自〕

道歉，认错。＊客（きゃく）に～。/ 向客人道歉。

★ある①〔Ⅰ自〕 ⇔ない

①存在，在。＊車（くるま）はあそこに～。/ 车子在那边。

②拥有，有。＊私（わたし）は家（いえ）が～。/ 我有房子。

③进行，举办。＊明日（あした）は会議（かいぎ）が～。/ 明天有个会议。

④发生，出现。＊たまに事故（じこ）が～。/ 偶尔会发生事故。

★要（い）る⓪〔Ⅰ自〕

（需求）要，需要。＊留学（りゅうがく）はビザが～。/ 留学需要签证。

★かかる②〔Ⅰ自〕

生病，患病。＊病気（びょうき）に～。/ 生病。

★かかる②〔Ⅰ自〕

（时间、金钱的）花费。＊お金（かね）〔時間（じかん）〕が～。/ 耗费金钱〔时间〕。

★腐（くさ）る②〔Ⅰ自〕

（食物、果蔬等）腐烂，变质。＊牛乳（ぎゅうにゅう）〔イチゴ〕が～。/ 牛奶〔草莓〕变质了。

★下（くだ）る⓪〔Ⅰ自〕 ⇔上る

①下（楼梯、坡道、顺流而下等）。＊坂（さか）〔川（かわ）〕を～。/ 下坡〔顺流而下〕。

②下到低处。＊1階（かい）に～。/ 下到1楼。

③（列车等）下行。＊九州（きゅうしゅう）へ～列車（れっしゃ）。/ 开往九州的列车。

★曇（くも）る②〔Ⅰ自〕 ⇔晴れる

阴天。＊空（そら）が～。/ 阴天。

★凍（こお）る⓪〔Ⅰ自〕

结冰。＊水（みず）が～。/ 水结冰。

☆こだわる③〔Ⅰ自〕

①拘泥于。＊目先（めさき）の利益（りえき）に～。/ 拘泥于眼前的利益。

②（对材料、质量等）讲究。＊食材（しょくざい）に～。/ 讲究食材。

☆異（こと）なる③〔Ⅰ自〕

不同，不一样。＊性格（せいかく）が～。/ 性格不同。

★困（こま）る②〔Ⅰ自〕

①（不知如何对付）为难，困惑。＊返事（へんじ）に～。/ 不知如何答复。

②（为钱、为生活等）伤脑筋。＊金（かね）がなくて～。/ 没钱花，伤脑筋。

□上がる　□謝る　□ある　□要る　□かかる　□かかる　□腐る　□下る　□曇る
□凍る　□こだわる　□異なる　□困る

③（遇到麻烦而）苦恼不已。*周りがうるさくて～。/ 周围很吵，烦死了。

☆茂る②〔Ⅰ自〕

枝叶繁茂。*若葉が～。/ 嫩叶茂盛。

★滑る②〔Ⅰ自〕

①（动作）滑动前行，滑行。*氷の上を～。/ 冰上滑行。

②（手脚、道路等）打滑，滑溜。*手〔道〕が～。/ 手滑了〔道路湿滑〕。

★座る⓪〔Ⅰ自〕 ⇔立つ

坐下。*ソファーに～。/ 坐在沙发上。

☆ダブる②〔Ⅰ自〕

①（影像等因叠加而）重影。*文字〔映像〕が～。/ 文字〔影像〕重影。

②（因重复出现而）多余。*切符が～。/ 多出来一张票子。

★黙る②〔Ⅰ自〕

沉默不语。*～といい。/ 保持沉默就行了。

★とがる②〔Ⅰ自〕

尖尖的。*山の上が～。/ 山顶尖尖。

★眠る⓪〔Ⅰ自〕

睡眠，入睡。*毎日八時間～。/ 每天熟睡八小时。

★上る⓪〔Ⅰ自〕 ⇔下る

①爬（楼梯、坡道、逆流而上等）。*階段〔川〕を～。/ 爬楼梯〔逆流而上〕。

②爬到高处。*屋根〔5階〕に～。/ 爬上屋顶〔爬到5楼〕。

③（列车等）上行。*東京へ～列車。/ 开往东京的列车。

★登る⓪〔Ⅰ自〕 ⇔下りる

①（到达点）攀登到，攀爬到。*山〔木〕に～。/ 爬到山上〔树上〕去。

②（一步步地移动）攀登，攀爬。*山〔木〕を～。/ 爬山〔树〕。

★昇る⓪〔Ⅰ自〕 ⇔沈む

（太阳、月亮）升起。*日が東から～。/ 旭日东升。

★走る②〔Ⅰ自〕 ⇔歩く

①人奔跑。*人が道を～。/ 人在路上奔跑。

②车行驶。*車が道を～。/ 车在路上行驶。

★はやる②〔Ⅰ自〕

①（时尚等）流行。*流行語が～。/ 流行语流行。

②（疾病等）蔓延，肆虐。*インフルエンザが～。/ 流感肆虐。

★光る②〔Ⅰ自〕

（日月、照明等）发光，发亮。*星が空に～。/ 星星在天空闪烁。

★太る②〔Ⅰ自〕

发胖。*人が～。/ 人长得胖。

★降る①〔Ⅰ自〕 ⇔晴れる

下（雨、雪、雾、霜等）。*雨〔雪〕が～。/ 下雨〔雪〕。

☆実る②〔Ⅰ自〕

①作物结果。*ナシが～。/ 结出梨子。

②（努力）有成果。*努力〔苦労〕が～。/ 努力〔辛苦〕没白费。

□茂る □滑る □座る □ダブる □黙る □とがる □眠る □上る □登る

□昇る □走る □はやる □光る □太る □降る □実る

☆潜る②〔Ⅰ自〕

①潜入（水里）。＊海に～。/ 潜入大海。

②（为不被发现）躲进。＊クローゼットに～。/ 躲进衣橱里。

★寄る⓪〔Ⅰ自〕

①顺路到，顺便去（某处）。＊スーパーに～。/ 顺路去一趟超市。

②靠近，走进（某位置）。＊ぼくのそばに～。/ 靠近我身边。

★分かる②〔Ⅰ自〕

①懂，会，精通。＊音楽〔英語〕が～。/ 懂音乐〔英语〕。

②（对内容等详情）明白，清楚。＊君の気持ちが～。/ 明白你的心情。

★預かる③〔Ⅰ他〕

（被委托方）代人看管，代人保管。＊荷物〔子供〕を～。/ 代管行李〔替人看小孩〕。

★祈る②〔Ⅰ他〕

祝愿，祈祷。＊家族の健康を～。/ 祈福家人健康。

★嫌がる③〔Ⅰ他〕

（他人的感受）不愿意做某事。＊彼女は商売を～。/ 她不愿做生意。

★送る⓪〔Ⅰ他〕 ⇔迎える

①送走（客人、季节等）。＊友だち〔冬〕を～。/ 送走朋友〔冬季〕。

②（用车等）送货，运货。＊車で野菜を～。/ 用车运输蔬菜。

③发送，邮寄（包裹、邮件等）。＊メールを～。/ 发电子邮件。

☆贈る⓪〔Ⅰ他〕

赠送，馈赠（纪念品或奖赏物等）。＊優勝者に花束を～。/ 给冠军赠送花束。

☆おごる⓪〔Ⅰ他〕

请客，做东。＊親友にお寿司を～。/ 请好友吃寿司。

☆教わる⓪〔Ⅰ他〕

跟着（老师）学习。＊教授に文学を～。/ 跟教授学习文学。

☆劣る⓪〔Ⅰ自〕 ⇔勝る

劣，不如，比不上。＊性能が他社に～。/ 产品性能不如其他公司的。

★踊る⓪〔Ⅰ他〕

跳舞。＊踊りを～。/ 跳舞。

★飾る⓪〔Ⅰ他〕

装饰，装点。＊机に花を～。/ 给桌子装饰鲜花。

☆かじる②〔Ⅰ他〕

啃，咬。＊リンゴを～。/ 啃苹果。

☆語る⓪〔Ⅰ他〕

讲述，谈论，论述。＊中日関係を～。/ 讲述中日关系。

★かぶる②〔Ⅰ他〕

自己戴（帽子、头盔）。＊帽子を～。/ 戴帽子。

★かわいがる④〔Ⅰ他〕

（他人的感受）疼爱，喜爱。＊親が子どもを～。/ 父母疼爱孩子。

□潜る □寄る □分かる □預かる □祈る □嫌がる □送る □贈る □おごる
□教わる □劣る □踊る □飾る □かじる □語る □かぶる □かわいがる

★配る②〔Ⅰ他〕

逐一分发（资料等）。＊プリントを学生に～。/ 给学生发讲义。

☆削る⓪〔Ⅰ他〕

①用刀削。＊鉛筆を～。/ 削铅笔。
②削减（费用等）。＊予算を～。/ 削减预算。

☆蹴る①〔Ⅰ他〕

踢，踹。＊ボールを～。/ 踢球。

★断る③〔Ⅰ他〕

拒绝，谢绝。＊誘いを～。/ 拒绝邀请。

★怖がる③〔Ⅰ他〕

（他人的感受）觉得害怕。＊妹は鼠を～。/ 妹妹怕老鼠。

☆サボる②〔Ⅰ他〕

旷工或翘课。＊授業を～。/ 翘课。

★叱る⓪〔Ⅰ他〕 ⇔褒める

批评，责备。＊子供を～。/ 训斥孩子。

☆縛る②〔Ⅰ他〕

捆扎（分散物），捆绑（人）。＊紐で古新聞を～。/ 用绳子把旧报纸扎起来。

☆絞る・搾る②〔Ⅰ他〕

拧，挤（出液体）。＊牛乳〔汁〕を～。/ 挤牛奶〔榨汁〕。

★しゃべる②〔Ⅰ他〕

（随意地）说话，聊天。＊～のが好きな女。/ 喜欢聊天的女人。

★知る⓪〔Ⅰ他〕

①（对信息等）知晓，了解，熟知。＊～ことと分かること。/ 知道和明白的事情。
③（对某人、某地等）认识，熟知。＊～人と～所。/ 认识的人和熟知的地方。

★する①〔Ⅰ他〕

扒窃。＊財布を～。/ 扒窃钱包。

★作る・造る②〔Ⅰ他〕

①「作る」制造，制作。＊車〔机、料理〕を～。/ 造车〔制作书桌、烧菜做饭〕。
②「造る」建造（房屋、道路、桥梁等）。＊家〔橋〕を～。/ 盖房子〔造桥〕。
③「作る」创建，创办。＊学校を～。/ 创办学校。
④「作る」种植，栽培（农作物）。＊野菜を～。/ 种蔬菜。

★釣る⓪〔Ⅰ他〕

垂钓。＊魚を～。/ 钓鱼。

★撮る①〔Ⅰ他〕

拍照；摄影。＊写真〔映画〕を～。/ 拍照片〔电影〕。

☆捕る・取る①〔Ⅰ他〕

捕捉（动物）。＊ネズミ〔害虫〕を～。/ 逮老鼠〔害虫〕。

☆採る・取る①〔Ⅰ他〕

采摘（植物、标本等）。＊キノコを～。/ 采摘蘑菇。

★殴る②〔Ⅰ他〕

殴打，拳打脚踢。＊兄が弟を～。/ 哥哥揍弟弟。

□配る □削る □蹴る □断る □怖がる □サボる □叱る □縛る □絞る·搾る
□しゃべる □知る □する □作る·造る □釣る □撮る □捕る·取る
□採る·取る □殴る

★握(にぎ)る⓪〔Ⅰ他〕

①用手握住，攥住（不放）。＊手(て)〔財布(さいふ)〕を～。/ 握紧拳头〔攥住钱包〕。

②捏（寿司、饭团等）。＊寿司(すし)を～。/ 捏寿司。

★塗(ぬ)る⓪〔Ⅰ他〕

涂，涂抹。＊パンにジャムを～。/ 给面包涂上果酱。

★計(はか)る・測(はか)る・量(はか)る②〔Ⅰ他〕

计量（体积、面积、容积等）。＊重(おも)さ〔長(なが)さ〕を～。/ 称重量〔量长度〕。

★貼(は)る⓪〔Ⅰ他〕

张贴，粘贴。＊切手(きって)を～。/ 粘贴邮票。

☆放(ほう)る⓪〔Ⅰ他〕

①（对人）不加理睬。＊あいつを～。/ 不要理他。

②（对事）弃之不顾。＊仕事(しごと)〔宿題(しゅくだい)〕を～。/ 抛下工作〔课外作业〕。

☆誇(ほこ)る②〔Ⅰ他〕

以……而自豪。＊自分(じぶん)の腕(うで)を～。/ 为自己的本领而自豪。

☆掘(ほ)る①〔Ⅰ他〕

挖掘。＊井(いど)〔石油(せきゆ)〕を～。/ 掘井〔开采石油〕。

★守(まも)る②〔Ⅰ他〕

①保卫，保护。＊国(くに)〔家族(かぞく)〕を～。/ 保护国家〔家人〕。

②遵守（法律、规章等）。＊規則(きそく)を～。/ 遵守规则。

★盛(も)る⓪〔Ⅰ他〕

①往碗里盛饭。＊茶(ちゃ)わんにご飯(はん)を～。/ 碗里盛满饭。

②（果盘里等）装满。＊盆(ぼん)に果物(くだもの)を～。/ 果盘里装满水果。

★やる⓪〔Ⅰ他〕

①干，做（事情）。＊仕事(しごと)〔スポーツ〕を～。/ 做工作〔搞体育活动〕。

②进行（会议、活动、买卖等）。＊会議(かいぎ)〔映画(えいが)、花屋(はなや)〕を～。/ 开会〔放电影、经营花店〕。

★譲(ゆず)る⓪〔Ⅰ他〕

①转让，让给（物品、不动产、职位等）。＊家具(かぐ)を後輩(こうはい)に～。/ 把家具转让给后辈。

②（让座位、让路等）谦让。＊お年寄(としよ)りに席(せき)を～。/ 给老人让座位。

□ 握る　□ 塗る　□ 計る・測る・量る　□ 貼る　□ 放る　□ 誇る
□ 掘る　□ 守る　□ 盛る　□ やる　□ 譲る

练 习

一、请从 [ ] 中选择一个最合适的词，并用平假名写在（ ）中。

凍る　謝る　昇る　断る

1. 相手の誘(さそ)いを（　　　　）ことにしました。
2. 自分の失礼を相手(あいて)に（　　　　）。
3. 山頂(さんちょう)で日が（　　　　）のを見ます。
4. 冬には、この川は（　　　　）。

二、请从 [ ] 中选择一个最合适的词，并用汉字写在（ ）中。

はる　ひかる　いる　よる

1. 海外旅行にはパスポートが（　　　　）。
2. 空の星がきらきらと（　　　　）。
3. 帰りにちょっとスーパーに（　　　　）
4. 映画のポスターを掲示板(けいじばん)に（　　　　）。

三、请选择合适的搭配，把对应的字母写在（ ）中。

1. バナナが　（　）	A. こおる	4. とがった　（　）	D. 屋根
2. 池が　（　）	B. くさる	5. ふとった　（　）	E. 空
3. 空が　（　）	C. くもる	6. くもった　（　）	F. 人

四、请从 A、B、C、D 四个选项中选择最合适的一个填入（ ）中。

1. 決められたルールを（　）べきです。

   A. まもる　　B. にぎる　　C. ほこる　　D. つくる

2. ぼくが会議の現場で参加者に資料を（　）ことになりました。

   A. けずる　　B. かざる　　C. かたる　　D. くばる

3. 自動車は歩行者(ほこうしゃ)に道を（　）。

   A. ゆずる　　B. やる　　C. ほうる　　D. ほる

第9课 动词（9）

无自他对应Ⅱ类动词（自动词）

★いる⓪〔Ⅱ自〕

①（人物、动物）存在。＊妹は田舎に～。/妹妹住在乡下。

②拥有（人物、宠物）。＊私は妹が～。/我有个妹妹。

☆老いる②〔Ⅱ自〕

年老，年迈。＊親が～。/父母年迈。

☆飽きる②〔Ⅱ自〕

（对事情感到）腻烦，厌烦，厌倦。＊授業〔仕事〕に～。/厌倦上课〔上班〕。

★生きる②〔Ⅱ自〕 ⇔死ぬ

①活命，生存。＊長く～。/长生。

②生活，过日子。＊町に～人々。/生活在小镇上的人们。

③生活在，度过（时光）。＊情報化時代を～。/生活在信息化时代。

★できる②〔Ⅱ自〕

①（能力）会，能。＊ピアノが～。/会弹钢琴。

②（可能性）可以。＊遊びが～。/可以玩。

③（事情）完成。＊食事が～。/饭做好。

④（建筑等）建成。＊家が～。/房子建成。

⑤（事情）产生。＊用事が～。/有事要办。

⑥有了（恋人、宝宝等）。＊彼女〔子供〕が～。/有女友〔孩子〕了。

⑦（农作物、果蔬等）出产，盛产。＊おいしい桃が～。/盛产味美的桃子。

☆通じる⓪〔Ⅱ自〕

①（交通）贯通。＊鉄道が～。/通铁路。

②（通信）畅通。＊電話が～。/电话通了。

③（话语、意图等）理解，领会。＊話が～。/〔对方〕懂我的意思。

★似る⓪〔Ⅱ自〕

（两者的长相、性格、款式等）相似。＊彼女は母親に～。/她很像她的妈妈。

★下りる②〔Ⅱ自〕 ⇔登る・上がる

①下到山下或楼下。＊3階から1階に～。/从3楼下到1楼。

②（一步步地移动）下山；下楼。＊山〔階段〕を～。/下山〔楼梯〕。

★足りる⓪〔Ⅱ自〕

（数量）足，够。＊時間〔お金〕が～。/时间充足〔钱够了〕。

☆用いる③〔Ⅱ他〕

①使用（材料、物品等）。＊再生紙を～。/使用再生纸。

②采用，采纳（方案、意见等）。＊よい案を～する。/采纳好建议。

★着る⓪〔Ⅱ他〕 ⇔脱ぐ

穿（上身衣服）。＊上着を～。/穿外套。

□いる □老いる □飽きる □生きる □できる □通じる □似る □下りる
□足りる □用いる □着る

☆演じる③〔Ⅱ他〕

扮演角色。*[illegible]を～。/扮演[illegible]。

★感じる⓪〔Ⅱ他〕

(身心)感到,感觉。*痛み〔危険〕を～。/感到疼痛〔危险〕。

★禁じる③〔Ⅱ他〕

禁止。*飲酒運転を～。/禁止酒驾。

★信じる③〔Ⅱ他〕

①(宗教信仰)信奉。*神様を～。/信奉神明。

②(人际关系)信赖。*友だちを～。/信赖朋友。

③(对事物)坚信,相信。*自分の力を～。/相信自己的能力。

★浴びる⓪〔Ⅱ他〕

①沐浴(水、阳光等)。*鳥が水を～。/鸟儿戏水。

②受到(关注、喝彩等)。*注目を～。/受到关注。

③遭到(批评、指责等)。*非難を～。/遭到谴责。

☆わびる⓪〔Ⅱ他〕

(向对方)道歉,谢罪。*失礼を客に～。/为我的无礼向客户道歉。

★診る・見る①〔Ⅱ他〕

医生诊疗。*医者が僕の歯を～。/医生检查我的牙齿。

★借りる⓪〔Ⅱ他〕 ⇔貸す

借进。*人にお金を～。/跟人借钱。

★言える⓪〔Ⅱ自〕

(用于评价)可以说。*君の考えが正しいと～。/可以说你的想法是对的。

☆思える③〔Ⅱ自〕

(我)总觉得,(我)总感到。*そのほうがいいと～。/我总觉得那样好。

★答える③〔Ⅱ自〕

①回答提问。*先生の質問に～。/回答老师的提问。

②解题,答题。*試験問題に～。/答题。

★越える⓪〔Ⅱ自〕

翻越(障碍物等)。*山を～。/翻山。

★超える⓪〔Ⅱ自〕

超过,多于(某数量)。*体重は50キロを～。/体重超过50公斤。

☆ほえる②〔Ⅱ自〕

(狗、猛兽)吼叫。*犬が～。/狗吠。

☆笑える⓪〔Ⅱ自〕

(我)禁不住笑起来。*～笑い話。/令人发笑的笑话。

☆明ける⓪〔Ⅱ自〕

①天亮。*夜が～。/天亮了。

②新年伊始。*年が～。/新年伊始。

③假期等结束。*夏休みが～。/暑假结束。

☆いける⓪〔Ⅱ自〕

(技术等)能行,令人满意。*彼はスポーツも～。/他体育也不错。

☆掛ける②〔Ⅱ自〕

(客人等)坐下。*客がソファーに～。/客人坐在沙发上。

□演じる □感じる □禁じる □信じる □浴びる □わびる □診る·見る
□借りる □言える □思える □答える □越える □超える □ほえる
□笑える □明ける □いける □掛ける

☆駆(か)ける②〔Ⅱ自〕

奔跑，快跑。＊道(みち)を～。/ 在路上奔跑。

☆泣(な)ける⓪〔Ⅱ自〕

（我）禁不住哭起来。＊～話(はなし)。/ 令人流泪的故事。

★逃(に)げる②〔Ⅱ自〕

逃跑，逃走。＊海外(かいがい)へ～。/ 逃亡海外。

☆老(ふ)ける②〔Ⅱ自〕

（显得）苍老。＊あの女(おんな)は～のが早(はや)い。/ 那个女人老得快。

★痩(や)せる⓪〔Ⅱ自〕

消瘦。＊人(ひと)が～。/ 人长得瘦。

☆慌(あわ)てる⓪〔Ⅱ自〕

慌张，惊慌。＊地震(じしん)で～。/ 因地震慌了神。

☆持(も)てる②〔Ⅱ自〕

受欢迎。＊女(おんな)に～男(おとこ)。/ 受女性青睐的男子。

★勤(つと)める③〔Ⅱ自〕

服务于……，供职于……＊姉(あね)は郵便局(ゆうびんきょく)に～。/ 姐姐在邮局上班。

☆あきれる⓪〔Ⅱ自〕

（对意外或严重的事情）惊呆，愕然。＊あんな成績(せいせき)に～。/ 为那样的成绩而惊呆。

☆憧(あこが)れる⓪〔Ⅱ自〕

向往，憧憬（某职业、生活等）。＊声優(せいゆう)に～。/ 向往成为配音演员。

☆あふれる③〔Ⅱ自〕

①液体溢出。＊川(かわ)の水(みず)が～。/ 河水溢出来。
②（活力等）充满，洋溢。＊エネルギーが～。/ 充满着能量。

☆溺(おぼ)れる⓪〔Ⅱ自〕

①溺水。＊川(かわ)に～。/ 掉到河里溺水。
②沉溺于。＊酒色(しゅしょく)に～。/ 沉溺于酒色。

★暮(く)れる⓪〔Ⅱ自〕

①日暮。＊日(ひ)が～。/ 日暮。
②岁暮。＊年(とし)が～。/ 岁暮。

★遅(おく)れる⓪〔Ⅱ自〕 ⇔間に合う

①（交通工具）晚点。＊バスが～。/ 公交车晚点了。
②人没赶上（发车、约会等）时间。＊約束(やくそく)の時間(じかん)に～。/ 没赶上约会时间。

☆優(すぐ)れる③〔Ⅱ自〕

①（技术、成绩等）出色，杰出。＊成績(せいせき)〔技術(ぎじゅつ)〕が～。/ 成绩〔技术〕杰出。
②（用「…が優れない」）天气或身体状况不佳。＊天気(てんき)が～。/ 天气不佳。

★疲(つか)れる③〔Ⅱ自〕

（身心）疲惫。＊体(からだ)が～。/ 身体累。

★慣(な)れる②〔Ⅱ自〕

①适应于（环境等）。＊都市(とし)の生活(せいかつ)に～。/ 适应都市生活。
②熟练，熟悉（技能等）。＊新(あたら)しい仕事(しごと)に～。/ 熟悉了新工作。

★眠(ねむ)れる⓪〔Ⅱ自〕

能睡着，熟睡。＊よく～。/ 睡得很香。

★晴(は)れる②〔Ⅱ自〕 ⇔曇る

（云、雾散开后）放晴。＊空(そら)〔雲(くも)〕が～。/ 天气放晴。

★触(ふ)れる⓪〔Ⅱ自〕

（肢体等轻轻地）触碰一下。＊手(て)が頬(ほお)に～。/ 手触碰到脸颊。

□駆ける □泣ける □逃げる □老ける □痩せる □慌てる □持てる □勤める
□あきれる □憧れる □あふれる □溺れる □暮れる □遅れる □優れる
□疲れる □慣れる □眠れる □晴れる □触れる

☆恵まれる⓪〔Ⅱ自〕

①遇到（好天气等）。＊いい天気〔いい家庭〕に～。/遇到好天气〔好家庭〕。

②拥有（资源、健康、才能等）。＊豊かな自然に～。/享有富饶的自然资源。

★揺れる⓪〔Ⅱ自〕

①（物体）摇晃。＊家が地震で～。/房子因地震而摇晃。

②(意志、决心等)动摇，浮动。＊心が～。/心思不定。

★別れる③〔Ⅱ自〕 ⇔会う

道别，分别。＊友だちと～。/和朋友道别。

✻ 无自他对应Ⅱ类动词（他动词）

☆与える⓪〔Ⅱ他〕

①给予他人（实物或抽象事物等）。＊人に機会〔金銭〕を～。/给人机会〔金钱〕。

②分配，指派（工作、任务等）。＊職員に仕事を～。/给职员分配工作。

③给人带去（灾难等）。＊人に不安〔災難〕を～。/给人带去不安〔灾难〕。

☆得る①〔Ⅱ他〕

①获得(有价值的实物)。＊奨学金を～。/获得奖学金。

②取得，赢得（抽象事物）。＊好評〔知識〕を～。/赢得好评〔获得知识〕。

★教える⓪〔Ⅱ他〕 ⇔習う

①传授知识。＊絵を～。/教绘画。

②告知，告诉信息等。＊電話番号を～。/告知电话号码。

★覚える③〔Ⅱ他〕

①记，背记，记住。＊単語〔名前〕を～。/背单词〔名字〕。

②学会，掌握。＊仕事のやり方を～。/学会工作方法。

☆抱える⓪〔Ⅱ他〕

①把物品夹在腋下。＊脇に傘を～。/把雨伞夹在腋下。

②抱（在胸前）。＊病人を車椅子に～。/把病人抱到轮椅上。

★考える④〔Ⅱ他〕

①仔细思考，思索，考虑。＊将来の事を～。/考虑以后的事情。

②（判断）持……意见，有……看法。＊このことをどう～？/对这事你是怎么看的？

☆鍛える③〔Ⅱ他〕

锻炼身心、本领等。＊体〔腕〕を～。/锻炼身体〔本领〕。

☆支える⓪〔Ⅱ他〕

①（用支撑物）支撑。＊棒で塀を～。/用木棒支撑着围墙。

②支撑，维持（生活等）。＊家庭の生活を～。/支撑家庭生活。

★数える③〔Ⅱ他〕

数，点（数量）。＊人数を～。/点人数。

★押さえる③〔Ⅱ他〕

（用手或身体）紧紧摁住或压住不放。＊手で耳を～。/捂住耳朵。

□恵まれる □揺れる □別れる □与える □得る □教える □覚える
□抱える □考える □鍛える □支える □数える □押さえる

★迎(むか)える⓪〔Ⅱ他〕 ⇔送る

迎接（客人、季节等）。* 客(きゃく)〔春(はる)〕を～。/迎接客人〔春天〕。

★預(あず)ける③〔Ⅱ他〕

（委托方）委托看管，委托保管。* ペットを友達(ともだち)に～。/把宠物寄放在朋友家。

☆避(さ)ける②〔Ⅱ他〕

避开，避免（危险等）。* 危険(きけん)〔困難(こんなん)〕を～。/避开危险〔逃避困难〕。

☆怠(なま)ける③〔Ⅱ他〕

偷懒，懒惰。* 訓練(くんれん)〔仕事(しごと)〕を～。/训练时偷懒〔怠工〕。

☆設(もう)ける③〔Ⅱ他〕

①预备，准备（会议、活动等）。* 宴会(えんかい)〔イベント〕を～。/准备宴会〔活动〕。

②设立（机构）。* 大阪(おおさか)に事務所(じむしょ)を～。/在大阪设立事务所。

②制定，设定（规则、条件等）。* 規則(きそく)を～。/制定规则。

★投(な)げる②〔Ⅱ他〕

①投掷。* ボールを～。/投球。

②（因为绝望而）放弃，抛弃。* テストを～。/放弃考试。

☆挙(あ)げる⓪〔Ⅱ他〕

①举行（仪式）。* 挙式(きょしき)を～。/举行婚礼。

②举出（例子、问题所在等）。* 例(れい)〔問題点(もんだいてん)〕を～。/举例〔举出问题点〕。

★かぶせる③〔Ⅱ他〕

给人戴（帽子、头盔）。* 子供(こども)に帽子(ぼうし)を～。/给孩子戴上帽子。

★聞(き)かせる⓪〔Ⅱ他〕

让人听，说给（某人）听。* 子供(こども)に昔話(むかしばなし)を～。/说往事给孩子听。

★着(き)せる⓪〔Ⅱ他〕

给他人穿（上身衣服）。* 子供(こども)に服(ふく)を～。/给孩子穿衣服。

★知(し)らせる⓪〔Ⅱ他〕

通知，告知。* 学生(がくせい)に試験(しけん)の時間(じかん)を～。/通知学生考试时间。

☆済(す)ませる③〔Ⅱ他〕

①做完，干完（事情）。* 仕事(しごと)を～。/干完工作。

②（用「…で済ませる」）凑合，将就。* 連絡(れんらく)は電話(でんわ)で～。/打个电话得了。

★寝(ね)かせる⓪〔Ⅱ他〕

让躺下，让睡觉。* 赤(あか)ちゃんを～。/哄宝宝睡觉。

★任(まか)せる③〔Ⅱ他〕

委任，委托。* 仕事(しごと)を部下(ぶか)に～。/把工作交给部下。

★待(ま)たせる③〔Ⅱ他〕

让（人、车）等候。* 人(ひと)〔タクシー〕を～。/让人〔出租车〕等候。

☆震(ふる)わせる⓪〔Ⅱ他〕

（＝震わす）使（身体、声音）发抖。* 緊張(きんちょう)で声(こえ)を～。/因紧张声音发抖。

★見(み)せる②〔Ⅱ他〕

①给人看，让看（物品等）。* 友(とも)だちに写真(しゃしん)を～。/给朋友看照片。

□迎える □預ける □避ける □怠ける □設ける □投げる □挙げる □かぶせる
□聞かせる □着せる □知らせる □済ませる □寝かせる □任せる □待たせる
□震わせる □見せる

②展示，显示（本领、演技等）。＊料理の腕を～。/ 露一手烹饪技术。

★診せる・見せる②〔Ⅱ他〕

让医生诊疗。＊医者に虫歯を～。/ 让医生检查我的蛀牙。

★捨てる⓪〔Ⅱ他〕 ⇔拾う

扔掉，抛弃。＊ごみを～。/ 扔垃圾。

☆なでる②〔Ⅱ他〕

温柔地抚摸。＊猫の頭を～。/ 温柔地抚摸猫咪的头。

☆ゆでる②〔Ⅱ他〕

（不加佐料）焯，烫，汆。＊玉子を～。/ 煮鸡蛋。

★訪ねる③〔Ⅱ他〕

访问，拜访。＊友だちの家を～。/ 拜访朋友家。

★尋ねる③〔Ⅱ他〕

打听，询问（去向、意见、看法等）。＊道〔意見〕を～。/ 问路〔咨询意见〕。

☆ひねる②〔Ⅱ他〕

（用手指）捻，拧。＊蛇口を～。/ 拧水龙头。

☆まねる⓪〔Ⅱ他〕

模仿。＊話し方を～。/ 模仿别人的说话方式。

☆比べる⓪〔Ⅱ他〕

比较，对比，对照。＊身長〔成績〕を～。/ 比身高〔成绩〕。

★調べる③〔Ⅱ他〕

①查阅（资料等）。＊ネットで地図を～。/ 上网查地图。

②调查（事件等）。＊故障の原因を～。/ 调查故障原因。

★食べる②〔Ⅱ他〕

吃，食用。＊朝ご飯を～。/ 吃早饭。

★諦める④〔Ⅱ他〕

（因不抱希望或死了心而）放弃。＊夢〔計画〕を～。/ 放弃梦想〔计划〕。

★いじめる⓪〔Ⅱ他〕

欺负，欺凌。＊弱い者を～。/ 欺负弱者。

★炒める③〔Ⅱ他〕

炒，炒菜。＊野菜を～。/ 炒蔬菜。

☆込める②〔Ⅱ他〕

集中（精力），倾注（情感）。＊力〔愛情〕を～。/ 集中力量〔倾注爱情〕。

★勧める⓪〔Ⅱ他〕

①劝说，劝告。＊禁煙を～。/ 劝告戒烟。

②（招待时）劝酒，让茶等。＊客にお茶を～。/ 给客人敬茶。

★勧める・薦める⓪〔Ⅱ他〕

推荐（人才、作品、商品等）。＊電子辞書を～。/ 推荐电子辞典。

★確かめる④〔Ⅱ他〕

弄清，查明，确认。＊住所を～。/ 查明地址。

★眺める③〔Ⅱ他〕

眺望，远眺。＊窓から月を～。/ 从窗口遥望月亮。

☐診せる・見せる ☐捨てる ☐なでる ☐ゆでる ☐訪ねる ☐尋ねる ☐ひねる
☐まねる ☐比べる ☐調べる ☐食べる ☐諦める ☐いじめる ☐炒める
☐込める ☐勧める ☐勧める・薦める ☐確かめる ☐眺める

☆はめる⓪〔Ⅱ他〕

戴(手套、戒指等)。*手袋(てぶくろ)を～。/戴手套。

☆含(ふく)める③〔Ⅱ他〕

①含在口中。*あめを口(くち)に～。/把糖果含在嘴里。

②包括（某要素）在内。*私(わたし)〔サービス料(りょう)〕を～。/连我在内〔包括服务费在内〕。

★褒(ほ)める②〔Ⅱ他〕 ⇔叱る

表扬，褒奖。*学生(がくせい)を～。/表扬学生。

☆認(みと)める⓪〔Ⅱ他〕

①(高度)重视，赏识。*才能(さいのう)〔部下(ぶか)〕を～。/重视才能〔器重下属〕。

②认可，准许，同意。*君(きみ)の発言(はつげん)〔欠勤(けっきん)〕を～。/同意你的发言〔缺勤〕。

☆求(もと)める③〔Ⅱ他〕

①渴望，寻求（幸福、帮助等）。*人(ひと)から援助(えんじょ)を～。/寻求他人的帮助。

②征求，请求，要求（对方同意做某事）。*相手(あいて)にサインを～。/请对方签名。

③（顾客）购买，求购。*客(きゃく)が～商品(しょうひん)。/顾客求购的商品。

★やめる⓪〔Ⅱ他〕

①停止（嗜好等）。*たばこを～。/戒烟。

②放弃(计划等)。*試験(しけん)を～。/放弃考试。

★辞(や)める⓪〔Ⅱ他〕

辍学；辞职；辞官。*学校(がっこう)〔会社(かいしゃ)、課長(かちょう)〕を～。/辍学〔辞职、辞去科长职位〕。

☆恐(おそ)れる・畏(おそ)れる③〔Ⅱ他〕

害怕，畏惧。*失敗(しっぱい)を～。/害怕失败。

★連(つ)れる⓪〔Ⅱ他〕

带上(某人一起去)。*家族(かぞく)〔ペット〕を～。/带着家人〔宠物〕。

★忘(わす)れる⓪〔Ⅱ他〕

①忘记（事情）。*宿題(しゅくだい)を～。/忘记做作业了。

②忘带或落下（物品）。*傘(かさ)を電車(でんしゃ)に～。/把雨伞落在电车里了。

✲ Ⅲ类动词

★来(く)る①〔Ⅲ自〕

①（人、车等）来，过来，来到。*客(きゃく)〔電車(でんしゃ)〕が～。/客人〔电车〕来到。

②（电话、邮件等）来，到来。*電話(でんわ)〔メール〕が～。/来电〔邮件〕。

③（季节等时间）到来。*春(はる)が～。/春天到来。

④（台风等灾害）到来，发生。*台風(たいふう)〔地震(じしん)〕が～。/台风（地震）要来了。

☆やって来る④〔Ⅲ自〕

①(人)走过来，跑过来。*向(む)こうから～。/从对面走过来。

②(时期)来临。*正月(しょうがつ)が～。/春节来了。

☆愛(あい)する③〔Ⅲ他〕

①（恋人、夫妻之间）爱恋。*夫(おっと)を～。/深爱着丈夫。

②关爱，喜爱（他人或事物）。*子(こ)ども〔自然(しぜん)〕を～。/喜爱孩子〔大自然〕。

☆熱(ねっ)する⓪③〔Ⅲ他〕

加热。*ご飯(はん)を～。/把饭热一下。

☆得(とく)する⓪③〔Ⅲ他〕 ⇔損する

受益。*100円(えん)～。/得利100日元。

□はめる □含める □褒める □認める □求める □やめる □辞める
□恐れる・畏れる □連れる □忘れる □来る □やって来る □愛する □熱する
□得する

☆損(そん)する①〔Ⅲ他〕 ↔得する

损失。*大金(たいきん)を~。/赔了一大笔钱。

✻四则运算动词

☆足(た)す⓪〔Ⅰ他〕

加，加上。*2 ~5は7。/2加5等于7。

☆引(ひ)く⓪〔Ⅰ他〕

减，扣除。*6 ~3は3。/6减3等于3。

☆掛(か)ける②〔Ⅰ他〕

乘，乘以。*4 ~5は20。/4乘5等于20。

☆割(わ)る⓪〔Ⅰ他〕

除，除以。*9 ~3は3。/9除以3等于3。

□損する □足す □引く □掛ける □割る

练　习

一、请从 [　　] 中选择一个最合适的词，并用平假名写在（　　）中。

訪ねた　勧めた　諦めた　調べた

1. ぜひご出席(しゅっせき)くださいと私から（　　　　　）。
2. 事情(じじょう)があって、ぼくは進学(しんがく)を（　　　　　）。
3. アンケートで市民の生活の様子を（　　　　　）。
4. 出張のついでに、友人の山田さんを（　　　　　）。

二、请从 [　　] 中选择一个最合适的词，并用汉字写在（　　）中。

すてた　やめた　たしかめた　まかせた

1. 健康を理由にして、彼は社長を（　　　　　）。
2. その仕事を部下の山田君に（　　　　　）。
3. 要らないものをごみ置(お)き場(ば)に（　　　　　）。
4. GPS で今の位置を（　　　　　）。

三、请选择合适的搭配，把对应的字母写在（　　）中。

1. 友人と　（　）	A. つとめる	4. 影響を　（　）	D. さける
2. 銀行に　（　）	B. たりる	5. 危険を　（　）	E. なまける
3. 時間が　（　）	C. わかれる	6. 宿題を　（　）	F. あたえる

四、请从 A、B、C、D 四个选项中选择最合适的一个填入（　　）中。

1. 母が娘さんにきれいな帽子を（　　）。
   A. かぶせた　B. かぶった　C. きせた　D. きた
2. この本を読んでから、ご感想を私に（　　）くださいね。
   A. 知って　B. 知らせて　C. 聞かせて　D. 聞いて
3. よくできたねと、先生は美恵(みえ)さんの作文(さくぶん)を（　　）。
   A. いじめた　B. ながめた　C. はめた　D. ほめた

 第10课 动词（10）

✲ Ⅰ类复合动词

★出会う②〔Ⅰ自〕

①邂逅相遇。*道で友だちに～。/ 在路上邂逅朋友。

②遭遇（灾难等）。*途中で事故に～。/ 途中遭遇事故。

★知り合う③〔Ⅰ自〕

结识，相识。*観光地で彼と～。/ 在观光地结识他。

☆似合う②〔Ⅰ自〕

（装束等）相称，般配。*この服は君に～。/ 这套衣服适合你。

★間に合う③〔Ⅰ自〕 ⇔遅れる

赶得上（时间）。*電車〔給料日〕に～。/ 赶得上电车〔发工资〕。

☆酔っ払う⓪④〔Ⅰ自〕

酩酊大醉。*お酒に～。/ 喝得烂醉。

★支払う③〔Ⅰ他〕

支付，付款。*給料を～。/ 付工资。

☆背負う②〔Ⅰ他〕

①背人或物品。*負傷者〔リュック〕を～。/ 背伤员〔双肩包〕。

②担负（沉重负担）。*借金〔罪〕を～。/ 背债〔罪名〕。

★話し合う④〔Ⅰ他〕

①（私人之间）谈话，交谈。*友達と夢を～。/ 跟朋友谈理想。

②（工作、公事）对话，商量。*解決策を～。/ 一起商讨解决方案。

★手伝う③〔Ⅰ他〕

从旁帮忙，搭把手（帮人干活）。*父の仕事を～。/ 帮助父亲干活。

☆取り扱う⓪⑤〔Ⅰ他〕

①（对客人、部下等）待人。*客を丁寧に～。/ 热情待客。

②办理事务。*振込を～。/ 办理汇款业务。

③操纵机械。*機械を～。/ 操作机器。

④经营商品。*図書を～。/ 经营图书。

★見舞う②〔Ⅰ他〕

①探望（病人、灾民等）。*病人を～。/ 探望病人。

②（自然灾害等）侵袭某地。*台風が九州を～。/ 台风侵袭九州。

☆気付く②〔Ⅰ自〕

发觉，意识到。*ミスに～。/ 发现有错误。

☆追い付く③〔Ⅰ自〕

追赶上，跟上。*先進国に～。/ 赶上发达国家。

□出会う □知り合う □似合う □間に合う □酔っ払う □支払う □背負う
□話し合う □手伝う □取り扱う □見舞う □気付く □追い付く

☆落ち着く ⓪〔Ⅰ自〕

冷静，沉着。*気持ちが～。/ 情绪沉着冷静。

★降り続く ⓪④〔Ⅰ自〕

连续下雨或雪。*雨が～。/ 雨下个不停。

☆持ち歩く ④〔Ⅰ他〕

（把物品）带在身边，随身携带。*スマホを～。/ 随身带着手机。

☆受け継ぐ ③〔Ⅰ他〕

①继承。*財産〔家業〕を～。/ 继承财产〔家业〕。

②工作的交接。*仕事〔職務〕を～。/ 交接工作〔职务〕。

☆乗り越す ③〔Ⅰ自〕

坐过站。*下車駅を～。/ 坐过了下车站。

☆引き返す ③〔Ⅰ自〕

途中返回。*来た道を～。/ 沿原路返回。

☆考え直す ⑥〔Ⅰ他〕

重新考虑。*辞職を～。/ 重新考虑辞职一事。

★取り消す ③〔Ⅰ他〕

取消，撤销（计划、预约等）。*予約を～。/ 取消预约。

★思い出す ④〔Ⅰ他〕

想起来，回忆起。*昔のことを～。/ 想起从前的事情。

☆作り出す ④〔Ⅰ他〕

①制造出（产品）。*車を～。/ 制造汽车。

②创作出（作品）。*名作を～。/ 创作名作。

★引き出す ③〔Ⅰ他〕

取出（物品、存款等）。*銀行から金を～。/ 从银行取出存款。

★引っ越す ③〔Ⅰ他〕

搬家。*家を田舎に～。/ 搬到乡下去。

☆追い越す ③〔Ⅰ他〕

追赶上并超过，赶超。*先進国を～。/ 赶超发达国家。

☆繰り返す ③〔Ⅰ他〕

反复，多次进行。*練習〔失敗〕を～。/ 不断地练习〔失败〕。

☆腹立つ ③〔Ⅰ自〕

生气，愤怒。*無礼な言動に～。/ 对无礼的言行感到气愤。

★目立つ ②〔Ⅰ自〕

显眼，抢眼。*よく～服装〔仕事〕。/ 抢眼的装扮〔工作〕。

☆持ち運ぶ ⓪④〔Ⅰ他〕

搬运。*荷物を～。/ 搬运行李。

★折り畳む ⓪④〔Ⅰ他〕

折叠。*ハンカチを～。/ 折叠手绢。

★申し込む ④〔Ⅰ他〕

申请，报名。*試合を～。/ 报名参加比赛。

★起き上がる ④〔Ⅰ自〕

爬起来。*ベッドから～。/ 起床。

★出来上がる ⓪④〔Ⅰ自〕

（工作）完成，（事情）做好。*論文が～。/ 论文完成了。

□落ち着く　□降り続く　□持ち歩く　□受け継ぐ　□乗り越す　□引き返す　□考え直す
□取り消す　□思い出す　□作り出す　□引き出す　□引っ越す　□追い越す　□繰り返す
□腹立つ　□目立つ　□持ち運ぶ　□折り畳む　□申し込む　□起き上がる　□出来上がる

☆立ち上がる④〔Ⅰ自〕

①站起来，起身。*座席から～。/ 从座位上起身。

②（从困境中）站起来，翻身。*失敗から～。/ 从失败中站起来。

★気に入る⓪〔Ⅰ自〕

（对物品）中意，喜欢。*赤いスカートが～。/ 喜欢红色的裙子。

★横切る③〔Ⅰ自〕

横穿（道路、河流等）。*道を～。/ 横穿道路。

★近寄る③〔Ⅰ自〕

①走近（某地、某位置）。*海岸に～。/ 走近海岸。

②接近（某人）。*悪い人に～な。/ 不要接近坏人。

☆立ち寄る⓪③〔Ⅰ自〕

顺路去。*途中、奈良に～。/ 半路顺便去奈良。

★歩き回る⑤〔Ⅰ自〕

东奔西走。*各地を～。/ 奔走于各地。

☆移り変わる⑤〔Ⅰ自〕

（时代、季节、习惯等）变换，变迁。*季節〔時代〕が～。/ 季节变换〔时代变迁〕。

★締め切る③〔Ⅰ他〕

截止（报名）。*申込を～。/ 截止报名。

★受け取る③〔Ⅰ他〕

收到（礼物、邮件等）。*プレゼントを～。/ 收到礼物。

☆聞き取る③〔Ⅰ他〕

听懂（外语、曲子等）。*日本語を～。/ 听懂日语。

★見送る⓪〔Ⅰ他〕 ⇔出迎える

送行，送别。*駅まで友だちを～。/ 送朋友到车站。

★持ち帰る③〔Ⅰ他〕

（把物品）带回家。*仕事を自宅に～。/ 把工作带回家。

Ⅱ类复合动词

★乗り換える④③〔Ⅱ自〕

换乘（其他交通工具）。*バスから電車に～。/ 从公交车换乘电车。

☆乗り越える④〔Ⅱ自〕

①（人、车）越过。*自動車で丘を～。/ 驾车翻越山岗。

②渡过（困难）。*困難〔危機〕を～。/ 渡过困难〔危机〕。

☆話し掛ける⑤〔Ⅱ自〕

跟人搭话，打招呼。*知り合いに～。/ 跟熟人打招呼。

★出掛ける⓪〔Ⅱ自〕 ⇔帰る

人外出，出门去某地。*街〔大阪〕へ～。/ 上街〔去大阪〕。

★待ち合わせる⓪⑤〔Ⅱ自〕

碰头，会面。*公園で彼女と～。/ 与她在公园碰头。

★目覚める③〔Ⅱ自〕

睡醒，清醒。*夜中に～。/ 半夜醒来。

□ 立ち上がる □ 気に入る □ 横切る □ 近寄る □ 立ち寄る □ 歩き回る □ 移り変わる
□ 締め切る □ 受け取る □ 聞き取る □ 見送る □ 持ち帰る □ 乗り換える □ 乗り越える
□ 話し掛ける □ 出掛ける □ 待ち合わせる □ 目覚める

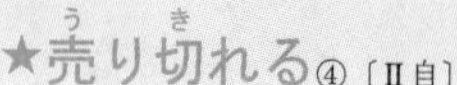

★売り切れる④〔Ⅱ自〕

脱销，售完。＊人気商品が～。/ 人气商品一抢而空。

★間違える③〔Ⅱ他〕

弄错，搞错。＊住所を～。/ 弄错住址。

★着替える・着替える③〔Ⅱ他〕

换衣服。＊スーツをパジャマに～。/ 脱下西服，换上睡衣。

☆買い換える④③〔Ⅱ他〕

重新置换。＊ノートパソコンを～。/ 换购笔记本电脑。

★取り替える⓪〔Ⅱ他〕

①互相对等交换（物品）。＊友だちと漫画を～。/ 和朋友交换漫画看。

②调换，更换（不能用的物品）。＊壊れた部品を～。/ 更换坏掉的零件。

★出迎える⓪④〔Ⅱ他〕 ⇔見送る

出门迎接。＊駅で友だちを～。/ 在车站接朋友。

☆引き受ける④〔Ⅱ他〕

接受工作等。＊通訳を～。/ 接受口译工作。

☆追い掛ける④〔Ⅱ他〕

①拼命追赶（前面的人）。＊逃げる泥棒を～。/ 追赶要逃走的小偷。

②紧追（潮流等）。＊流行を～。/ 紧追流行。

★見掛ける⓪〔Ⅱ他〕

偶然看见，偶然看到。＊駅で友だちを～。/ 在车站偶然看到朋友。

☆受け付ける④〔Ⅱ他〕

受理（申请、报名等）。＊申込を～。/ 受理申请。

☆取り付ける④〔Ⅱ他〕

安装（设备等）。＊エアコンを～。/ 安装空调。

★打ち合わせる⓪⑤〔Ⅱ他〕

（相关人员共同）商议，商量。＊旅行計画を～。/ 商量旅行计划。

☆問い合わせる⓪⑤〔Ⅱ他〕

问询，查询。＊申込方法を～。/ 咨询报名办法。

★組み立てる④〔Ⅱ他〕

组装（机械、家具等）。＊本棚〔パソコン〕を～。/ 组装书架〔电脑〕。

☆見詰める⓪〔Ⅱ他〕

注视，凝视。＊スマホの画面を～。/ 紧盯着手机画面。

☆呼び止める④〔Ⅱ他〕

招呼使站住，叫人停下。＊知らない人を～。/ 叫住陌生人。

☆受け入れる⓪④〔Ⅱ他〕

①接受（财物等）。＊金品を～。/ 收受财物。

②接纳（外来人员等）。＊観光客を～。/ 接纳游客。

③接受（要求、条件、意见等）。＊要求を～。/ 答应要求。

☆取り入れる⓪④〔Ⅱ他〕

①采纳（意见、提案等）。＊意見を～。/ 采纳意见。

②引进（技术、文化等）。＊進んだ技術を～。/ 引进先进技术。

□売り切れる □間違える □着替える・着替える □買い換える □取り替える □出迎える
□引き受ける □追い掛ける □見掛ける □受け付ける □取り付ける □打ち合わせる
□問い合わせる □組み立てる □見詰める □呼び止める □受け入れる □取り入れる

练 习

一、请从 中选择一个最合适的词，并用平假名写在（ ）中。

目覚める　締め切る　乗り越す　繰り返す

1. 応募(おうぼ)を（　　　　）日を決めましょう。
2. 居眠りして、下車駅(げしゃえき)を（　　　　）ことがあります。
3. 返事(へんじ)を（　　　　）必要はありません。
4. 夏の朝は（　　　　）のが早いです。

二、请从 中选择一个最合适的词，并用汉字写在（ ）中。

とりけす　よこぎる　ちかよる　あるきまわる

1. 看板(かんばん)に「この犬に（　　　　）な」と書いてあります。
2. ビジネスマンはあちらこちら（　　　　）。
3. 川を（　　　　）には船が要ります。
4. 申込(もうしこみ)を（　　　　）ことができます。

三、请选择合适的搭配，把对应的字母写在（ ）中。

1. 山で熊に　（　）	A. まにあう	4. 商品を　（　）	D. しはらう
2. 時間に　（　）	B. であう	5. 病人を　（　）	E. みまう
3. 家事を　（　）	C. てつだう	6. 料金を　（　）	F. とりあつかう

四、请从 A、B、C、D 四个选项中选择最合适的一个填入（ ）中。

1. 親のありがたさに（　）。
   A. 背負った　B. 話し合った　C. 気付いた　D. 追い付いた
2. 最近、彼女の活躍(かつやく)が（　）いますね。
   A. 作り出して　B. 思い出して　C. 腹立って　D. 目立って
3. この計画は十分に（　）、それから決めましょう。
   A. 取り付けて　B. 打ち合わせて　C. 追い掛けて　D. 呼び止めて

第 6 章 副词

第 1 课 陈述副词

✲ 后续肯定

★誰でも①〔副〕

（后续肯定）谁都…… ＊～知っている。/ 谁都知道。

★何でも①〔副〕

（后续肯定）什么都…… ＊野菜は～食べる。/ 蔬菜类，什么都吃。

★どこでも①〔副〕

（后续肯定）哪里都…… ＊～いい。/ 不管哪里都可以。

✲ ～ない

★あまり③〔副〕

不太，不怎么。＊～甘くない。/ 不太甜。

★そう⓪〔副〕

并不，不那么。＊値段は～安くない。/ 价格并不便宜。

★そんなに⓪〔副〕

不那么。＊～寒くない。/ 不那么冷。

★それほど⓪〔副〕

（程度）并不那么。＊実力は～強くない。/ 实力并不怎么强。

☆別に③〔副〕

并不特别。＊～忙しくない。/ 并不忙。

☆特別に⓪〔副〕

（与其他相比）并不特别。＊～安くはない。/ 并不特别便宜。

☆大して①〔副〕

并不那么。＊～困らない。/ 不那么为难。

☆必ずしも④⑤〔副〕

未必，不一定。＊～そうだとは限らない。/ 未必是那样。

★めったに①〔副〕

几乎不。＊～ないチャンス。/ 机会难得。

☆すぐには①〔副〕

不会马上。＊～出かけない。/ 不会马上出门。

★誰も⓪①〔副〕

谁也不。＊～いない。/ 没有人。

★何も⓪①〔副〕

什么也不。＊～ない。/ 什么也没有。

★どこも⓪〔副〕

哪儿也不。＊～行かない。/ 哪儿也不去。

★全然⓪〔副〕

完全不。＊～知らない。/ 一点也不知道。

★少しも②⓪〔副〕

一点也不。＊英語は～分からない。/ 英语一窍不通。

□誰でも □何でも □どこでも □あまり □そう □そんなに □それほど □別に □特別に
□大して □必ずしも □めったに □すぐには □誰も □何も □どこも □全然 □少しも

★一度も④〔副〕

一次也不，一次也没。*～食べたことがない。/从来没吃过。

☆二度と②〔副〕

再也不，再也没。*～ないチャンス。/千载难逢的机会。

★決して④〔副〕

决不（做某事）。*～うそを言わない。/决不撒谎。

★絶対に⓪〔副〕

绝不(做某事)。*～許さない。/绝不原谅。

★ちっとも③〔副〕

一点也不。*～知らない。/一点也不知道。

★まったく④〔副〕

全然不，根本不。*タバコは～吸わない。/完全不抽烟。

★とても⓪〔副〕

（后续可能态否定）怎么也不能。*～信じられない。/实在难以置信。

★なかなか⓪〔副〕

不轻易，不容易。*彼は～怒らない。/他不轻易生气。

★さっぱり③〔副〕

完全不。*～分からない。/完全不明白。

☆まさか①〔副〕

（～ないだろう）该不会……吧。*～遅刻しないだろう。/该不会迟到吧。

✻～てください

☆どうか①〔副〕

请。*～ご協力ください。/请务必帮忙。

★ぜひ（とも）①〔副〕

请务必。*～見てください。/请务必看一下。

✻～たい/てほしい

★ぜひ（とも）①〔副〕

（～たい）很想。*～酒を飲みたい。/很想喝酒。

☆少なくとも③〔副〕

至少想，至少希望。*～一度来てほしい。/至少希望你来一下。

✻～かもしれない/じゃないか/だろう

★もしかして①〔副〕

①也许……吧。*～先に行ったかもしれない。/没准已先走了。

②会不会……呢？*～事故にでも遭ったんじゃないか。/会不会是遇到事故了呢？

💡也说「もしかしたら」「もしかすると」。

☆おそらく②〔副〕

恐怕……吧。*～彼は来ないだろう。/恐怕他不会来了。

★たぶん①〔副〕

大概，或许。*～雨が降るだろう。/大概会下雨吧。

□一度も　□二度と　□決して　□絶対に　□ちっとも　□まったく　□とても　□なかなか
□さっぱり　□まさか　□どうか　□ぜひ（とも）　□少なくとも　□もしかして
□おそらく　□たぶん

★きっと⓪〔副〕

肯定……吧。＊彼(かれ)は～来(く)るだろう。/ 他肯定会来吧。

「きっと」也可以不后续「だろう」。

★たしか①〔副〕

（～だったと思う）我记得大概是。＊～おととしの冬(ふゆ)だった〔と思(おも)う〕。/ 我记得大概是前年的冬天。

作为副词用时，一般不写汉字「確」。

～か / だろうか

★どうして①〔副〕

为何，为什么。＊～食(た)べないの？ / 为什么不吃？

★なぜ①〔副〕

为何，为什么。＊～行(い)かないの？ / 为什么不去？

★なんで①〔副〕

为什么。＊～来(こ)なかったか。/ 为什么没来？

★どう①〔副〕

①（询问情况）怎样，如何。＊ここの料理(りょうり)は～？ / 这里的菜怎么样？

②（用于建议）怎样，如何。＊一緒(いっしょ)に～ですか。/ 我们一起怎么样？

③（询问方法）怎么（做）。＊～しますか。/ 怎么办？

★いかが②〔副〕

①（询问情况）怎样，如何。＊お体(からだ)は～ですか。/ 你身体怎么样？

②（用于建议）怎样，如何。＊ビールはもう一杯(いっぱい)～ですか。/ 再来一杯啤酒怎么样？

★どのくらい⓪〔副〕

多少（数量）。＊お金(かね)は～かかるか。/ 要花多少钱？

★どれくらい⓪〔副〕

多少（数量）。＊駅(えき)まで～かかるか。/ 到车站需要花多少时间？

★どんなに①〔副〕

如何，怎样。＊～つらいか分(わ)からない。/ 不知有多么辛苦啊。

★どのように①〔副〕

怎么（做），怎么（走）。＊この道具(どうぐ)は～使(つか)うか。/ 这个工具怎么用？

★どうやって①〔副〕

怎么（做），怎么（干）。＊～駅(えき)へ行(い)きますか。/ 去车站怎么走？

★どれほど⓪〔副〕

多么……啊，何等……呢。＊～つらいか分(わ)からない。/ 说不出有多痛苦啊。

★いったい⓪〔副〕

究竟……呢，到底……呢。＊～どうしたのか。/ 到底是怎么回事？

～なら / ば / たら / と

★もし(も)①〔副〕

如果，假如。＊～失敗(しっぱい)したらどうする。/ 如果失败了怎么办？

★一度(いちど)③〔副〕

一旦，万一。＊～飲(の)んだら忘(わす)れられない味(あじ)だ。/ 一旦喝过就再也忘不了的味道。

□きっと □たしか □どうして □なぜ □なんで □どう □いかが □どのくらい □どれくらい □どんなに □どのように □どうやって □どれほど □いったい □もし（も） □一度

✼～ても / のに

★どう①〔副〕

即使……也…… ＊～頑張っても追い付かない。/ 再怎么加油也赶不上。

★どんなに①〔副〕

即使……也…… ＊～頼んでも無駄だ。/ 再怎么求他也是白费劲。

★どのように①③〔副〕

即使……也…… ＊～しかられても怒らない。/ 再怎么挨批评也不生气。

★もし（も）①〔副〕

即使……也…… ＊～雨が降っても行く。/ 即使下雨也要去。

★いつ①〔副〕

任何时候……都会…… ＊～聴いても感動的だ。/ 每次听都令我感动。

★いくら⓪①〔副〕

无论……也…… ＊～説明しても分かってくれない。/ 无论怎么解释，他还是不明白。

★たとえ③②〔副〕

就算……也…… ＊～雪でも行く。/ 即使下雪也去。

☆せっかく⓪〔副〕

（～のに）好不容易……却…… ＊～来たのに、留守だった。/ 难得来一趟，却不在家。

✼～のだから

☆せっかく⓪〔副〕

好不容易……所以…… ＊～来たのだから、ゆっくり遊ぼう。/ 好不容易来一趟，就慢慢玩吧。

✼～ようだ / そうだ / らしい

★まるで③〔副〕

（～ようだ）（表示比喻）宛如。＊～夢の世界のようだ。/ 宛如梦幻世界。

★いまにも①〔副〕

（～そうだ）（表示样态）眼看就要。＊～雨が降りそうだ。/ 眼看着就要下雨了。

★どうも①〔副〕

（～ようだ / らしい）（表示推量）似乎，总觉得。＊明日は～雨らしい。/ 明天似乎会下雨。

□どう □どんなに □どのように □もし（も） □いつ □いくら □たとえ
□せっかく □まるで □いまにも □どうも

练　习

一、请从 [　　] 中选择一个最合适的词，并把对应的字母写在（　　）中。

A. もしかして　B. にどと　C. なんでも　D. なにも　E. そんなに

1. 山田君はスポーツなら（　　　　　）できます。
2. （　　　　　）課長はもう帰ったかもしれません。
3. このことについて、私は（　　　　　）知りません。
4. こんなことは（　　　　　）しないようにします。
5. （　　　　　）怒ることはありません。

二、请选择合适的搭配，把对应的字母写在（　　）中。

1. ちっとも（　　）	A. やるか	5. さっぱり（　　）	E. 読みたい
2. どれくらい（　　）	B. おもしろくない	6. 絶対に（　　）	F. 行かない
3. どのように（　　）	C. 来るだろう	7. ぜひ（　　）	G. 分らない
4. きっと（　　）	D. かかるか	8. たぶん（　　）	H. 大丈夫だろう

三、请从 A、B、C、D 四个选项中选择最合适的一个填入（　　）中。

1. 会議は（　　　　）来週の金曜日だったと思います。

　A. たしか　　B. まさか　　C. とても　　D. けっして

2. 5 千円でいいですから、（　　　　）お貸しください。

　A. なんで　　B. いかが　　C. どうか　　D. どのくらい

3. （　　　　）夢を見ているようです。

　A. どう　　B. まるで　　C. なぜ　　D. ぜひとも

4. 袋のひもは（　　　　）切れそうです。

　A. いまでも　　B. いままで　　C. いかにも　　D. いまにも

5. （　　　　）殺(ころ)されても、私はこの秘密(ひみつ)を言いません。

　A. どれほど　　B. どんなに　　C. いくら　　D. たとえ

6. （　　　　）、ぼくたちは道に迷ったようです。

　A. どうも　　B. せっかく　　C. もしも　　D. とても

第2课 程度副词

✲ 少量

★少し②〔副〕

一点点，少许。＊日本語が～できる。/ 会说一点日语。

★ちょっと①〔副〕

①（程度、数量）一点点，少许。＊～疲れた〔考える〕。/ 有点累了〔稍加考虑〕。
②（数量＋ちょっと）……多一点。＊1万円〔2時間〕～。/1万日元〔2小时〕多一点。

★ただ①〔副〕

①（强调数量少）仅仅，只有。＊～一つだけ買った。/ 只买了一个。
①（强调程度轻）只是……而已。＊～安いだけだ。/ 只是便宜而已。

★たった⓪〔副〕

（「ただ」的口语）（强调数量少）仅仅。＊～一人だ。/ 只有一个人。
💡「たった」不用于强调程度轻。

★少々①〔副〕

（时间、数量）一点点，少许。＊～お待ちください。/ 请稍等。

✲ 大量

★たくさん⓪〔副〕

（数量、时间）很多，相当多。＊ビールを～買った。/ 买了很多啤酒。

★いっぱい⓪〔副〕

①（数量等）满，充满，很多。＊おなかが～だ。/ 肚子饱了。
②（用「时间名词＋いっぱい」）整整……时间，整个……期间。＊今月～は忙しい。/ 本月天天忙。

★いくつも①〔副〕

（强调数量多）好几个。＊ビールは～あるよ。/ 还有好几瓶啤酒呢。

★いくらも①〔副〕

（强调数量或程度）很多，好多。＊本なら～ある。/ 书有很多。

✲ 全部・一切

★全部①〔副〕

全都，一个不剩地。＊宿題は～終わった。/ 作业都做好了。

★みな②〔副〕

（物品、事情等）全部，统统。＊～いい物だ。/ 都是好东西。

★みんな③〔副〕

（「みな」的口语）（物品、事情等）全部，统统。＊～私が悪いんだ。/ 都怪我不好。

□少し □ちょっと □ただ □たった □少々 □たくさん □いっぱい □いくつも
□いくらも □全部 □みな □みんな

✲ 大部分

★ほとんど②〔副〕

整体上，绝大部分，基本上。＊準備が～できている。/ 基本上准备好了。

★たいてい⓪〔副〕

①多半，大都（做什么）。＊夜～10時半に寝る。/ 晚上大多10点半睡觉。

②（用于推测）大概，恐怕（会发生什么）。＊～うまくいくでしょう。/ 大概会顺利的吧。

💡一般不写汉字「大抵」。

☆およそ・おおよそ⓪〔副〕

大约……（数量）。＊～100人近くいる。/ 大约有近100人。

★だいぶ・だいぶん⓪〔副〕

（程度上很大的不同或变化）……多了。＊～寒くなってきた。/ 天气冷多了。

★ずいぶん①〔副トニ〕

（程度超出想象）很，相当，非常。＊街の様子は～変わった。/ 市容变化很大。

☆よほど・よっぽど⓪〔副〕

（程度相差大）很，相当。＊～難しい〔疲れる〕。/ 相当难〔很累〕。

★かなり①〔副〕

很，非常，相当地。＊スキーが～うまい。/ 滑雪滑得相当好。

★割に・割と⓪〔副〕

相比而言。＊昨日より～早く帰った。/ 相比昨天，（今天）早回家了。

★割合に・割合と⓪〔副〕

相比而言。＊今度の試験は～難しかった。/ 这次的考试相对而言比较难。

★けっこう①〔副〕

（语气保守）相当，很。＊今日は～暑い。/ 今天很热。

💡一般不写汉字「結構」。

★だいたい⓪〔副〕

①（除了事情的细节之外）总体上。＊～分かった。/ 整体上明白了。

②（时间、数量、程度等）大致上。＊～いつごろ着くか。/ 大约什么时候到？

💡一般不写汉字「大体」。

☆一応⓪〔副〕

①（虽不完美，但）大致上，大体上。＊～仕上がった。/ 大体上完成了。

②（虽没把握，但）姑且试一试。＊～やってみる。/ 姑且试一下。

★まず（は）①〔副〕

①暂且，总之。＊～結論を申し上げます。/ 我先说结论。

②（确信度高的推测）大概，大致，大体。＊～間違いはないだろう。/ 应该没错吧。

✲ 程度高

★とても③〔副〕

很，颇，挺。＊今日は～寒い。/ 今天非常冷。

★いちばん⓪〔副〕

最。＊冬が～好きだ。/ 我最喜欢冬天。

□ほとんど　□たいてい　□およそ·おおよそ　□だいぶ·だいぶん　□ずいぶん
□よほど·よっぽど　□かなり　□割に·割と　□割合に·割合と　□けっこう
□だいたい　□一応　□まず（は）　□とても　□いちばん

☆最も③〔副〕

最。*～大きい国。/ 最大的国家。

★どうしても①④〔副〕

①（后续愿望）无论如何也想……*～見たい。/ 无论如何也想看。

②（后续否定）无论如何也没法……*～できない。/ 无论如何也办不到。

★どうも①〔副〕

（感谢或道歉时）真正地，实在是。*～すみません。/ 实在对不起。

☆まったく④〔副・感〕

①〔副〕（用于感叹）简直，实在。*～困るなあ。/ 真不好办。

②〔感〕（难以容忍的心情）不像话！*遅刻だね。～！/ 你迟到了。不像话！

作感叹词时，口语中也说「ったく」。

程度递进

★もう⓪〔副〕

（多为复合词，在原有的基础上）再……，还……*～一つ（一度、少し）。/ 再来一个（一遍、一点）。

☆いっそう⓪〔副〕

（比以前）更加，越发。*風が～強くなった。/ 风刮得更大了。

一般不写作汉字「一層」。

★やはり②・やっぱり③〔副〕

①（跟以前一样）依然，仍然，还是。*彼女は～教師をしている。/ 她依然在教书。

②（跟其他人一样）也，同样。*～あなたも反対ですね。/ 你也反对的吧。

③（与预料的一样）果然。*彼の話は～うそだった。/ 他说的果然是谎话。

④（说来说去最后）毕竟还是。*面接の時、～スーツがいい。/ 面试时毕竟还是穿西装好。

☆何と言っても①〔副〕

无论怎么说，总之。*～実力がある。/ 总之很有实力。

★なるほど⓪〔副〕

（表示赞同或随声附和）的确，果然。*～、そうだね。/ 还真是那么回事啊。

程度低

★できるだけ⓪〔副〕

尽量，尽力，尽可能。*～早くしなさい。/ 请尽快处理。

★なるべく⓪〔副〕

尽量，尽力，尽可能。*～出席する。/ 尽量出席。

☆少なくとも③〔副〕

（数量、程度上）至少，最低限度。*～五人いる。/ 至少有5个人。

★まだ①〔副〕

①（后续肯定）仍然在，还在。*父は～寝ている。/ 爸爸还在睡觉。

②（用「まだ～ない」）怎么还不。*バスは～来ない。/ 公交车怎么还不来。

③（用「まだ～ていない」）目前尚未。*課長は～来ていない。/ 科长还没到。

□最も □どうしても □どうも □まったく □もう □いっそう □やはり・やっぱり
□何と言っても □なるほど □できるだけ □なるべく □少なくとも □まだ

练 习

一、请从 [ ] 中选择一个最合适的词，并把对应的字母写在（ ）中。

A. もっとも B. なるほど C. いちおう D. なんといっても E. たいてい

1. 日曜日は（ ）うちにいるから、遊びに来てください。
2. （ ）相手の意見も聞いてみましょう。
3. 次の選択肢(せんたくし)から（ ）いいものを一つ選びなさい。
4. 彼は（ ）、そのとおりだねと言って、ぼくの意見を理解したらしい。
5. お金も重要ですが、（ ）健康が第一ですね。

二、请选择合适的搭配，把对应的字母写在（ ）中。

1. ただ （ ）	A. 5人だけだ	5. いくらも （ ）	E. 終わった
2. たった （ ）	B. いっぱいだ	6. まだ （ ）	F. 早い
3. 観光客で （ ）	C. 広いだけだ	7. だいぶ （ ）	G. 寒くなった
4. 1時間 （ ）	D. ちょっとだ	8. ぜんぶ （ ）	H. ある

三、请从 A、B、C、D 四个选项中选择最合适的一个填入（ ）中。

1. 今日の宿題は全部ではないが、（ ）完成しました。
   A. みんな　B. ちょっと　C. ほとんど　D. しょうしょう
2. おかげさまで、病気が（ ）よくなりました。
   A. ずいぶん　B. およそ　C. いくつも　D. みんな
3. 全員ではありませんが、（ ）の出席者(しゅっせきしゃ)は、この計画に賛成(さんせい)しました。
   A. なるべく　B. なるほど　C. だいたい　D. いっそう
4. これからは（ ）飲みすぎないようにします。
   A. どうして　B. できるだけ　C. すくなくとも　D. おおよそ
5. 好きなことはたくさんありますが、（ ）テレビゲームがいいですね。
   A. いっそう　B. やっぱり　C. なるべく　D. まったく
6. すべての費用の中で食費(しょくひ)が（ ）多いです。
   A. いくつも　B. たいてい　C. だいぶん　D. わりあいに

第3课 状态副词（1）

✲顺序・步骤・依次

★まず①〔副〕

首先，第一步。✲～電源を入れる。/ 首先接通电源。

★だいいち（に）①〔副〕

首先，第一。✲まず～暇がない。/ 首先没有时间。

💡一般写假名，不写汉字。

★始めに⓪〔副〕

首先，第一步。✲～お金を入れる。/ 先投币。

★最初に⓪〔副〕

最先一步，第一步。✲～お金を入れる。/ 第一步放钱。

★次に②〔副〕

接下来，第二步。✲～このキーを押す。/ 接着按这个键。

★最後に①〔副〕

最后一步。✲～缶詰を取り出す。/ 最后取出罐头。

★少しずつ④〔副〕

①（数量或程度均等反复）一点一点地。✲単語は～覚える。/ 一点点地背单词。
②（均等变化）渐渐地。✲～暑くなる。/ 渐渐地热起来了。

★次々に・次々と②〔副〕

一个接一个，接二连三。✲～事件が起こる。/ 事件接连发生。

✲频率（偶尔・有时・经常）

★たまに（は）⓪〔副〕

偶尔。✲～お酒を飲む。/ 偶尔喝点酒。

★ときに（は）②〔副〕

偶尔，有时。✲～遅刻することもある。/ 偶尔也会迟到。

★時々⓪〔副〕

有时，有时候。✲曇り～雨。/ 阴，有阵雨。

💡可以不写作汉字「時々」。

★よく①〔副〕

常常，时常。✲～テレビを見る。/ 常常看电视。

★また②〔副〕

又一次。✲彼は～来た。/ 他又来了。

★いつも①〔副〕

平常，经常，无论何时。✲～はバスに乗る。/ 平时乘公交车。

✲频率（平时・平常）

★ふだん①〔副〕

平日里，平时，平常。✲～歩いて通学する。/ 平时步行上学。

💡一般写假名，不写汉字。

□まず □だいいち（に） □始めに □最初に □次に □最後に □少しずつ
□次々に・次々と □たまに（は） □ときに（は） □時々 □よく □また
□いつも □ふだん

★毎回（まいかい）⓪〔副〕

每次，每回。*～車（くるま）で行（い）く。/ 每次都开车去。

★毎度（まいど）⓪〔副〕

（用于寒暄语）每次，经常。*～ありがとう。/ 谢谢经常惠顾。

✻时间（刚才・方才）

★今（いま）①〔副〕

刚才，刚刚。*父（ちち）は～出（で）かけた。/ 父亲刚出门。

★ただいま②〔副〕

刚刚（结束）。*～帰（かえ）ってきたところだ。/ 刚回来。

★たったいま④〔副〕

刚刚（结束）。*～着（つ）いたばかりだ。/ 刚到。

★ちょうど③〔副〕

刚刚，刚好（结束）。*～食事（しょくじ）を済（す）ませたところだ。/ 刚吃完饭。

★さっき①〔副〕

刚才，方才。*～どこへ行（い）ったの？/ 刚才去哪里了？

☆さきほど⓪〔副〕

刚才，方才。*～電話（でんわ）があった。/ 刚才有一个电话。

✻时间（前些天）

★この前（まえ）③〔副〕

前些天，上次。*～頼（たの）んだ事（こと）。/ 上次拜托您的事。

★この間（あいだ）⑤〔副〕

上次，前些天。*～駅（えき）で彼（かれ）に会（あ）った。/ 上次在车站遇到了他。

★先頃（さきごろ）②⓪〔副〕

（大约）在前些天，不久前。*～会議（かいぎ）が開（ひら）かれた。/ 前不久召开了会议。

★先日（せんじつ）⓪〔副〕

前几天，前些日子。*～はお世話（せわ）になりました。/ 近日承蒙关照。

★今（いま）まで③〔副〕

至今为止，在此之前。*～どこに住（す）んでいたの？/ 之前你住在哪里？

★これまで③〔副〕

（到现在为止）从前，以前，此前。*～食（た）べたことがない。/ 之前从未吃过。

✻时间（最近・近期）

★もう①〔副〕

①已经（发生了）。*郵便物（ゆうびんぶつ）は～届（とど）いている。/ 邮件已经送到了。

②（后续否定）已经不……，已经没有……*お金（かね）は～ない。/ 已经没钱了。

★この頃（ごろ）⓪〔副〕

（从过去到现在）最近，这些天来。*～元気（げんき）がない。/ 最近没精神。

★近頃（ちかごろ）②〔副〕

（从过去到现在）最近一直，近日一直。*～彼（かれ）に会（あ）っていない。/ 最近一直没见到他。

□毎回 □毎度 □今 □ただいま □たったいま □ちょうど □さっき □さきほど
□この前 □この間 □先頃 □先日 □今まで □これまで □もう □この頃
□近頃

✲时间（很久以前）

★久しぶり⓪〔副ニ〕

阔别，久违。＊～に国へ帰った。/ 回到了久违的家乡。

★前から①〔副〕

很早开始就。＊A歌手は～ファンが多い。/ A歌手很早就拥有不少粉丝。

★古くから①〔名・副〕

很久以来，从前。＊～の知り合い。/ 老相识。

★以前①〔名・副〕

①〔名〕以前，从前。＊～は教師だった。/ 从前当过老师。

②〔副〕（以现在为基准）很久以前。＊～来たことがある。/ 很久以前来过。

✲时间（此刻・眼下・当前）

★ただいま②〔副〕

（「いま」的礼貌语）

①现在（正在）。＊～営業中です。/ 现在正在营业。

②现在（开始）。＊～そちらへ参ります。/ 我这就过去。

★今では①〔副〕

（跟从前不同）现如今。＊～もう彼のことが嫌いではない。/ 现在我已经不讨厌他了。

★今でも①〔副〕

（一如既往）至今也，至今仍然。＊～あのことを思い出す。/ 至今仍会想起那事。

✲时间（之后）

★これから④〔副〕

从现在开始，今后。＊～だんだん寒くなる。/ 以后会渐渐冷起来的。

★今から①〔副〕

①（时间往后推）今后，从现在起。＊～でも遅くない。/ 现在开始也不晚。

②（时间往前推）至今。＊事件は～5年前だった。/ 事件发生至今已经5年了。

★それから⓪〔副〕

（紧接着前面的事情）接下来，接着。＊食事をして、～家を出る。/ 先吃饭，然后出门。

☆その後⓪〔副〕

打那以后，接着就。＊～彼に会ったこともない。/ 打那以后就没见过他。

✲时间（近日，过些天）

☆そのうちに⓪〔副〕

（稍长时间内）过些天，不久。＊～伺います。/ 过几天拜访您。

☆まもなく②〔副〕

（短时间内）不久就，不一会儿就。＊父は～参ります。/ 家父马上来。

☆ようやく⓪〔副〕

好不容易，总算（有了结果）。＊～終電に間に合った。/ 终于赶上了末班电车。

□久しぶり □前から □古くから □以前 □ただいま □今では □今でも □これから
□今から □それから □その後 □そのうちに □まもなく □ようやく

★しばらく②〔副〕

①（接下来的短时间）一会儿，不久。*～待ってください。/ 请等一会儿。
②（过去较长的时间）许久，好久。*～でしたね。/ 久违了。

✻时间（时机）

★いつごろ⓪〔副〕

（可以确定的）什么时候。*～こちらに着くか。/ 大约什么时候过来？

★いつでも①〔副〕

随时，任何时候都。*～電話してください。/ 请随时电话联系。

☆いつまでも①〔副〕

永远，无论到何时。*～愛する。/ 永远相爱。

☆この度②〔副〕

（刚过去的）这次。*～お世話になりました。/ 这次承蒙您的关照。

☆偶然⓪〔副〕

偶然。*～街で出会った。/ 在街上偶遇。

★ちょうど③〔副〕

①（时间、数量等）正，整。*今～12時だ。/ 现在是12点整。
②（时机等）正好，恰好。*彼も～ここにいた。/ 正好当时他也在这里。

✻时间（短时间）

★今①〔副〕

立即，马上，这就。*～行くから、待っていてね。/ 我这就过去，请稍等。

★すぐ①〔副〕

①立即，马上。*～分かる。/ 立刻明白。
②（距离）不远处。*学校は～そこだ。/ 学校就在那里不远。

★もうすぐ③〔副〕

马上，快要（出现某事）。*電車は～着く。/ 电车快到了。

★さっそく⓪〔副〕

赶快，立即（做某事）。*～会議を始める。/ 立即开会。

★急に⓪〔副〕

（意外的事情）突然，忽然。*～泣き出した。/ 突然哭了起来。

★突然⓪〔副〕

（突发事件）突然。*～仕事をやめた。/ 突然辞了职。

★一時②〔名・副〕

①〔名〕短时间，一时。*～の楽しみ。/ 一时的乐趣。
②〔副〕曾几何时。*店で～バイトした。/ 曾在商店打过工。

✻性质

★ずっと③〔副〕

①（时间上）从头到尾，一直。*～彼女を待っている。/ 一直在等她。
②（不停留地）一直往前走。*この道を～行く。/ 沿着这条路一直往前走。

□しばらく　□いつごろ　□いつでも　□いつまでも　□この度　□偶然　□ちょうど
□今　□すぐ　□もうすぐ　□さっそく　□急に　□突然　□一時　□ずっと

★まっすぐ③〔副〕

①（不转弯地）径直走。*この道を～行く。/ 沿这条路笔直走。

②直接（去某处）。*～家へ帰った。/ 径直回家了。

★直接⓪〔副〕

直接。*～申し込んだらいい。/ 直接提出申请就行了。

「直接に」（×）

★一生懸命⑤〔副〕

拼命，竭尽全力。*～勉強する。/ 拼命学习。

★もちろん②〔副〕

理所当然，不言而喻。*英語は～できる。/ 当然会说英语。

☆つい①〔副〕

①无意中（做了不该做的）。*～笑い出した。/ 不经意间笑出了声。

②（时间、距离）相隔不远。*～二、三日前、～そこだった。/ 就在两三天前，也就在前面不远处。

★実は②〔副〕

①（铺垫）其实。*～願い事があるんです。/ 其实有事找您商量。

②（与预测有所不同）事实上。*高いだろうと思っていたが、～そうじゃない。/ 我估计价钱很贵，不过事实上不是。

～に

★一緒に⓪〔副〕

一起（出现或行动）。*～飲まないか。/ 一起喝一杯吧。

☆共に⓪〔副〕

一起（出现或行动）。*友人と～旅に出る。/ 跟朋友一起旅行。

☆同時に⓪〔副〕

同时（出现或行动）。*両国で～販売する。/ 在两国同时销售。

☆お互いに⓪〔副〕

（=互いに）相互。*～助け合う。/ 互相帮助。

★一度に③〔副〕

（复数的人或事情）一下子，同时。*花が～咲く。/ 花一下子全都开了。

☆逆に⓪〔副〕

结果反倒，结果反而。*～遅れた。/ 结果反而没赶上。

★主に①〔副〕

（主次之分）主要。*参加者は～女性だ。/ 参加者主要是女性。

★ほかに⓪〔副〕

除此之外，其他。*～だれが行くの？/ 另外还有谁去?

★すぐに①〔副〕

马上（做或出现某事）。*～返事してください。/ 请马上回复。

□まっすぐ □直接 □一生懸命 □もちろん □つい □実は □一緒に □共に
□同時に □お互いに □一度に □逆に □主に □ほかに □すぐに

☆事前に⓪〔副〕

（事先准备）事先，提前。＊～知らせる。/ 事先通知。

☆早めに⓪〔副〕

（稍早于原定时间）提前，早点。＊平日より～出勤する。/ 比往常早上班。

★前に①〔副〕

在此之前，前些天。＊～聞いた話。/ 前些天听到的事。

☆ついでに⓪〔副〕

顺便（做其他事情）。＊～庭を掃除する。/ 顺便打扫院子。

☆一気に①〔副〕

一口气，一下子（做完）。＊～読み終わる。/ 一口气读完。

☆常に①〔副〕

经常（牢记），总是（常备不懈）。＊～心がける〔調べる〕。/ 牢记心中〔经常检查〕。

☆自然に⓪〔副〕

自然而然地（发生某事情）。＊～体が震えてくる。/ 身体不由自主颤抖起来。

☆さらに①〔副〕

更加，更进一步。＊今後も～頑張ろう。/ 今后要更加努力。

☆ついに①〔副〕

最后终于（有了结果）。＊新校舎が～完成した。/ 新校舍终于完工了。

☆絶対（に）⓪〔副〕

（后续肯定句）无论如何，绝对，一定。＊A チームは～勝つ。/A 队绝对会赢。

★特に①〔副〕

（跟其他相比显得）特别，尤其。＊私は音楽、～ジャズが好きだ。/ 我喜欢音乐，特别是爵士乐。

☆実に②〔副〕

（用于感叹）实在，多么……啊。＊～おもしろいね。/ 真的很有意思啊。

★確かに①〔副〕

千真万确，确实。＊～電気を消した。/ 确实把灯关了。

★非常に④〔副〕

非常，极其。＊～大切な問題だ。/ 极其重要的问题。

☆大いに①〔副〕

（后续动词）很，颇，非常。＊～喜ぶ〔がんばる〕。/ 大为高兴〔好好加油〕。

★本当に⑤〔副〕

（用于感叹）的确，实在。＊～感心したね。/ 实在令人佩服啊。

★別々に⓪〔副〕

分别，各归各。＊～払う。/ 各自付款。

✼ ～ず

★必ず④〔副〕

一定，必定，必然。＊～会議に参加する。/ 一定参加会议。

□ 事前に　□ 早めに　□ 前に　□ ついでに　□ 一気に　□ 常に　□ 自然に　□ さらに
□ ついに　□ 絶対（に）　□ 特に　□ 実に　□ 確かに　□ 非常に　□ 大いに　□ 本当に
□ 別々に　□ 必ず

★とりあえず③〔副〕

(眼下)姑且，暂且。*～ビールをください。/先来杯啤酒。

☆思わず②〔副〕

情不自禁地(表露出来)。*～大笑いした。/不由得大笑。

☆知らず知らず④〔副〕

(=知らず知らずのうちに)不知不觉中。*～のうちに身に付いた。/不知不觉中掌握了。

～て

★初めて②〔副〕

第一次，初次。*～お寿司を食べる。/第一次吃寿司。

★急いで②〔副〕

匆匆忙忙，急忙(做某事)。*～出かける。/急忙出门。

★すべて①〔副〕

一切，所有，统统。*～彼が悪かった。/全都是他的错。

☆やがて③〔副〕

①(过去或将来的)不久，过不了多久。*父は～戻ってきた。/没过多久父亲就回家了。
②(接近于某时间点)将近，差不多。*～1年間〔60歳〕になる。/差不多快一年〔60岁〕了。

～で

★自分で⓪〔副〕

独自(做某事)。*～料理を作る。/自己做饭。

★みんなで③〔副〕

大家一起(做某事)。*～東京へ行く。/大家一起去东京。

★後で①〔副〕

待会儿，过会儿。*～電話します。/待会儿给你打电话。

☆もう少しで④〔副〕

险些，差点就(发生了)。*～遅れそうになった。/差点迟到。

★全部で①〔副〕

(加起来)一共。*～500円だ。/一共500日元。

～く

★よく①〔副〕

①认真地，仔细地，充分地。*～考えてから答える。/好好考虑后再回答。
②出色地，很好地(完成某事)。*宿題は～できた。/作业完成得很好。

★うまく①〔副〕

①(工作进展等)顺利地。*計画が～いった。/计划进展顺利。
②(结果)很好地，出色地。*仕事は～できている。/工作完成得很好。

□とりあえず □思わず □知らず知らず □初めて □急いで □すべて □やがて
□自分で □みんなで □後で □もう少しで □全部で □よく □うまく

★早(はや)く①〔副〕

①（时间）早，早早地。*～寝(ね)る。/ 早早地就睡了。

②（不耽搁时间地）快，很快。*～行(い)って～帰(かえ)って。/ 快去快回。

★遅(おそ)く⓪〔副〕

（时间）晚。*夜(よる)～一人(ひとり)で歩(ある)かないで。/ 晚上很晚时不要一个人走路。

★なんとなく④〔副〕

总觉得，总感到。*～おかしい〔寂(さび)しい〕。/ 总觉得有点怪〔有些寂寞〕。

～か

★いつか①〔副〕

①（不确定的时间）改日，赶明儿。*～また会(あ)いましょう。/ 赶明儿再见面吧。

②早晚有一天。*～分(わ)かるだろう。/ 早晚有一天会知道的吧。

③不知何时，不知不觉中。*～眠(ねむ)ってしまった。/ 不知不觉睡着了。

☆いつの間(ま)にか⓪〔副〕

不知什么时候。*～雨(あめ)がやんだ。/ 不知何时雨停了。

「間」可不写作汉字。

★いくつか①〔副〕

（强调数量少）若干，几个。*～質問(しつもん)したいんだけど。/ 想问几个问题。

★いくらか①〔副〕

（强调数量少，程度低）一些，若干。*玉子(たまご)は～残(のこ)っている。/ 还剩一些蛋。

☆なんか①〔副〕

（「なにか」的口语）（说不清是什么）总觉得。*～気持(きも)ち悪(わる)い。/ 总觉得有点恶心。

☆なんだか①〔副〕

（不知道什么原因）总感到，总觉得。*～心配(しんぱい)になった。/ 总觉得有点担心起来。

□ 早く　□ 遅く　□ なんとなく　□ いつか　□ いつの間にか　□ いくつか　□ いくらか
□ なんか　□ なんだか

练 习

一、请从 [ ] 中选择一个最合适的词，并把对应的字母写在（ ）中。

A. いつのまにか　B. 今では　C. 今でも　D. まもなく　E. ただいま

1. （　　　　）発車（はっしゃ）しますので、急いでご乗車（じょうしゃ）ください。
2. 子供の時の写真は（　　　　）多く残っています。
3. 冬休みも（　　　　）過ぎてしまいました。
4. ご注文なさったものは（　　　　）準備しております。
5. お酒が大好きだった父は、（　　　　）まったく飲みません。

二、请选择合适的搭配，把对应的字母写在（ ）中。

1. 少しずつ　（　）	A. 家を出た	5. いくつか　（　）	E. ある
2. それから　（　）	B. 難しくなる	6. 早くから　（　）	F. 働く
3. 事前に　（　）	C. 出かける	7. おそくまで　（　）	G. 始める
4. これから　（　）	D. 用意する	8. うまく　（　）	H. いく

三、请从 A、B、C、D 四个选项中选择最合适的一个填入（ ）中。

1. （　）またここに来たいですね。

A. いつか　B. いくらか　C. なんか　D. なんだか

2. まずは（　）ご両親に連絡してください。

A. ぜんぶで　B. おもわず　C. もう少しで　D. とりあえず

3. ぼくは（　）行くから、安心してください。

A. べつに　B. べつべつに　C. かならず　D. かならずしも

4. 今日の仕事は（　）完成したから、安心しました。

A. やがて　B. すべて　C. 実に　D. 非常に

5. 私はスポーツの中で（　）バスケットボールに興味を持っています。

A. 特別に　B. 特に　C. 同時に　D. 時に

6. （　）いいから、メールをください。

A. ようやく　B. しばらく　C. いつまでも　D. いつでも

第 4 课 状态副词（2）

✲ ABAB

★まだまだ①〔副〕

①（动作或状态还在持续）仍然。*～若(わか)い。/ 还很年轻。
②（距离、程度等）还差得远。* 日本語(にほんご)は～だ。/ 我的日语还差得远。

★まあまあ①〔副〕

（成绩、业绩等）还过得去，还算行。* 成績(せいせき)は～だ。/ 成绩还行。

☆なかなか⓪〔副〕

（程度超出预想）很，非常。* 日本語(にほんご)が～上手(じょうず)だね。/ 日语很好嘛。

☆もともと⓪〔副〕

原来，本来。*～行(い)く気(き)はなかった。/ 本来就不想去。

☆たまたま⓪〔副〕

碰巧。*～運(うん)が良(よ)かっただけだ。/ 只是碰巧运气好。

★だんだん③〔副〕

渐渐地（变化）。* 日本語(にほんご)は～難(むずか)しくなる。/ 日语渐渐难学了。

☆いよいよ②〔副〕

①终于到了（开始或结束阶段）。*～本番(ほんばん)の試合(しあい)だ。/ 终于到了正式比赛。
②（变化）越发，越来越。*～忙(いそが)しくなる。/ 越发忙碌。

★とうとう①〔副〕

终于（出现某结果）。*～夢(ゆめ)が実現(じつげん)した。/ 梦想终于实现了。

★ますます②〔副〕

（程度、势头变得）越来越。* 風(かぜ)が～強(つよ)くなった。/ 风越来越大了。

★わざわざ①〔副〕

特意地，专程地。*～出迎(でむか)える。/ 专程出门迎接。

★それぞれ②〔副〕

①（同伴中的人物）各自。*～うちに帰(かえ)った。/ 各自回到了自己的家。
②（同类物品）各个。* 物(もの)は～値段(ねだん)が違(ちが)う。/ 东西的价钱各异。

☆いちいち②〔副〕

（语气消极）一一，逐一。*～文句(もんく)を言(い)う。/ 挨个儿地挑毛病。

✲ ABAB（と）

★ぺらぺら①〔副ト〕

流利地说（外语）。* 日本語(にほんご)を～話(はな)す。/ 熟练地说日语。

□ まだまだ □ まあまあ □ なかなか □ もともと □ たまたま □ だんだん □ いよいよ
□ とうとう □ ますます □ わざわざ □ それぞれ □ いちいち □ ぺらぺら

★どんどん①〔副ト〕

势头旺盛地。＊～食べてください。/ 请多吃点。

★そろそろ①〔副ト〕

快要，就要，这就。＊～食事の時間になる。/ 快到吃饭的时间了。

✼ABAB（と）+する / 动词

★ぴかぴか①②〔副ト・Ⅲ自〕

（自然光或反射光）发亮。＊～と光る。/ 闪闪发光。

★きらきら①〔副ト・Ⅲ自〕

（自然光）闪烁。＊星が～と光っている。/ 星光闪烁。

★にこにこ①〔副ト・Ⅲ自〕

微笑。＊～と笑う。/ 微笑。

☆ぶらぶら①〔副ト・Ⅲ自〕

①信步溜达。＊その辺を～してくる。/ 在那里溜达一会儿。

②无所事事。＊退院して家で～する。/ 出院后在家无所事事。

☆わくわく①〔副ト・Ⅲ自〕

欢欣雀跃，心情激动地。＊～しながら登場を待つ。/ 高兴地等待出场。

★どきどき①〔副ト・Ⅲ自〕

（因兴奋、恐惧等）忐忑不安。＊～しながら結果を待つ。/ 忐忑地等待结果。

☆いきいき③②〔副ト・Ⅲ自〕

人朝气蓬勃；作品等生动。＊～した顔〔画像〕。/ 充满朝气的表情〔生动的画面〕。

☆らくらく③⓪〔副ト・Ⅲ自〕

（生活、工作、学习等）安逸，舒服。＊一生～と暮らす。/ 一生活得很安逸。

✼～り（と）

★すっかり③〔副〕

①（数量上）全部，一点不剩地。＊～食べてしまった。/ 全都吃了。

②（程度上）完完全全，彻彻底底。＊～変わった。/ 完全变了。

★ぎっしり③〔副ト〕

（空间塞得）满满的。＊～詰まっている。/ 塞得满满的。

☆びっしり③〔副ト〕

①（物体排序）密密麻麻。＊～並んでいる本。/ 排得满满的书。

②（时间安排）满满当当。＊日程が～詰まっている。/ 日程排得很满。

☆たっぷり③〔副ト〕

（数量）充足，充分。＊時間は～ある。/ 时间充足。

★ずらり②〔副ト〕

一大排，整排。＊～と並んでいる。/ 整齐地排列着。

✼～り（と）+する / 动词

★にっこり③〔副ト・Ⅲ自〕

嫣然一笑。＊～と笑う。/ 嫣然一笑。

★びっくり③〔副ト・Ⅲ自〕

（为……而吃惊）吓一跳，惊讶。＊町の変化に～した。/ 惊讶于城市的变化。

□どんどん　□そろそろ　□ぴかぴか　□きらきら　□にこにこ　□ぶらぶら
□わくわく　□どきどき　□いきいき　□らくらく　□すっかり　□ぎっしり
□びっしり　□たっぷり　□ずらり　□にっこり　□びっくり

★はっきり③〔副ト・Ⅲ自〕

①〔副ト〕清晰，清楚，明确。＊～聞(き)こえる。/ 听得很清楚。

②〔自〕清楚，清晰。＊発音(はつおん)が～している。/ 发音清晰。

★うっかり③〔副ト・Ⅲ自〕

①〔副ト〕一不留神。＊～と忘(わす)れた。/ 一不留神忘记了。

②〔自〕心不在焉，稀里糊涂。＊～したミス。/ 无心之过。

★がっかり③〔副ト・Ⅲ自〕

沮丧，失望。＊失敗(しっぱい)して～した。/ 失败了，很沮丧。

☆あっさり③〔副ト・Ⅲ自〕

（味道）清淡。＊～した味(あじ)。/ 清淡的口味。

★ぴったり③〔副ト・Ⅲ自〕

①严丝合缝地。＊ドアが～閉(し)まっている。/ 门关得严严实实的。

②（数量）准确无误。＊1 万円(まんえん)～もらった。/ 收到 1 万日元整。

③（搭配）正恰当，正合适。＊足(あし)に～合(あ)う靴(くつ)。/ 合脚的鞋子。

★さっぱり③〔副ト・Ⅲ自〕

①（心情）爽快，痛快。＊冷(つめ)たいビールを飲(の)んで～した。/ 喝杯冰啤，爽快极了。

②（性格）直爽，坦率。＊～した人(ひと)。/ 爽快的人。

③（装束、打扮）干净利落。＊～した格好(かっこう)。/ 打扮得干净利落。

④（味道）清淡而爽口。＊～した食(た)べ物(もの)。/ 爽口的食物。

★しっかり③〔副ト・Ⅲ自〕

①（身体、物品等）结实。＊体(からだ)が～している。/ 身体结实。

②人坚实可靠。＊若(わか)いが、～した人(ひと)だ。/ 虽然年轻，但人可靠。

③牢牢地（固定住）。＊ドアを～閉(し)める。/ 把门关牢。

④（做事态度）扎扎实实地。＊～勉強(べんきょう)する。/ 好好学习。

☆すっきり③〔副ト・Ⅲ自〕

①（心情）畅快。＊気持(きも)ちが～する。/ 心情畅快。

②（拾掇得）整洁，干净。＊部屋(へや)は～片付(かたづ)いた。/ 房间打扫得干干净净。

☆じっくり③〔副ト・Ⅲ自〕

（花充分的时间做事）沉着从容。＊～と考(かんが)える。/ 冷静沉着地考虑。

★ゆっくり③〔副ト・Ⅲ自〕

①慢慢来。＊～ご飯(はん)を食(た)べる。/ 细嚼慢咽。

②舒适地。＊～風呂(ふろ)に入(はい)る。/ 舒舒服服地洗个澡。

③放松，不着急。＊ここで～してください。/ 在这里好好休息吧。

☆のんびり③〔副ト・Ⅲ自〕

悠闲自得。＊～と昼寝(ひるね)をする。/ 悠然地睡午觉。

✻～と

★ずっと③〔副〕

（用于比较）……得多。＊今日(きょう)は昨日(きのう)より～寒(さむ)い。/ 今天比昨天冷得多。

□はっきり　□うっかり　□がっかり　□あっさり　□ぴったり　□さっぱり
□しっかり　□すっきり　□じっくり　□ゆっくり　□のんびり　□ずっと

★もっと①〔副〕

更加，更进一步。＊これより～安いもの。/ 比这更便宜的东西。

★やっと③〔副〕

（期待的事情）总算，终于。＊～成功した。/ 终于成功了。

☆わざと①〔副〕

（没安好心地）故意，存心。＊～相手に負ける。/ 存心输给对方。

✼ ～と＋する / 动词

★じっと⓪〔副·Ⅲ自〕

①（姿势）一动不动地。＊～立っている。/ 一动不动地站着。

②聚精会神（看、听、想等）。＊～写真を見ている。/ 一直盯着照片看。

③（一声不响地）忍着。＊～痛さを我慢する。/ 一直忍着痛。

☆ほっと③〔副·Ⅲ自〕

（放心的样子）松了口气。＊合格して～した。/ 及格了，总算松了一口气。

★きちんと・きちっと②〔副·Ⅲ自〕

①整洁，清爽。＊部屋を～片付ける。/ 把房间收拾干净。

②有条不紊地。＊仕事を～やる。/ 有条不紊地工作。

③（时间、数量）准确无误，正好。＊～朝6時に出発する。/ 早上6点准点出发。

★ちゃんと③〔副·Ⅲ自〕

①（样子）整洁，清爽。＊～した服装。/ 整洁的装束。

②（姿态）端正。＊～座る。/ 坐姿端正。

③（做事）坚实地。＊～仕事をやる。/ 好好工作。

④（时间上）按时。＊～10時に来る。/ 10点准点来。

✼ 连名词

★大きな①〔連〕

大的……＊～家〔音〕。/ 大房子〔音量〕。

★小さな①〔連〕

小的……＊～子供〔声〕。/ 小孩子〔声〕。

☆いろんな⓪〔連〕

各种各样的……＊～人。/ 形形色色的人。

☆おかしな②〔連〕

可笑的……，滑稽的……＊～ことを言って笑わせる。/ 说笑话逗人笑。

★何の①〔連〕

什么的……＊それは～本ですか。/ 那是什么书？

☆例の①〔連〕

那个……，那件……＊～場所で会いましょう。/ 老地方见吧。

☆ほんの⓪〔連〕

些许的……，微不足道的……＊～形だけです。/ 一点小意思。

★ある①〔連〕

某……＊～人〔所、時〕。/ 某人〔地、时〕。

☆あらゆる③〔連〕

所有的……＊～可能性。/ 所有的可能性。

□もっと □やっと □わざと □じっと □ほっと □きちんと·きちっと
□ちゃんと □大きな □小さな □いろんな □おかしな □何の □例の
□ほんの □ある □あらゆる

☆いわゆる③〔連〕

所谓的……＊～失(うしな)われた 10 年(ねん)。/ 所谓失去的 10 年。

☆ちょっとした①〔連〕

一点点……＊～こと。/ 一点小事。

☆たいした①〔連〕

了不起的……＊～問題(もんだい)ではない。/ 不是什么大问题。

★同(おな)じ⓪〔連〕

相同的……，同样的……＊～所(ところ)〔やりかた〕。/ 相同的场所〔做法〕。

「同じ＋N / で / だ」（〇）

☆わが①〔連〕

我（们）的……＊～国(くに)。/ 我国。

连名词不属于“副词”，但由于数量甚少，故列入本课。

□ いわゆる　□ ちょっとした　□ たいした　□ 同じ　□ わが

练 习

一、请从 ［　　］ 中选择一个最合适的词，并把对应的字母写在（　　）中。

A. どんどん　B. どきどき　C. わくわく　D. ぴかぴか　E. にこにこ

1. 彼女は（　　　　）笑っています。
2. （　　　　）して、彼の来るのを楽しみにしています。
3. 星が（　　　　）光っています。
4. 開店したら、客が（　　　　）来店しました。
5. （　　　　）して、不安に感じます。

二、请选择合适的搭配，把对应的字母写在（　　）中。

1. まだまだ	（　　）	A. 上手になる	5. なかなか	（　　）	E. おもしろい
2. ますます	（　　）	B. 丈夫だ	6. ぺらぺら	（　　）	F. 始まる
3. わざわざ	（　　）	C. 違う	7. そろそろ	（　　）	G. 話す
4. それぞれ	（　　）	D. 出迎える	8. だんだん	（　　）	H. 寒くなる

三、请从 A、B、C、D 四个选项中选择最合适的一个填入（　　）中。

1. 1時間も待っていましたが、彼は（　　　　）来ませんでした。

   A. とうとう　　B. もともと　　C. たまたま　　D. いちいち

2. 本の表紙に有名な専門家の名前が（　　　　）並んでいます。

   A. さっぱり　　B. ずらりと　　C. あっさり　　D. わりと

3. （　　　　）詰まっているスケジュール表を見て、困りました。

   A. びっくり　　B. がっかり　　C. すっかり　　D. ぎっしり

4. これからもっと（　　　　）勉強しなさいと母に言われました。

   A. すっきり　　B. しっかり　　C. さっぱり　　D. ぴったり

5. 試験が全部終わり、（　　　　）安心して眠れるようになりました。

   A. ほっと　　B. じっと　　C. やっと　　D. きっと

6. （　　　　）少ししかありませんが、このブドウをどうぞ。

   A. ほんの　　B. なんの　　C. いろんな　　D. ちいさな

第 7 章 其他词类

第 1 课 接续词

✲并列・累加・递进

★そして・そうして⓪〔接〕

①而且。*この町は道が広く、～きれいだ。/这个城市道路很宽，而且路面很干净。

②接着就。*私のうちへ3時ごろ友達が遊びに来て、～6時ごろ帰った。/朋友3点左右到我家，后来是6点左右离开我家的。

★それから⓪〔接〕

还有，另外。*ちょっと紙を買ってきてください。～インクも頼みます。/请帮我买些纸。另外还有墨水。

★また⓪〔接〕

又，另外，其他。*今日は映画を見た。～本屋に行った。/今天看了场电影，另外还去了书店。

★それに⓪〔接〕

而且，再加上。*熱があるし、～咳も出る。/不仅发烧，而且还咳嗽。

☆そのうえ⓪〔接〕

（用于添加同类事物）而且。*今日は休みの日で、～天気も良いので、どこかへ遊びに行こう。/今天是休息日，再加上天气又好，所以我们上哪儿去玩玩吧。

☆しかも②〔接〕

（用于添加相同评价）而且。*京都はきれいで、～静かなところだ。/京都是一个既漂亮又安静的地方。

✲原因・结果・结论

★だから・ですから①〔接〕

因此，所以。*部屋は暑い。～窓を開けた。/屋子里太热，所以我就打开了窗户。

★そこで⓪〔接〕

因此（有意识地做了后项）。*分からないところがある。～先生に尋ねた。/遇到了不懂的地方。因此我请教了老师。

★それで⓪〔接〕

因此（有意识地做了后项）。*会社が大阪に移った。～わたしも大阪に引っ越した。/公司搬到了大阪，所以我也跟着搬到了大阪。

★そのため⓪〔接〕

因此（发生了不好的结果）。*遊んでばかりいた。～入試に落ちた。/当时只顾着玩，因此高考落榜。

☆なぜなら①〔接〕

那是因为。*彼にお金を貸さないほうがいい。～いつも返してくれないから。/最好别借他钱。因为他借了钱总是不还。

□そして・そうして　□それから　□また　□それに　□そのうえ　□しかも
□だから・ですから　□そこで　□それで　□そのため　□なぜなら

☆したがって⓪〔接〕

（叙述结论）从而，因而。*ほとんど毎日バイトをやっている。～成績も悪くなった。/ 基本上每天都在打工，所以学习成绩下降了。

☆すると⓪〔接〕

于是（自然而然地发生了后项）。* 弟をしかった。～彼は泣き出した。/ 我批评了弟弟。于是他哭起来了。

后句不能是讲话人“我”的动作。

☆結局⓪〔接〕

（多导致不好的结果）结果，最终。*～二人は別れた。/ 最终，他俩还是分道扬镳了。

转折

☆だって①〔接〕

（口语，用于寻求理由）不过。*～お金が足りないのよ。/ 不过，因为钱不够嘛。

★でも①〔接〕

（口语）但是，可是。*旅行はちょっと疲れました。～楽しかったです。/ 旅行有点累。不过挺愉快的。

★それでも③〔接〕

尽管事实如此，但（还是要做某事）。*天気は悪かった。～彼らは出かけた。/ 天气不好，可是他们还是出门了。

★けれども・けれど・けど①〔接〕

但是，可是。*私も車がほしいよ。～金がない。/ 我也想要车啊，但没钱买。

★しかし②〔接〕

（书面语）却，然而。*彼は頭がいい学生だ。～あまり勉強しない。/ 他很聪明。但就是不肯用功学习。

★それなのに③〔接〕

但是，可是，然而。*彼はよくがんばった。～失敗した。/ 他做了很大的努力。然而还是失败了。

★が・だが・ですが①〔接〕

但是，可是，然而。*その朝はひどい雨だった。～私たちは出発した。/ 那天早上下着瓢泼大雨，但我们还是出发了。

☆ところが③〔接〕

（叙述意外或遗憾的事情）然而。*心配しながら頼んでみた。～喜んで引き受けてくれた。/ 心里虽然没底，但还是求了他。可是没想到他欣然答应了。

选择

★それとも③〔接〕

（用在疑问句中）或者。*そばにするか、～うどんにするか。/ 你是吃荞麦面还是吃乌冬面？

「それとも」不能用在非疑问句中。

★または②〔接〕

（用在疑问句或非疑问句中）或者。*アメリカ〔か〕、～イギリスへ旅行する。/ 去美国，或者是英国旅行。

☆あるいは②〔接〕

（用在疑问句或非疑问句中）或者。*ラーメン、～牛どんを食べる。/ 吃拉面或牛肉盖浇饭。

□したがって □すると □結局 □だって □でも □それでも
□けれども・けれど・けど □しかし □それなのに □が・だが・ですが
□ところが □それとも □または □あるいは

✼假设

☆そうしたら・そうすれば④〔接〕

（前设计划，说明由此带来的结果）那样以来。*部屋の壁に絵をかけようか。～もっときれいになるよ。/ 在屋子里的墙壁上挂幅画吧。这样一来，屋子会变得更漂亮的。

★それなら③〔接〕

（用于表明态度）那样的话，那么。*行く人がいないの？～私が行こう。/ 谁都不愿意去吗？那我跑一趟吧。

☆だったら・でしたら①〔接〕

（用于表明态度或作出推测）如果是那样的话。*君は暇がないのか。～私が代わりに行こう。/ 没空吗？那我代替你去吧。

★できたら①・できれば②〔接〕

（表明说话人的愿望等）可以的话。*～電話してもらいたい。/ 如果可以的话，想请你给我来电话。

✼接话题

★では・じゃ①〔接〕

那么。*～帰りましょう。/ 那我们回家吧。

★それでは・それじゃ③〔接〕

那么。*～授業を始めましょう。/ 那我们上课吧。

✼转移话题

★ところで③〔接〕

我说……，话说……*今日はいいお天気ですね。～お父さんはお元気ですか。/ 今天天气真好啊。我说，你父亲他好吗？

✼说明・归纳

★それでは・それじゃ③〔接〕

（用于推论性的确认）也就是说。*～賛成してくれるんですね。/ 也就是说你支持我，对吧？

☆そういえば③〔接〕

（用于联想）这么说来。*～君とはしばらく会っていないなあ。/ 这么说来，我俩倒真的有些日子没有见面了。

☆というと①〔接〕

（要求对方进一步说明）此话怎讲。*「旅行する計画をキャンセルした」「～それはなぜなの？」/“我取消了旅行计划。”“此话怎讲？”

☆つまり①〔接〕

①（用于总结）总之。*～君は行きたくないんだね。/ 总之，你不想去了是吧？

②换言之，也就是说。*父の姉、～ぼくのおばさん。/ 爸爸的姐姐，也就是说我的姑姑。

☆すると⓪〔接〕

换言之，也就是说。*君も出かけているの？～今、うちには誰もいないってことだね。/ 你也在外面吗？这么说，现在家里没人，对吧？

☆すなわち②〔接〕

（前后意思相同）也就是，即。*首相、～総理大臣がこう述べました。/ 首相，即总理大臣作了以下发言。

□ そうしたら・そうすれば　□ それなら　□ だったら・でしたら　□ できたら・できれば
□ では・じゃ　□ それでは・それじゃ　□ ところで　□ それでは・それじゃ
□ そういえば　□ というと　□ つまり　□ すると　□ すなわち

☆なお①〔接〕

（补充说明）另外。*では、メールはここまでにします。～先日一緒（せんじついっしょ）に撮（と）った写真（しゃしん）を送（おく）ります。/ 邮件就写到这里。另外，给你发送前几天拍的照片。

☆ただ①〔接〕

（整体肯定，并作补充说明）不过，只是。*物（もの）がいい。～値段（ねだん）はね。/ 东西不错。只是这价格嘛……

☆ただし①〔接〕

（有条件限制或例外）不过。*修理代無料（しゅうりだいむりょう）。～自社（じしゃ）の製品（せいひん）に限（かぎ）る。/ 免费修理，但只限本公司产品。

✻对比

☆そのかわり⓪〔接〕

（作为条件交换）另一方面。*手伝（てつだ）ってください。～小遣（こづか）いをやろう。/ 过来给我搭把手。作为交换，我给你零花钱吧。

☆一方（いっぽう）（では）③〔接〕

（并列对立或相反的两面）另一方面。*賛成（さんせい）する人（ひと）が多（おお）いが、～反対（はんたい）する人（ひと）も少（すく）なくない。/ 赞成的人很多，不过，另一方面，也有不少人表示反对。

✻举例

★たとえば②〔接〕

例如，譬如。*日本（にほん）の歌（うた）、～演歌（えんか）が好（す）きだ。/ 我喜欢日本歌曲，譬如“演歌”。

□なお　□ただ　□ただし　□そのかわり　□一方（では）　□たとえば

练　习

一、请从 [　　] 中选择一个最合适的词，并把对应的字母写在（　　）中。

A. それなら　B. または　C. そのかわり　D. たとえば　E. できれば

1. 日本の大都会、（　　　　）東京に住みたいです。
2. レポートですが、（　　　　）明日までに仕上げてほしいです。
3. やりたくないの？（　　　　）やらなくてもいいよ。
4. 電話か、（　　　　）メールで知らせればいいです。
5. 今日は残業してもいいですが、（　　　　）明日休ませてください。

二、请从 A、B、C、D 四个选项中选择最合适的一个填入（　　）中。

1. 田中君はハンサムで、（　　）背が高いです。

   A. しかし　　B. そして　　C. だから　　D. そのため

2. 彼女に、お菓子と、（　　）飲み物をもらいました。

   A. そうしたら　　B. そうすれば　　C. それから　　D. これから

3. 足にけがをして、（　　）今度の試合に出られなくなりました。

   A. あるいは　　B. だって　　C. だが　　D. それで

4. 火事が起こりました。（　　）死傷者（ししょうしゃ）は出なかったようです。

   A. したがって　　B. そうして　　C. ですから　　D. しかし

5. 山田先生の講義（こうぎ）はとてもおもしろいです。（　　）ちょっとうるさいです。

   A. ただ　　B. そのため　　C. だったら　　D. つまり

6. 母親は逃（に）げませんでした。（　　）子供の帰りを待っていたからです。

   A. でしたら　　B. なぜなら　　C. できたら　　D. それでは

7. 瓶のふたを開けました。（　　）いい匂いがしました。

   A. でも　　B. というと　　C. だって　　D. すると

8. いつもジョギングをしています。（　　）雨の日はしません。

   A. いっぽう　　B. すなわち　　C. ただし　　D. つまり

第2课 接头词・接尾词

✲接头词（前词缀）

☆前(ぜん)～〔接頭〕

①（职务）前任……＊～首相(しゅしょう)〔社長(しゃちょう)〕。/前首相〔社长〕。

②（时期）上……＊～シーズン/上赛季。

☆元(もと)～〔接頭〕

（职务、身份）原先的……，原来的……＊～首相(しゅしょう)〔選手(せんしゅ)〕。/原首相〔选手〕。

☆現(げん)～〔接頭〕

现在的……，现任的……＊～住所(じゅうしょ)〔段階(だんかい)〕。/现住址〔阶段〕。

☆諸(しょ)～〔接頭〕

诸多……＊～国(こく)。/诸多国家。

☆初(はつ)～〔接頭〕

第一次……＊～舞台(ぶたい)〔出演(しゅつえん)〕。/第一次登台〔演出〕。

☆急(きゅう)～〔接頭〕

紧急……，快速……＊～停車(ていしゃ)。/急刹车。

✲接尾词（后词缀）

✲人物

★～たち〔接尾〕

（复数）……们。＊わたし～。/我们。

★～がた〔接尾〕

（复数，尊他语）……们。＊先生(せんせい)～。/老师们。

★～ら〔接尾〕

（复数）……们。＊彼(かれ)～。/他们。

先生（彼女）＋ら（×）

☆～者(しゃ)〔接尾〕

①（职业）……者。＊科学(かがく)～。/科学家。

②（资格）……者。＊参会(さんかい)～。/与会者。

★～家(か)〔接尾〕

①……（专）家。＊政治(せいじ)～。/政治家。

②……勤奋者。＊勉強(べんきょう)～。/好学的人。

★～士(し)〔接尾〕

……（专业）人员。＊運転(うんてん)～。/司机。

★～師(し)〔接尾〕

……（专业）人员。＊美容(びよう)～。/美容师。

★～係(がかり)〔接尾〕

……（人）员。＊受付(うけつけ)～。/前台人员。

✲时间・场所・范围

★～ごろ〔接尾〕

……左右（时间点）。＊6時(じ)～。/6点左右。

★～まえ〔接尾〕

①……差几分（时间）。＊1時(じ)5分(ふん)～。/1点差5分。

②……差一点（年龄）。＊60～。/60岁不到。

□前～ □元～ □現～ □諸～ □初～ □急～ □～たち □～がた □～ら
□～者 □～家 □～士 □～師 □～係 □～ごろ □～まえ

★～すぎ〔接尾〕

①……多几分（时间）。*1時(じ)5分(ふん)～。/1点过5分。

②……多一点（年龄）。*60～。/60多岁。

★～中(じゅう)〔接尾〕

①整整……（时间）。*一日(いちにち)～。/一整天。

②整个……（范围）。*町(まち)～。/全市。

★～中(ちゅう)〔接尾〕

①……之中。*今月(こんげつ)～。/本月中。

②动作正在……中。*営業(えいぎょう)～。/正在营业。

☆～代(だい)〔接尾〕

（年龄范围）年过……*20～の若者(わかもの)。/20多岁的年轻人。

「20、30＋歳＋代」（×）

☆～側(がわ)〔接尾〕

……方（面）。*学校(がっこう)～。/校方。

☆～上(じょう)〔接尾〕

……方面。*法律(ほうりつ)～。/法律方面。

★～先(さき)〔接尾〕

……（目的）地。*送(おく)り～。/（货物）送达地。

✲ 刊物・证书・凭证

☆～紙(し)〔接尾〕

（报纸）……报（纸）。*朝刊(ちょうかん)～。/早报。

☆～誌(し)〔接尾〕

（杂志）……杂志。*週刊(しゅうかん)～。/周刊杂志。

☆～状(じょう)〔接尾〕

……书，……状，……证。*招待(しょうたい)～。/请帖。

★～書(しょ)〔接尾〕

……（证）书。*証明(しょうめい)～。/证明书。

★～券(けん)〔接尾〕

……券，……票。*定期(ていき)～。/月票。

★～証(しょう)〔接尾〕

……证。*免許(めんきょ)～。/驾照。

✲ 风格・样式

☆～風(ふう)〔接尾〕

……风格，……特征。*欧米(おうべい)～のデザイン。/欧美风格的设计。

★～式(しき)〔接尾〕

①……类型。*組(く)み立(た)て～の書棚(しょだな)。/组装式书架。

②……仪式。*入学(にゅうがく)～。/开学典礼。

☆～化(か)する〔接尾〕

……化。*温暖(おんだん)～した地球(ちきゅう)。/变暖的地球。

✲ 程度

☆～程度(ていど)〔接尾〕

①（数量）……左右。*100人(にん)～。/大约100人。

②（基准）……程度。*小学生(しょうがくせい)～。/小学生的程度。

★～さ〔接尾〕

（可测量或实际能体验的程度）……度。*都市(とし)の便利(べんり)～。/都市的便利性。

☆～み〔接尾〕

有点……（感觉）。*辛(から)～がある料理(りょうり)。/带点辣的菜。

□～すぎ □～中 □～中 □～代 □～側 □～上 □～先 □～紙 □～誌 □～状
□～書 □～券 □～証 □～風 □～式 □～化する □～程度 □～さ □～み

☆～め（な）〔接尾〕

（程度略高于此）稍微……一点。＊安（やす）～に値段（ねだん）を付（つ）ける。/ 价钱定得低一点。

✲ 倾向・样子

☆～向（む）き〔接尾〕

①适合……（人群）。＊お年寄（としよ）り～の服（ふく）。/ 适合老人的衣服。

②（房屋朝向）朝……＊北（きた）～の窓（まど）。/ 朝北的窗户。

☆～向（む）け〔接尾〕

面向……（人群）。＊婦人（ふじん）～の肌着（はだぎ）。/ 面向女性的内衣。

☆～ぶり〔接尾〕

……样子，……状况。＊活躍（かつやく）～。/ 活跃的状态。

✲ 其他

★～目（め）〔接尾〕

第……（顺序）。＊4回（かい）～。/ 第4次（届）。

☆～別（べつ）〔接尾〕

按……类别（分类）。＊種類（しゅるい）～に分（わ）ける。/ 按种类分。

☆～順（じゅん）〔接尾〕

按……顺序（分类）。＊先着（せんちゃく）～。/ 按到达前后顺序。

★～便（びん）〔接尾〕

（货物运输或快递方式）……运输。＊宅配（たくはい）～。/ 送货上门服务。

★～製（せい）〔接尾〕

（工业产品）……制造。＊中国（ちゅうごく）～の靴（くつ）。/ 中国制造的鞋子。

★～産（さん）〔接尾〕

（农副产品）……产。＊フランス～のワイン。/ 法国产的红酒。

★～方（かた）〔接尾〕

……方法。＊果物（くだもの）の食（た）べ～。/ 水果的吃法。

☆～かけ〔接尾〕

没……完。＊書（か）き～のレポート。/ 没写完的报告。

☆～沿（ぞ）い〔接尾〕

沿着……，顺着……（路线等）。＊海岸（かいがん）～に散歩（さんぽ）する。/ 沿海岸散步。

☆～行（ゆ）き〔接尾〕

（交通工具）开往……＊東京（とうきょう）～の特急（とっきゅう）。/ 开往东京的特快列车。

☆～おき〔接尾〕

隔开……（年、月、日）。＊一日（いちにち）～に帰（かえ）る。/ 每隔一天回一次家。

☆～入（い）り〔接尾〕

①掺有……（其他物质）。＊ミルク～の紅茶（こうちゃ）。/ 掺有牛奶的红茶。

②（数量）……装。＊1リットル～の瓶（びん）。/ 1升装的瓶子。

☆～作（づく）り〔接尾〕

……制作，……制造，……创造。＊イメージ～。/ 塑造形象。

□～め（な） □～向き □～向け □～ぶり □～目 □～別 □～順 □～便 □～製
□～産 □～方 □～かけ □～沿い □～行き □～おき □～入り □～作り

练 习

一、请从 [ ] 中选择一个最合适的词，并把对应的字母写在（　　）中。

A. ぶり　B. かた　C. むき　D. さき　E. びん

1. この荷物は、航空（　　　　）でお願いします。
2. 今度の出張（　　　　）は福島（ふくしま）です。
3. 小学校で漢字の書き（　　　　）を習いました。
4. 彼の仕事（　　　　）はすばらしいです。
5. 高校生（　　　　）の日本語の参考書を出版します。

二、请选择合适的搭配，把对应的字母写在（　　）中。

1. 前　（　　）	A. 住所	5. 先生　（　　）	E. たち
2. 急　（　　）	B. 会長	6. 社員　（　　）	F. がた
3. 現　（　　）	C. 停車	7. 科学　（　　）	G. 家
4. 初　（　　）	D. 舞台	8. 専門　（　　）	H. 者

三、请从 A、B、C、D 四个选项中选择最合适的一个填入（　　）中。

1. 姉は病院の看護（　　）をしています。

A. 者　B. 員　C. 師　D. 人

2. あの方は世界（　　）で有名です。

A. なか　B. うち　C. ちゅう　D. じゅう

3. 運転免許（　　）を持っていますが、車がありません。

A. 紙　B. 証　C. 券　D. 状

4. この漫画はすでに50年前に映画（　　）されました。

A. 風　B. 式　C. 化　D. 形

5. 富士山のたか（　　）は3 776メートルです。

A. さ　B. み　C. め　D. ど

6. 神戸（こうべ）（　　）の牛肉は有名です。

A. 作り　B. 入り　C. 産　D. 製

第3课 助数词（量词）

✲时间

★～年(ねん)〔助数〕

……年。✲1 ～は365日(にち)だ。/ 1年365天。

★～月(がつ)〔助数〕

……月。✲2 ～に日本(にほん)へ行(い)く。/ 2月去日本。

★～日(にち)〔助数〕

……日，……号。✲11 ～に会議(かいぎ)がある。/ 11号召开会议。

★～時(じ)〔助数〕

……时。✲1 ～に出(で)かける。/ 1点钟出门。

★～分(ふん)〔助数〕

……分。✲60 ～は1時間(じかん)だ。/ 60分钟为1小时。

★～秒(びょう)〔助数〕

……秒。✲1 ～は早(はや)い。/ 1秒钟过得很快。

★～年間(ねんかん)〔助数〕

（整年）……年（头）。✲1 ～働(はたら)いた。/ 劳动了1年。

★～か月(げつ)〔助数〕

（整月）……个月。✲1 ～は30日(にち)だ。/ 1个月有30天。

★～週間(しゅうかん)〔助数〕

（整周）……个星期。✲2 ～休(やす)んだ。/ 休息了2周。

★～間(かん)〔助数〕

间，期间。✲2日(か)～旅行(りょこう)した。/ 旅行了2天。

★～時間(じかん)〔助数〕

（整时）……个小时。✲4 ～勉強(べんきょう)した。/ 学习了4小时。

✲单位

★～キロ〔助数〕

（长度和重量）……千米；……千克。✲1 ～の米(こめ)。/ 1千克大米。

★～メートル〔助数〕

（长度）……米。✲1 ～の長(なが)さ。/ 1米长度。

★～センチ〔助数〕

（长度）……厘米。✲1 ～の長(なが)さ。/ 1厘米长度。

★～ミリ〔助数〕

（长度）……毫米。✲1 ～の長(なが)さ。/ 1毫米长度。

★～インチ〔助数〕

（长度）……英寸。✲1 ～の長(なが)さ。/ 1英寸长度。

★～リットル〔助数〕

（容量）……升。✲1 ～のお水(みず)。/ 1升水。

★～グラム〔助数〕

（重量）……克。✲1 ～の重(おも)さ。/ 1克重量。

□～年　□～月　□～日　□～時　□～分　□～秒　□～年間　□～か月　□～週間
□～間　□～時間　□～キロ　□～メートル　□～センチ　□～ミリ　□～インチ
□～リットル　□～グラム

✻ 其他

★～円(えん)〔助数〕

（日元）……日元。*1 ～の物(もの)。/1 日元的商品。

★～ドル〔助数〕

（美元）……美元。*1 ～の物(もの)。/1 美元的商品。

★～本(ほん)〔助数〕

（细长物）……根，……只等。*1 ～の鉛筆(えんぴつ)。/1 支铅笔。

★～枚(まい)〔助数〕

（扁平物）……张，……枚，……件等。*1 ～の紙(かみ)。/ 1 张纸。

★～冊(さつ)〔助数〕

（书籍、笔记本）……册，……本。*1 ～の雑誌(ざっし)。/1 册杂志。

★～ページ〔助数〕

（页码）……页。*1 ～の文章(ぶんしょう)。/1 页文章。

★～個(こ)〔助数〕

（不规则物品）……个。*1 ～の卵(たまご)。/ 1 个鸡蛋。

★～倍(ばい)〔助数〕

（倍率）……倍。*3 ～で返(かえ)す。/3 倍归还。

★～割(わり)〔助数〕

（折扣）……折。*1 ～の割引(わりびき)。/9 折。

★～パーセント〔助数〕

（百分比）百分之…… *1 ～の割引(わりびき)。/1% 的折扣。

★～番(ばん)〔助数〕

（号码）……号。*1 ～の車両(しゃりょう)。/1 号车。

★～番目(ばんめ)〔助数〕

（号码顺序）第……号。*1 ～の席(せき)。/ 第 1 号座位。

★～問(もん)〔助数〕

（考题等）……（道）题。*1 ～の問題(もんだい)。/1 道题目。

★～回(かい)〔助数〕

（次数）……次。*1 ～の旅行(りょこう)。/1 次旅行。

★～度(ど)〔助数〕

①（次数）……次。*1 ～の帰国(きこく)。/ 曾一度回国。

②（温度、体温、角度等）……度。*1 ～の気温(きおん)。/1 度气温。

★～杯(はい)〔助数〕

（盛器）……碗，……杯。*1 ～のビール。/ 1 杯啤酒。

★～台(だい)〔助数〕

（车辆、机械、电器等）……辆，……台等。*1 ～のテレビ。/1 台电视机。

★～階(かい)〔助数〕

（楼层）……楼。*1 ～の部屋(へや)。/1 楼的房间。

★～階建(かいだ)て〔助数〕

（总楼层数）……层楼。*2 ～の家(いえ)。/2 层楼的房子。

★～名(めい)〔助数〕

（人数）……个人。*1 ～の客(きゃく)。/1 位客人。

★～人前(にんまえ)〔助数〕

（人数）……人份。*1 ～のランチ。/ 1 人份午饭。

□ ～円　□ ～ドル　□ ～本　□ ～枚　□ ～冊　□ ～ページ　□ ～個　□ ～倍　□ ～割
□ ～パーセント　□ ～番　□ ～番目　□ ～問　□ ～回　□ ～度　□ ～杯　□ ～台
□ ～階　□ ～階建て　□ ～名　□ ～人前

★～行（ぎょう）〔助数〕

（文字行数）……行。*1 ～の文（ぶん）。/1行文字。

★～通（つう）〔助数〕

（信函、邮件）……封。*1 ～のメール。/1封邮件。

★～丁目（ちょうめ）〔助数〕

（街、巷、弄）……丁目。*1 ～の商店街（しょうてんがい）。/1丁目的商业街。

★～番地（ばんち）〔助数〕

（地块或门牌）……番地。*1 ～の住民（じゅうみん）。/1番地的居民。

★～番線（ばんせん）〔助数〕

（列车线路）……号（线）。*1 ～の電車（でんしゃ）。/1号线电车。

★～泊（はく）〔助数〕

（住宿）……夜。*1 ～の旅行（りょこう）。/住宿一晚的旅行。

★～部（ぶ）〔助数〕

（报刊、资料等）……份。*1 ～の資料（しりょう）。/1份资料。

★～件（けん）〔助数〕

（案件、事件）……件，……起。*1 ～の事件（じけん）。/1起事件。

★～頭（とう）〔助数〕

（大型动物）……头。*1 ～の牛（うし）。/1头牛。

★～匹（ひき）〔助数〕

（马、猫、鸟、鱼、昆虫）……只。*1 ～の鳥（とり）。/1只鸟。

★～羽（わ）〔助数〕

（兔子、禽类）……只等。*1 ～の鶏（にわとり）。/1只鸡。

□～行 □～通 □～丁目 □～番地 □～番線 □～泊 □～部 □～件 □～頭 □～匹 □～羽

练 习

一、请从 ☐ 中选择一个最合适的词，并把对应的字母写在（　　）中。

A. センチ　B. ページ　C. メートル　D. パーセント　E. リットル

1. あの選手の身長（しんちょう）は 2（　　　　　）もあるでしょう。
2. 幅（はば）が 120（　　　　　）の机を買いました。
3. 本の 200（　　　　　）のところを見てください。
4. 20（　　　　　）の割引（わりびき）で売っています。
5. ガソリンを 50（　　　　　）入れました。

二、请从 A、B、C、D 四个选项中选择最合适的一个填入（　　）中。

1. 新しいシャツを 1（　　）買いました。
   A. ほん　B. まい　C. さつ　D. はい
2. 先月は 1 億円、今月は 2 億円、つまり（　　）になったんです。
   A. ばい　B. わり　C. ばん　D. め
3. 東京行（ゆ）きの電車は、右から 3（　　）のホームに止まります。
   A. ちょうめ　B. ばんめ　C. ぎょうめ　D. かいめ
4. メールを 20（　　）ほど書いて出しました。
   A. かい　B. もん　C. つう　D. けん
5. にわには 2（　　）のにわとりがある。
   A. とう　B. ひき　C. わ　D. はい
6. この書類（しょるい）を 50（　　）コピーしてください。
   A. ど　B. め　C. こ　D. ぶ
7. デジカメを 1（　　）用意しておきましょう。
   A. かい　B. だい　C. ばんせん　D. ばんち
8. 五（　　）さまですね。はい、こちらの個室（こしつ）へどうぞ。
   A. めい　B. けん　C. ひき　D. はく

附录：常见专业名词

1. 大陆・国家・地区

アジア①	亚洲。	太平洋（たいへいよう）③	太平洋。	英国（えいこく）⓪	英国。
東南（とうなん）アジア⑤	东南亚。	大西洋（たいせいよう）③	大西洋。	米国（べいこく）⓪	美国。
ヨーロッパ③	欧洲。	インド洋（よう）③	印度洋。	日米（にちべい）①	日美。
北（きた）アメリカ③	北美。	日本海（にほんかい）②	日本海。	日中（にっちゅう）①	日中。
南（みなみ）アメリカ④〔名〕	南美。	国連（こくれん）⓪	联合国。	日韓（にっかん）①	日韩。
アフリカ⓪	非洲。	EC③	欧洲共同体。		

2. 日本地名

北海道（ほっかいどう）③	北海道。	神戸（こうべ）①	神户。	渋谷（しぶや）⓪	涩谷。
東京（とうきょう）⓪	东京。	横浜（よこはま）⓪	横滨。	池袋（いけぶくろ）③	池袋。
大阪（おおさか）⓪	大阪。	札幌（さっぽろ）⓪	札幌。	秋葉原（あきはばら）③	秋叶原。
京都（きょうと）①	京都。	銀座（ぎんざ）⓪	银座。	浅草（あさくさ）⓪	浅草。
奈良（なら）①	奈良。	新宿（しんじゅく）⓪	新宿。	箱根（はこね）⓪	箱根。
名古屋（なごや）①	名古屋。	原宿（はらじゅく）⓪	原宿。	日光（にっこう）①	日光。

3. 其他

富士山（ふじさん）①	富士山。	東京大学（とうきょうだいがく）⑤	东京大学。
ディズニーランド⑤	迪士尼乐园。	慶応義塾（けいおうぎじゅく）⑤	庆应义塾。
成田空港（なりたくうこう）④	成田机场。	早稲田大学（わせだだいがく）④	早稻田大学。
羽田空港（はねだくうこう）④	羽田机场。	110番（ひゃくとおばん）③	110报警电话。
上野公園（うえのこうえん）④	上野公园。	ケンタッキー③	肯德基。
山手線（やまてせん）⓪	山手线（电车）。	マクドナルド④	麦当劳。
JR（ジェーアール）③	JR（日本铁道）。	ベートーベン③	贝多芬。
ヤフー①	雅虎网站。	ショパン①	肖邦。
NHK（エヌエチケー）⑤	日本放送协会。	ゴッホ①	凡・高。
朝日新聞（あさひしんぶん）④	朝日新闻。	ピカソ②	毕加索。
読売新聞（よみうりしんぶん）⑤	读卖新闻。	ノーベル賞（しょう）④	诺贝尔奖。

第1章 名 词

第1课

一

1	2	3	4
ほね	のど	い	はだ

二

1	2	3	4
腰	髪	歯	腹

三

1	2	3	4	5	6
A	C	B	E	D	F

四

1	2	3
A	C	B

第2课

一

1	2	3	4
げかい	しんだん	かんじゃ	むしば

二

1	2	3	4
休憩	傷	体調	寒気

三

1	2	3	4	5	6
B	A	C	F	E	D

四

1	2	3
B	D	C

第3课

一

1	2	3	4
ねぼう	えがお	かおり	あじ

二

1	2	3	4
声	顔色	早起き	力

三

1	2	3	4	5	6
B	C	A	F	E	D

四

1	2	3
D	C	A

第4课

一

1	2	3	4
こころ	はじ	ゆめ	くせ

二

1	2	3	4
希望	工夫	興味	関心

三

1	2	3	4	5	6
A	C	B	F	D	E

四

1	2	3
B	C	C

第 5 课

1	2	3	4
いのち	おとな	おっと	まご

二

1	2	3	4
人間	向こう	出生	親子

三

1	2	3	4	5	6
B	A	C	E	F	D

四

1	2	3
B	D	A

第 6 课

一

1	2	3	4
いしょう	うわぎ	かっこう	けしょう

二

1	2	3	4
餌	塩	米	飴

三

1	2	3	4	5	6
C	A	B	E	F	D

四

1	2	3
B	A	D

第 7 课

一

1	2	3	4
げしゃ	ちゅうしゃ	びん	もん

二

1	2	3	4
床	港	家具	乗り場

三

1	2	3	4	5	6
B	C	A	D	E	F

四

1	2	3
C	B	A

第 8 课

一

1	2	3	4
ふとん	しなもの	ふくろ	きかい

二

1	2	3	4
故障	充電	電卓	商品

三

1	2	3	4	5	6
A	B	C	F	D	E

四

1	2	3
A	B	D

第 9 课

一

1	2	3	4
がか	さくしゃ	せいかつ	さぎょう

二

1	2	3	4
農家	作家	残業	募集

三

1	2	3	4	5	6
C	A	B	E	D	F

四

1	2	3
D	C	B

第 10 课

一

1	2	3	4
さくもつ	みんしゅく	さんぎょう	しょうぎょう

二

1	2	3	4
老舗	お返し	工場	畑

三

1	2	3	4	5	6
A	C	B	E	F	D

四

1	2	3
A	D	C

第 11 课

一

1	2	3	4
としした	せんぱい	せけん	しみん

二

1	2	3	4
人出	係	部活	大家

三

1	2	3	4	5	6
B	C	A	D	F	E

四

1	2	3
A	A	C

第 12 课

一

1	2	3	4
あいだがら	せわ	あいて	ぐあい

二

1	2	3	4
交流	交際	接待	面接

三

1	2	3	4	5	6
A	B	C	E	D	F

四

1	2	3
C	D	A

第 13 课

一

1	2	3	4
せいせき	くんれん	じっけん	ごうかく

二

1	2	3	4
学習	説明	暗記	受験

三

1	2	3	4	5	6
B	C	A	F	E	D

四

1	2	3
B	D	D

第 14 课

一

1	2	3	4
しゅくじつ	ぎょうじ	じんじゃ	こうずい

二

1	2	3	4
津波	火事	異文化	教会

三

1	2	3	4	5	6
C	B	A	D	E	F

四

1	2	3
C	A	C

第 15 课

1	2	3	4
ものがたり	めじるし	えんぜつ	あいず

一

1	2	3	4
確認	申請	粗筋	会話

三

1	2	3	4	5	6
C	B	A	D	F	E

四

1	2	3
D	B	C

第 16 课

一

1	2	3	4
しょうぶ	ぶたい	えんそう	とざん

二

1	2	3	4
伴奏	絵画	上映	楽器

三

1	2	3	4	5	6
B	A	C	D	E	F

四

1	2	3
B	A	C

第 17 课

一

1	2	3	4
つうち	こうひょう	でんごん	じゅしん

二

1	2	3	4
連絡	張り紙	画面	看板

三

1	2	3	4	5	6
B	A	C	F	D	E

四

1	2	3
B	C	D

第 18 课

一

1	2	3	4
きし	いけ	なみ	こおり

二

1	2	3	4
交差点	下水	水道	郊外

三

1	2	3	4	5	6
B	A	C	F	E	D

四

1	2	3
A	B	D

第 19 课

一

1	2	3	4
いせき	けしき	しぜん	てんねん

二

1	2	3	4
陰	芝生	枝	眺め

三

1	2	3	4	5	6
B	C	A	E	F	D

四

1	2	3
D	D	B

第 20 课

一

1	2	3	4
いちにち	ながねん	とうじつ	しょうご

二

1	2	3	4
連休	夜中	下旬	夕方

三

1	2	3	4	5	6
A	B	C	F	E	D

四

1	2	3
B	A	C

第 21 课

一

1	2	3	4
じこく	にちじ	しめきり	じき

二

1	2	3	4
日常	今回	最初	年中

三

1	2	3	4	5	6
B	A	C	F	E	D

四

1	2	3
B	D	C

第 22 课

一

1	2	3	4
きぼ	おおぜい	しなかず	はば

二

1	2	3	4
独身	地方	場所	半数

三

1	2	3	4	5	6
B	C	A	D	E	F

四

1	2	3
B	A	C

第 23 课

一

1	2	3	4
てもと	さゆう	ひとまえ	じょうげ

二

1	2	3	4
後	反対	位置	中心

三

1	2	3	4	5	6
B	A	C	D	F	E

四

1	2	3
D	D	A

第 24 课

一

1	2	3	4
なかみ	かたち	すがた	こうか

二

1	2	3	4
急用	条件	見本	品質

三

1	2	3	4	5	6
B	A	C	E	F	D

四

1	2	3
B	B	D

第 25 课

一

1	2	3	4
しげき	はつめい	へんこう	あっか

二

1	2	3	4
変化	整理	満員	割合

三

1	2	3	4	5	6
A	B	C	F	D	E

四

1	2	3
B	C	A

第 2 章　外来语

第 1 课

一

1	2	3	4	5
B	E	C	A	D

二

1	2	3	4	5	6	7	8
B	A	D	C	F	G	E	H

三

1	2	3	4	5	6
B	D	C	D	A	C

第 2 课

一

1	2	3	4	5
A	D	E	B	C

二

1	2	3	4	5	6	7	8
C	D	A	B	F	E	H	G

三

1	2	3	4	5	6
A	D	B	D	C	A

第 3 课

一

1	2	3	4	5
C	E	D	A	B

二

1	2	3	4	5	6	7	8
C	A	B	D	E	F	H	G

三

1	2	3	4	5	6
A	D	B	B	D	D

第3章　イ形容词

第1课

一

1	2	3	4
あつい	するどい	あさい	おさない

二

1	2	3	4
強く	細い	汚い	眠く

三

1	2	3	4	5	6
B	C	A	E	D	F

四

1	2	3
D	B	A

第2课

一

1	2	3	4
めんどうくさい	はずかしい	めずらしい	かなしい

二

1	2	3	4
悔しかった	寂しい	羨ましい	苦しかった

三

1	2	3	4	5	6
A	C	B	F	E	D

四

1	2	3
A	C	D

第4章　ナ形容词

第1课

一

1	2	3	4
びょうどう	ていねい	たいせつ	びんぼう

二

1	2	3	4
平気	心配	不満	苦労

三

1	2	3	4	5	6
C	B	A	F	D	E

四

1	2	3
B	C	A

第2课

一

1	2	3	4
にがて	みごと	かって	はで

二

1	2	3	4
暇	主	当たり前	幸せ

三

1	2	3	4	5	6
B	C	A	E	D	F

四

1	2	3
B	A	B

第5章　动词

第1课

一

1	2	3	4
とじて	むけて	まちがって	おとずれて

二

1	2	3	4
暮らして	付き合って	怒る	争う

三

1	2	3	4	5	6
A	C	B	F	D	E

四

1	2	3
A	B	D

第2课

一

1	2	3	4
まがった	そまって	あらたまった	かたまって

二

1	2	3	4
泊まった	閉まる	止める	締めて

三

1	2	3	4	5	6
A	B	C	D	E	F

四

1	2	3
D	A	A

第3课

一

1	2	3	4
うわって	といて	のせて	くわわって

二

1	2	3	4
空いて	代わって	売れる	開く

三

1	2	3	4	5	6
B	A	C	F	E	D

四

1	2	3
D	B	A

第4课

一

1	2	3	4
たおれる	ながれる	やくだつ	こわれる

二

1	2	3	4
沸く	冷やして	建てる	動いて

三

1	2	3	4	5	6
C	A	B	E	D	F

四

1	2	3
C	A	D

第5课

一

1	2	3	4
のこって	つかまって	もどして	さめて

二

1	2	3	4
直した	移った	治った	写した

三

1	2	3	4	5	6
B	A	C	E	D	F

四

1	2	3
A	A	C

第 6 课

一

1	2	3	4
おこなって	きく	かよって	かわく

二

1	2	3	4
払う	飼って	拾った	誘って

三

1	2	3	4	5	6
B	A	C	D	E	F

四

1	2	3
C	D	A

第 7 课

一

1	2	3	4
えらぶ	たもつ	ほす	つつむ

二

1	2	3	4
呼ぶ	叫ぶ	押す	打つ

三

1	2	3	4	5	6
C	A	B	D	F	E

四

1	2	3
D	A	B

第 8 课

一

1	2	3	4
ことわる	あやまる	のぼる	こおる

二

1	2	3	4
要る	光る	寄る	貼る

三

1	2	3	4	5	6
B	A	C	D	F	E

四

1	2	3
A	D	A

第 9 课

一

1	2	3	4
すすめた	あきらめた	しらべた	たずねた

二

1	2	3	4
辞めた	任せた	捨てた	確かめた

三

1	2	3	4	5	6
C	A	B	F	D	E

四

1	2	3
A	C	D

第10课

一

1	2	3	4
しめきる	のりこす	くりかえす	めざめる

二

1	2	3	4
近寄る	歩き回る	横切る	取り消す

三

1	2	3	4	5	6
B	A	C	F	E	D

四

1	2	3
C	D	B

第6章　副词

第1课

一

1	2	3	4	5
C	A	D	B	E

二

1	2	3	4	5	6	7	8
B	D	A	C	G	F	E	H

三

1	2	3	4	5	6
A	C	B	D	D	A

第2课

一

1	2	3	4	5
E	C	A	B	D

二

1	2	3	4	5	6	7	8
C	A	B	D	H	F	G	E

三

1	2	3	4	5	6
C	A	C	B	B	D

第3课

一

1	2	3	4	5
D	C	A	E	B

二

1	2	3	4	5	6	7	8
B	A	D	C	E	G	F	H

三

1	2	3	4	5	6
A	D	C	B	B	D

第 4 课

一

1	2	3	4	5
E	C	D	A	B

二

1	2	3	4	5	6	7	8
B	A	D	C	E	G	F	H

三

1	2	3	4	5	6
A	B	D	B	C	A

第 7 章　其他词类

第 1 课

一

1	2	3	4	5
D	E	A	B	C

二

1	2	3	4	5	6	7	8
B	C	D	D	A	B	D	C

第 2 课

一

1	2	3	4	5
E	D	B	A	C

二

1	2	3	4	5	6	7	8
B	C	A	D	F	E	H	G

三

1	2	3	4	5	6
C	D	B	C	A	C

第 3 课

一

1	2	3	4	5
C	A	B	D	E

二

1	2	3	4	5	6	7	8
B	A	B	C	C	D	B	A

索　引

あ

い

う

か

こ

し

す

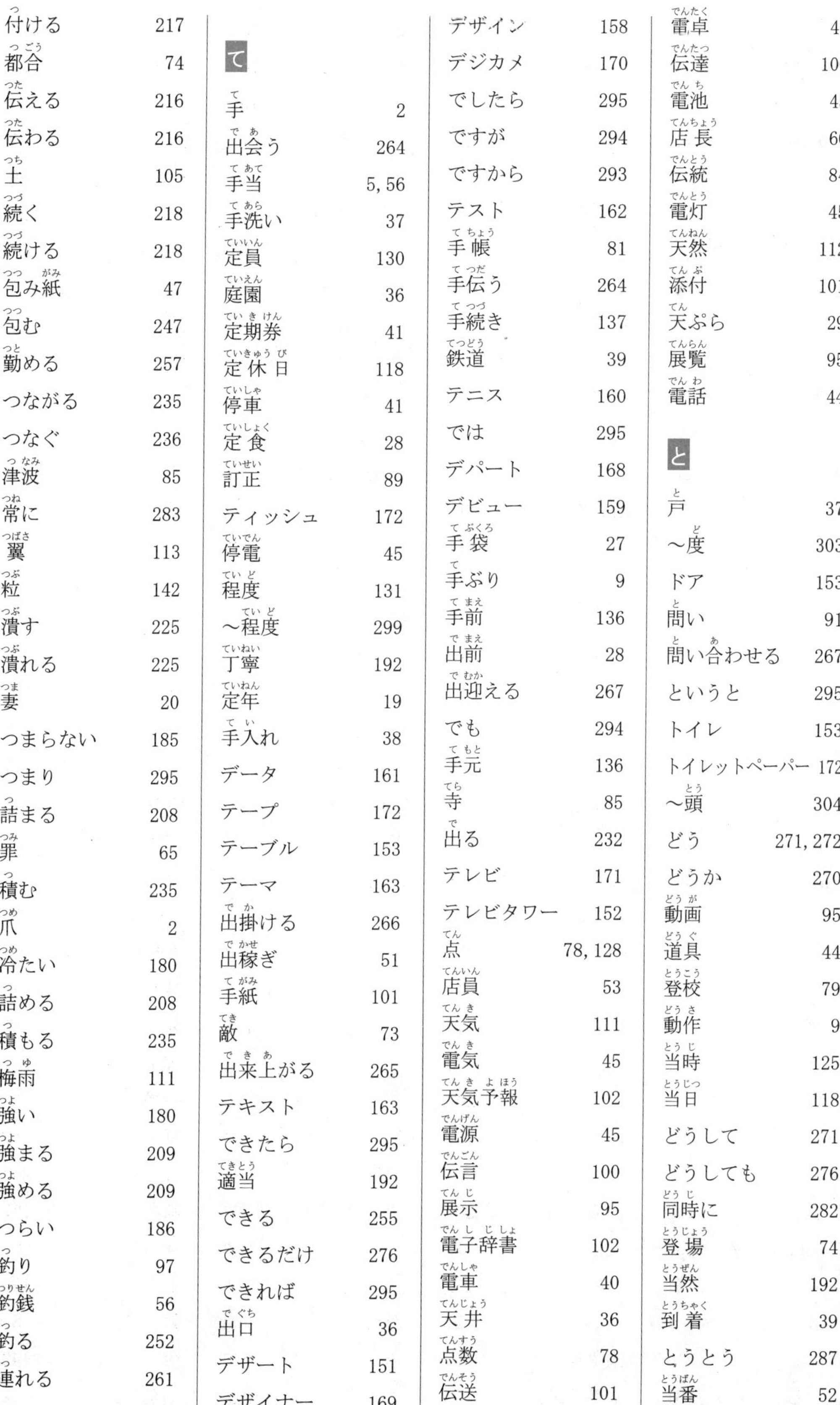

な

ま

み